ro
ro
ro

ro
ro
ro

«Miteinander reden 1» beschreibt Kommunikation als menschliche Begegnung mit vier Schnäbeln und vier Ohren. «Miteinander reden 2» entwickelt daraus Einsichten in unterschiedliche persönliche Kommunikationsstile. Beide Aspekte verbindet nun «Miteinander reden 3» im Modell des «Inneren Teams», das Sprechen, Handeln und den Aufbau der Persönlichkeit bestimmt. An einer Fülle von Beispielen aus dem beruflichen und privaten Alltag demonstriert Friedemann Schulz von Thun die Arbeitsweise dieses Teams und seines Oberhaupts, das unser Ich vertritt. Wenn wir unsere innere Vielstimmigkeit verstehen lernen und zur inneren Teamentwicklung fähig werden, können wir kraftvoll handeln und stimmig kommunizieren: sowohl in Übereinstimmung mit uns selbst als auch mit den Belangen der Situation.

Friedemann Schulz von Thun, Jahrgang 1944, war bis 2009 Professor am Fachbereich Psychologie der Universität Hamburg mit dem Schwerpunkt Beratung und Training. Seine Trilogie «Miteinander reden 1–3» hat sich zum Standardwerk in Schule und Beruf entwickelt. In seinem Institut für Kommunikation entwickelt er in Kooperation mit dem «Arbeitskreis Kommunikation und Klärungshilfe» Inhalte und Bausteine, um soziale Kompetenzen durch fachliches Lernen, methodisches Üben und menschliches Reifen zu fördern.

www.schulz-von-thun-institut.de

Friedemann Schulz von Thun

Miteinander reden 3

Das «Innere Team» und situationsgerechte Kommunikation
Kommunikation, Person, Situation
Mit 101 Zeichnungen von Verena Hars

Rowohlt Taschenbuch Verlag

32. Auflage Januar 2026
Veröffentlicht im Rowohlt Taschenbuch Verlag
Rowohlt Verlag GmbH, Kirchenallee 19, 20099 Hamburg

Originalausgabe
Zuerst veröffentlicht im Rowohlt Taschenbuch Verlag,
Reinbek bei Hamburg, Oktober 1998

Redaktion Wolfgang Müller

Abbildungen 93, 94 und 96 von Lothar Walter
aus der Diplomarbeit von Elke Becker (siehe Literatur),
Abbildung 10 vom Autor, die übrigen von Verena Hars

Umschlaggestaltung any.way, Walter Hellmann
Illustration Arno Meyer zu Küingdorf
Satz Swift PostScript (Miles Oasys) bei pagina GmbH, Tübingen
Druck und Bindung CPI books GmbH, Leck
ISBN 978-3-499-60545-1

Kontaktadresse nach EU-Produktsicherheitsverordnung:
produktsicherheit@rowohlt.de

MIX
Papier | Fördert
gute Waldnutzung
FSC® C083411

Inhalt

Vorwort

Oft, wenn es erst durch Jahre durchgedrungen,
erscheint es in vollendeter Gestalt.
(Goethe, Faust, Vorspiel auf dem Theater)

Dieser dritte Band von «Miteinander reden» ist tatsächlich durch viele Jahre «durchgedrungen»: Insbesondere das Modell vom Inneren Team hat mich lange Zeit (1991–1998) nicht losgelassen in der Beratungspraxis, in der Forschung, der Lehre, der wissenschaftlichen ebenso wie der belletristischen Literatur und im privaten und beruflichen Leben. Es gehörte in der psychologischen Erwachsenenbildung bald zu den Themen, bei denen man die Stecknadel fallen hört. Nun liegen die Früchte all dieser Erkenntnisbäume versammelt und geordnet im Korb, das ist allemal ein Erntedankfest wert. Aber «in vollendeter Gestalt»? Der *Perfektionist* im Inneren Team des Autors ist noch voller Nervosität – er muss jetzt mal Ruhe geben, sonst kann ein Text nie auf die Menschheit losgelassen werden.

Der Text ist das eine. In diesem Band spielen aber auch die Bilder eine besondere Rolle. Ich nehme Goethes Wort von den Seelen, die ach! in unserer Brust wohnen, sowohl ernst als auch wörtlich und zeichne sie dort hinein, um auf diese Weise das seelische Geschehen auf einer inneren Bühne greifbar und plastisch zu machen. «Miteinander reden» hat eine zwischenmenschliche und eine innermenschliche Seite; hier mache ich den Versuch einer Zusammenschau. Ich hoffe, die Leserin, der Leser ist über die Bilder von Verena Hars zumindest annähernd so erfreut, wie es die Hörer der Vorträge jeweils sind, auch wenn hier überwiegend nur eine verkleinerte Schwarz-Weiß-Version möglich ist. – Verena Hars habe ich nach einer Vorlesungsreihe aufgrund ihrer Hausarbeit entdeckt: Ihre Abbildungen waren, obwohl selbst auch kein Profi, viel schöner und ausdrucksstärker als meine. Seitdem haben wir, über vier

Jahre hinweg, wohl fünfzigmal zusammengesessen, um zu überlegen, wie dieser oder jener Sachverhalt als «inneres Bühnenbild» dargestellt werden kann.

Dieser dritte Band steht in enger Verbindung zu den beiden ersten, was auch an zahlreichen Rückverweisen kenntlich wird. Sie können aber auch das Pferd von hinten aufzäumen und ohne allzu große Verständniseinbuße mit diesem Band beginnen. Denn die kommunikationspsychologischen Modelle stehen in einem wechselseitigen Ergänzungs- und nicht in einem Reihenfolgeverhältnis.

Dies ist der Ort, all jenen zu danken, die sonst noch zum Gelingen beigetragen haben. Karin van der Laan, vor wenigen Wochen in Eschede auf tragische Weise ums Leben gekommen, hat mir grundlegende Gedanken hinterlassen – ein Teil ihres geistigen Erbes ist hier aufbewahrt. – Bettina Glaß hat, wie schon zu den Bänden 1 und 2, ein Sachregister erstellt. An der Manuskriptgestaltung waren – überaus professionell – Lutz Greve, Margit Leiß, Wibke Stegemann und vor allem Paula Weldt beteiligt. Helga Harder hat mit ihrem stillen und blühenden Landsitz für eine inspirierende Atmosphäre gesorgt. Inhaltlich und stilistisch haben Larissa Stierlin, Roswitha Stratmann und Ingrid Schulz von Thun noch manch wertvolle Anregung beigesteuert. Letzterer gebührt auch sonst Dank, weil … – aber das ist ja bekannt, dass ein Autor immer viel Verständnis von seiner Familie braucht.

Hamburg, Juli 1998

Einleitung: Wie kommuniziere ich «richtig»?

«Und Herr Schulz von Thun wird uns jetzt sagen, wie wir richtig kommunizieren sollen!» Mit diesen Worten beendete der Bürgermeister einer norddeutschen Kleinstadt seine Vorrede und gab das Rednerpult für mich frei. Versammelt waren die Leiter der verschiedenen Behörden und ihre Stellvertreter. Einen Tag lang hatten die Stadtväter für das Thema «Kommunikation» reserviert.

Ach so? Brachte das die Erwartung auf den Punkt? Oder war es als scherzhafte Pointe gemeint, mit einem Körnchen Wahrheit und einem Körnchen Ironie?

Manche Leserin und mancher Leser der ersten beiden Bände von «Miteinander reden» (1981, 1989) waren wohl auch auf der Suche nach dem Stein der Weisen. Statt aber diesen Stein in handlicher Verpackung geliefert zu bekommen, wurden sie eingeladen, Hunderte von Seiten «Steinkunde» zu studieren: Was alles (gleichzeitig) passiert, wenn Menschen miteinander in Kontakt treten, womit man rechnen muss, wenn sich «das Zwischenmenschliche ereignet».

Jeder gesprochene Satz wurde als Akkord, als «Vierklang» dargestellt mit seinen Ober- und Untertönen (Sachinhalt, Selbstkundgabe, Beziehung, Appell), für das Hören dieses Akkords wurden «vier Ohren» ins Bewusstsein gerückt. Dadurch wurde es möglich, Gespräche und Auseinandersetzungen in diesem vierfachen Wechselspiel zu begreifen, allfällige Störungen auf die Ebene ihrer Entstehung zurückzuverfolgen und gegebenenfalls durch kundige Metakommunikation zu klären. Neben der Sensibilisierung bestand nun auch die Möglichkeit, den wirksamen Gebrauch der eigenen vier Schnäbel und Ohren einzuüben («Miteinander reden 1»).

Dabei zeigte es sich, dass die «kommunikative Grundausstattung», der Wuchs und die Handhabung der Schnäbel und Ohren, von Mensch zu Mensch sehr verschieden ist. Folglich wurde es notwendig, die Weiterentwicklung von Kommunikation und sozialer Kompetenz als eine sehr individuelle und tief berührende Angelegenheit zu betrachten, bei der jegliche Art von «Standardschulung» danebengeht oder nur die Sprechblasen vordergründig verändert. Mit Hilfe des Werte- und Entwicklungsquadrats wurde es möglich, im Zusammenhang mit einer «kommunikativen Tugendlehre» die eigenen Entwicklungsrichtungen zu bestimmen und weiter zu verfolgen («Miteinander reden 2»).

So weit, so gut. Der Stein der Weisen musste in der Hand jeder Leserin, jedes Lesers aufs Neue jeweils anders und einzigartig entstehen. Er liegt in Ihrer Hand, und dort gehört er auch hin. Herr Schulz von Thun wird uns nicht sagen, wie wir richtig kommunizieren sollen. Oft genug weiß er es ja selbst nicht oder kann dem, was er weiß, nur ungenügend entsprechen.

Seitdem, wie Victor Frankl (1975) bemerkt, die Instinkte dem Menschen nicht mehr sagen, was er tun *muss*, die Traditionen kaum noch, was er tun *soll*, seitdem wir dazu befreit und dazu verurteilt sind, unser Wollen und Handeln nach «eigenen» (und was heißt das?) Maßstäben auszurichten, seitdem stehen wir allein vor einem großen Projekt: *Wie kommuniziere, wie verhalte ich mich «richtig»?*

Der dritte Band von «Miteinander reden» ist diesem Projekt gewidmet; nicht indem er darauf eine Antwort gibt, sondern indem er eine Anleitung zur Selbstbeantwortung entwirft.

Die Frage nach dem «richtigen» Verhalten stellt sich dem Lebenspraktiker nicht abstrakt, sondern immer im konkreten Augenblick. So zum Beispiel, wenn eine fleißige Studentin von einem Mitstudenten gefragt wird, ob er ihre Ausarbeitungen für sich kopieren dürfe. Gern ist sie hilfsbereit und solidarisch, aber will sie auch die

Früchte ihrer Arbeit «einfach so» mit jemand anderem teilen? *Was* soll sie sagen, und *wie* soll sie es sagen? – Oder was soll er sagen, der Bundestagspräsident, wenn er eine Rede halten soll zum Gedenken an die Judenpogrome in Deutschland 1938 – und wie soll er sprechen? – Wie soll sie reagieren, die Verkaufstrainerin, wenn die (männlichen) Teilnehmer an ihrer Fortbildungsveranstaltung sie mit abfälligen Bemerkungen («Alles alte Hüte!») der Wertlosigkeit preisgeben? – Wie soll der erboste Chef mit seinem hochempfindlichen Mitarbeiter reden, der wieder einmal bestimmte Pflichten nicht rechtzeitig erfüllt hat, aber aufgrund seiner Kreativität sehr wichtig für die Abteilung ist? – Wie soll er «richtig» kommunizieren, der Vater, wenn der Elternabend nicht so läuft, wie er es gern hätte? – Und wie soll sie reagieren, die geschiedene Frau, wenn die jetzige Freundin ihres Ex-Mannes sie anruft, um von ihrem Beziehungskummer zu berichten?

Dies ist eine kleine Auswahl aus all den Praxisbeispielen, die in den folgenden Kapiteln helfen sollen, die Lehrinhalte zu konkretisieren. Immer geht es um das richtige *Was* und das angemessene *Wie*. Weiß denn der Kommunikationsberater die Antwort auf all solche Fragen? Nein, wenn er ein guter Berater ist, weiß er sie nicht. Aber er weiß, wie man die Antwort herausbekommt, wie man sie «herausarbeiten» kann. Einen solchen Kommunikationsberater möchte ich Ihnen sozusagen für den täglichen Hausgebrauch mit auf den Weg geben, als geistigen und psychologischen Begleiter für das professionelle und das private Leben.

Mein Suchkompass weist in zwei Richtungen. Das hängt damit zusammen, dass für mich das zentrale, übergeordnete Kriterium für eine angemessene (gute, richtige) Kommunikation das Ideal der Stimmigkeit ist. Im Band 1 habe ich diesen Begriff vorläufig definiert als *die doppelte Übereinstimmung sowohl mit mir selbst als auch mit dem Charakter der Situation*. Diesen Gedanken möchte ich hier wieder aufnehmen und ausarbeiten. Die Definition enthält ein Arbeits-, ein Reflexionsprogramm, indem sie eine zweifache Spur zu verfolgen aufgibt. Die eine Spur ist nach außen gerichtet, sucht den situativen Kontext auf: Welches sind seine Bestandteile, wie hängen sie miteinander zusammen? Welche Gebote und Forderungen sind darin enthalten, sodass Kommunikation «situationsgerecht» ausfallen kann?

Die andere Spur ist nach innen gerichtet, sucht den inneren Kontext des kommunizierenden Subjekts auf: Wer meldet sich in ihm und möchte sich zur Geltung bringen? Mit welcher Äußerung wäre es «in Übereinstimmung mit sich selbst»? Welche inneren Gebote und Forderungen werden laut und wollen, damit die Kommunikation «authentisch» sei, berücksichtigt sein?

Authentisch und situationsgerecht, so die Definition von Stimmigkeit in einer ersten griffigen Formulierung: Im Ergänzungs- und Spannungsverhältnis dieser beiden Pole bewegt sich unser übergeordnetes Kommunikationsideal.

Wenn es für den Philosophen Immanuel Kant zwei Dinge waren, die ihn stets aufs Neue bewegt und erschüttert haben, nämlich «der gestirnte Himmel über mir und das moralische Gesetz in mir», dann ist das für den Kommunikationspsychologen etwas prosaischer, aber kaum weniger aufregend: das Geflecht systemischer Zusammenhänge um mich herum und das seelische Miteinander und Gegeneinander in mir drin. Als kommunizierende und handelnde Subjekte suchen wir diesen beiden Formationen gerecht zu werden. Was immer ich sage und tue, ich möchte «in Übereinstimmung mit mir selbst» sein, möchte «dazu stehen können», sonst verfehle ich mich selbst. Diese Maxime enthält mehr als eine bloße Übereinstimmung von innerem Zumutesein und äußerem Gebaren – dies wäre die augenblicksbezogene Variante der Authentizität (nicht freundlich lächeln, wenn ein Ärger in mir aufkommt). Sie enthält, viel weitreichender, das Gebot, in Übereinstimmung zu sein mit dem, was mich ausmacht, was mir wesensgemäß ist, mit den Anliegen meiner Existenz. Ich weiß dafür vorerst kein besseres Wort als «identitätsgemäß»: Kommunikation soll nicht bloß authentisch, sondern identitätsgemäß sein – besser gesagt: *werden*, denn dies ist eine ständige Such- und Entwicklungsbewegung.

Und zweitens: Was immer ich sage und tue, ich möchte in Übereinstimmung mit dem Gehalt der Situation sein, an der ich teilhabe. Wenn ich den Gehalt der Situation und meine Rolle darin verfehle, bin ich vielleicht durchaus (augenblicksbezogen) authentisch, aber dennoch «daneben», störe ich die geordnete und sinnvolle Form des Aufeinander-Bezogen-Seins, die eine Situation stiftet und die sie den Beteiligten abverlangt. Ebenso wie die Authentizität des konkreten Augenblicks einen weitreichenderen existenziellen Hintergrund hat, so ist auch die konkrete Situation in einen größeren Zusammenhang eingebettet, welchem sie zumeist ihre Entstehung und ihren Sinn verdankt. Die erwähnte Verkaufstrainerin, die von ihren männlichen Teilnehmern die abfälligen Bemerkungen «erntet», hat eine konkrete Situation zu bewältigen. Die Situation selbst aber hat hier wie auch sonst immer einen Systemhintergrund, den es erst noch zu erkunden gilt; zum Beispiel: Wie ist die Geschichte dieser Veranstaltung? Wie kam es, dass ausgerechnet sie ausgerechnet dieses Thema mit ausgerechnet diesen Teilnehmern bearbeitet? Wer ist Auftraggeber, wer zahlt dafür? Wieso sitzen die Teilnehmer überhaupt dort? Und so weiter. All diese Fragen führen zur Erkundung eines Gesamtsystems, das es bei der Frage nach dem «richtigen» Verhalten zu bedenken gilt (vgl. S. 333ff.).

Deine Kommunikation, so würden wir der Trainerin nahelegen, sei nicht nur situationsgerecht, sondern auch in einem umfassenderen Sinn «systemgerecht», jedenfalls solange du zum Gelingen des Ganzen, vom dem du ein Teil bist, beitragen willst.

Halten wir die bisherigen Überlegungen in einem Schaubild fest (Abb. 1).

Bei diesem Konzept brauchen wir eine doppelte Kenntnis: Kenntnis vom «inneren Menschen» und Kenntnis von den Wesensmerk-

Abb. 1: Das Ideal einer guten (= stimmigen) Kommunikation in der doppelten Übereinstimmung mit sich selbst und dem (systemisch geprägten) Gehalt der Situation

malen einer systemisch eingebundenen Situation und der ihr innewohnenden Logik, um dann beides sinnstiftend aufeinander zu beziehen. Zwei Denkschulen sind dabei miteinander zu verknüpfen und auszusöhnen:

das humanistische Denken (mit dem Ideal der autonomen und sich verwirklichenden Persönlichkeit) und

das systemische Denken (mit der Erkenntnis, dass der Mensch nur als Teil eines Ganzen seine Identität gewinnt).

Die damit verbundene «duale» Ethik setzt auf eine doppelte Pflicht: zum Gelingen des Ganzen beizutragen, von dem der Mensch ein Teil ist – und zum Gelingen des Ganzen beizutragen, das er selbst ist! In dem Maß, wie diese doppelte Dienstpflicht nicht (nur) in mühsamen Kompromissen eingelöst wird, sondern so, dass das eine im anderen mitverwirklicht ist, dass «Selbstverwirklichung» und «Hingabe» nicht als Gegensatz, sondern als einander bedingende und befördernde Prinzipien gelebt werden – in dem Maß dürfen wir von einer gelungenen Existenz sprechen. In einer unübersichtlichen Welt bedeutet dies kein ganz leichtes Lebensprogramm, aber wenn wir nach einem Kommunikationsideal Ausschau halten, können wir dieses nicht ohne einen ethischen Kompass entwerfen.

Dieses Buch ist so aufgebaut, dass es zunächst die linke, dann die rechte Seite der Abb. 1 ausarbeitet. Allerdings ergibt sich links eine kleine Komplikation. Der erste Teil des Stimmigkeitsgebots, das «In-Übereinstimmung-Sein mit sich selbst», erweist sich als ein weites Feld. *Denn der Mensch ist mit sich selbst nicht ein Herz und eine Seele!*

Zu jeder praktischen Fragestellung, vom kleinen Kommunikationsproblem (Wie sag ich's meinem Mitstudenten?) bis zu den existenziellen Grundentscheidungen (Was zählt wirklich in meinem Leben?) gibt es vielfältige und widersprüchliche innere Wortmeldungen, und die Träger dieser inneren Stimmen sind zum Teil sehr tatendurstige Gesellen. Und zwar tatendurstig nach außen (als Wortführer und Handlungsträger) wie nach innen (als Stimmungsmacher und als Teilnehmer am inneren Selbstgespräch). So erweist sich das «Ich», das nach Übereinstimmung mit sich selbst sucht, als ein multiples Gebilde, erweist sich die *innere Pluralität* als menschliches Wesensmerkmal.

Das ist auch gut so, aber bevor wir die Tugend einer «inneren Teambildung» nutzen und genießen können, haben wir erst die Not eines «zerstrittenen Haufens» zu bewältigen. Die Erkenntnis, dass die menschliche Seele eine faszinierende innere Gruppendynamik aufweist, und die Entdeckung, dass die dort waltenden Verhältnisse eine erstaunliche Analogie zu denen in realen Gruppen und Teams aufweisen, haben mich dazu gebracht, die Metapher vom «Inneren Team» zu formulieren und zur Grundlage meines Menschenbilds und meiner kommunikationspsychologischen Beratung zu machen. Eine wichtige Frage wird nun sein: Wie kann der Mensch, der mit sich selbst nie ein Herz und eine Seele ist, wie kann dieser plurale Mensch mit sich selbst so klarkommen, dass er nach außen hin deutlich und kraftvoll kommunizieren und nach innen im harmonischen Einklang mit sich selbst sein kann? Die Erforschung dieses Komplexes, der den linken Teil der Abb. 1 betrifft, hat bei mir selbst zu einem großen Erkenntnisgewinn geführt, sodass das Innere Team in diesem Buch einen breiten Raum einnimmt.

Die große Bedeutung des Inneren Teams für die Kommunikationspsychologie ergibt sich auch daraus: Zur Aufschlüsselung einer *Äußerung* haben wir ein gutes und praktisches Modell zur Verfügung, das «Nachrichten-Quadrat»; für die *Innerung* besaßen wir etwas Entsprechendes nicht, obwohl die *Selbstklärung* seit jeher einer der Schlüsselbegriffe unserer Klärungshilfe gewesen ist (s. besonders Thomann und Schulz von Thun 1988, S. 121 ff.). Die Modellvorstellung vom Inneren Team schließt diese Lücke (s. Abb. 2) und bie-

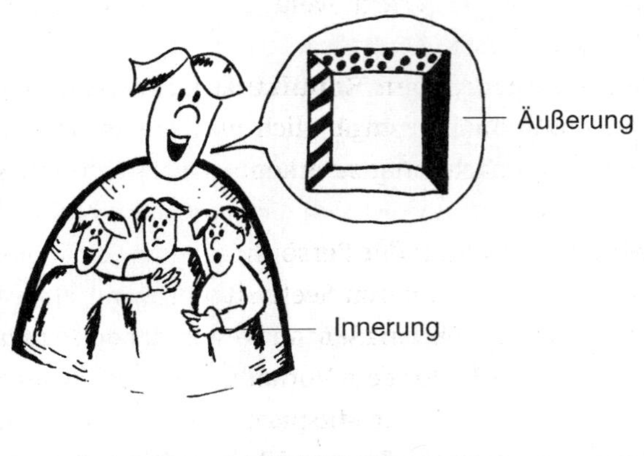

Abb. 2: Nachrichten-Quadrat und Inneres Team als Modellvorstellungen für «Äußerung» und «Innerung»

tet bei kundiger Anwendung aussichtsreiche Möglichkeiten der Hilfe zur Selbstklärung – auch im (von Rollenkonflikten geprägten) professionellen Kontext; und auch für psychologisch «Unvorbelastete», die mit diesem Modell in der Regel sehr schnell etwas anfangen können.

Die nachfolgenden Kapitel enthalten das, was sich für mich als die **sechs Lehren vom Inneren Team** herausgestellt hat:

1. **Die Lehre von der inneren Pluralität des Menschen:** Dass es viele gibt, die in uns mit Sitz und Stimme vertreten sind, und dass sie miteinander, gegeneinander und durcheinander arbeiten – wie normale Teams auch (Kapitel 1, Abb. 3 a). Wer aber hält den Laden zusammen und sichert, angesichts dieses inneren «Wir», das einheitsstiftende, authentische «Ich»? Dies führt zum nächsten Kapitel:
2. **Die Lehre von der inneren Führung** durch das Oberhaupt, welches der «Teamchef» ist und welchem die Aufgabe zufällt, Synergien hervorzubringen, aus der «inneren Quasselbude» ein wirkliches Team zu machen (Kapitel 2, Abb. 3). Besondere Schwerarbeit ist dem Oberhaupt auferlegt, wenn es massive Konflikte, «innere Teamkonflikte», gibt:
3. **Die Lehre vom «inneren Konfliktmanagement»**: Dass innere Teamkonflikte zwar unumgänglich und existenziell notwendig sind, aber auch notwendig zu erkennen und zu lösen (Kapitel 3, Abb. 3).
4. **Die Lehre vom Aufbau der Persönlichkeit** im Licht des Inneren Teams: dass auf der inneren Seelen-Bühne nicht alle Mitspieler des Ensembles gleichermaßen auftreten, sondern manche vor und manche eher hinter dem Vorhang agieren (Kapitel 3, Abb. 3). Die Verbannung einzelner Mitspieler in den Hinter- und Untergrund kann unter dem Teamgesichtspunkt und unter dem Aspekt des inneren Betriebsfriedens überaus nachteilig sein; daher

enthält dieses Kapitel neben einer dreistufigen Verbannungslehre auch den Gedanken der «inneren Teamentwicklung» durch Integration «innerer Außenseiter». – Zwar sorgt die menschliche Persönlichkeit für eine typische Grundaufstellung innerer Mitglieder; das ist aber nur die halbe Wahrheit. Die andere Hälfte:

5. **Die Lehre von der Variation innerer Aufstellungen** in Abhängigkeit von Situation und Gegenüber, in Abhängigkeit vom jeweiligen Kontext. So wie ein guter Trainer je nach taktischen Umständen seine Mannschaftsaufstellung variiert, Auswechslungen vornimmt, Formationen ändert, so betreten wir die Spielfelder des Lebens mit sehr unterschiedlichen «inneren Mannschaftsaufstellungen» (Kapitel 5, Abb. 3). Dies geschieht spontan und wie von selbst. Die Entsprechung von Spielfeld und innerer Aufstellung gelingt dabei mehr oder minder gut. Um sie zu verbessern, brauchen wir eine Spielfeld- und eine Entsprechungslehre:
6. **Die Lehre vom Gehalt einer Situation** und von der situationsgerechten Aufstellung innerer Mitglieder. Hier schließt sich der Kreis, indem wir auf den Ausgangspunkt der Abb. 1 (S. 18) zurückkommen. Das Konzept der «Stimmigkeit» wird in Verbindung mit einer Situationslehre entfaltet und mündet in eine Beratungskunst mit «doppelter Blickrichtung», die auch als Methode der alltäglichen Selbstberatung verstanden werden kann (Kapitel 6, Abb. 3).

Der eilige, auf Praxisbewältigung ausgerichtete Leser kann nach den Kapiteln 1 und 2 auch gleich ins 6. Kapitel springen und sich die Kapitel 3, 4 und 5 für spätere Lektüre in Ruhe aufsparen. Sie bleiben aber, wegen der darin enthaltenen Fragen des Umgangs mit sich selbst, für eine Kommunikationslehre unverzichtbar. Wie Graf Dürkheim so schön sagt: «Es steht der Mensch in einem doppelten Auftrag: die Welt zu gestalten im Werk und zu reifen auf dem inneren Weg» (1973, S. 26). In der menschlichen Kommunikation verbindet sich das eine mit dem anderen.

Kommen wir, was gute und richtige Kommunikation angeht, dem Stein des Weisen ein Stück näher? Es scheint mir so. Es kommt aber, wieder einmal, etwas Arbeit auf Sie zu: in diesem Buch, mehr noch in diesem Leben. Ich hoffe, diese Arbeit macht Spaß. Und wo nicht Spaß, dort Sinn!

Abb. 3: Die sechs Lehren des Inneren Teams, zugleich die sechs nachfolgenden Kapitel

1. Einführung in das Modell vom Inneren Team

1.1 Zwei Seelen, ach! Innere Pluralität ist allgegenwärtig

Es ist zunächst nichts Neues, von dem ich hier berichten werde. Wohl jeder kennt das Phänomen, dass unsere innere Reaktion auf einen Menschen, auf ein Ereignis, auf eine anstehende Entscheidung nicht einheitlich und klar ist, sondern gemischt, undeutlich, vielfältig, schwankend, hin- und hergerissen. Dennoch habe ich in den letzten Jahren mit großer Faszination mehr und mehr die Bedeutung entdeckt, die diese innere Vielfalt für unser Leben hat. Viele schenken ihrer inneren Pluralität keine große Beachtung. Auf dem geradlinigen Weg effektiver Lebensführung bedeutet sie häufig eine lästige Komplikation, manchmal auch ein qualvolles Hin- und Hergerissensein, das bis zur völligen Lähmung führen kann. Unangenehm, sich damit näher zu befassen. Manche denken, mit ihnen stimme etwas nicht, wenn sie gegenläufige Strömungen in sich vorfinden. – Wenn wir aber erst einmal erkannt haben, dass es keine Ausnahme, sondern eine menschliche Regel ist, dass mindestens «zwei Seelen (und meist viel mehr) in unserer Brust» wohnen und dass das Durchschauen der daraus resultierenden «inneren Gruppendynamik», verbunden mit der Fähigkeit zu einer inneren Teambildung, eine große Quelle von Kraft und Klarheit darstellt, dann lohnt es, sich mit diesem Stück Menschenkunde näher zu befassen. Vor allem Dichter und Psychotherapeuten sind auf diesem Weg weit vorangekommen. – Ich lade Sie nun ein, diese Erkenntnisse nachzuvollziehen, sie zu systematisieren, weiterzuentwickeln und mit der Lehre von der zwischenmenschlichen Kommunikation so zu verbinden, dass sie für den beruflichen und privaten Alltag nutzbar werden können!

Musterbeispiel: die Studentin

Beginnen wir die Einführung mit einem kleinen Musterbeispiel.

«Könnte ich mal deine Mitschriften aus dem Seminar für mich kopieren? Und vielleicht hast du auch sonst noch gute Prüfungsunterlagen?», fragt ein Student eine Studentin. Er selbst war häufig nicht anwesend und weiß, dass sie verlässlich und fleißig studiert und umfangreiche Aufzeichnungen zu machen pflegt.

Vielleicht gehört die Angesprochene zu den Menschen, die, «wie aus der Pistole geschossen», positiv reagieren: «Na klar, kannst du haben!» – und es hinterher mit einer inneren Gegenstimme zu tun kriegen, die schimpft: «Warum kann dieser Schmarotzer sich nicht mal selbst auf den Hosenboden setzen!? *Mir* hat er noch nie geholfen! Dieser Schluffi macht sich ein feines Leben und überlässt mir die Fleißarbeit. Und ich Blödfrau sag auch noch immer freundlich ‹Ja› dazu!»

Vielleicht reagiert sie auch spontan ablehnend: «Nein, also das sind persönliche Unterlagen, die geb ich ungern aus der Hand. Das bringt auch nicht viel, wenn man das nicht selbst erarbeitet hat» – und bekommt vielleicht am Abend einen moralischen Katzenjammer: «War das nicht ziemlich unfreundlich und unsolidarisch von mir? Ich komme mir vor wie eine Streberin, die den anderen nicht abschreiben lässt, um selbst bessere Noten zu bekommen.»

In beiden Fällen wohnen «zwei Seelen, ach!, in ihrer Brust» (s. Abb. 4), und in beiden Fällen werden sie *nacheinander* wirksam.

Sie werden in unterschiedlichem Tempo wach, und ihr «Auftritt» ist zeitversetzt. Genauso gut wäre es aber auch möglich, dass beide *gleichzeitig* wirksam werden: Vielleicht zögert die Studentin mit der Antwort, legt ihre Stirn in Falten, blickt zu Boden und «druckst herum» mit Worten wie «njaa», «hm», «eventuell schon», «ich muss mal sehen, ob ich das alles noch habe», «das meiste war nur so hingeschmiert». Oder sie *sagt* das eine, und ihre Mimik und ihr Tonfall *bezeugen* das andere: Solche sogenannten «diskordanten» oder «in-

Abb. 4: Zwei Seelen in der Brust einer Studentin

kongruenten» Äußerungen enthalten eine verwirrende Doppelbotschaft. Die Irritation löst sich aber auf, wenn wir uns klarmachen, dass «zwei Seelen» an der Reaktion beteiligt sind und jede von ihnen danach strebt, sich zum Ausdruck und zur Geltung zu bringen. Wenn die Studentin «Ja, o.k.!» sagt, aber in einem Tonfall, der jede Herzlichkeit vermissen lässt, und mit einem Gesichtsausdruck, der von abweisender Verdüsterung umwölkt ist, dann hat der eine Teil in ihr in der Sprechblase seine Verwirklichung gefunden, der andere Teil im Körper (s. Abb. 5).

Eine solche Kommunikation ist nicht der Weisheit letzter Schluss, hat aber weder etwas mit Lug und Trug (Moral) noch mit Persönlichkeitsstörung (Pathologie) zu tun. Eher würde ich von einer noch nicht integrierten Reaktion sprechen, in der sich – sozusagen «doppelt ehrlich» – ein innerer Widerstreit kundtut.

Abb. 5: Inkongruente Doppelbotschaften als Ausdruck innerer Gegenspieler

Anstatt von «Seelen» werde ich im Folgenden von «Mitgliedern des Inneren Teams» sprechen, um die Träger dieser Stimmen zu bezeichnen. Denn alles wird darauf ankommen, ob und wie es gelingt, diese zunächst widerstrebenden Kräfte in eine Kooperation zu bringen, deren «Produkt» kraftvoller und angemessener sein wird, als wenn nur eine Stimme allein das Sagen hätte.

Das ist einer der Grundgedanken dieses Buches, und wir werden ihn weiter verfolgen. Machen wir uns hier zunächst aber auch mit der Arbeitstechnik vertraut, die dem Modell des Inneren Teams zugeordnet ist.

Die Arbeitstechnik: Botschaft, Name, Bild

Jedes Teammitglied hat eine **Botschaft**. Der Text dieser Botschaft ist freilich nicht immer von Anfang an gegeben, muss erst durch eine innere Erkundung «spruchreif» gemacht werden. Vielleicht spürt die Studentin zunächst nur den Impuls: *«Nö, seh ich gar nicht ein!»* – und kommt erst nach und nach dazu herauszufinden, was «dahintersteckt» und *wer* dahintersteckt. Die Botschaft ergibt sich durch Selbsterkundung, im Fall einer Kommunikationsberatung durch die angeleitete Selbstklärung mit Hilfe eines Klärungshelfers (vgl. Thomann und Schulz von Thun 1988). Meistens sind Menschen sehr gut in der Lage, am inneren Widerhall der Worte zu überprüfen, ob der Text stimmt oder wie er noch zu verändern ist.

In der Regel hat der Text kognitive, emotionale und motivationale Komponenten. Zu Deutsch: Es sind Gedanken, Gefühle und Bedürfnisse darin enthalten. Mehr noch, auch Werthaltungen, Normen und entsprechende Befehle an sich selbst. Von daher ist es angebracht, einen «menschlichen Botschafter in Kleinformat» in die Brust zu zeichnen.

Sobald wir in etwa die Botschaft kennen, können wir dem Mitglied einen **Namen** geben. In unserem Beispiel ist da einmal die – ja, wie sollen wir sie nennen? – die *Hilfsbereite*? Es könnte sein, dass diese Benennung sich als vorläufig erweist: Je nach Text und innerem Gehalt könnte herauskommen, dass es eher eine ängstlich Angepasste ist, die sich einfach nicht traut, «Nein» zu sagen. Vielleicht stellt sich auch heraus, dass es zwei verschiedene sind, die aber eine Allianz bilden und unisono sprechen. Zum anderen ist da eine, die sich nicht gern ausnutzen lässt und von der eigenen Leistung allein profitieren möchte: Nennen wir sie vorläufig, um moralisch klingende Formulierungen (*Egoistische*) zu vermeiden, die *auf sich selbst Bedachte*.

Bei der Namensgebung müsste natürlich die betreffende Studentin selbst maßgeblich mitentscheiden. Sie «kennt ihre Pappenheimer» und trifft oft auf «alte Bekannte». Vielleicht würde sie sagen: «Die kenne ich gut in mir, die sofort ‹Ja, gerne!› sagt und es immer allen recht machen will. Wie ich diesen Teil nennen würde? Am besten *Frau Allenrecht*!» Aber auch der Klärungshelfer kann ein Wörtchen mitreden, besonders wenn er den Eindruck gewinnt, dass der

Abb. 6 a: Jedes Mitglied des Inneren Teams hat eine Botschaft und erhält einen Namen

Abb. 6 b: Das Innere Team der Studentin

vorgeschlagene Name nicht ganz zur Botschaft passt. Vielfach ergeben sich treffende, sehr individuelle und zum Teil lustige Namen (*Opa Humpel-Griesgram, Tante Klatsch und Tratsch, Dr. Altklug*). Oder wenn jemand sich in irgendeinem System gut auskennt, zum Beispiel in der griechischen Mythologie, dann fallen ihm entsprechende Namen ein wie *der Prometheus in mir*, oder aus der Literatur: *Parzifal, Don Juan, der eingebildete Kranke*. Gute und zeitlose Literatur bringt ja Gestalten und Charaktere hervor, die wichtige Aspekte der menschlichen Seele «in Reinkultur» verkörpern, deshalb ist sie eine ergiebige Fundgrube für die Besetzung unserer inneren Bühne.

Auch **Symbole** (Bilder) können helfen, den Wesensgehalt eines Mitglieds genauer zu bestimmen, zum Beispiel eine Peitsche für den

Antreiber, ein Paragraph für den *Juristen* in mir, der genaue Verträge vereinbart und eingehalten wissen will. Solche, auch frei zu erfindende Symbole werden ebenfalls eingezeichnet. Wenn wir den vorläufigen Namen (und/oder das Symbol) haben, können wir die Botschaft noch einmal genauer erkunden. *Name und Text bringen sich gegenseitig hervor, bis eine endgültige Prägnanz erreicht ist.* Dazu würde die Studentin eingeladen, sich auf einen gesonderten Platz zu begeben und dort einmal ganz in die Haut der jeweiligen Teilperson zu schlüpfen. Sodann spricht sie in Ich-Form alles aus, was diese zu melden hat (zum Beispiel: «Ich fühle mich geschmeichelt durch die Anfrage, bin stolz, dass ich ihm helfen kann» usw.*) Meistens kommt der Text nicht gleich druckreif heraus, da sich die Gedanken (und Gefühle!) erst beim Sprechen verfertigen (Kleist).

Sodann würde sie den Stuhl wechseln und sich mit der zweiten Stimme identifizieren. So lernt sie nach und nach all jene Mitglieder in sich genauer kennen, die sich zu Wort gemeldet haben. Vielleicht spürt sie irgendwann: Das ist noch nicht alles! Da spielen noch weitere Regungen mit hinein, die bisher leise oder stumm geblieben sind, mit den schnellen und lautstarken nicht mithalten konnten.

Bezogen auf unser Musterbeispiel, könnte sie eine «leicht unbehagliche Regung» in sich vorfinden, die irgendetwas mit Selbstentblößung zu tun hat und sich schließlich in folgenden Worten wiederfindet: «Meine Mitschriften enthalten persönliche Gedanken und Kommentare, die vielleicht nicht immer sehr tief und geistreich sind: Auch meine Schrift ist vielleicht etwas kindlich – welchen Eindruck gewinnt er von mir, wenn ich mich derart preisgebe!?»

Die Studentin müsste jetzt entscheiden, welcher Name zu dieser etwas schüchternen Stimme am besten passt (*Intimitätsschützerin*? *Image-Wache*? …).

* Für den Fall, dass sich das Zutagefördern der Botschaft als eine «schwierige Geburt» erweist, kann der Kommunikationsberater «doppeln» oder andere «Hebammentechniken» anwenden (Thomann und Schulz von Thun 1988, S. 76ff.).

Da die menschliche Seele so geschaffen ist, dass die innere Gegenrede meist nicht lange auf sich warten lässt, kann es sein, dass sich sogleich eine weitere Stimme meldet und der vorherigen vehement widerspricht: «Aber das sind doch kleinkarierte Gefühle! Hast du es nötig, so um den Eindruck besorgt zu sein, den du auf andere machst? Wir Studenten müssen doch zusammenhalten, dürfen uns vom System nicht auseinanderdividieren lassen!»

Dieses Mitglied, das sich «Solidarität unter Studierenden» auf die Fahne geschrieben hat, verbündet sich mit der Hilfsbereiten (bzw. mit der, die schlecht nein sagen kann). Gemeinsam attackieren sie die auf sich selbst Bedachte: «Ist doch kleinlich und spießig und konkurrenzig und streberhaft, den anderen wie in der Schule nicht abschreiben zu lassen!»

Und schon ist «tüchtig was los», schon haben wir die wichtigsten Merkmale eines inneren Gruppengeschehens vor Augen, die uns noch beschäftigen werden:

Innere Pluralität
Innere Uneinigkeit
Innerer Dialog/Streit
Innere Gruppendynamik

Und dies bereits nach einem harmlosen, kurzen Kontakt, und wir haben nur eine Gesprächspartnerin berücksichtigt (s. Abb. 7).

So weit ein erster Blick in das, was sowohl im Menschen als auch in dieser Betrachtungs- und Arbeitsweise steckt. Halten wir als Zwischenergebnis fest, dass die Stimmen in ihrer auftretenden Vielzahl in mehrfacher Hinsicht verschieden sind, unabhängig von ihrem Inhalt:

- Es gibt *Frühmelder* und *Spätmelder*. Frühmelder sind sogleich da und nehmen auf das Geschehen Einfluss. Spätmelder kommen manchmal erst nach Stunden oder Tagen an, dann allerdings oft mit unabweisbarer Heftigkeit.

Abb. 7: Innere Pluralität mit Uneinigkeit, Streit und vehementer «innerer Gruppendynamik»

- Es gibt *laute* und *leise Stimmen*. Die leisen sind oft nur vernehmbar, wenn wir innehalten, aus der Betriebsamkeit aussteigen und die durchgängige Geräuschkulisse des Alltags vorübergehend abschalten.
- Es gibt mehr oder minder *willkommene* und *unwillkommene Stimmen*. Die unwillkommenen sind mir peinlich und unangenehm; ich kann nicht dazu stehen, wäre sie gern los. Selbstakzeptierung beginnt mit dem Willkommenheißen gerade dieser «schwarzen Schafe». Wenn es innere Mitarbeiter(innen) gibt, zu denen ich nicht stehen kann, dann sind sie dazu verurteilt, sich in den seelischen Untergrund zu verziehen, und was von meiner inneren Wahrheit übrigbleibt, ist eine *ideologisch erwünschte Teilperson*, die ich in den Kontakt schicke und «auf die Menschheit loslasse» – ohne es womöglich zu merken. Und wo bleiben die unerwünschten Stimmen? Zum Teil kommen sie durch die Hin-

tertür zurück und melden sich im «Organdialekt» (A. Adler) als körperliches Symptom. Wir greifen dieses Thema im 4. Kapitel wieder auf.

Ein weiteres Zwischenergebnis: Die inneren Mitglieder stehen (meist) nicht unverbunden nebeneinander, sondern nehmen miteinander Kontakt auf, reden miteinander, gehen Beziehungen ein (innere Gruppendynamik). Je nachdem, welches *innere Betriebsklima* hier herrscht, werden wir uns mehr oder minder gut oder schlecht fühlen, werden wir unsere Kraft im Bewältigen der inneren Verhältnisse verbrauchen oder für kraftvolles Handeln zur Verfügung haben. Das Innere Team ist das Entwicklungsziel, der «zerstrittene Haufen» oft der reale Ausgangspunkt.

So weit die allererste Einführung zum Konzept des Inneren Teams. Wir werden auf das Beispiel der Studentin wieder zurückkommen, denn die Frage steht im Raum: Wie kann sie angesichts ihres inneren Wespennestes denn nun «in Übereinstimmung mit sich selbst» reagieren? Allgemein formuliert: *Wie sind Authentizität und klare Kommunikation angesichts innerer Pluralität und Uneinigkeit möglich?*

Alles wird darauf ankommen, aus der Not eine Tugend zu machen. Bevor wir aber nach Lösungen Ausschau halten, ist es ratsam, noch ein wenig weiter in die hier obwaltenden Verhältnisse einzudringen. Denn Lösungen wachsen auf dem Boden fundierter Einblicke und Kenntnisse. Bitte üben Sie sich bis dahin noch ein wenig in der vielgepriesenen Kunst, «Lösungslosigkeit auszuhalten»!

1.2 Innere Teammitglieder: Wer sind sie?

Metapher

Vielleicht stellen sich Ihnen an dieser Stelle bereits Fragen wie: Was sind das für Wesenheiten? Gibt es sie wirklich? Wie sind sie in den Menschen hineingekommen? Wie machen sie sich bemerkbar? Kann man sie auch wieder loswerden, wenn es sich bei diesen Stimmen um lästige Quälgeister handelt? Wie viele gibt es überhaupt? Was tut man, wenn die sich da drinnen nicht einig sind? – Vielleicht regt sich in Ihnen auch der Unwille. Ein Hörer meiner Vorlesung schrieb in seiner Hausarbeit: «Ich lasse mir keine kleinen grünen Männchen andichten!»

Ich muss Sie um Geduld bitten, möchte aber schon in dieser Einleitung versuchen, erste Antworten zu geben. Tatsächlich «gibt» es die «kleinen Männchen und Frauchen» nicht, schon gar nicht in unserer Brust, denn der Ort solcher Vorgänge ist wohl eher das Gehirn. Es handelt sich um eine Metapher, ein Vorstellungsbild, das wir uns machen können, um die wenig greifbaren seelischen Vorgänge in den Blick und ein wenig auch in den Griff zu bekommen. Eine Metapher ist immer so konstruiert, dass sie eine unbekannte Sache mit Begriffen einer bekannten Sache beschreibt. Diese Verknüpfung wirft ein neues Licht auf die unbekannte Sache, sodass diese uns verständlicher und greifbarer wird. In unserem Fall ist die «unbekannte Sache» das, was sich innen drin abspielt: das innere Vorfeld von Kommunikation und Handlung. Die bekannte Sache, die wir metaphorisch heranziehen, sind die Verhältnisse in Arbeitsgruppen und Teams. Ob eine Metapher gut ist, hängt davon ab, inwieweit das «Tertium Comparationis», also das, was (bei aller Unterschiedlichkeit) beiden Sachen gemeinsam ist, wirklich wesentliche Aspekte erfasst. In dem Fall können wir hoffen, dass die Leuchtkraft der Metapher ausreicht, um wichtige Aspekte an der unbekannten Sache zu erkennen und sie dementsprechend anzupacken. Ich werde noch beschreiben, wie ich auf die Metapher gekommen bin (s. S. 64ff.). Nach meinen Erfahrungen in der Kommunikationsberatung reagieren Menschen auf diesen Arbeitsansatz mit einem erstaunten Evidenzerlebnis («Genau so ist es, genau so läuft es bei mir ab – ohne dass ich es so hätte angeben können!») und mit großem Interesse. Und die darauf aufbauenden Schritte erweisen sich als sehr hilfreich für die Verbesserung der Kommunikation und für die persönliche Entwicklung, für die «innere Teamentwicklung». Von daher halte ich die Metapher für aussichtsreich, und ihre Tragweite wird sich in den folgenden Kapiteln noch als ausbaufähig erweisen.

Das Modell vom Inneren Team bleibt auch dann eine Metapher, wenn neue Forschungsergebnisse zur Struktur und Wirkungsweise des menschlichen Gehirns es nahelegen, die Vorstellung eines einheitlichen Geistes aufzugeben und eher die Konföderation vieler «kleiner Geiste» anzunehmen (Ornstein 1992). In seinem «Multimind» genannten «neuen Modell des menschlichen Geistes» sagt der amerikanische Hirnforscher Ornstein: «Ein neues Bild über die Natur des Gehirns und des Geistes beginnt sich zu entwickeln und sich langsam durchzusetzen: Nebeneinandergepackt innerhalb der Haut, innerhalb des Schädels, sitzt eine Vielzahl von hochspezialisierten und voneinander durchaus abgetrennten kleinen ‹Geisten›» (S. 23). Physiologisch entsprechen diese mentalen Subsysteme kleinen bis mittelgroßen neuronalen Netzwerken. Dennoch bezweifle ich, dass für die inneren Teammitglieder, die wir in psychologischer Selbsterkundung ermitteln, ein umgrenztes hirnphysiologisches Korrelat existiert.

Wesen

Worum es sich bei den «Seelen in der Brust» nun «wirklich» handelt? Auf jeden Fall sind es energiegeladene seelische Einheiten, die ein Anliegen enthalten und sich bei bestimmten Anlässen melden und inneren Raum einnehmen, die etwas zu sagen haben oder auch Handlungsimpulse verwirklichen, das heißt, direkt «in Aktion treten».

In der psychologischen Literatur werden diese Teilnehmer des seelischen Geschehens unterschiedlich benannt:
- «Teilpersönlichkeiten» oder kurz
- «Teile» (Schwartz 1997),
- «Stimmen» (Bach und Torbet 1985; H. und S. Stone 1989),
- «Selbste» (H. und S. Stone 1989),
- «Elemente (der Persönlichkeit)» (Assagioli 1993),
- «innere Personen» (Orban 1996).

Einige dieser Autoren nehmen tatsächlich (und nicht bloß im metaphorischen Sinn) an, dass es sich um «Personen» bzw. «Persönlichkeiten» handelt, die eine vielfältige und wandelbare Gesamtheit an Eigenschaften aufweisen und ihren je eigenen Stil an den Tag legen, so wie dies bei «multiplen Persönlichkeiten» beobachtet wird – präziser gesprochen, da wir alle multiple Persönlichkeiten sind: bei Menschen mit einer multiplen Persönlichkeitsstörung (vgl. S. 132ff.).

Wie dem auch sei, ich vermeide den Begriff «Teilpersönlichkeit», weil der Begriff «Persönlichkeit» reserviert ist für ein Gesamt, das die Vielfalt «unter einen Hut» bringt. Die «Mitglieder des Inneren Teams» hingegen sind konzipiert als einheitliche Impulsmuster, als eindimensionale Geraden im seelischen Kräfteparallelogramm, als Teile, die *ein* seelisches Anliegen vertreten bzw. in der inneren Gruppendynamik *eine* bestimmte Rolle übernehmen. Sie sind damit nicht etwa gleichbedeutend mit Verhaltensweisen oder Gefühlen. Angenommen, ein Kind versteckt sich in etwas auffälliger Weise, wenn fremder Besuch kommt. Wir würden zu oberflächlich bleiben, wenn wir einen «Versteckspieler» im Inneren Team konstatieren würden. Bei näherem Hinsehen und tieferem Einfühlen werden wir gewahr, dass bei dieser Verhaltensweise *zwei* innere Mitglieder zusammenwirken und einen schöpferischen Kompromiss erfunden haben: Das eine, ein *schüchtern Fremdelnder*, dem das Vorgestellt-

Werden peinlich und zuwider ist, möchte sich unsichtbar machen, im Mauseloch verkriechen; das andere, ein *kleiner Narziss*, möchte gesehen werden, womöglich im Mittelpunkt stehen. «Ich mache mich unsichtbar!», sagt das eine, und «Ihr sollt mich finden!» das andere.

Genauso wenig sind innere Mitglieder mit bestimmten Gefühlen identisch. Angenommen, unsere Studentin aus dem Musterbeispiel würde zögern, ihrem Studienkollegen die Mitschriften zu überlassen, und angenommen, er würde ungeduldig nachsetzen: «Komm, hab dich nicht so!» Und nehmen wir an, sie würde *empört* darauf reagieren. Dann kann man zwar in vorläufiger, erster Annäherung davon sprechen, dass sich *eine Empörte* in ihr melden würde. Aber «wer» ist es denn, der sich da in ihr empört? Wer ist die Urheberin* des Gefühls? Ist das jemand, der ihre Selbstbestimmung bedroht sieht, da der Studienkollege ihre Entscheidung nicht respektieren will (*Autonomie-Wächterin*)? Oder jemand, der über ihr Ehrgefühl wacht und seinen geringschätzigen Tonfall zurückweist? Oder beide zusammen? Wer auch immer dahintersteckt: Bei anderer Gelegenheit kann dasselbe Mitglied, das sich an dieser Stelle empört, mit Genugtuung, Rührung, Freude oder unbändiger Wut reagieren.

Die Urheber innerer Botschaften

Wir kommen dem Wesen unserer inneren Teilnehmer am nächsten, wenn wir sie kommunikationspsychologisch als *Urheber innerer Botschaften* auffassen, wobei das, was sie «auf dem Herzen haben» und von sich geben, wieder genau jene quadratische Struktur aufweist, wie wir sie für den zwischenmenschlichen Kontext gewohnt sind («Miteinander reden 1»):

* Oder der Urheber: Manche Menschen haben eine deutliche Vorstellung davon, wes Geschlechts dieser oder jener Teil in ihnen sei.

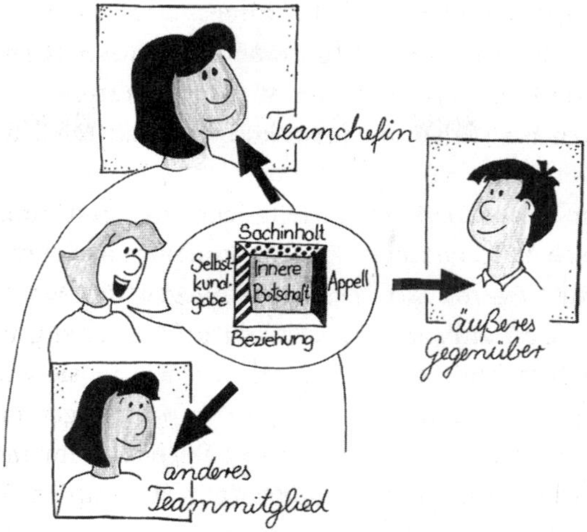

Abb. 8: Die quadratische Struktur innerer Botschaften mit drei möglichen Adressaten

Auf der *Selbstkundgabe-Seite* zeigen sich die inneren Mitglieder in ihrer Identität («Wer bin ich, wofür stehe ich?») und in ihrer Befindlichkeit («Wie ist mir ums Herz?»).

Auf der *Sachinhalts-Seite* drücken sie eine bestimmte Weltsicht aus, denn jedes innere Mitglied sieht die Welt auf seine Weise.

Auf der *Beziehungs-Seite* geben sie zu erkennen, wie sie zum Adressaten stehen, was sie von ihm halten.

Und auf der *Appell-Seite* kommt zum Ausdruck, wozu sie ihn bewegen wollen.

Wer aber ist der Adressat? Der Urheber der inneren Botschaft kann sich an drei Adressaten wenden: entweder an den Teamchef (s. Kapitel 3) oder an einen inneren Teamkollegen (meist Gegenspieler) oder an ein äußeres Gegenüber.

Wem unter den Lesern diese Unterscheidung von vier Aspekten und drei Adressaten zu kompliziert und zu fummelig wird, mag getrost weiterlesen: Für das Folgende ist sie von geringer Bedeutung. Allein der professionelle Klärungshelfer sollte, wenn er als Hebamme an der «Geburt» eines inneren Botschafters beteiligt ist, die Aspekte und Varianten im Hinterkopf haben. Wenigstens sei aber der Gedanke noch an einem Beispiel erläutert: Ich wähle aus dem Inneren Team unserer Musterstudentin jenes Mitglied, das auf die Bitte ablehnend reagiert (= *die auf sich selbst Bedachte*):

Selbstkundgabe: «Das habe ich für mich erarbeitet, und ich möchte die Früchte meiner Bemühungen allein ernten. Ich käme mir sonst ausgenutzt vor!»

Sachinhalt: «Wir werden nicht hier als Solidargemeinschaft benotet, sondern stehen einzeln im Wettbewerb. Ohne Fleiß kein Preis: jeder nach seiner Leistung!»

Beziehung (drei mögliche Adressaten):
→ Chefin: «Du bist tüchtig, und ich helfe dir im Wettbewerb zu bestehen!»
→ Hilfsbereite (innerer Gegenspieler): «Du willst immer das liebe, nette Mädchen sein, das von allen gemocht wird. Aber in meinen Augen bist du konfliktscheu und feige!»
→ Studienkollege (äußeres Gegenüber): «Du bist ein fauler Schmarotzer. Ich will nicht diejenige sein, die dich beim Durchmogeln unterstützt!»

Appell (drei mögliche Adressaten):
→ Chefin: «Lehn ab, gib's ihm nicht! Lass dich nicht von der Hilfsbereiten hinreißen!»
→ Hilfsbereite (innerer Gegenspieler): «Halt dich zurück!»
→ Studienkollege (äußeres Gegenüber): «Setz dich selbst auf den Hosenboden!»

Innendienst und Außendienst

Die Mitglieder des Inneren Teams können in doppelter Funktion wirksam werden. Sie sind sowohl im Außendienst als auch im Innendienst tätig – mögen sich einige auch auf das eine oder andere spezialisiert haben. Im Innendienst sind sie Teilnehmer des Selbstgesprächs («innere Stimmen») und Hervorbringer von Stimmungen, Gefühlen, Motiven und Gedanken; im Außendienst sind sie Aktionsbeteiligte auf dem Spielfeld des Lebens, werden sie zu Wortführern, die in der zwischenmenschlichen Kommunikation den Ton angeben bzw. den Unterton hineinmischen (s. Abb. 9).

Abb. 9: Innere Teammitglieder in doppelter Funktion: Innendienst und Außendienst

Die Einteilung der inneren Teammitglieder zum Innen- und zum Außendienst wird uns in den Kapiteln 4 bis 6 noch eingehend beschäftigen. Hier noch einige vorgezogene Anmerkungen zum Aspekt des Innendienstes: Wenn wir von «inneren Stimmen» sprechen, dann meinen wir weder ein akustisches Erlebnis noch unbedingt eine sprachliche Formulierung – diese ist oft erst das Endergebnis einer Selbsterforschung. Vielmehr melden sich die Einheiten in ganz unterschiedlicher Weise: als ein («irgendwie ungutes») Gefühl, als (Ver-)Stimmung, als ein («sich aufdrängender») Gedanke, als («plötzlicher») Impuls, etwas zu tun oder zu lassen, als Körpersignal oder Krankheit («Was wollen dir deine Kopfschmerzen sagen?»), als Befehl an die Gesamtperson («Bloß weg hier!» usw.).

Zuweilen stehen sprachlicher Text und Bedeutung der inneren Regung sogleich zur Verfügung, zuweilen wollen sie erst mühsam erschlossen werden. Vielleicht verspüre ich bei irgendeiner Sache ein «Grummeln in der Magengegend». Gut, wenn ich es wahrnehme und nicht übergehe, aber ich sollte auch herausbekommen, was es «sagt» – und was «es mir sagen will».

Zuweilen spüren wir solche Impulse gar nicht von innen, sondern lesen sie von den Gesichtern unserer Mitmenschen ab. Wenn ein Mann bequem auf dem Sofa liegt, und seine Frau betritt das Zimmer, dann kann es passieren, dass ihr Blick ihm sagt: «Häng nicht so herum, tu was Vernünftiges!» Hat sie aber ganz harmlos geschaut, dann war es wohl sein eigener Antreiber, der auf der Lauer lag und sich den Text von den Augen seines Gegenübers abgeholt hat. Indem wir *Projektionen* als solche erkennen, kommen wir eigenen Anteilen auf die Spur. Andernfalls ist der Mann dazu verdammt, den eigentlich inneren Kampf nach außen zu verlagern: «Du brauchst gar nicht so zu gucken, ich werde mir ja wohl mal eine halbe Stunde Ruhe gönnen dürfen! Das ist ja wohl nicht zu viel verlangt!» – «Führst du Selbstgespräche?», antwortet sie mit freundlichem Lächeln.

Indem wir die Botschaft der oft stummen, aber spürbaren Impulse sprachlich fassen, indem wir *aus der Regung eine Verlautbarung machen*, verhalten wir uns wie ein Dolmetscher, der die Verständigung der Teammitglieder untereinander und mit dem Teamchef erleichtert. Damit unterstützen wir eine Tendenz, die dem Menschen auch spontan innewohnt: die Tendenz zum *Selbstgespräch*. Formulierungen wie «Ich sage mir dann selbst» oder «Ich versuche mir selbst klarzumachen» oder «Ich habe das tagelang mit mir hin und her diskutiert» weisen darauf hin, dass der *innere Dialog* ein menschliches Wesensmerkmal darstellt und dass es somit auch «innere Dialogpartner» geben muss.

Kontextabhängigkeit

Ein weiteres Wesensmerkmal der inneren Mitglieder ist, dass sie kontextspezifisch zusammentreten, je nach Person, Situation, Thema, Herausforderung. Diese *kontextspezifische Konfigurationsbildung* bleibt auch dann wesentlich, wenn wir persönlichkeitstypische «Stammspieler» ausmachen können, die oft und gern die innere Bühne betreten und für einen bestimmten Menschen charakteristisch sein können (Kapitel 4).

Hier eine kleine Zusammenstellung möglicher Kontexte, in denen sich spezifische Untergruppen bilden können:

- **Alltagssituationen aller Art**, auf die ich innerlich und dann auch äußerlich zu reagieren habe. Gerade gestern wieder gab ein Verkäufer meiner dreijährigen Tochter ein Bonbon. Mein inneres Trio: Das *Vaterherz* erwärmt sich an dieser freundlichen Geste. Gleichzeitig empört sich der *Inhaber der Ernährungshoheit* über diese unselige Verabreichung von Süßkram. Drittens wehrt sich jemand in mir gegen die um sich greifende Vereinnahmung noch ganz junger Kunden.
- **Besondere Ereignisse**, die meine Stellungnahme herausfordern. Zum Beispiel eine Hochzeitsrede, die ich mit gemischten Gefühlen anhöre; eine Party, an der ich teilnehme; eine politische Wahl, deren Ergebnis zum Beispiel der «Steuerzahler in mir» mit großer Genugtuung, der «Soziale» mit großer Sorge kommentieren kann: Auch das Holz, aus dem wir politisch geschnitzt sind, hat ja (fast) nie nur eine Farbe Schwarz, Rot, Grün, Gelb oder Braun.

- **Lebensthemen**, die nach einer Entscheidung verlangen. Heiraten, mit oder ohne Trauschein? Ein Kind bekommen? Die Kinder aus dem Haus? Berufliche Orientierung? Veränderungen aller Art? Ein Haus bauen? Auswandern? Wehrdienst oder Zivildienst? In ein Altersheim ziehen?
- **Aufgaben**, die mich herausfordern, etwas zu schaffen. So bekomme ich es beim Schreiben dieses Buches mit einer großen Mannschaft zu tun (vgl. auch S. 70 ff.). Einer daraus treibt zur Eile («Mach zu, es muss endlich auf den Markt!»), ein anderer mahnt zum langsamen Reifen («Und ist es erst durch Jahre durchgedrungen, erscheint es in vollendeter Gestalt!»). Jede Aufgabe, ob beruflich oder privat (Haushaltsführung, Kinderbetreuung, Kaninchenstall bauen, Reorganisation einer Abteilung, Einrichtung einer kundenorientierten Servicestelle), ruft eine spezielle innere Versammlung auf den Plan, die, wenn alles gutgeht, zum Inneren Team werden kann. Diese Versammlung ist sowohl aufgabentypisch als auch von Mensch zu Mensch verschieden.
- **Fragen der Zeit**, die zur Beantwortung und zur Mitgestaltung der Gesellschaft aufrufen. Volle Lohnfortzahlung im Krankheitsfall? Genmanipulierte Lebewesen? Umgang mit straffällig gewordenen Kindern und Jugendlichen? Bekämpfung der Armut? Organverpflanzung: wann, an wen, auch von mir? Abtreibung? Einwanderung und Asylgewährung? Den gegensätzlichen Positionen, die zwischenmenschlich und auf der politischen Bühne ausgefochten werden, entsprechen meist ebensolche auf der «inneren Bühne» (vgl. «Miteinander reden 2», S. 147 ff.).
- **Menschen, Beziehungspartner**. Wir treten mit einer sehr «personenbezogenen Mannschaftsaufstellung» in Kontakt. Sprichwörtlich ist der Angestellte, der mit seinen diensteifrigen, unterwürfigen und schmeichelnden inneren Mitgliedern zum Chef scharwenzelt, seinen «wutschnaubenden Berserker» im seelischen Hinterstübchen hinter Schloss und Riegel hält, diesen aber zu Hause bei Frau und Kindern sofort herauslässt. Diese grobe

Karikatur soll nicht den Blick verstellen für die feinen, aber deutlichen Unterschiede in der inneren Teamaufstellung, wie wir sie für wechselnde Beziehungspartner vornehmen: Vater, Mutter, Ehepartner, Bruder, Schwester, Schwager, Nachbar, Kollege X, Kollege Y (s. Kapitel 5).

- **Rollen**. Ich als Stiefmutter, als Geschworener, als Rekrut, als Verkäuferin, als Hausmann!? Jedwede Rolle, in die wir schlüpfen, löst eine ganz bestimmte (oft konfliktbeladene) innere Konfiguration aus, verbunden mit bestimmten Verhaltensbereitschaften. Die Auseinandersetzung mit der Rolle ist das A und O jeder professionellen Aus- und Weiterbildung (s. S. 195 f.). Diese Auseinandersetzung kann mit Hilfe des Modells vom Inneren Team entscheidend vertieft werden.
- **Existenzielle Fragen**, also solche, welche die Richtung und den Sinn meiner Existenz betreffen. Was zählt in meinem Leben wirklich? Wozu bin ich da? Was will ich vom Leben, was will das Leben von mir? Womit will ich mich «ins Buch des Lebens eintragen»?

Fassen wir zusammen: Die «Stimmen», die wir angesichts bestimmter Umstände wahrnehmen, haben in uns, so unterstellen wir, einen Urheber, so wie jeder Text einen Autor hat. Die meist nonverbale Regung enthält ein Anliegen und lässt sich in eine sprachliche Verlautbarung übersetzen, welche ihre Teilnahme am inneren Dialog erleichtert. Die innere Botschaft kann mit Hilfe des Kommunikationsquadrats aufgeschlüsselt werden, wobei ein dreifacher Adressat (entweder Oberhaupt, innerer Kollege oder äußeres Gegenüber) gemeint sein kann.

Das menschliche Seelenleben ist geprägt vom inneren Miteinander, Gegeneinander und Durcheinander dieser teilnehmenden Botschafter, die wir potenziell als Mitglieder eines Inneren Teams ansprechen können und ihnen damit eine positive Vision und Entwicklungsrichtung zuweisen. Diese Teilnehmer des Seelenlebens verrichten sowohl Innendienst (als Teilnehmer des Selbstgesprächs und als Mitwirkende einer inneren Gruppendynamik) als auch Außendienst (als Wortführer und Verhaltensagenten). Und sie treten, je nach Herausforderung, in ganz unterschiedlicher Zusammensetzung und Mannschaftsaufstellung zusammen. Es sind – in Analogie zum modernen Berufsleben – Projektgruppen.

Herkunft

Wie kommen diese Stimmenträger, diese Mitglieder in uns hinein? Nun, alles, was uns in unserer Lebensgeschichte (und in unserer Stammesgeschichte) widerfährt, schlägt sich in unserer Seele nieder, je nachdem, wie wir es verarbeiten. Und was sich innerlich niedergeschlagen hat, ist allzeit bereit, wieder geweckt zu werden und sich im Bedarfsfall zu melden. Die beiden ersten Stimmen der Studentin in unserem Musterbeispiel spiegeln wichtige Prinzipien unserer Gesellschaft wider, nämlich *Solidarität* und *Konkurrenz*. Kein Wunder, dass sie beide Prinzipien aufgenommen und verinnerlicht hat. Kein Wunder, dass sich in einer Grenzsituation beide Prinzipien melden und nach Verwirklichung streben!

Dies ist aber nur eine allererste Antwort, Weiteres dazu folgt im Kapitel 4, S. 215ff. Statt die Frage an dieser Stelle akademisch zu vertiefen, möchte ich Sie zu einer kleinen Selbsterkundung und – was die Herkunft der Stimmen betrifft – zu einer Selbsterforschung einladen.*

Ich wähle ein Alltagsbeispiel, das jeder Mitbürger der 1990er Jahre in Deutschland erlebt hat und das ohne komplizierte Analyse des Situationskontexts auskommt:

* Die folgende Übung ist so beschrieben, dass Sie sie allein durchführen können. Wenn Sie zu zweit sind, kann es ergiebiger sein, wenn Sie die Erkundung gegenseitig durchführen.

Sie begegnen auf der Straße einem Bettler. Bitte malen Sie sich die Situation genau aus, sodass sie Ihrem tatsächlichen Erleben entspricht: Sitzt er oder steht er? Ist er stumm oder spricht er Sie an («Hassu mal 'ne Mark?»)? Ist es überhaupt ein «Er» oder eine «Sie»? Hat er/sie noch etwas dabei: ein kleines Kind, einen Hund, ein Schild, ein Musikinstrument?

Wie ist *Ihre* Situation? Müssen Sie eilig irgendwohin, oder schlendern Sie als Tourist(in) durch die Stadt? – Bitte entscheiden Sie selbst, ob Sie einen bestimmten Vorfall wählen wollen oder eine mehrfach erlebte Standardsituation!

Haben Sie die Situation deutlich vor dem geistigen Auge?

Dann wenden Sie sich bitte Ihren inneren Regungen zu, die auf diese Situation «antworten»: Welche Stimmen können Sie identifizieren? Welcher Text passt zu diesen Stimmen, welcher Name? Bitte nehmen Sie ein Blatt Papier (DIN A4), und zeichnen Sie sich mit großer, freier Brust, so dass viel Platz entsteht, um die inneren Akteure aufzunehmen.

Dann malen Sie sich Ihr «Brustbild»: Wer betritt lautstark und dominant die innere Bühne? Setzen Sie solche Hauptstimme(n) «groß und breit» in den Vordergrund, und zwar unabhängig davon,
- ob sie sich untereinander einig sind oder nicht,
- ob Sie (als Gesamtperson) diese Stimme für angebracht halten oder nicht!

Identifizieren Sie sodann weitere, leisere Stimmen, die vielleicht im Hintergrund bleiben und dort auch eingezeichnet werden! Gibt es welche, die nahe beieinander stehen? Die meilenweit voneinander entfernt sind? Welche, die im Kampf miteinander liegen?

Wenn Sie den Text jeder Stimme ausformulieren, wird er zu lang, um im Brustbild Platz zu finden. Formulieren Sie daher jeweils eine kurze, prägnante Aussage, die in die Sprechblase hineinpasst. Bei Platznot können Sie Sprechblasen nach außen verlagern.

Fehlt noch der Name! Vielleicht war er zuerst da – und sein Text folgte. Vielleicht war zunächst der Text da, und Sie suchen hinterher nach einem treffenden Namen. Vielleicht kommen Ihnen auch Symbole vor Augen, die für ein inneres Mitglied charakteristisch sind: Die können Sie mit in das Bild aufnehmen.

Schauen Sie sich zum Schluss das entstandene Brustbild noch einmal aus der Distanz, sozusagen von außen an: Was ist da los? Welche Dynamik prägt das innere Geschehen? Findet sich dort (noch) eine Ansammlung oder (schon) ein Team?

Fehlt noch jemand, haben Sie etwas überhört? Lesen Sie zum Vergleich einige mögliche Stimmen, die ich nachfolgend aufgeschrieben habe! Vielleicht ist eine dabei, die Sie so oder so ähnlich oder mit ganz anderem Akzent auch in sich vorfinden, ohne dass Sie selbst darauf gekommen wären. Dann gehört dieses innere Mitglied zu Ihren «Spätmeldern», aus Gründen, die Sie selbst herausfinden werden!

Der/die peinlich Berührte: «Wie unangenehm! Muss dieser Mensch mir an diesem schönen Tag das Elend der Welt so drastisch vor Augen führen!? Nicht hinsehen und schnell vorbei!»

Der/die Mitleidige: «Der Arme! Schlimm, dass es bei uns solche Armut gibt! Ich sollte wenigstens stehen bleiben und ein paar Mark beisteuern, wenn ich schon sonst nichts tun kann!»

Der/die Hartherzige: «Selber schuld! Bei uns muss niemand hungern! Die Polizei sollte solche Leute von der Straße jagen – sie beleidigen das Auge eines anständigen Bürgers!»

Der/die schuldbewusst Privilegierte: «Es ist sehr ungerecht! Ich als Günstling des Schicksals gehe verächtlich oder allenfalls mildtätig an ihm vorüber. Wenn mich seine Lebensumstände getroffen hätten, säße ich wahrscheinlich jetzt auch dort. Und wer weiß? Die Karten des Schicksals werden täglich neu gemischt. Vielleicht sitze ich eines Tages an derselben Stelle?»

Der/die Eilige: «Ich hab weiß Gott genug zu tun, ich kann jetzt nicht jedes Mal stehenbleiben und mein Portemonnaie nach Kleingeld durchforsten. Los weiter, vielleicht ein andermal, wenn ich mehr Zeit habe!»

Der/die Misstrauische: «Macht der nicht auf die Mitleidstour, und ich falle darauf herein? Schreibt ‹Brot› und meint ‹Schnaps›? Und ich finanziere ihm dann seinen unseligen Lebenswandel!?»

Der/die nicht auffallen möchte: «Etwas unangenehm, aus dem Strom der Vorbeigehenden auszuscheren und stehen zu bleiben! Werden mich nicht alle anschauen? Und was werden sie über mich denken? Wenn nun alle etwas in den Hut werfen würden, wie in der Kirche, wenn die Kollekte herumgeht, dann würde ich mich auch nicht ausschließen! Aber so, als Einziger? Vielleicht kann ich nächstes Mal ein Markstück in die Manteltasche tun – dann kann ich es ganz schnell und unauffällig im Vorübergehen in den Hut werfen.»

Der/die Leistungsbetonte: «Wenn er wenigstens Musik spielen oder irgend etwas bieten würde! Dann würde ich eher etwas geben: Geld gegen Leistung! Aber nur so passiv dasitzen und die Hand aufhalten, das finde ich schlicht faul!»

Der/die Systemkritikerin: «Es liegt in der Logik einer kapitalistisch organisierten Marktwirtschaft, dass es Gewinner und Verlierer gibt; die Letzteren müssen das gesellschaftlich produzierte Elend privat ausbaden. Diese strukturelle Misere lässt sich auf der individuell-menschlichen Ebene nicht lösen. Von daher wäre es politischer Schwachsinn, wenn ich jetzt meine Beziehung zu diesem Bettler auf der Basis von Mitleid und Almosen gestalten würde! Damit würde ich eine strukturelle Misere karitativ stabilisieren.»

Dies ist nur eine kleine Auswahl aus der Vielzahl der Regungen und Haltungen, die wir (im doppelten Sinn des Wortes) Bettlern entgegenbringen. Meine Befragungspersonen benutzten oft originelle Namen, zum Beispiel der *Nasevoll* («Ich kann diese Schnorrer und unappetitlichen Menschen nicht mehr sehen!»), wobei ihnen diese inneren Mitglieder zum Teil peinlich waren, zum Teil gar nicht.

Betrachten wir als Musterbeispiel ein mögliches Ergebnis (s. Abb. 10):

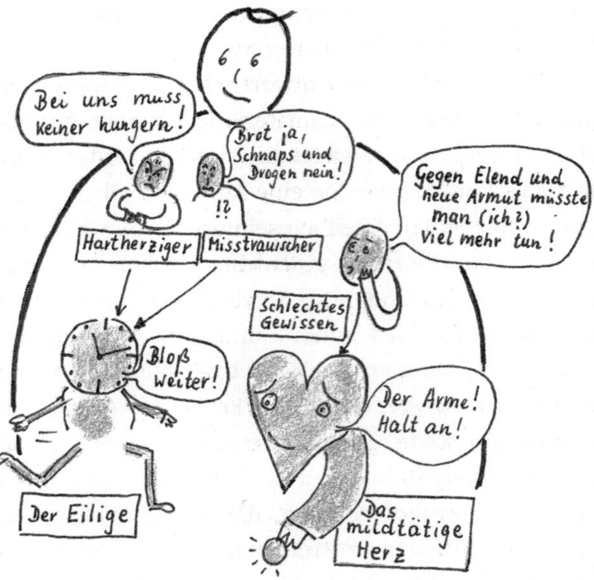

Abb. 10: Beispiel für eine innere Konstellation zum Thema «Bettler»

In diesem Beispielbild finden wir einen pragmatischen Hauptkonflikt auf dem Vordergrund der inneren Bühne: Ein *Eiliger* will weiter, ein *mildtätiges Herz* versucht ihn zu bremsen (und macht der Gesamtperson ein schlechtes Gewissen, wenn sie dem *Eiligen* Vorfahrt gibt). Das sind die beiden lauten Hauptstimmen (daher groß im Vordergrund). Dahinter und weniger laut tauchen noch weitere Mitglieder der inneren Versammlung auf, die ihrerseits uneinig sind und die den Vorderleuten Energie zur Verfügung stellen (durch Pfeile symbolisiert).

Angesichts dieser konflikthaften Ausgangslage hätte der Teamchef einiges zu tun – wir kommen im «Oberhaupt»-Kapitel 2 darauf zurück.

An dieser Stelle waren wir aber von einer anderen Frage ausgegangen: Woher kommen die inneren Stimmen, wie kommen sie in uns hinein? Wir wollten die Antwort so lange aufschieben, bis wir exemplarisch eigenes Erlebnismaterial dazu bereitgestellt haben. Nun ist es so weit! Bitte vertiefen Sie sich noch einmal in den Text Ihrer Stimmen! Bekommen Sie eine Ahnung über ihren Ursprung? Dieser kann sehr unterschiedlich sein und nur im Zusammenhang mit der individuellen Lebensgeschichte ermittelt werden – wenn überhaupt. Vielleicht finden Sie Sätze, die wortwörtlich von Ihrer Mutter hätten kommen können – und andere vom Vater. Ob wir wollen oder nicht: Mutter und Vater leben in uns fort – und nicht nur sie, sondern jeder Mensch, jeder Beziehungspartner, der in unserem Leben eine Rolle spielt oder einmal gespielt hat, hinterlässt in uns einen Widerhall.

Vielleicht finden Sie Stimmen, die Sie ziemlich eindeutig der christlichen Tradition Ihrer Familie zuordnen können («Geben ist seliger denn Nehmen!»), «Eher geht ein Kamel durch ein Nadelöhr, als dass ein Reicher in den Himmel kommt!»). Ich sage «ziemlich eindeutig», da unsere Wurzeln noch tiefer reichen und ein Teil unserer Regungen und ihrer Befehle ein Erbe aus der Vorzeit menschlicher Stammesentwicklung darstellt. Der Urimpuls, dem Notleidenden Beistand und Hilfe zu leisten, ist (sofern uns der Hilfsbedürftige nicht allzu «fremd» anmutet) viel älter als das Christentum und gehört zum Solidarprinzip der Urhorde.

Vielleicht meldet sich in Ihnen aber auch ein «Darwinist» zu Wort: «Leben ist Kampf ums Dasein! Überleben kann und soll nur der Starke und Tüchtige! Das ist das Gesetz der Entwicklung – grausam, aber erfolgreich!» Wäre eine solche Stimme Nachhall einer Siegermentalität, die unseren Vorvorfahren das Überleben beschert hat, oder wäre sie eher Widerhall einer ideologischen Indoktrination, der es daran gelegen war, ungerechte Aufspaltungen der Gesellschaft in Arm und Reich zu legitimieren?

Vielleicht finden Sie Stimmen, die sich quasi situationslogisch aus Ihrem gegenwärtigen Lebenskontext formulieren, zum Beispiel einen «Effektivitätstreiber» wie der *Eilige* in Abb. 10, der sagt: «Mach schnell, dass du heute alles geregelt kriegst! Was du heute kannst besorgen ... – und meide die Ablenkungen von irgendwelchen Dingen, die am Wegesrand liegen! Nur der Schnelle kann heute die Nase vorn haben!»

Solche als individuell empfundene Regungen sind häufig auch Verinnerlichungen eines herrschenden Zeitgeists, der durch alle Büros und Wohnzimmer der Gesellschaft weht: In einer Periode der permanenten Effektivitätssteigerung etabliert sich in jedem von uns ein *innerer McKinsey*, der ständig darüber wacht, ob Zeiteinsatz und Output in einem optimalen Verhältnis zueinander stehen.

Manche Stimmen mögen auch Resultat einer politischen Auseinandersetzung und/oder Beeinflussung sein. Der *Systemkritiker* (S. 49) zum Beispiel ist ein typischer Nachhall aus der Studentenbewegung von 1968: So dachte und sprach man, wenn man sich in der linken Szene zu Hause fühlte. – Viele Parteien und Interessenverbände sind bemüht, in unserer inneren Teamkonferenz mit Sitz und Stimme vertreten zu sein. Noch mehr die Anbieter von Produkten, die bei aller Konkurrenzvielfalt auch unisono in die Welt senden: «Haste was, biste was!» und auf diese Weise ein Mitglied in uns nähren und mästen, das vielleicht schon vorher da war und aus der Zeit stammt, wo eine protestantische Ethik das Wohlgefallen Gottes im Ausmaß des Erreichten und Erworbenen widergespiegelt sehen wollte. Die Belohnungen sind dann hoch verdient: «Man gönnt sich ja sonst nichts!»

Die menschliche Seele ist das vorläufige Endprodukt einer Entwicklung von zig Millionen Jahren. Die Anforderungen des Lebens und Überlebens haben (höchst widersprüchliche, s. Kapitel 3) Haltungen, Bereitschaften, Motive und «Lebensphilosophien» hervorgebracht, die wir noch heute in uns wahrnehmen können – die inneren Stimmen sind Echostimmen, sind zum Teil ein Widerhall der

Weltgeschichte und unserer Kulturgeschichte. Manche wiederum sind junge Ausgeburten eines modernen und unseres persönlichen Lebenskontexts. Und manche Stimmen mögen historische Mischprodukte aus Uralt und Brandneu sein, haben sich aufgrund einer gemeinsamen Affinität verschmolzen. Wie auch immer: Am Konferenztisch unserer inneren Versammlung hat eine eigenartig pluralistische Runde Platz genommen: Da sitzt ein Alpha-Affe neben einem schüchternen Kleinkind, ein rationaler Atheist neben einer bangen Seele vor Gott, ein Tierschützer und Vegetarier neben einem alten Raubtier, ein alter Krieger neben einem Pazifisten, ein weiches, liebendes Herz neben einem hartgesottenen Haudegen. Jeder verkörpert seine ureigene Wahrheit und hat auf seine Weise recht. – Alle sollen nun miteinander auskommen, obwohl jeder nach Macht und Einfluss strebt. Alle müssen miteinander leben, obwohl sie einander nicht ausgesucht haben. Alle müssen miteinander in Kontakt kommen und sich verständigen, obwohl sie häufig nicht dieselbe Sprache sprechen. Alle sollen ein Team werden, obwohl sie oft zerstritten sind.

All dies kann nur gelingen, wenn eine gute Führung koordinierend, moderierend, teambildend «den Laden zusammenhält» – aber das soll erst im Kapitel 2 unser Thema werden.

1.3 Innere Pluralität und moderne Lebensform

Dass der Mensch kein einheitliches Wesen ist, das kraft seiner seelischen Bauweise mit sich selber einig wäre, sondern dass innere Vielfalt und Gegensätzlichkeit das eigentlich Menschliche ausmachen, ist heute fast schon eine geläufige Vorstellung. Oder doch nicht? Jedenfalls scheint sich ein Bewusstseinswandel abzuzeichnen. So schreibt der 1994 verstorbene Zukunftsforscher Robert Jungk in seinen Erinnerungen: «Ich begann zu begreifen, daß in jedem einzelnen mehrere Persönlichkeiten steckten, daß wir widersprüchlicher, aber auch vielfältiger waren, als es uns die Schule gelehrt hatte ...» (1993, S. 79). Aber schon Bismarck soll gesagt haben: «Faust beklagte, daß er zwei Seelen in seiner Brust habe. Ich habe eine ganze sich zankende Menge. Da geht es zu wie in einer Republik» (zitiert nach Schwartz 1997, S. 274).

Hermann Hesse hat in seinem «Steppenwolf» (1927) noch einen eindringlichen Aufklärungsfeldzug für nötig gehalten gegen das «angeborene und völlig zwanghaft wirkende Bedürfnis aller Menschen, daß jeder sein Ich als eine Einheit sich vorstelle» (1974, S. 65). Diese Täuschung beruhe auf einer «einfachen Übertragung: Als Körper ist jeder Mensch eins, als Seele nie» (S. 66). Selbst die Dichter würden in ihren Charakterdramen jede Figur als einheitlich geprägte Person vorstellen. Erst wenn wir anfingen, «einmal die Figuren einer solchen Dichtung nicht als Einzelwesen anzusehen, sondern als Teile, als Seiten, als verschiedene Aspekte einer höheren Einheit», erst dann bekämen wir «etwas vom wahren Wesen der Seele angedeutet» (S. 67). Und wenn Faust den berühmten Satz «Zwei Seelen wohnen, ach, in meiner Brust!» sagte, «dann vergißt er den Mephisto und eine ganze Menge anderer Seelen, die er ebenfalls in seiner Brust hat» (S. 67). Und wenn sein (Hesses) Harry Haller in sich den (geistigen) «Menschen» und den (triebhaften) «Wolf» (= Steppenwolf) ausmachen würde und damit schon glaube, am Ende zu sein, und seine Brust dadurch schon arg beengt fühle, so enthülle dies bloß seine armselige Optik in Bezug auf sich selbst. Es sei eben nur eine Einbildung von Harry, wenn er glaube, eine oder zwei Seelen zu haben, aus ein oder zwei Persönlichkeiten zu bestehen. Jeder Mensch bestehe «aus zehn, aus hundert, aus tausend Seelen» (S. 139).

Ich spreche nicht von «vielen Seelen», sondern ziehe es vor, die *eine* Seele des Menschen «gruppendynamisch» zu interpretieren. Unbestreitbar aber ist, dass eine pluralistische Gesellschaft in uns wohnt. In der heutigen Zeit hat sich diese innere Pluralität wahrscheinlich dramatisch erweitert und verschärft: vorbei die Zeit, wo äußere Autoritäten (Kirche, Staat, Standesordnung) weitgehend einheitliche Denkweisen und Bewertungen haben vorgeben können. Heute gibt es zu fast allen wichtigen Lebensfragen, die uns berühren, eine Vielzahl unterschiedlicher Stimmen: weltanschauliche und Expertenstimmen, die sich zu Wort melden und über die Medien multipliziert werden. Da niemand mehr verbindlich zu sagen hat, was gut und richtig ist, ist uns ein enormes Maß an Freiheit erlaubt und aufgenötigt zugleich. Auch bei gläubigen Katholiken, so wage ich zu behaupten, ist der Papst im «inneren Parlament» nur mit einem Sitz und mit einer (wenn auch gewichtigen) Stimme vertreten. Das war vielleicht schon immer so, aber die Bereitschaft, sich deswegen als sündig und verworfen zu empfinden, hat rapide nachgelassen.

Ob eine Frau mit oder ohne Trauschein heiraten will und ob sie Kinder haben und/oder eine berufliche Karriere anstreben will, muss sie selbst wissen; ob ich in einer Wohngemeinschaft oder als Single lebe: beides akzeptabel. Homo-, Bi- und Heterosexualität unter Männern und Frauen: noch längst nicht, aber doch schon viel mehr als früher gleichermaßen erlaubt und moralisch unverfänglich. Soldat werden oder als Kriegsdienstverweigerer Ersatzdienst leisten: zugelassene und respektable Alternativen. Bei der Frage der Abtreibung ist das Selbstbestimmungsrecht der Frau und der Schutz des ungeborenen Lebens ein anerkanntes Wertedilemma. Von der richtigen (sanften) Geburt bis hin zum (humanen) Sterben: viele Alternativen, unterschiedliche Auffassungen und Bevorzugungen. Nicht, dass alle alles akzeptabel finden – im Gegenteil, an vielen Fragen scheiden sich die Geister und gehen heftig aufeinander los. Aber der gesellschaftliche Raum ist von einer Vielzahl von Stimmen gefüllt, und es kann nicht ausbleiben, dass sich dieses Stimmengewirr in mir niederschlägt, dass die Außenstimmen sich mit Eigenregungen verbinden und dass ich, wenn ich vor einer bestimmten Frage stehe und in mich hineinhorche, es mit dieser «inneren Pluralität» viel heftiger zu tun bekomme, als es unsere Urgroßeltern je hätten bekommen können.

Die gewaltige Informationsflut aus den Medien und den modernen Kommunikationstechnologien hat unter Wissenschaftlern und Journalisten (vgl. Ernst 1991) die Frage aufgeworfen: Was richtet das in der Psyche des Menschen an? Der amerikanische Sozialpsychologe Kenneth Gergen (1996) spricht von «Multiphrenie» und von einem «übersättigten» und «übervölkerten Selbst» als Folge der Vervielfältigung unseres Beziehungs- und Medienlebens. Er sieht den modernen Menschen vom Gewirr innerer (verinnerlichter) Stimmen überfüllt, welche bei jeder Handlung und Entscheidung einen kritischen und demoralisierenden Oppositionschor bilden (S. 136).

Ist damit der «Verlust der Identität des Menschen in der postmodernen Gesellschaft» (Ernst 1991, S. 22) besiegelt? Nein, zwar ist die Identitätsbildung mühsamer geworden, aber gerade das erfordert einen souveränen Umgang mit der inneren Pluralität – ein neues pädagogisch-therapeutisches Lern- und Entwicklungsziel. Die Sorge aber ist völlig zutreffend: dass ein Mensch im täglichen Bombardement der Nachrichten, Meinungen, Bilder sich nur dadurch vor Überflutung retten kann, indem er vieles überfliegt und kaum noch etwas an sich herankommen lässt – in dem Sinn, dass die Seele mit dem Aufgenommenen in Wechselwirkung tritt, es sich verarbeitend an-eignet und an-verwandelt. Seien Sie ehrlich, liebe Leserin, lieber Leser, Sie überfliegen dieses Buch doch auch nur!? Sie wollen «so ungefähr wissen, was drinsteht» – stimmt's? Die Selbstbesinnung mit dem Bettler haben Sie auch ausgelassen, um schneller durchzukommen! Aber *Ihnen* gilt noch nicht einmal die Hauptsorge, denn Sie lesen immerhin noch Bücher, wo die Menge der aufgenommenen Informationen dem Tempo der Seele noch halbwegs entspricht. Wer aber nur noch überfliegt, ist bald auf der Oberfläche seiner Persönlichkeit überfüttert – und in seinem Kern unterernährt. So erscheint ein neuer Sozialtyp am Horizont: ein «entkernter Mensch» mit großer «Festplatte», auf der zusammenhang- und beziehungslos das tausendfältige Sammelsurium an Stimmen gespeichert ist, die er nun ebenso flexibel wie letztlich wahl- und hilflos wieder abrufen kann. Bei diesem «multiphrenen» Menschen bleibt es unentscheidbar, ob er wirklich eine «eigene» (das Wort passt kaum noch) Meinung vertritt oder ob er etwas aufgeschnappt hat (Ernst 1991).

Vielleicht gelingt es Ihnen, liebe Leserin, lieber Leser, nach dieser kleinen Predigt, sich bei der Lektüre wirklich Zeit zu gönnen («Abschalten können Sie woanders!»), so dass sich das Aufgenommene mit Ihrer Eigensubstanz verbindet und so zu etwas Neuem und Unvorhersehbarem führt, das dann wirklich Ihnen gehört. Vielleicht haben Sie bereits jemanden in sich, dessen Credo «Weniger ist mehr» lautet. Und der braucht, wegen der großen Zahl und Stärke seiner Gegenspieler, immer mal etwas Wasser auf seine Mühle.

1.4 Vorläufer und Wegweiser zum Modell des Inneren Teams

Zwar wird es Zeit, dass wir auf den Chef des Inneren Teams zu sprechen kommen, weil er es ist, der mit der ganzen sich zankenden Menge fertig werden muss. Aber zuvor möchte ich Ihnen noch schildern, wie ich auf die ganze Sache gekommen bin und in welchen Zusammenhängen sie mir wichtig geworden ist.

Gestalttherapeutische Erfahrungen

Der Grundgedanke war mir seit jeher vertraut, er ist Gemeingut wohl aller psychologisch-therapeutischen Schulrichtungen. Schon Freud hat die Seele als einen Kampfplatz dargestellt, auf dem eine naturnahe Triebinstanz (Es) und eine zivilisations- und kulturnahe Moralinstanz (Über-Ich) in ständiger Auseinandersetzung sind, unter Vermittlung einer realitätsnahen übergeordneten Instanz (Ich). Besonders in der von Fritz und Laura Perls begründeten Gestalttherapie ist es gang und gäbe, einzelne Teile der Persönlichkeit aus dem Gesamt herauszutrennen, ihnen einen Stuhl zuzuweisen, auf den sich der Klient setzen kann, um sich mit diesem Teil vorübergehend einmal ganz zu identifizieren. Auch können sich zwei innere Gegenspieler miteinander unterhalten, indem der Klient jeweils die Stühle wechselt. Besonders beliebt ist die Auseinandersetzung zwischen «Topdog» und «Underdog» (s. S. 177).

In meiner allerersten Gestaltgruppensitzung (bei Hilarion Petzold, wohl 1977) nahm ich auf dem «heißen Stuhl» Platz, der jeweils für den Klienten reserviert war. Der Meister hatte davon gesprochen, auf diesem Stuhl könne man ein wenig spielen («play») oder auch seelisch hart arbeiten («work»), möglich wäre auch ein Mittelding («plork»). Ich sagte: «Mir ist, als müsste ich wohl mal drankommen – obwohl mich aktuell gar nichts bedrückt oder beschäftigt. So wie beim Zahnarzt: Wenn man auf dem Behandlungsstuhl sitzt, sind alle Schmerzen weg!»

Darauf der Meister: «Wer sagt denn das in dir, du müsstest mal drankommen?» Die Frage überraschte mich («Wer in mir??»), ich überlegte. Das war doch offenbar jemand in mir, der fand, es könne mir guttun (oder es könne vielleicht sogar nötig sein), mich einmal mit mir selbst zu konfrontieren. Wer sagt denn so was? So etwas sagen doch Psychologen! Also: «Das sagt mein Psychologe in mir!»

Ich war gespannt, ob er diese Antwort gelten lassen würde. Er besorgte sogleich einen zweiten Stuhl und sagte, ich solle mich mit «meinem Psychologen» einmal unterhalten. Was der für mich, so fügte er hinzu, wohl nützlich finden würde? «Vielleicht ein Loch füllen? Oder eine Wurzelbehandlung?» Ich musste lachen, weil der Meister meine Analogie vom Zahnarzt aufgriff und nun seinerseits auf seelische Inhalte bezog. – Aus «play» und «plork» wurde nach wenigen Minuten «work», und ich war erstaunt, was alles noch in mir steckte. Vor allem zeigte sich, dass ein *Liebeslüstling* («Ich möchte mich so gern mal wieder verlieben!») noch an der kurzen Kette des gescheiterten Ex-Ehemanns hing, der sich bisher vor der Trauerarbeit gedrückt hatte: Der *Trauerkloß* war, so würde ich heute sagen, in meinem inneren Ensemble ein ungern gesehener Gast gewesen, ein verdrängter Außenseiter, der aus dem Untergrund heraus sein Daseinsrecht einklagte und zum Beispiel das Neu-Verlieben erfolgreich verhinderte.

An der Methode gefiel mir, dass sie mich zu mir selbst brachte und dass sie so undogmatisch, flexibel und elegant einfach aufgriff, was ich selber an Worten und Wortbildern hervorbrachte. Und dass sie mit Humor vereinbar war! So war die Angst vor dem Zahnarzt also unnötig. – Später lernte ich Gestalttherapie bei Ruth Cohn näher kennen. Und wenn mir in meinem Traum ein bissiger Hund zu schaffen machte, dann hieß es in der therapeutischen Sitzung: «Sei mal der Hund!» – getreu der Annahme, dass alles, was die Seele an (Traum-) Bildern entwirft, ein verborgener Teil ihrer selbst ist oder zumindest sein kann. Sollte ich, wollte ich, der ich ein freundlicher, friedlicher, höflicher (ein wenig «fried-höflicher») junger Mann war, diese «schlafenden Hunde» in mir wecken? In C. G. Jungs Persönlichkeitslehre (1975) spielt der Begriff des «Schattens» eine große Rolle: Das sind die Teile der Persönlichkeit, die zwar zum ganzen Menschen dazugehören, aber im Leben nie so richtig dabeisein dürfen – sei es, weil sie als moralisch minderwertig verdammt wurden, sei es, dass sie lebensgeschichtlich ohne Entwicklungschance waren und sich nun schüchtern im Hintergrund der inneren Bühne auf- und zurückhalten. Für Jung war es eine geläufige Vorstellung, dass diese Teilaspekte der Seele ein Eigenleben im Untergrund führen und sich zum Beispiel in Traumbildern zeigen, aber auch in Sagen, Mythen und Märchen. Insbesondere galt sein Interesse den «Archetypen», wir könnten sagen, der «inneren Urhorde» des Menschen, die allen Individuen aufgrund ihrer Gattungsgeschichte gemein ist.

Also noch einmal gefragt: Sollte ich, wollte ich diesen bissigen Hund, der sich aus dem Schattenreich meiner Seele gemeldet hatte, «integrieren», das heißt, als einen mir zugehörigen Teil akzeptieren und in mein bewusstes Erleben und Handeln eingliedern? Zwar ist, nebenbei bemerkt, diese *Traumdeutung auf der Subjektstufe* nicht zwingend. Es könnte auch sein, dass irgendwer oder irgendetwas in meinem Leben sich wie ein bissiges Tier aufführt, sich gleichsam in meine Waden verbeißen will – und der Traum bringt mir das, was ich vielleicht kaum zu denken und zu fühlen wage, in einem drastischen Bild ins Bewusstsein (so wie eine gute Karikatur einem für das, was da passiert, so richtig die Augen öffnen kann). Diese *Deutung auf der Objektstufe* ist immerhin auch möglich, und beide Deutungen schließen sich nicht aus. Gleichviel, die Vorstellung, dass es «innere Anteile» im Menschen gibt, die dem Bewusstsein mehr oder weniger deutlich sind und die sich zum Beispiel im Traum symbolisch zeigen können, diese Vorstellung ist seit Freud und Jung vielen Schulrichtungen geläufig. Ich habe hier die Gestalttherapie stellvertretend hervorgehoben.

Über diese persönlichen Erfahrungen hinaus lagen mir einige Veröffentlichungen vor, die den Gedanken an ein Inneres Team in besonderer Weise aufkommen ließen. Neben dem spielerischen Essay von Virginia Satir mit dem Titel «Meine vielen Gesichter» (auf Deutsch 1988) waren dies vor allem:

- G. R. Bach und L. Torbet (1985, urspr. 1983), die vom «inneren Feind» sprechen und den fairen Streit auch innerhalb der menschlichen Seele fördern wollen (s. S. 189 f. in diesem Buch);
- M. Goulding (1988, urspr. 1985) mit demselben Thema: Auch ihr geht es darum, innere Schurken und Halunken ausfindig zu machen und in humorvoller Selbsthilfe wirksam zu bekämpfen (s. S. 200 f. in diesem Buch);
- R. Assagioli (1993, urspr. 1965) und sein Schüler P. Ferucci (1986, urspr. 1982), denen es in ihrer «Psychosynthese» darum zu tun ist, die innere Vielfalt des Menschen zu entdecken und zu einem harmonischen Ganzen zu vereinigen (s. S. 123 f. und 127 in diesem Buch);

- H. und S. Stone, die u.a. unter dem Titel «Du bist viele» (1994, urspr. 1989) den Aufbau der menschlichen Persönlichkeit unter dem Aspekt der inneren Pluralität darstellen und mit einer «Voice-Dialogue-Methode» verbinden, um die Teile zum Sprechen zu bringen (s. auch Wille 1991);
- P. Orban, der unter dem Titel «Der multiple Mensch» (1996) die These ausführt, dass die «multiple Persönlichkeitsstörung» (vgl. S. 80) keine extravagante Verrücktheit darstellt, sondern auf der ganz normalen Multiplizität des Menschen basiert;
- G. R. Schwartz, ein amerikanischer Familientherapeut, der das «System Familie» auch innerpsychisch wiederfindet und in seiner IFS (Internal Family Systems Therapy) die systemische Therapie der ganzen Familie durch die «Systemische Therapie mit der inneren Familie» (1997, urspr. 1995) ergänzt und damit die innere Welt des Individuums für die Systemtherapie wiederentdeckt. Dieses kurz vor Vollendung des vorliegendes Buches auf Deutsch erschienene Buch weist bedeutsame Gemeinsamkeiten mit den hier vertretenen Sichtweisen auf, besonders was die Idee einer inneren Gruppendynamik und eines Oberhaupts mit bestimmten Führungsqualitäten angeht. Darüber hinaus enthält es für den therapeutischen Kontext interessante und gut illustrierte therapeutische Techniken. Ich habe es in letzter Minute aufnehmen und nutzbringend einarbeiten können (s. S. 79 und 205 f. in diesem Buch).

Auch ein bedeutender deutscher Vertreter der systemischen Familientherapie, Helm Stierlin, hat 1994 mit Nachdruck auf die innere Pluralität des Menschen hingewiesen: Die alte Annahme, das Selbst sei eine Einheit, eine «unteilbare psychische Monade», erweise sich in der psychotherapeutischen Praxis als unhaltbar. So wie wir in der Physik erkannt hätten, dass das Atom keineswegs die letzte unteilbare Einheit sei, sondern ein komplexes und dynamisches Gebilde mit Hunderten von Teilchen, so sei das Individuum aus vielen – hier sagen wir besser – «Anteilen» zusammengesetzt; analog zur Teilchenphysik bräuchten wir eine «Anteilspsychologie» (Stierlin 1994, S. 105 ff.).

Frühe Kommunikationspsychologie

Etwas anderes war mir auch längst vertraut, und ich hatte es in meine Kommunikationslehre aufgenommen (1981, S. 39–42, und 1983, S. 278–280): dass menschliche Äußerungen in ihrer «Quadratur» unklar und doppelbödig werden, wenn der Sender ein undurchschautes «Kuddelmuddel» von mehreren Seelen in seiner Brust hat. Ein Beispiel aus dem Lehrerzimmer:

«In Ihrer Klasse ging es ja hoch her in der letzten Stunde!», sagte der Rektor zum Referendar mit einigermaßen freundlicher Stimme. Der angesprochene *Sachinhalt* war klar (Turbulenz und Lautstärke im Klassenzimmer, offenbar bis nach außen vernehmbar). Aber welche *Selbstkundgabe* (Entsetzen?), welche Beziehungsbotschaft (Kritik, Anerkennung?), welcher *Appell* («Erzähl mal, was los war!» oder «Bitte mehr Disziplin in Zukunft!») steckte in der Äußerung?

Abb. 11: Undurchschautes inneres Durcheinander führt zu unklaren Kommunikationsquadraten (vgl. Schulz von Thun 1983, S. 279 f.)

Der Referendar hatte schnell geantwortet; erst später fragte er sich: «Was hat er mir damit eigentlich sagen wollen!?»

In einer späteren Metakommunikation stellte sich heraus, dass der Rektor tatsächlich durch den Lärm beunruhigt und genervt war, gleichzeitig aber auch Hoffnung in einen neuen Junglehrer setzte, der mit seiner frischen Art dem vergreisten Kollegium vielleicht eine Vitaminspritze geben könnte. Und drittens schließlich wollte er nicht gleich am ersten Tag als kritische Kontrollinstanz auftreten. Aus diesem selbst nicht durchschauten inneren Durcheinander war die freundliche Bemerkung mit doppeltem Boden und der «unklaren Quadratur» entstanden. Wir sehen: Innere Pluralität ist auch im beruflichen Alltag allgegenwärtig, ohne dass immer tiefenpsychologisches Material tangiert wäre, und als herbeigerufene Klärungshelfer besteht ein Großteil unserer Arbeit in der *Hilfe zur Selbstklärung* (Thomann und Schulz von Thun 1988, S. 54ff.).

Trotz all dieser Erkenntnisse und Hintergründe hat sich mir die Lehre vom Inneren Team erst später erschlossen. Sie «ergab sich» in den achtziger Jahren bei der Beratung von Führungskräften (s. auch Schulz von Thun 1996).

Die Beratung von Führungskräften mit Hilfe des Inneren Teams

Als Resultat meiner Lehrzeit bei Ruth Cohn (vgl. Cohn und Schulz von Thun 1994, S. 47 f.) lautete einer meiner wichtigsten Glaubenssätze: «Menschenführung beginnt bei mir selbst (wenn sie auch dort nicht endet)!»

Entsprechend hatte ich, sowohl für konkrete Kommunikationsprobleme als auch allgemein für die Auseinandersetzung mit der Führungsrolle, einen Wilhelm-Busch-Merkvers gereimt:

Willst du ein guter Leiter sein,
dann schau auch in dich selbst hinein!

– statt, so lautete der Nachsatz, mit geschulter Technik motivierend, pädagogisierend, psychologisierend, manipulierend am anderen herumzudoktern!

Oft war es aber nicht einfach, Führungskräfte für diese «Philosophie» zu begeistern. Ihre Stärke, ihr Stolz und Ehrgeiz lagen verständlicherweise in der effektiven Kontrolle des organisatorischen Geschehens und ihrer Mitarbeiter, im zielsicheren Eingreifen und Steuern. Eine Schulung der Kommunikation war insoweit erwünscht, als durch die «Macht des Wortes» diese Kompetenz gesteigert und verfeinert werden konnte. Durch den Appell zur Selbstreflexion hingegen sahen sich viele «auf der Couch» landen, zu einem Patienten werden, der erst seine Neurosen heilen sollte, bevor er auf die Menschheit losgelassen werden durfte. Es war nicht so leicht, dieses «Schau auch in dich selbst hinein!» als professionelles Werkzeug für Gesunde und Tüchtige darzustellen, die ein erfolgreiches Wirken nicht zuletzt auch ihrer integren Persönlichkeit und ihrem geklärten Rollenverständnis zu verdanken haben.

Die Skepsis solcher Führungskräfte gegen die Philosophie der Selbsterkundung verwandelte sich aber oft in Faszination, wenn ich das Bild des Inneren Teams als anschauliches und greifbares Modell anbot. Nun wurde plötzlich deutlich: Jede(r) Vorgesetzte hat es mit *zwei* Teams zu tun, beide können ihm (oft gleichzeitig) zu schaffen machen – und es kommt darauf an, die Entwicklung des einen mit der des anderen zu verbinden:

Ich erinnere mich an ein Beispiel aus einem Kommunikationsseminar für Führungskräfte, in dem mir Mitte der achtziger Jahre wohl zum ersten Mal die Idee kam, das Innere Team als Leitvorstellung zu nehmen. Ein Abteilungsleiter fragte: «Wie kann ich mit einem Mitarbeiter reden, der bei mir immer wieder ankommt und eine Sondergenehmigung will, auch am Wochenende ungestört in der Firma zu arbeiten, weil er sonst die gesteckten Termine nicht erreichen würde? Welchen Ton schlägt man da am besten an?»

Ich fragte: «Wie reagieren Sie denn innerlich auf diese Anfrage?»

Abb. 12: Jeder Vorgesetzte hat es mit zwei Teams zu tun (und beide können ihm zu schaffen machen!)

Er gab einen knurrenden, gereizten Laut von sich. Statt nun etwa im Rollenspiel eine günstige Gesprächsweise zu üben, hielt ich es für angebracht, diesem Knurrlaut genauer nachzugehen, um womöglich die Antwort mit der inneren Wahrhaftigkeit des Antwortenden zur Deckung zu bringen. Welche «Botschaft» verbarg sich in dem Knurrlaut? «Mögen Sie mal versuchen, diesen Laut in Worte zu fassen?» Er begann: «Immer solche Extrawürste, das ist bei dem Mann ja nicht das erste Mal, das will mir ganz und gar nicht in den Kopf! Es ist auch schon rein aus Prinzip schlecht möglich – wenn das alle machen würden, dann hätten wir samstags Hochbetrieb! Aber man will dann auch wieder kein Prinzipienreiter sein und sich auf stur stellen, verstehen Sie?»

Ob er mal, schlug ich vor, die Stimme, die sich jetzt in ihm meldete und sagte «Sei doch kein Prinzipienreiter!», ob er diese Stimme auch einmal zu Wort kommen lassen mochte? Was sagte die noch alles? – «Die sagt: Wenn der Mitarbeiter das selbst so wünscht, warum soll ich ihn dran hindern? So wie jeder nach seiner Fasson selig werden soll, so soll jeder sich auch nach seiner Fasson motivieren! Als Vorgesetzter werde ich doch dafür bezahlt, dass ich Bedingungen schaffe, unter denen Mitarbeiter aufblühen können. – Aber da ...», unterbrach er sich, «kommt dann gleich wieder die andere Stimme und sagt: ‹Das kann ja nun nicht bedeuten, dass ich jedem eine Extrawurst brate.›» Und so weiter.

Zum ersten Mal zeichnete ich am Flipchart einen Mann mit zwei Männchen in seinem Inneren:

Abb. 13: Zwei Stimmen im Abteilungsleiter

Und ich kommentierte: «Das sind Sie, der Chef, und in Ihnen melden sich diese beiden Stimmen wie zwei Seelen in der Brust. Man könnte auch sagen: Da melden sich zwei Mitarbeiter aus Ihrem Inneren Team. Der eine steht für klare Prinzipien und für geordnete Verhältnisse (‹Gleiches Recht für alle!›), der andere für Flexibilität und

Respekt vor der Unterschiedlichkeit der Menschen (‹Jedem das Seine!›). So weit, so gut! Das Problem ist nur: Beide haben recht und sind sich nicht einig, wie hier zu handeln und zu antworten ist.»

«Ja, und nun?», fragte der Abteilungsleiter. «Jetzt hat er ein Problem mit sich selbst!», witzelte ein Kollege aus der Gruppe.

«Jetzt hat er erst einmal ein Problem mit sich selbst, und das ist gut so!», sagte ich. «Denn nur, wenn wir ‹alle beisammen haben›, können wir auf Probleme (und auf Menschen) angemessen und differenziert reagieren. Und die, die wir beisammen haben, sind sich fast nie einig. Wichtig ist nun, diese innere Uneinigkeit eine Zeitlang auszuhalten. Ich sage ‹aushalten›, weil das durchaus ein quälender Zustand sein kann, und ein Teil Ihrer Gereiztheit, die sich in dem Knurrlaut offenbarte, ging gewiss auf das Konto dieses inneren Konflikts, in den der Mitarbeiter Sie gebracht hat! Wir sind meist auf Leute schlecht zu sprechen, die in uns eine Unstimmigkeit erzeugen. Die Verführung wäre jetzt groß, diesen quälenden Zustand dadurch zu beenden, dass Sie eine der beiden Wortmeldungen als Quatsch abtun und dann mit der Wucht dessen, der nur *eine* Wahrheit kennt, dem Mitarbeiter begegnen. Dadurch würde sowohl innerlich als auch zwischenmenschlich etwas auf der Strecke bleiben, und die Sachlösung wäre wahrscheinlich auch nicht optimal.»

«Aber man muss doch zu Entscheidungen kommen und kann nicht ewig innere Dialoge führen!?», wandte ein Kollege ein. Antwort: «Unbedingt! Wenn ich sage, es komme darauf an, diese innere Uneinigkeit eine Zeitlang auszuhalten, dann meine ich damit: Nimm dir so viel Zeit, wie nötig ist, um alle inneren Experten zu dem Thema zu hören und sie miteinander in Kontakt kommen zu lassen. Sodann muss der Chef hier (ich zeigte auf den Kopf am Flipchart, vgl. Abb. 13) entscheiden und handeln. Aber jetzt ist die Chance größer, dass er Lösungen findet, die beide inneren Kontrahenten befriedigen oder die so sind, dass beide damit leben können, wie man so schön sagt.»

«Wie könnte denn eine solche Lösung aussehen?» Antwort: «Keine Ahnung. Die Expertenrunde hat ja noch gar nicht getagt, und ohnehin müssten wir zuvor dem (äußeren) Mitarbeiter noch genauer aktiv zuhören, wie er seine Situation empfindet, denn vielleicht verbirgt sich hinter dieser organisatorischen Anfrage eine menschliche Not, die wir noch nicht kennen. Aber angenommen, der Chef würde zu dem Antrag schlussendlich ja sagen, dann könnte er Zusätze von der Art machen: ‹... und zwar unter folgenden Bedingungen: erstens, zweitens, drittens› – das wären dann wahrscheinlich alles Punkte, die der *Prinzipienmensch* zu Protokoll gegeben hätte. Oder angenommen, er würde die Bitte letztlich abschlagen; dann könnte er trotzdem mit *beiden* inneren Mitarbeitern ins Gespräch gehen und zum Ausdruck bringen, dass er zwar den Antrag ablehnen müsse, sich aber doch Gedanken gemacht habe, wie er ihm, dem Mitarbeiter, in seiner besonderen Situation gerecht werden könne – ob es vielleicht noch andere Lösungen gäbe etc. – Für den Mitarbeiter als Menschen würde diese Art von Kontakt wohltuender sein, als wenn er nur vom *Prinzipienreiter* mit den Worten ‹Keine Extrawurst, wenn da jeder käme!› abgespeist worden wäre.»

Das Gesprächstraining, das heißt die Einübung eines angemessenen Dialogverhaltens, setzt eine innere Vorarbeit voraus. Wie viele Gespräche und Kontakte im Berufsleben mögen tagtäglich stattfinden, in denen mindestens einer der beiden Partner eine selbst nicht durchschaute oder nur diffus gespürte «innere Uneinigkeit» mitbringt, mit der Folge, dass er erstens unklar und zweitens gereizt und grimmig kommuniziert?

Der vorgeschaltete innere Einigungsprozess hat oft zur Folge, dass Vorgesetzte das Gespräch jetzt gern führen, weil sie sich in ihrer Haut wieder wohlfühlen. Ein «Gesprächstraining» mag sich dann in vielen Fällen erübrigen; zwar längst nicht immer, aber doch vielfach trifft zu:

Es trägt Verstand und rechter Sinn
mit wenig Kunst sich selber vor!
(Goethe: Faust 1)

Literatur und Dichtung

Wenn von Vorläufern und Wegweisern des Modells vom Inneren Team die Rede ist, dann darf der Hinweis nicht fehlen, dass in Literatur und Dichtung die Erkenntnis von der inneren Pluralität des Menschen häufig durchscheint und zum Teil ausdrücklich zum Thema wird. Von Hesses «Steppenwolf» war schon die Rede (S. 54), von Stevensons «Dr. Jekyll und Mr. Hyde» soll noch berichtet werden (S. 186 f.). Genannt sei auch Tolstoi, der zum Beispiel in seinem Roman «Krieg und Frieden» immer wieder die «inneren Stimmen» ausformuliert, die dem Handeln der Menschen vorangehen oder ihm nachfolgen, verbunden mit der Aussage, dass die «Einigkeit mit sich selbst» ein kostbares Entwicklungsziel darstelle, aber kaum je der reale Zustand sei.

Ein Streifzug durch die Literatur unter dem Gesichtspunkt der inneren Pluralität dürfte spannend und ergiebig sein – an dieser Stelle mag es ausreichen, den Klassiker zu diesem Thema vorzustellen, den «Faust» von Johann Wolfgang von Goethe. Aus ihm stammt ja das Zitat von den zwei Seelen in einer Brust, das wohl nur deshalb zum geflügelten Wort hat werden können, weil es das Erleben des Alltagsmenschen auf den Punkt bringt. – Zur Illustration des *Teamgedankens* eignet sich am besten das «Vorspiel» zu «Faust 1», in dem uns, so behaupte ich, der Dichter sein Inneres Team kundgetan hat, das er in sich am Werk gespürt hat, als er den «Faust» schrieb.

Wie er es verraten hat? Selbstverständlich hat er *nicht* im Jargon einer modernen Selbsterfahrungsgruppe gesagt:

> Ich merke, das ist bei mir jetzt dran, dass ich wieder mal am «Faust» arbeite und die Sache zu Ende bringe. Ich merke aber auch, dass da bei mir ganz verschiedene Anteile sind, die da hochkommen:
>
> Also, einmal spür ich da ganz deutlich den Wunsch, so etwas wie ewige Wahrheiten, die ich jetzt erkannt habe oder doch zumindest ahne, in einer geeigneten und stimmigen Form zu Papier zu bringen.

Und das muss vor allem erst einmal für mich selbst stimmen, wie andere das finden, ist völlig egal. – Aber dann ist da sofort eine Tendenz, die sagt: «Nein, das soll auch ein großartiges Theaterstück werden, wo normale Leute gern hingehen und es toll finden»; und dieser Teil in mir will das Stück so schreiben, dass ein richtiger Kassenschlager daraus wird – und als alter Bühnenprofi weiß ich ja, wie man so was hinkriegt. – Und dann kommt manchmal noch so ein Schalk in mir hoch, der weder an ewigen Wahrheiten noch an großen Verkaufserfolgen interessiert ist, der sich einfach launig und kreativ anfühlt und der im Hier und Heute seinen Spaß haben will. – Ich merke bei mir, dass diese drei immer wieder da sind und ich beim Schreiben mal von dem einen, mal von dem anderen mehr beseelt bin, dass sie unablässig mit von der Partie sind und sich manchmal ganz schön ins Gehege kommen.

So hat er es nicht mitgeteilt. Was tut ein genialer Dichter, wenn er widerstreitende Tendenzen in sich selbst vorfindet? Er stellt sie auf die Bühne, gibt ihnen einen Namen und lässt sie miteinander reden und streiten! (s. Abb. 14)

Genau dies hat Goethe in seinem «Vorspiel» zum «Faust» getan: Da tritt zum einen der *Dichter* (in ihm) auf, der etwas Wahres, Wahrhaftiges von bleibendem Wert schaffen möchte:

Was glänzt, ist für den Augenblick geboren:
Das Echte bleibt der Nachwelt unverloren!

Dabei will er sich nicht unter Termindruck setzen lassen:

Oft, wenn es erst durch Jahre durchgedrungen,
erscheint es in vollendeter Gestalt.

Aber es gibt nicht nur diesen (in ihm). Lautstark und dominant äußert sich ein ganz anderer, der nun auch das Publikum in Betracht zieht und «gut ankommen» will, der *Direktor*:

Abb. 14: Drei «Seelen in der Brust» des «Faust»-Autors (abgeleitet aus dem «Vorspiel auf dem Theater»)

Ich wünschte sehr, der Menge zu behagen!

Er denkt ans Geschäft:

Denn freilich mag ich gern die Menge sehen,
Wenn sich der Strom nach unserer Bude drängt,
[...]
Bei hellem Tage, schon vor vieren,
Mit Stößen sich bis an die Kasse ficht

Und, wie in Hungersnot um Brot an Bäckertüren,
Um ein Billet sich fast die Hälse bricht.

Natürlich geraten diese beiden sofort aneinander. Der *Dichter* weist empört das an ihn gerichtete Ansinnen zurück, sein Werk auf Beifall und «Einschaltquoten» auszurichten:

O sprich mir nicht von jener bunten Menge,
Bei deren Anblick uns der Geist entflieht.

Als der *geschäftstüchtige Direktor* ihm allerlei Ratschläge geben will, wie man die Menge am besten gewinnt, lässt er seiner Verachtung freien Lauf:

Ihr fühlet nicht, wie schlecht ein solches Handwerk sei!
Wie wenig das dem echten Künstler zieme!
Der saubern Herren Pfuscherei
Ist, merk ich, schon bei Euch Maxime.

Der *Geschäftstüchtige* lässt sich nicht kränken. Er, der schon zuvor eine schnelle und termingerechte Produktion angemahnt hatte,

... mein Freund, o tu es heute!

versucht, die (aus seiner Sicht) fruchtlose Debatte zu beenden:

Der Worte sind genug gewechselt,
Laßt mich auch endlich Taten sehn!

Es gibt noch einen Dritten. Dieser will sich weder Verkaufserfolgen noch dem Qualitätsanspruch ewiger Wahrheiten und Formvollendungen unterordnen – dieser will seinen Spaß im Hier und Jetzt, will Freude haben und Freude machen:

Wenn ich nur nichts von Nachwelt hören sollte.
Gesetzt, daß ich von Nachwelt reden wollte,
Wer machte dann der Mitwelt Spaß?
Den will sie doch und soll ihn haben.
Die Gegenwart von einem braven Knaben
Ist, dächt' ich, immer auch schon was.

Lustige Person nennt Goethe diesen Dritten im Bunde – und wir können unschwer ahnen, dass diese drei inneren Mitarbeiter bei der Entstehung des Werkes in ihrem Miteinander und Gegeneinander eine große Rolle gespielt haben.

Sind nicht drei ganz ähnliche Gestalten in uns allen vorhanden, wenn wir einer Arbeit, einem Beruf nachgehen? Auch in mir, während ich dieses Buch schreibe: Da ist der seriöse Wissenschaftler, der nach Wahrheit strebt und dafür Sorge tragen möchte, dass der Text vor der «Scientific Community» auch im nächsten Jahrtausend noch Bestand haben möge. Dann ist da der Erfolgsautor, dem eine hohe Auflage nicht ungelegen kommt und dem das praktische Gelingen wichtiger ist als die wissenschaftliche Gründlichkeit. Und da ist drittens ein schöpferischer Gestalter, der an dem Ganzen seinen Spaß haben will, dem es eine diebische Freude macht, dem alten Goethe etwas in die Brust zu malen, und der darauf hofft (und es in seinen Vorlesungen genießt), dass die Leser und Hörer daran ihr Vergnügen haben, dass «docere et delectare» (Belehren und Erfreuen) zur Einheit werden. Wo auch immer sie herkommen mögen – sie sind da! Und nun kommt es entscheidend darauf an, dass diese drei zu einem Inneren Team werden, dass sie sich gegenseitig ergänzen, unterstützen und beflügeln, statt einander hindernd ins Wort zu fallen und sich gegenseitig die Laune zu verderben. Hier liegt die Scheidelinie zwischen aufblühender Schaffenskraft und chronischen Arbeitsstörungen.

1.5 Teams im Arbeits- und im Seelenleben: die Parallelitätsthese

So weit zu den Hintergründen und Ideenlieferanten sowie zur Entstehung des Modells vom Inneren Team. Nachdem die Metapher erst einmal geboren war, entwickelte sie eine erkenntnisspendende Kraft und führte mir immer deutlicher vor Augen, welch verblüffende Parallelen sich zwischen der Gruppendynamik in Arbeitsteams und der im seelischen Team ziehen lassen.

Hier wie dort, draußen wie drinnen müssen Chef und Team miteinander leben und auskommen; langjährigen Mitarbeitern kann schlecht gekündigt werden, und einen schwachen Chef wird man auch so leicht nicht los. Hier wie dort ist der *Teamchef*, das *Oberhaupt*, wie wir es nennen werden, gut beraten, mit jedem seiner Mitarbeiter intensiven Kontakt aufzunehmen und jedem aufmerksam zuzuhören, wenn er sich, auch ungerufen, zu Wort meldet. Nur wer sich wahrgenommen, gewürdigt und berücksichtigt fühlt, nur wer sein «Mitspracherecht» erfüllt sieht, wird zum Gelingen des Ganzen beitragen wollen und können, wird gegebenenfalls Kompromisslösungen mittragen. Wer sich hingegen übergangen fühlt, un-erhört bleibt, wird sich rächen, sich unerhört aufführen – wird, wie wir in Kapitel 4 sehen werden, sich womöglich an der Gründung einer «Untergrundbewegung» beteiligen. Hier wie dort ist das Kräfteverhältnis und das *Zusammenspiel zwischen Chef und Untergebenen* kompliziert und labil. Beide Extreme kommen vor: dass ein Oberhaupt seine Mitarbeiter unterdrückt und mundtot macht, ihre freie Entfaltung mit der repressiven Macht dessen unterbindet, der große Angst vor Chaos und Kontrollverlust hat: Wehe, wenn sie losgelassen … – Oder das andere Extrem: dass die Mitarbeiter oder einige von ihnen den Gehorsam aufkündigen und ihrem Chef auf der Nase herumtanzen. Will eine Führungskraft zwischen Skylla und Charybdis, zwischen den Extremen hindurch, muss sie, hier wie dort, die Eigendynamik vitaler und «unbequemer» Mitglieder zulassen, aushalten, ja sogar provozieren, und gleichzeitig diese Dynamik in geordnete Bahnen lenken und für gemeinsame Ziele fruchtbar werden lassen. Hier wie dort kein leichtes Kunststück, denn das Mitspracherecht aller darf nicht in eine ewige Quasselbude ausarten, die respektierten und willkommenen Unterschiede dürfen nicht zu ewigen Konflikten führen. Denn eines ist – hier wie dort – sicher: Es werden nie alle ein Herz und eine Seele sein, unweigerlich wird es zu massiven *Teamkonflikten* kommen. Diese können entsetzliche Beeinträchtigungen mit sich bringen, hier drohen Lähmung und Zerfall, droht das Aufbrauchen von Energiereserven für die inneren Angelegenheiten. Dem Oberhaupt obliegt jetzt das Konfliktmanagement, im Seelen- wie im Arbeitsleben. Konflikte können produktiv ausgetragen werden, wenn es eine (innere) Streitkultur gibt, in der Gegensätze offen zur Sprache kommen, nötigenfalls vehement ausgetragen werden, aber im Geiste einer Wertschätzung des Meinungsgegners, die immer unterstellt, der andere könnte, wenn er auch nicht im Ganzen recht hat, doch einen kleinen Zipfel der Wahrheit zu fassen haben, den es durch gutes Zuhören zu erobern lohnt (s. Kapitel 3).

So kann aus der Not eine Tugend werden. Die Chance liegt in *Teambildung* und *Teamentwicklung*, in der streitbaren und synergetischen Vereinigung hochentwickelter Teilkräfte, welche das Ganze zu viel mehr und zu etwas ganz anderem macht als nur zur Summe seiner Teile. Ein *Team*, wenn es diesen Namen verdient und nicht bloß eine zusammengewürfelte Gruppe oder einen zerstrittenen Haufen darstellt, zeichnet sich durch das geordnete und sich ergänzende Zusammenspiel von Mitgliedern mit unterschiedlichen Qualitäten und Kompetenzen aus. Die Konsequenz ist dann, dass die gemeinsam erbrachte Leistung von besserer Qualität ist, als wenn man die Einzelbeiträge lediglich addiert hätte. Entscheidende Voraussetzung für diese Leistungsfähigkeit ist eine nach den Regeln der Kunst gestaltete Beachtung, Beherrschung und Entwicklung der zwischenmenschlichen Dynamik, sodass ein Teamgeist entstehen und sich erhalten kann.

Die Begriffe «Teambildung» und «Teamentwicklung» unterscheide ich in folgender Weise: «Teambildung» ist auf eine konkrete Situation und Aufgabe bezogen, sie ist zum Beispiel vom Leiter einer Sitzung zu leisten, in der unterschiedliche Teilnehmer zusammengekommen sind. Ganz entsprechend ist eine *innere Teambildung* zu schaffen, wenn ein Mensch sich einer konkreten Situation oder Aufgabe gegenübersieht, wie unsere Studentin im Musterbeispiel (S. 26ff.) oder unsere Reaktion auf den Bettler (S. 47ff.) oder Goethe bei der Arbeit am «Faust» (S. 69ff.). Das nächste Kapitel handelt von Methoden des Oberhaupts, diese punktuelle innere Teambildung zu organisieren. – «Teamentwicklung» dagegen ist ein situationsübergreifendes Langzeitprojekt mit all seinen Aspekten wie Zusammenfinden und Zusammenraufen, Kommunikations- und Streitkultur, Integration von Neuen und von Außenseitern, Herausbildung eines Wir-Gefühls bei gleichzeitigem Ich-Bewusstsein, Herausbildung von anerkannten Regeln, Normen und Kooperationsstilen. Ganz entsprechend verstehe ich die *innere Teamentwicklung* ebenfalls als situationsübergreifendes Langzeitprojekt und synonym mit «Persönlichkeitsentwicklung». Der Begriff des «Inneren Teams» versteht sich als Kompasswort, lässt ein *Ideal*, eine Entwicklungsrichtung, anklingen. *Real* finden wir zunächst oft eine innere Gruppe vor, in der ein

Gegeneinander (Rivalität, Feindseligkeit),
Durcheinander (Mangel an Struktur),
Nebeneinanderher (Mangel an Kontakt und Koordination)

vorherrschend ist.

Über den einen Daumen gepeilt, können wir feststellen: In einer normalen Gruppe werden sich die Kräfte und Leistungen in etwa *addieren*, in einer gestörten Gruppe werden sie sich *subtrahieren*, und in einem exzellenten Team werden sie sich *multiplizieren*. Über den anderen Daumen gepeilt, können wir annehmen, dass Klarheit und

Kraft unserer Kommunikation wie unseres Handelns sich ebenso als Ergebnis einer Addition, Subtraktion oder Multiplikation darstellen, je nachdem, wie es mit unserem Inneren Team jeweils steht.

Fassen wir abschließend die Parallelitätsthese zusammen:

> **Die innere Dynamik im Seelenleben des Menschen entspricht in weiten Teilen der Dynamik, wie sie sich in Gruppen und Teams ereignet. Das Geheimnis für ein produktives Arbeits- und Seelenleben (mit Effektivität nach außen und gutem «Betriebsklima» nach innen) liegt im gelungenen Zusammenspiel von kooperativer Führung und Teamarbeit.**

Einzelnen Aspekten dieser Parallelität gehen wir in den anschließenden Kapiteln nach. Das Folgende handelt vom Oberhaupt und seiner teambildenden Qualität.

2. Innere Führung durch das Oberhaupt

2.1 Wesen und Aufgaben des Oberhaupts

Es ist nun endlich an der Zeit, dass wir den Teamchef oder die Teamchefin genauer kennenlernen. «Sei dein eigener Chairman, der Vorsitzende deiner selbst!», lautete ursprünglich das erste Postulat in der «Themenzentrierten Interaktion» (TZI) von Ruth Cohn (1975), und sie wollte damit sowohl eine existenzielle Tatsache aussprechen («Du bist es ohnehin») als auch ein erstrebenswertes Entwicklungsziel vorgeben, da dieser Vorsitz mehr oder weniger bewusst sein mag und mehr oder weniger gut gelingen kann. Im Bemühen um eine sprachliche Gleichberechtigung der Geschlechter hat sie später von «Chairperson» gesprochen. Ich wähle den geschlechtsneutralen Begriff «Oberhaupt», auch weil er bei einem Wechsel der Metaphern (s. S. 140 ff.) seine Gültigkeit behält.

Bezeichnenderweise sagen wir «ich» und nicht «wir», trotz aller inneren Pluralität. Das bedeutet, wir identifizieren uns mit jener Instanz, die über dem Ganzen steht und die Einheit stiftet. Dieses übergeordnete Ich nimmt die Stimmen der inneren Mitglieder auf, jedenfalls soweit sie in Rufnähe gelangen, und erkennt sie als Teile des Selbst an, jedenfalls als existent, wenn auch nicht immer als erwünscht. Wenn es darum geht zu entscheiden, welche inneren Mitglieder sich in welcher Weise und in welcher Kombination in Handlungen und Äußerungen verwirklichen sollen – mit anderen Worten: wenn es darum geht zu entscheiden, was nach außen dringt –, behält das Oberhaupt das letzte Wort, jedenfalls solange es Herr im eigenen Hause ist und nicht vor seelischen Teilkräften (vorübergehend oder endgültig) kapitulieren muss, die die «Herrschaft über die Seele übernommen» haben, wie es bei Dostojewski im «Spieler» heißt (1986, S. 25).

Abb. 15: Das Oberhaupt und sein Inneres Team

Indem wir, geleitet von unserer metaphorischen Parallelitätsthese, die Annahme vertreten, dass es, wo ein Team arbeitet, auch einen «Boss» geben muss, betreten wir ein Feld, auf dem viele Wissenschaftler (Anthropologen, Hirnphysiologen, Philosophen, Psychologen) schon lange versammelt sind und heftig streiten. Wo ist der «Sitz» des (Selbst-)Bewusstseins? Gleichen wir einem Reiter, dessen Pferd seinen eigenen Weg galoppiert und der hinterher nur noch sagen (und glauben) kann, genau dorthin habe er gewollt? Gibt es den «Reiter», dieses übergeordnete «Ich», überhaupt? Der Psychotherapeut P. Orban (1996) hält die Annahme einer zentralen «Gastgeberinstanz» für eine Fiktion, betrachtet die multiple Persönlichkeit wie eine Ansammlung von Blütenblättern, die, wenn man sie abpflückt, keine Zentrale übriglassen. Was wir als Ich empfinden, das sei das Zusammengehörigkeitsgefühl der bewusst gewordenen Teile (1996, S. 69).

Mag die ontologische Frage* derzeit oder auf ewig unentscheidbar sein. Jedenfalls halte ich die Annahme einer (begrenzt) steuerungsfähigen Koordinationsinstanz sowohl für hinreichend belegt und wahrscheinlich als auch für lebensphilosophisch nützlich. Der Psychologe und Hirnphysiologe R. Ornstein schreibt: «Eine ganze Reihe [...] psychischer Phänomene [...] gäbe es einfach nicht, wenn nicht irgendwo in unserem Geist eine Einheit vorhanden wäre, die in der Lage ist, Kompromisse zwischen miteinander streitenden ‹kleinen Geisten› zu schließen» (1992, S. 200). Und an anderer Stelle: «Dieses Selbst hat einen eigenen Ort, ein eigenes Areal im Gehirn. Es gehört zu dem obersten Stockwerk des Geistes, zu den Kontroll- und Steuerungsfunktionen des Bewußtseins» (1992, S. 84).

Dieses Oberhaupt hat, so scheint aus diesen Forschungen hervorzugehen, zwar sein «Büro» im selben Haus wie alle Mitglieder des Teams, ist aber in ihren Zimmern nicht allgegenwärtig. Es steckt nicht drin in seinen Leuten und muss gut aufmerken, wenn es ihre Meinungen und Interessen in Erfahrung bringen will. Die Rede von der «Kunst, sich selber zuzuhören» (vgl. Steven 1975, S. 73), erhält hier ihren Sinn. Da jedes Mitglied versucht, seine eigene Politik zu machen, ist der Chef gut beraten, in wichtigen Fragen die maßgeblichen Leute an einen Tisch zu kriegen, damit in seinen Entscheidungen und Handlungen die versammelte Weisheit und Energie der Einzelnen koordiniert zur Geltung kommen können. Wenn das Oberhaupt etwas will, kann es das nicht autoritär durchsetzen: Dazu reicht seine Macht nicht – das weiß jeder, der zu Silvester gute Vorsätze gefasst hat. Er muss schon wesentliche Mitglieder seiner Mannschaft hinter sich bringen. Das Machtverhältnis zwischen Chef und Teammitgliedern ist außerordentlich subtil und kompliziert, viel komplizierter noch als zwischen Pferd und Reiter.

* Ontologische Frage: Hat die Metapher vom Oberhaupt eine Entsprechung in der Wirklichkeit? Oder lässt sich eine solche Entsprechung durch Selbsterziehung und Therapie herstellen?

Auf jeden Fall ist eine fortwährende wechselseitige Einflussnahme gegeben.

Schwartz (1997) sieht das «Selbst» als eine Kerninstanz, die von den Teilen unterschieden ist und die beim normalen Menschen über gute Führungsqualitäten verfügt. Als Psychotherapeut ist er bemüht, dieses «wahre Selbst» darin anzuleiten und zu unterstützen, zu seinen Teilen einen mitfühlenden und neugierigen Kontakt herzustellen. Schwartz unterstellt, dass diese Oberinstanz in zwei Zustandsformen existiert, ähnlich wie das Licht als Teilchen oder als Welle beschrieben werden kann: einmal als passiver Zeuge des inneren Geschehens, mit einer meditativen Haltung des Geschehenlassens; zum anderen als aktiver, eingreifender Führer, der das Geschehen maßgeblich mitbestimmt, darin zum Teil auch verstrickt und verwickelt ist (1997, S. 66).

Zwar würde ich nicht ausgerechnet hier vom «wahren» Kern sprechen – «wahr» sind alle anderen Teile auch; aber ansonsten schließe ich mich dieser Sichtweise an. Von daher ist es nicht unerheblich, ob das Team einen guten oder schlechten Chef hat. *Die Stärkung der inneren Führungskraft* ist Teil des menschlichen Evolutionsprojekts und Anliegen unserer psychologischen Entwicklungshilfe in Fortbildung, Beratung und Therapie. Fassen wir einige Aufgaben und Arbeitsweisen des Oberhaupts ins Auge, immer auch mit dem Blick auf Möglichkeiten der bewusst gesteuerten Verbesserung.

Seine Aufgaben sind, wie bei jeder Führungskraft im beruflichen Bereich, vielfältig und zum Teil widersprüchlich, da es sowohl für den «Innendienst» als auch für den «Außendienst» zuständig ist. Im ersten Zugriff sind vor allem zu nennen:

- *Kontrolle*: Selbstkontrolle, Selbstbeherrschung.
- *Moderation*: Für geordnete und kreative innere Teambesprechungen sorgen.
- *Integration*: Aus dem «Haufen» ein Team machen, die Einzelbeiträge synergetisch zusammenführen.

- *Konfliktmanagement*: Verfeindeten Mitgliedern aus ihrer Polarisierung heraushelfen (s. Kapitel 3).
- *Personal- und Teamentwicklung*: Die Förderung einzelner Mitglieder sowie die Förderung eines kooperativen Gesamtklimas, zum Beispiel durch Integration von Außenseitern (s. Kapitel 4).
- *Personalauswahl und Einsatzleitung*: Für eine gegebene Aufgabe/Situation die richtige «Mannschaft» aufstellen (s. Kapitel 6).

Wie vollzieht sich diese innere Führung? Wie kann es dem Oberhaupt gelingen, dass der Mensch in Übereinstimmung mit sich selbst kommt? Wie wird aus dem inneren Wespennest ein authentisch handelndes und kommunizierendes Subjekt? Und, wenn uns dies üblicherweise nur schlecht und recht gelingt, wie kann dieser innere Vorgang erfolgreicher gestaltet werden?

Wir werden das Oberhaupt und sein Zusammenspiel mit dem Team in mehreren Stufen kennenlernen. In diesem Kapitel wird es darum gehen, wie eine aktuelle Teambildung angesichts innerer Pluralität und Uneinigkeit gelingen kann. In späteren Kapiteln werden uns das Oberhaupt und seine Rolle im Team wiederbegegnen, sodass wir das Thema nach und nach vertiefen und erweitern können.

Vorweg aber eine andere Frage: Wie kann das Oberhaupt den Kontakt nach außen, zu den anderen Menschen, gestalten, wenn und solange in seinem Team Vielstimmigkeit und Uneinigkeit vorherrschen?

2.2 Methoden der Kontaktgestaltung nach außen bei innerer Pluralität und Uneinigkeit

Kehren wir zu unserem Eingangsbeispiel zurück: Die Studentin wurde von ihrem Bekannten gefragt, ob er ihre Aufzeichnungen für sich kopieren könne. Ihre innere Reaktion war zwiespältig, ja «mehrspältig».

Was nun? Jetzt ist ihr Oberhaupt gefragt und gefordert, eine Reaktion zu (er)finden, zu der sie auch wirklich stehen kann. Ich unterscheide fünf Kommunikationsstrategien, durch die sich eine innere Teambildung vollziehen kann:

1. Sie kann, sofern sie sich ihrer Uneinigkeit bewusst ist, um *Aufschub* bitten, um Zeit für die «Einberufung einer inneren Teamkonferenz» zu gewinnen.
2. Sie kann diesen Vorgang des Mit-sich-zu-Rate-Gehens auch offen *in den Kontakt* einbringen.
3. Sie kann die innere Ratsversammlung während des Kontakts vollziehen, aber nicht offen, sondern hinter verschlossenen Türen. Während dieser Zeit übernimmt ein Türwächter das hinhaltende *Kontaktmanagement*.
4. Sie kann spontan der *erstbesten Stimme folgen* – und notfalls, sofern sich später ein innerer Protest erhebt, nachträglich ihre Meinung ändern und ihre zunächst gegebene Antwort revidieren.
5. Sie kann die innere Teamkonferenz in Blitzesschnelle einberufen und sogleich eine *integrierte Antwort* geben, die als Ergebnis der inneren Teamarbeit zutage tritt.

Schauen wir uns diese fünf grundsätzlichen (und empirisch vorfindbaren) Möglichkeiten etwas genauer an.

Aufschub

Wenn die Studentin merkt, dass bei ihr ein inneres Durcheinander entsteht, kann sie sich Bedenkzeit ausbitten und sagen: «Ich werde es mir überlegen», vielleicht mit dem Zusatz: «Ich gebe dir dann und dann Bescheid.» Damit würde sie sich Gelegenheit verschaffen, eine Teamkonferenz bzw. eine «innere Ratsversammlung» einzuberufen. Ich komme noch darauf zu sprechen, wie eine solche ablaufen kann (s. Kapitel 2.3). Auf jeden Fall gewinnt sie Zeit, um alle Stimmen gründlich zu hören und eine Reaktion zu erarbeiten, die möglichst allen innerlich Beteiligten Rechnung trägt (s. Abb. 16).

Abb. 16: Aufschub und Einberufung einer inneren Ratsversammlung

Ich selbst musste mir diese Art von Reaktion («Ich werde es mir überlegen!») erst mühsam aneignen. Bei wichtigen Angelegenheiten, die einen auch gefühlsmäßig berühren, oder bei Überrumpelungen aller Art ist dieser Aufschub Gold wert. Irgendein innerer Souffleur hatte mir eingegeben: «Du musst immer sofort klar und eindeutig reagieren!», mit der Folge, dass die vorderste Stimme als erstbeste wirksam wurde und die anderen sich übergangen fühlten – und sich rächten.

Dieses Vorgehen, das neben der Bedenkzeit auch eine «Befühlzeit» gewinnt, hat gleich mehrere Vorteile:

- Durch die Zeitverzögerung haben auch die inneren «Spätmelder» eine Chance auf Teilnahme.
- Durch den Rückzug aus dem Kontakt können auch solche Mitglieder teilnehmen, die sich im Kontakt nicht hervortrauen: Jede menschliche Begegnung übt einen «Sog» aus, der bestimmte Mitglieder auf die Bühne zieht und andere verscheucht. Im Kontakt haben wir selten «alle beisammen» (vgl. Kapitel 5).

- Hinter verschlossenen Türen können sich alle unbefangener äußern. Da der «Feind» nicht mithört, können diplomatische Erwägungen («Wie sag ich es ihm?») zunächst entfallen. Im Direktkontakt hingegen müssen in der inneren Kommunikationswerkstatt das Was und das Wie immer gleichzeitig bearbeitet werden.
- Es ergibt sich die Gelegenheit, mit anderen Menschen darüber zu sprechen, die eigene Klärung im Dialog zu vollziehen.

Trotz dieser gewichtigen Vorteile ist der Aufschub kein Allheilmittel. Manche Antwort ist an den gegebenen Augenblick gebunden. Wenn *sie* ihn nach einem Kinobesuch fragt:«Trinken wir noch ein Bier?», dann kann *er* schlecht sagen: «Ich werd's mir überlegen, bis wann brauchst du die Antwort?» – Und manchmal steht das Thema zu einer Beziehung in einem solchen Verhältnis, dass der andere nicht nur das *Ergebnis* erwartet, sondern auch eine *Teilhabe am inneren Prozess*: «Hast du Lust, mit mir in Urlaub zu fahren?» Jetzt würde die Antwort «O.k. – ich gebe dir bis übermorgen Bescheid!» als überaus distanziert empfunden werden, weil die im Vorschlag auch enthaltene Beziehungsanfrage ohne spontane Resonanz bleibt.

Diese Überlegungen führen zur zweiten Alternative:

Offenbarung der Selbstklärung

Das Oberhaupt könnte sich dafür entscheiden, einen Teil der Teamkonferenz sogleich an Ort und Stelle einzuberufen und gleichsam öffentlich tagen zu lassen, zum Beispiel: «Einerseits geb ich dir das gern – warum sollen wir uns nicht gegenseitig ein bisschen Arbeit abnehmen?! Andererseits sträubt sich aber auch etwas in mir – mal sehen, ob ich das jetzt zu fassen kriege …» usw.

Ob diese Art des lauten Denkens und Fühlens angesichts des Themas, der Situation, der Beziehung angebracht und stimmig ist, muss das Oberhaupt vorentscheiden. Wenn ja, bietet diese (Mut erfordernde) Reaktionsweise beträchtliche Chancen. Der andere bekommt mit, worum es geht, weiß, woran er ist (und zwar nicht

Abb. 17: Offenbarung der Selbstklärung im Kontakt

nur auf der Sachebene, sondern auch auf der Beziehungsebene). Bei einigem Kommunikationstalent kann er als aktiv zuhörender und einfühlsam nachvollziehender Klärungshelfer zum Gelingen der Teamkonferenz beitragen. Bei noch größerem Kommunikationstalent könnte er sogar ermutigen, die heiklen Aspekte des Themas spruchreif zu machen und auf den Punkt zu bringen («Sag mal, bin ich dir zu schmarotzerhaft?»), und wenn sie dann dazu stehen könnte und beide den Humor derjenigen aufbringen, die auch über sich selber schmunzeln können, dann hätte die Qualität dieser menschlichen Beziehung allerbeste Aussichten.

Bossemeyer und Lohse (1995) gingen in ihrer Diplomarbeit einen Schritt weiter: Wie wäre es denn, wenn Paare bei schwierigen Themen ihre Auseinandersetzung in dieser Weise führen würden? Zu diesem Experiment luden sie Paare ein, die ein gemeinsames Thema oder Problem hatten – zum Beispiel: Sie will für ein Jahr ins Ausland gehen. Was bedeutet das für die Partnerschaft? – Die Vorgehensweise: Nach einer Einführung in die Grundidee des Inneren

Teams werden beide gebeten, zunächst für sich selbst alle inneren Stimmen und Regungen aufzuschreiben und aufzumalen, die sich zu diesem Thema in ihnen melden (Phase 1: jeder für sich). In der anschließenden Phase 2 werden diese beiden inneren Ausgangslagen, diese beiden Konfigurationen, im Raum so aufgebaut, dass gleichsam ein Spielfeld mit zwei Hälften entsteht:

Abb. 18: Auseinandersetzung eines Paares mit der jeweiligen inneren Aufstellung zum gemeinsamen Thema (in Anlehnung an Bossemeyer und Lohse 1995)

Für jedes innere Teammitglied wird ein Stuhl reserviert, mit entsprechender Aufschrift (zum Beispiel «die Abenteurerin») und einem Symbol, das sie sich dafür aussuchen können (zum Beispiel ein kleines Spielzeugschiff). Mitglieder, deren Stimmen laut und dominant sind, erhalten einen Stuhl in der vorderen Reihe, leise Stimmen (zum Beispiel die Ängstliche: «Am liebsten bleibe ich zu Hause!») kommen nach hinten – beim Partner ebenso.

Nun kann (Phase 3) der *Teamdialog* beginnen: Die Partner setzen sich auf jeweils einen Stuhl ihres eigenen Spielfelds, um von hier aus zu sprechen, ganz in der Haut dieses inneren Mitglieds (zum Beispiel: «Ich bin die *Abenteurerin* in Regines Team – und mir ist wichtig, dass ich in diesem Leben wirklich etwas erlebe ...» usw.). Auch ist es möglich, bestimmte Mitglieder der Gegenseite anzusprechen (zum Beispiel: «Was ich, *die Ängstliche*, dir da hinten in der letzten Reihe, dem *ewigen Junggesellen*, einmal sagen möchte ...»), sodass dieser zur Reaktion herausgefordert wird.

Ergebnis dieses Versuchs: Die Gespräche unter Anleitung einer Klärungshelferin verliefen tiefgehend und bewegend, alle Paare zeigten sich beeindruckt vom Gang der Auseinandersetzung.

Ist dieses Vorgehen auch im normalen Miteinander (ohne Klärungshelfer) möglich und anzuraten? Statt einer empirischen Untersuchung kann ich bislang nur ein persönliches Erlebnis anführen: Mit einer befreundeten Kollegin hatte ich einen Dissens, als sie einen Termin für eine gemeinsame Lehrveranstaltung aus wichtigem persönlichem Grund absagen wollte. Ich: «Auf gar keinen Fall!» Sie: «Unbedingt!» – Was tun? Wir verabredeten darüber ein Gespräch beim Bier, und nachdem ich gerade die Arbeit von Bossemeyer und Lohse gelesen hatte, kam mir die Idee, wir könnten miteinander einen «Teamdialog» führen: für jede Stimme einen Bierdeckel! Nach einer inneren Vorbereitung hatten wir jeder vier bis fünf Bierdeckel vor uns liegen, und nacheinander kamen alle dran, erst vom einen, dann vom anderen. Der Gesprächsverlauf war zum Teil überraschend, zum Teil bewegend, weil unweigerlich manches zur Sprache kam, was nicht zuvorderst war, sondern sich aus der Tiefe des (seelischen) Raums meldete. Die Versteifung der Ausgangsposition (Unbedingt! – Keinesfalls!) war sofort aufgelöst, weil jeder auch solche Stimmen in sich hatte, die dem anderen recht gaben. Lösung und Einigung kamen wie von selbst.

Diese kommunikative Erfindung ist wahrscheinlich freundschaftlichen Kontexten und Beziehungen vorbehalten. Ohne Anleitung praktiziert, setzt sie Vertrautheit mit der Gedankenwelt des Inneren Teams voraus.

Kehren wir zurück zu unserem Ausgangsbeispiel: Die Studentin entschließt sich, die Anfrage ihres Kommilitonen zu beantworten, indem sie einen Teil ihrer inneren Diskussion an Ort und Stelle preisgibt. Neben vielen Vorteilen kann diese Reaktionsweise aber auch ausarten. Manche therapieerfahrenen oder kommunikationstrainierten Menschen haben es sich angewöhnt, mit großer Faszination und Ausführlichkeit ihre ambivalenten und multivalenten Prozesse zu beschreiben. Das Oberhaupt wird dabei zu einer Art Reporter des Geschehens auf dem inneren Spielfeld. Hier kann Ungeduld aufkommen: «Der Einblick in Ihre Innenwelt ist hochinteressant, Herr Kollege, aber irgendwann brauche ich auch mal eine klare Entscheidung von Ihnen!»

Kontaktmanagement

Bei dieser Reaktionsweise findet die innere Teamkonferenz zwar auch sogleich an Ort und Stelle statt, aber doch hinter verschlossener Tür. Die Tür wird bewacht von einem *Kontaktmanager*, der draußen die Stellung hält, indem er den Gesprächspartner hinhält, ihn zugleich bedient und ablenkt. Innerlich würde die Studentin fieberhaft die Frage erörtern, wie sie das Ansinnen findet und wie sie reagieren will. Nach außen hin aber lässt sie sich nichts anmerken und bringt ihre Kontaktmanagerin in Stellung: «Ach, willst du dich auf die Prüfung vorbereiten? Wann denn? Ich erst im übernächsten Jahr – aber du hast auch früher angefangen, oder nicht? Wann war denn das? Kannten wir uns da schon? Ich glaube, ich habe dich zum ersten Mal gesehen, als wir …» (s. Abb. 19).

Mag sein, dass sie während dieser Plauderei ein wenig abwesend wirkt – dies wäre kein Wunder, da ja ihre Energieträger hinter verschlossener Tür tagen und sie davor gleichsam nur einen *kommunika-*

Abb. 19: Kontaktmanagement mit *Türwächterin*

tiven Notdienst aufrechterhält. Möglich wäre aber auch, dass die Kontaktmanagerin bereits große Übung darin hat, die Plauderei freundlich und intensiv zu gestalten, denn umso erfolgreicher wäre die Ablenkung für genau jene Zeit, die sie braucht, um innerlich zu einem mitteilbaren Ergebnis zu kommen. Und da der Mensch ganz offensichtlich fähig ist, Innen- und Außendienst gleichzeitig zu verrichten, kann es angehen, dass sie bald so weit ist und auf die eingangs gestellte Frage zurückkommt: «Was jetzt meine Mitschriften angeht, da muss ich ehrlich sagen …»

Abbildung 19 bildet den kommunikativen Normalzustand vieler Menschen ab. Die Tür bleibt verschlossen, die Personalunion aus

Türwache und Kontaktmanagement tut betriebsam ihren Dienst – und findet nicht selten im Gegenüber ihresgleichen vor, die ihrerseits das Gespräch wie geschmiert und nicht ohne dialogisches Talent in Gang hält.

Wenn auch bei dieser Reaktionsweise die Gefahr der Verflachung menschlicher Begegnungen besteht, so sollte dennoch jede(r) über einen derartigen Manager im inneren Ensemble verfügen können – in manchen professionellen Situationen wird man ohne ihn schwer auskommen. Jener Teil in uns, der für rückhaltlose Authentizität steht und den Kontaktmanager für verwerflich und armselig hält, sollte ihn doch als gelegentlichen Teamkollegen willkommen heißen, und zwar nicht nur als Schmieröllieferanten im Getriebe eines reibungslosen Schnellverkehrs, sondern auch als Schutzpatron einer verletzlichen oder strategisch nachteiligen Blöße. Freilich müssen wir aufpassen, dass der geschmeidige Kontaktmanager uns nicht zur zweiten Natur wird und in fast allen Lebenslagen die Oberhand gewinnt.

Erstbeste Reaktion – nachträgliche Revision

Eine weitere Möglichkeit besteht darin, dass das Oberhaupt der erstbesten Stimme folgt, die sich meldet und die den Außendienst spontan übernimmt. Vielleicht steht dort das hilfsbereite, nette Mädchen und sagt: «Na klar, kannst du haben!» Wenn dann die Bedenkenträgerinnen als Spätmelder nachrücken und die Studentin insgesamt zu dem Ergebnis käme, dass sie diese Art von Hilfe eigentlich doch nicht leisten möchte, dann könnte sie ihre Zusage nachträglich revidieren: «Es tut mir leid, aber ich habe mir das mit den Aufzeichnungen noch mal überlegt und möchte sie doch nicht aus der Hand geben. Mir ist später manches in den Sinn gekommen, was ich nicht gleich draufhatte, und zwar ...»

Bestimmt wird der andere nun enttäuscht und wahrscheinlich auch ärgerlich sein. Vielleicht wird er sogar schwere moralische Ge-

Abb. 20: Erstbeste Reaktion und nachträgliche «Revolution» der Spätmelder

schütze auffahren und darauf hinweisen, dass ein einmal gegebenes Wort nicht gebrochen werden dürfe. Aber vor und jenseits aller Moral ist es eine psychologische Tatsache, dass Mitglieder des Inneren Teams sich nicht alle sofort und zur selben Zeit melden, dass einige gleichsam einen längeren Weg haben, um in Rufnähe des Oberhaupts zu gelangen.

Manchmal tut einem das, was spontan «herausgerutscht» ist, hinterher leid. Dann sagt man vielleicht: «Ich habe es nicht so gemeint!» Aber das ist nicht genau das, was passiert ist. Genauer müsste man wohl meist sagen: «Ich habe es zwar so gemeint, aber es war nur ein Teil von dem, was ich dazu denke und fühle – jener Teil nämlich, der obenauf lag und als Erster spruchreif war!»

Mit *Spätwirkungen eines Gesprächs* ist immer zu rechnen. Menschen, die sich getraut haben, ein heikles offenes Gespräch zu führen, in dem sie auch Kritik üben, zeigen sich hinterher häufig enttäuscht: Der andere habe alles abgeschmettert, nicht an sich herankommen lassen, sei sogar unverschämt geworden; solche Gespräche brächten gar nichts. Es ist aber durchaus wahrscheinlich, dass der Gesprächspartner, der sich einem Angriff ausgesetzt sah, zunächst einmal seine Verteidigungstruppe samt gutem Torwart aufs Feld geschickt hat, vielleicht noch dazu eine eigene Sturmspitze, denn «Angriff ist die beste Verteidigung». Lange nach Abpfiff des Spiels aber, wenn die Spieler erschöpft in der Kabine sitzen, rollt der Ball doch noch ins Tor und wird dort untersucht. Aber das kriegt der Gegner, der entmutigt das Spielfeld verlassen hat, nicht mehr mit. Freilich gibt es auch den umgekehrten Fall: dass jemand heute einsichtig, konstruktiv, kleinlaut auf eine Kritik reagiert und morgen sehr böse wird, weil der Teil in ihm, der die «Unverschämtheit» der Kritik wahrnimmt und empfindet, später aufgewacht ist.

Faustregel: Welche Seite sich immer zeigt – rechnen Sie damit (bei anderen und bei sich selbst), dass die andere Seite sich auch noch melden kann! Allgemein gilt: Gespräche werden oft vom einsatzbereiten Teil-Ich geführt und später vom versammelten Ganz-Ich ausgewertet. Da wird mancher wach, der schon während des Gesprächs gern ein Wörtchen mitgeredet hätte.

Aus demselben Grund ist es bei Vereinbarungen von größerer Tragweite überaus ratsam, zwischen dem Vereinbarungsgespräch und der endgültigen Abmachung ein bis zwei Tage und Nächte verstreichen zu lassen. Wir dürfen nicht damit rechnen, dass wir die Beteiligten bereits auf Anhieb alle beisammen haben. Bei manchen Menschen melden sich die «unharmonischen» Mitglieder überhaupt immer erst im stillen Kämmerlein und nie im Kontakt mit dem Gesprächspartner! Im Kontakt ist die innere Bühne nur von den zustimmenden, freundlichen, entgegenkommenden Mitgliedern besetzt.

Bei manch anderen Menschen ist es genau umgekehrt: Das «Nein» ist sofort zur Stelle, von jenem *Grenzwächter* entschieden und verkündet, der allzeit darüber wacht, dass keine seelischen Fremdkörper in das eigene Hoheitsgebiet eingeschmuggelt werden. Erst wenn dieser ganze Arbeit geleistet und das Gegenüber sich damit womöglich schon abgefunden hat, erst dann betritt ein entgegenkommender Ja-Sager die Bühne und ruft dem schon davonziehenden Gesprächspartner zu, man könne sich die ganze Sache vielleicht noch einmal wohlwollend überlegen … (vgl. Thomann und Schulz von Thun 1988, S. 149 ff.). Die Menschen sind verschieden, auch was die Einteilung ihrer inneren Mitglieder in Frühmelder und Spätmelder betrifft.

Integrierte Stellungnahme als Sofort-Antwort

Dies ist die in der alltäglich gelungenen Kommunikation wohl am häufigsten anzutreffende Reaktionsweise: Nach blitzschneller Anhörung aller sich meldender Mitglieder reagiert das Oberhaupt mit einer Antwort, in der sich die Wortmelder vollständig oder wenigstens teilweise verwirklicht finden. So könnte unsere Studentin antworten: «Ich gebe dir meine Aufzeichnungen gern, aber ich möchte vorher noch Teile herausnehmen, die mehr persönliche Notizen enthalten. Und ich hätte eine Bitte: dass im nächsten Seminar du für die Mitschriften zuständig bist und ich sie mir kopieren kann – damit es nicht so einseitig wird zwischen uns, einverstanden?» An dieser Antwort, die als ein Teamprodukt gelten kann, hätten drei «innere Mitarbeiterinnen» (s. Abb. 21) mitgewirkt: die eine, die gern hilft (oder zumindest ungern nein sagt); die zweite, die sich nicht gern mit persönlichen Notizen entblößt; und eine dritte, die sich ungern ausnutzen lässt (oder doch jedenfalls der Ansicht ist, dass es jeder menschlichen Beziehung guttut, wenn Geben und Nehmen in etwa ausgeglichen sind).

Eine solche Reaktion setzt einen blitzschnellen inneren Einigungsprozess voraus – einen Prozess, den das Oberhaupt zu leiten und zu gestalten hat. Wenn das gelingt, ist ein nachträglicher Aufstand von Mitgliedern, die sich übergangen fühlen, unwahrscheinlich. Das Problem ist nur: Wer kriegt das in schwierigen, heiklen, überraschenden Situationen so schnell hin? Wer hat so schnell «alle

Abb. 21: Integrierte Stellungnahme: die Antwort als Teamprodukt

beisammen» und kann in Sekundenschnelle dafür sorgen, dass sie sich untereinander abstimmen?

Wenn wir zu integrierten Antworten dennoch häufig fähig sind, dann deshalb, weil die meisten Fragen, die das Leben und die Mitmenschen an uns herantragen, wiederkehrend und voraussehbar sind. Ich schätze, mehr als 95 Prozent aller Situationen, auf die wir zu reagieren haben, sind Standardsituationen, für die wir prinzipiell eine innere Teamkonferenz bereits durchgeführt haben. Ob und wie lange die Kinder fernsehen, ob die Gäste in meiner Wohnung rauchen dürfen, ob und zu welchen Bedingungen ich bereit bin, beim Nachbarn Babysitter zu sein, ob ich mich zum Elternvertreter wählen lassen will, ob ich die Tür öffne, wenn jemand Fremdes klingelt ..., zu all den tausend kleinen Alltagsproblemen, die mir wiederkehrend begegnen und meine Antworten erzwingen, habe ich mein Inneres Team längst befragt und kann nach außen hin klar, differenziert, kraftvoll und (nicht zu unterschätzen) freundlich reagieren.

Nehmen wir das Beispiel einer 17-Jährigen, die von ihren Nachbarn manchmal gefragt wurde, ob sie abends babysitten könne. Eine Zeitlang hatte sie immer ein wenig «herumgeeiert», wie sie das selbst nannte: Halb hatte sie Lust dazu, mochte die Kinder auch gern, halb fühlte sie sich aber auch «verpflichtet» zu nachbarschaftlicher Gefälligkeit und sträubte sich gegen diese moralische Vereinnahmung; einerseits konnte sie das angebotene Geld gut gebrauchen, andererseits zierte sie sich, es anzunehmen, weil sie es doch gern täte und nachbarschaftliche Hilfe nicht mit Geld bezahlt werden sollte …, kurzum: ein ganz normaler kleiner «Teamkonflikt». Nachdem sie mit ihrer Freundin darüber gesprochen hatte, gelang es ihr, mit sich ins Reine zu kommen, das Ergebnis zeigt Abb. 22.

Abb. 22: Integrierte Stellungnahme als Ergebnis einer inneren Teamkonferenz

Gern unter folgenden Bedingungen:

a) an einem festen Tag,
b) spontan nur, wenn ich wirklich nichts anderes vorhabe,
c) samstags abends nie,
d) höchstens zweimal die Woche,
e) für Geld (aber nicht zu viel).

Seitdem hatte sie eine klare Linie und konnte auf jede Anfrage eindeutig und freundlich reagieren, ohne ihrer inneren Gruppendynamik wieder und wieder ausgeliefert zu sein! Auch die Nachbarn wussten, woran sie waren – der Kontakt gestaltete sich klar und erfreulich.

Eine solche klare Linie bedeutet nicht, auf ein starres Muster festgelegt zu sein. Wenn Besonderheiten der Situation es nahelegen, kann man davon abweichen (zum Beispiel, wenn ein nachbarschaftlicher Notfall eintritt). Das Wichtige ist, dass ich mein Augenmerk energiesparend auf diese situativen Besonderheiten richten kann und nicht immer wieder mit der Gesamtmenge der inneren und äußeren Faktoren konfrontiert bin.

Die innere Klarheit ist die Grundlage menschlicher Souveränität. Daher ist zum Beispiel in der Schulung von Führungskräften wichtig, dass solche integrierten Antwortmuster auf wiederkehrende Standardsituationen, die einen inneren Teamkonflikt nahelegen, erarbeitet werden, zum Beispiel: «Was tue ich bei Verdacht auf Alkoholismus bei einem meiner (besten) Mitarbeiter?»

Ich sage bewusst *erarbeitet* werden. Denn wer diesen Prozess der Auseinandersetzung mit sich selbst und mit der Rolle scheut und auf die Fertigwaren der Ratgeber vertraut, bleibt ein armer Wicht und ist von souveräner Professionalität ebenso weit entfernt wie von menschlicher Integrität.

Wir haben fünf Möglichkeiten betrachtet, wie das Oberhaupt den Kontakt zu seinem Gegenüber gestalten kann, wenn und solange in seinem Team eine nennenswerte Uneinigkeit über die geeignete Reaktion herrscht. Dies sind *prinzipielle* Möglichkeiten, die wir hier idealtypisch auseinanderhalten. In der alltäglichen Praxis werden sich diese Reaktionsweisen mischen, ergänzen und gegenseitig durchdringen. Jedenfalls ist es günstig, sie alle im Repertoire zu haben und sich für alle fünf eine prinzipielle Erlaubnis auszustellen.

2.3 Mit sich selbst in Einklang kommen: Teamkonferenz und innere Ratsversammlung

Im Angesicht schwieriger Fragen, die meine Antwort und Stellungnahme herausfordern, und im Fall innerer Pluralität und Uneinigkeit besteht die Aufgabe des Oberhaupts in der Einberufung und Durchführung einer inneren Teamkonferenz: Keine der fünf beschriebenen Reaktionstypen kam ohne diesen Versuch aus, durch Aussprache zu einer *Vereinbarung* zu gelangen. Die Varianten ergaben sich nur daraus, ob die Konferenz offen oder verdeckt, im Kontakt selbst oder im stillen Kämmerlein stattfand.

Wie vollzieht sich eine solche Teamkonferenz? Bei kleineren Anlässen dauert das Selbstgespräch nur wenige Sekunden oder Minuten – es beginnt ganz von selbst und bedarf keines bewussten Eingriffs. Um die Rolle des Oberhaupts zu verdeutlichen, hier zwei kleine Alltagsbeispiele: Im ersten («Tante Anni») geht es um eine Entscheidungsbildung, im zweiten («Authentisch oder diplomatisch?») um die Hervorbringung einer angemessenen Kommunikation.

Tante Anni

Mitwirkende:	ein Pflichtbewusster (kurz «Pflicht»), ein Faulpelz, ein Gesundheitsexperte (kurz Gesund-Ex), das Oberhaupt.

Ein Mensch plant seinen Nachmittag. Unversehens gerät er dabei in folgende (innere) Diskussion:

Pflicht (zum Oberhaupt): Heute müssen wir aber unbedingt mal wieder Tante Anni im Krankenhaus besuchen!

Faulpelz: Lust hab ich nicht, ehrlich gesagt!

Pflicht: Mal wieder typisch: Deine Bequemlichkeit geht dir über alles; hast du mal dran gedacht, wie Tante Anni dort tagein, tagaus einsam im Bett herumliegt? Und wir waren in all den Wochen erst ein ein-zi-ges Mal – ich wiederhole: *ein einziges Mal* – bei ihr!

Faulpelz: Ich sag ja nur! Außerdem fühle ich mich heute nicht so besonders.

Gesund-Ex (springt dem Faulpelz bei): Tatsächlich, der Hals! Da ist eine dicke Erkältung im Anzug. – Vielleicht wirklich kein guter Besuchstag: Sie könnte sich anstecken.

Pflicht: Ach was!

Faulpelz (spitzbübisch): Nicht «ach was!» Das ist doch echt kein Liebesdienst, wenn Anni sowieso schon krank ist und dann auch noch eine Grippe kriegt, nur weil wir ihr als lebende Bakterienschleuder unbedingt das Händchen halten mussten! Das ist kein Besuch, das ist ein Attentat!

Pflicht: So weit kommt es noch, dass du deinen Egoismus auch noch als Rücksicht ausgibst, du alter Spitzbube!

Oberhaupt (greift ein): Gut, ein Spitzbube ist er. Aber ich möchte nicht den Gesundheitsexperten übergehen, nur weil sein Hinweis dem Faulpelz in den Kram passt. Die Gefahr, dass wir sie unnötig anstecken, ist vielleicht wirklich nicht von der Hand zu weisen.

Faulpelz: Eben!

Oberhaupt: Vielleicht meldet sich Faulpelz auch darum so deutlich, weil es uns wirklich nicht so gut geht.

Faulpelz: Ganz genau!

Pflicht: Der hätte sich auch sonst gemeldet! Der meldet sich immer, wenn er auf irgend etwas keinen Bock hat!

Oberhaupt (zum Pflichtbewussten): Trotzdem, hack auf dem Faulpelz nicht so herum! Er hat seine Verdienste, denn du und deine pflichtbewussten Mannschaftskameraden, ihr habt ja das Heft normalerweise recht fest in der Hand. Ohne Bruder Faulpelz wären wir nur noch am Wirbeln!

Pflicht: Arme Tante Anni!

Oberhaupt: Ich stimme dir im Prinzip völlig zu, dass unser Besuch überfällig ist – und ich finde gut, dass du mich erinnert hast.

Faulpelz: Jetzt waren wir so lange nicht da, da kommt es auf ein paar Tage auch nicht mehr an!

Oberhaupt: Nein, Faulpelz, so beliebig ist das nicht, da hat Pflicht völlig recht. Aber (an Pflicht) wärest du einverstanden, wenn wir es heute noch einmal verschieben?

Pflicht: Du musst es vor deinem Herrgott verantworten!

Oberhaupt: Der Herrgott wäre, soweit ich ihn kenne, einverstanden. Aber *du* wirst mir mit schlechtem Gewissen die Hölle heiß machen, so wie ich *dich* kenne. Deswegen ganz direkt gefragt: Unter welcher Bedingung wärst du allenfalls bereit zu verschieben?

Pflicht: Allenfalls, wenn wir sofort einen verbindlichen Ersatztermin in den Kalender eintragen. Sonst schiebt ihr es mit vereinten Kräften auf die lange Bank!

Oberhaupt: Guter Vorschlag! (Zum Gesundheitsexperten:) Wann, denkst du, sind wir wieder fit und für Tante Anni keine Ansteckungsgefahr mehr?

Gesund-Ex: In vier bis fünf Tagen, schätze ich.

Oberhaupt: Also Freitagnachmittag 17 Uhr trage ich ein.

Faulpelz: Freitags bin ich immer so erschossen!

Oberhaupt: Du bist jetzt still und genießt deinen freien Nachmittag! Und keine Sorge! Am Freitag werde ich dir einen kleinen Tritt geben, der macht müde Männer munter, weißt du?

Pflicht (kriegt wieder etwas Oberwasser): Ja, so kommen wir gut miteinander aus!

Ende der Teamkonferenz

Im wirklichen Leben kann es genau so und doch ganz anders ablaufen. Die «Beiträge» kommen nicht so wohlformuliert, vielleicht überhaupt nicht derart sprachlich ins Bewusstsein – vielmehr sind es Gedanken- und Gefühlsfragmente, die durch die Seele huschen. Manches aktualisiert sich gleichzeitig, was in unserer Beispielkonferenz schön der Reihe nach geäußert wird. Dennoch meine ich, dass das Geschehen in unserem Inneren genau diesen Konferenzcharakter mit mehreren Beteiligten aufweist.

Und die Rolle des Oberhaupts darin? Das Oberhaupt zeigte sich von mehreren Seiten: Es hörte zu, nahm auf, ließ sich beeindrucken. Aber es griff auch ordnend und zurechtweisend ein, es entschied von einer reflektierenden Metaposition über die Angemessenheit und Unangemessenheit von Beiträgen. Und es war um eine Lösung bemüht, die möglichst viel von der in den Beiträgen enthaltenen Substanz zu berücksichtigen suchte. Es kannte seine Pappenheimer, nahm eine wohlwollende und würdigende Haltung ihnen gegenüber ein, wusste ihre Macht einzuschätzen, ließ sich von ihnen aber nicht willenlos auf der Nase herumtanzen, war der inneren Dynamik nicht erlegen, sondern blieb steuernder Moderator des Geschehens.

Mit dieser Beschreibung ist ein Ideal angedeutet, das real oft nicht erfüllt wird. Viele Erfahrungsberichte gehen in die Richtung: «Oft habe ich das reinste Chaos in mir, ein Getümmel, in dem jeder jeden bekämpft und die lauten Schreihälse manchen leisen Botschafter mundtot machen.»

Bevor wir der Frage weiter nachgehen, wie das Oberhaupt vermittelnd, ordnend und ermutigend eingreifen kann, hier zunächst noch ein zweites Musterbeispiel für eine innere Teamkonferenz. Ging es eben um eine gute *Entscheidung*, so geht es jetzt um eine angemessene *Kommunikation*.

Der Diplomat und der authentische «Geradeheraus»

Dies ist ja eine der Kardinalfragen der zwischenmenschlichen Kommunikation (vgl. «Miteinander reden 2», S. 51 f.): Wie kann ich jemandem gegenüber «offen und ehrlich» sein, ohne ihn übermäßig zu verletzen und zu verprellen, ohne mir selbst unnötige Blößen zu geben? Immer wieder müssen der Authentische und der Diplomat sich an einen Tisch setzen, um die Äußerung gemeinsam so zu entwerfen, dass sie sowohl dem Inneren entspricht als auch für den anderen verträglich ist und eine Aussicht auf Wirkung hat. Zwar gibt es Begegnungen und Augenblicke, in denen der Diplomat in den Hintergrund treten kann, und es gibt umgekehrt Situationen, in denen er gar nicht vorsichtig und abwägend genug sein kann und jedes Wort auf die Goldwaage legen sollte. Und einerseits gibt es Menschen, bei denen sich der «Volldiplomat» als ewiger Stammspieler vorn breitmacht und niemanden neben sich duldet; andererseits gibt es solche, die nicht anders als immer nur «geradeheraus» sein können und den Diplomaten dringend bräuchten. Mit anderen Worten: Die Bedeutung dieser beiden Teammitglieder variiert mit der Situation und mit der Person. Aber prinzipiell müssen sie zu einem eingespielten Team werden. Oft haben die beiden eine Arbeitsverabredung von der Art: «Ich bin für den Inhalt – und du für die Verpackung zuständig!» Aber der Diplomat kann und sollte auch auf den Inhalt Einfluss nehmen.

Nehmen wir das Beispiel eines Chefs der Werbeabteilung. Er ist sehr ungehalten über die Unzuverlässigkeit eines Mitarbeiters. Wie soll er es ihm sagen? Hören wir eine Weile zu, wie seine innere Teamkonferenz zu dieser Frage abläuft.

Teilnehmer:	der authentisch Empörte, der Diplomat, das Oberhaupt.

Empörter: Das ist eine Sauerei und nicht das erste Mal, dass dieser Kerl seine Hausaufgaben nicht macht!

Diplomat: Werde nicht ausfallend, er ist unser bester Mann und sehr empfindlich, wir dürfen ihn nicht verprellen!

Empörter: Trotzdem, ich dulde hier keine Diva!

Diplomat: Nobody is perfect – und kreative Leute sind selten auch noch Weltmeister in Verlässlichkeit, Pünktlichkeit und Genauigkeit! Wer sich auf solche Tugenden spezialisiert, würgt die Kreativität in sich ab! Wenn du von einer Kuh die Milch willst, kannst du sie nicht auch noch aufs Pferderennen schicken!

Empörter: Quatsch! Sie soll nur pünktlich im Stall erscheinen!

Oberhaupt: Diplomat, was schlägst du vor?

Diplomat: Stampfe ihn nicht in Grund und Boden, würdige auch seine Qualität und gib zu erkennen, dass es dir bewusst ist, dass es einem Kreativen naturgemäß schwerfallen muss, bürokratische Tugenden gleichermaßen zu entfalten!

Oberhaupt: Gut, ich nehme euch beide mit ins Gespräch – wenn ich euch anschaue, werden mir schon die richtigen Worte kommen. Ich stelle es mir so in der Art vor: Herr Buntgefieder, Sie haben es versäumt, ... zu machen, ich bin darüber wirklich sehr ungehalten. Es leuchtet mir völlig ein, dass eine so begabte Künstlerseele wie Sie ...

Diplomat: Stopp! Das könnte er als ironisch empfinden!

Oberhaupt: ... dass jemand wie Sie, der sich derart im kreativen Fahrwasser bewegt ...

Diplomat: ... und bewegen muss ...

Oberhaupt: ... bewegt und bewegen muss, nur wenig Sinn haben kann für den formalen Kleinkram ...

Empörter (unterbricht): Das ist kein «formaler Kleinkram» – wenn du das so sagst, ist er ja noch stolz, dass er darüber erhaben ist!

Oberhaupt: ... wenig Sinn hat für die Belange der organisatorischen Funktionsfähigkeit. Aber, das sage ich Ihnen ganz deutlich, unser gemeinsamer Erfolg steht und fällt auch mit der punktgenauen Zuverlässigkeit auf diesem Sektor! – Etwa so?

Empörter: Na ja, ich komme ja mit und kann eventuell selbst das Wort ergreifen, wenn du mir zu sehr durch die Blume sprichst oder wenn dieser Buntgefieder uneinsichtig reagiert, dann hält mich keiner mehr!

Diplomat: Und ich bin ja auch mit dabei und kann notfalls eine, wie ich meine, völlig unnötige Eskalation verhindern.

Ende der Teamkonferenz

So weit zwei Musterbeispiele, in denen es sehr geordnet zuging. Im wirklichen Leben hat das Oberhaupt oft kein leichtes Spiel, um mit dem inneren Getümmel fertig zu werden. Die von Menschen häufig genannten Erschwernisse lassen typologisch drei Grundformen erkennen (s. Abb. 23, S. 106):

- innerer Wirrwarr,
- Dominanz der Lauten und Schnellen,
- inneres Gegeneinander.

Im Fall des inneren Gegeneinanders kann die Ausgangslage von heftigen Kämpfen (hin- und hergerissen) oder von innerer Lähmung (Blockierung, nichts denken, nichts fühlen) gekennzeichnet sein – darüber mehr in Kapitel 3.

Die drei hier getrennt gezeigten Konstellationen sind in vielen Fällen gleichzeitig wirksam. Wenn eine spontane Teambesprechung im Chaos versinkt oder in einer lähmenden Sackgasse landet oder erst gar nicht richtig in Gang kommt, dann besteht bei wichtigen Fragen die Möglichkeit, diese Teamkonferenz *bewusst einzuberufen* und *nach den Regeln der Kunst ablaufen zu lassen.* In Anlehnung an die sprachliche Wendung «mit sich zu Rate gehen» spreche ich dann von einer *inneren Ratsversammlung.*

Definition von «innerer Ratsversammlung»: *Die bewusste Zusammenkunft und Aussprache aller inneren Mitglieder, die sich zu der aufgeworfenen Fra-*

Innerer Wirrwarr

Dominanz der Lauten und Schnellen

Inneres Gegeneinander

Abb. 23: Typische Konfigurationen vor und während einer inneren Teamkonferenz

ge melden, unter der Leitung des Oberhaupts mit dem Ziel, eine Antwort zu (er-)finden, die auf einer inneren Vereinbarung basiert und die adäquater und authentischer ist, als wenn nur ein Mitglied oder eine Clique von Mitgliedern vorhanden gewesen wäre oder allein das Sagen gehabt hätte.

Wie kann dies geschehen, was sind die Aufgaben des Oberhaupts dabei? Welches sind «die Regeln der Kunst»? Ich möchte den Grundvorgang an einem selbst erlebten Beispiel darstellen.

Vortrag zum Thema «Stoppt den Hass – aber wie?»

Als neonazistische Ausschreitungen gegen Ausländer bei dem Brandanschlag von Mölln 1993 einen neuen, entsetzlichen Höhepunkt erreicht hatten, wollte ich tags darauf in meiner Vorlesung nicht zur Tagesordnung übergehen und bat die Hörer um Einverständnis, dass ich in Abweichung von der angekündigten Themenfolge eine Sondervorlesung zum Thema «Stoppt den Hass – aber wie?» hielt (viele Mitbürger trugen seinerzeit einen Button mit der Aufschrift «Stoppt den Hass!»). Zwar sei ich bei diesem Thema kein Experte und hätte auch keine Antwort auf die Frage, aber ich würde es für wichtig halten, in diesem Augenblick über die Vorgänge in Deutschland nicht schweigend hinwegzugehen (vgl. Cohn und Schulz von Thun 1994). Zufällig war (ohne mein Wissen) gerade an diesem Tag ein Vertriebsleiter eines deutschen Kreditinstituts unter den Hörern, beauftragt von seinem Vorstand, nach einem geeigneten Gastreferenten für das große Jahrestreffen aller Mitarbeiter zu suchen. So kam es, dass ich einige Zeit später eine schriftliche Anfrage erhielt, ob ich auf diesem Jahrestreffen der 700 Mitarbeiter genau wieder zu diesem Thema einen Vortrag halten könnte. Anschließend würden ein gemeinsames Essen und ein geselliger Abend folgen.

Bei einem Telefonat nach der schriftlichen Anfrage (ich hatte also Zeit, eine innere Befragung durchzuführen), reagierte ich auffällig diffus, unentschieden und zögernd: Zwar würde mich die Anfrage freuen, aber angesichts großer Belastung wäre es sehr schwierig, allenfalls wäre es vorstellbar … ginge es vielleicht auch an der Universität? Ich müsste mir das Ganze wohl noch mal überlegen. – Nanu!? So kannte ich mich selbst nicht – was war los mit mir? Auf jeden Fall, so viel spürte ich deutlich, waren da «zwei Seelen in meiner Brust» – beide sehr stark und völlig uneinig (s. Abb. 24).

Wohlgemerkt, diese beiden Stimmen sind vorläufige Endresultate eines inneren Chors, dessen Mitglieder wir noch gar nicht ken-

Abb. 24: Innere und äußere Unklarheit als Ausgangslage

nen: eine typische Mischung aus Wirrwarr und innerem Konflikt. Wir dürfen uns nun nicht damit zufriedengeben, dass wir einen Ja-Sager und einen Nein-Sager feststellen. Die Frage ist: Wer steckt dahinter? *Wer* (alles) meldet sich mit «Ja» und wer mit «Nein»?

1. Schritt: Identifikation der Teilnehmer

Wie viele melden sich zu Wort? Wie lauten die Botschaften dieser Wortmeldungen? Wie könnte man die Mitglieder nennen?

In diesem Fall finden sich folgende fünf Teilnehmer zur inneren Ratsversammlung ein:

- ein Nervenbündel,
- ein politisch Erwachter,
- ein Zirkuspferd-Skeptiker,
- ein Habgieriger,
- ein Sozial-Gewissenhafter (s. Abb. 25).

Abb. 25 a: Fünf Mitglieder, die sich zu Wort melden …

Abb. 25 b: … und sich zu einer «inneren Ratsversammlung» zusammensetzen

2. Schritt: Anhörung der Einzelstimmen

Die Anhörung der Einzelstimmen ist mit dem ersten Schritt bereits ansatzweise verbunden. Denn die Anwesenheit und Mitwirkung eines Mitglieds ergibt sich ja erst durch seine Stimme und seinen Text. Aber jetzt ist der Zeitpunkt gekommen, wo sie ausführlich zu Wort kommen, und zwar zunächst jeder nur für sich – ohne Diskussion, ohne Zwischenrufe, Beifalls- oder Missfallenskundgebungen.

Bei der Leitung von Lern- und Arbeitsgruppen schlagen wir ebenfalls häufig eine solche «anti-interaktionelle Runde», wie Ruth Cohn das genannt hat, vor. Auch die professionelle Konfliktklärung in Teams (Thomann 1998) beginnt so: Jeder hat die Garantie, ohne jede Unterbrechung dranzukommen, angehört und verstanden zu werden – wie auch immer man zu ihm oder seiner Position stehen mag. Dieses Vorgehen steht in deutlichem Gegensatz zur «natürlichen» und wildwüchsigen Dynamik jeder (äußeren und inneren)

Gruppe – ist gerade darum aber ein machtvolles Zaubermittel gelungener Kommunikation und Gemeinschaftsbildung.

In diesem Beispiel lautet die Botschaft der einzelnen Mitglieder wie folgt:

Das Nervenbündel: *Bloß nicht!* Schon mehrere Tage vorher werde ich, wie immer bei außergewöhnlichen «Auswärtsspielen», unter Strom stehen, einen Hauch von Gereiztheit und Abwesenheit auf Studenten, Frau und Kinder abstrahlen und innerlich nicht ganz da sein. Werde die Nacht vorher schlecht schlafen, denn zu *dem* Thema fehlt mir die innere Souveränität und Sicherheit. Solche einmaligen Großauftritte vor mehreren hundert Leuten machen mir einfach zu viel Stress! *Nein*, auf keinen Fall!

Der politisch Erwachte: *Großartig!* Gesellschaftliche Institutionen werden wach und suchen die Zusammenarbeit mit der Universität, mit mir, um gemeinsam das Bewusstsein zu schärfen für unheilvolle Entwicklungen in unserem Land! Keine Anfrage nach dem Motto «Wie können wir geschickter mit unseren Kunden reden?», sondern jenseits kurzfristiger Gewinnsicherung von gesellschaftlicher Verantwortung getragen. Das ist doch genau das, was ich möchte: als maßgeblicher Kommunikationspsychologe Anschluss gewinnen an die gesellschaftspolitischen Fragen der Zeit und als solcher gehört werden und in Kontakt treten. Sind wir doch gerade dabei, eine Arbeit zur «Psychologie der Zivilcourage» zu veröffentlichen! Also: auf jeden Fall *ja*!

Der seriöse Zirkuspferd-Skeptiker (Dieser zunächst namenlose Teilnehmer hatte sich anfangs nur durch ein «ungutes Gefühl in der Magengegend» kundgetan. Nachdem ich diesem «nachgegangen» war, schälte sich folgende Botschaft heraus): Aber was ist das für ein Kontext? Jahresfeier der gesamten Belegschaft mit geselligem Beisammensein mit Speis und Trank zur Hebung des Wir-Gefühls? Dagegen wäre ja nichts einzuwenden, aber muss ausgerechnet ich als Wissenschaftler dafür herhalten, diesem Anlass eine Weihe durch Bildung zu geben? Wäre dies nicht bloß ein Pflichtprogramm, das viele über sich ergehen lassen, um dann endlich ihren Durst zu löschen? Passt ausgerechnet dieses Thema überhaupt in einen solchen Rahmen? *Mache ich mich nicht, wie schon manches Mal, zum Zirkuspferd?*

Der Habgierige: Also wenn ich schon diesen tagelangen Stress auf mich nehme, mir das geordnete Gewebe meines beruflichen und privaten Alltags zerreißen lasse, und wenn ich mich für so eine repräsentative Großveranstaltung einspannen lasse, dann muss aber auch für mich ordentlich etwas dabei herausspringen!

Der Sozial-Gewissenhafte: Dieses Thema und sein politischer Anlass sind nun wirklich nicht geeignet, um sich daran zu bereichern. Menschen gehen qualvoll zugrunde, und du reitest auf der Aktualität des Themas und verdienst dir eine goldene Nase daran!? Das ist unanständig! Dann spende das Geld wenigstens an die Betroffenen!

So weit die Anhörung. Aus dem Nebel eines diffusen Unbehagens ist ein multiples Dilemma herausgetreten und greifbar geworden. Die Uneinigkeit ist in ihren verschiedenen Punkten deutlich geworden. Damit ist schon viel erreicht: an Klarheit (auf der Sachebene) und an Zugehörigkeitsgefühl der Mitglieder (auf der Beziehungsebene). – Jetzt sollte das Oberhaupt eine Diskussion zulassen.

3. Schritt: Freie Diskussion zulassen und anregen

Hier ein paar Ausschnitte aus der inneren Diskussion:

Habgieriger (zum Sozial-Gewissenhaften): So schrecklich edel wie du bin ich einfach nicht, das Honorar zu spenden!

Sozial-Gewissenhafter: Dann wenigstens einen Teil, du Geldgeier!

Nervenbündel: Was verhandelt ihr das Honorar – ich hab doch deutlich gesagt, dass mir das zu viel wird, zu viel Stress macht!

Zirkuspferd-Skeptiker: Und ich will das Thema nicht in diesem Rahmen!

Politisch Erwachter: Was ist an dem Rahmen eigentlich verkehrt, wenn 700 Leute bereit sind, dir zuzuhören? Du kannst doch den Rahmen entscheidend mitgestalten! – Und du (zum Nervenbündel) kannst bei so einer Sache ruhig mal durchhalten!

Die Situation scheint nicht leichter zu werden – im Gegenteil: Die Diskussion geht wild durcheinander und droht sich im Kreis zu drehen. Vielleicht reden auch alle gleichzeitig. Das Oberhaupt soll dies ruhig eine Zeitlang zulassen, ohne einzugreifen. Jeder Profi-Chef weiß, dass ein «storming» einen integralen Bestandteil jeder Teamentwicklung darstellt und dass Synergie auch etwas mit Aneinandergeraten zu tun hat. Freilich kommt auch der Zeitpunkt, wo nach dem Getümmel wieder Struktur gefragt ist.

4. Schritt: Moderation und Strukturierung durch das Oberhaupt

Der Leiter fasst das Ergebnis der Anhörung und der Diskussion zusammen. Zum Beispiel hier:

Oberhaupt (als Moderator): Es scheint hauptsächlich um drei strittige Fragen zu gehen:

1. Angemessenheit des Rahmens,
2. Angemessenheit des Honorars,
3. Verkraftbarkeit des Stresses.

Auf jeden Fall steht fest: Wenn ich einfach absagen würde, würdest du (Nervenbündel) zwar aufatmen, aber du (politisch Erwachter) wärst sehr enttäuscht – und auch du (Habgieriger) kämst nicht auf deine Rechnung. Würde ich hingegen zusagen, würdest du (Nervenbündel) «ausflippen», und du (Seriöser) hättest große Bedenken, mit dem falschen Thema zur Unterhaltungsnummer zu werden. Und ich müsste mich mit euch (Habgieriger und Sozial-Gewissenhafter) noch über das Honorar auseinandersetzen.

Unsere Situation scheint mir kompliziert, aber warum sollte sie hoffnungslos sein!?

Jedenfalls gut, dass ihr alle da seid – vielleicht finden wir eine Lösung, die vielem von dem gerecht wird, was euch wichtig ist, und zu der ich dann stehen kann, weil ich euch im Rücken weiß.

5. Schritt: Brainstorming

Um der Suche nach Lösungsideen eine aussichtsreiche Richtung zu geben, sollte der Leiter gezielte Fragen formulieren, die sich aus dem Diskussionsstand ergeben. Zum Beispiel hier:

Frage an Nervenbündel: Welche erleichternden Bedingungen könntest du dir im Fall einer Zusage vorstellen, sodass du nicht zu stark unter Strom geraten musst?

Frage an Zirkuspferd-Skeptiker: Welche Ansprüche an das Setting müssten wir formulieren, damit dein Unbehagen, mit dem falschen Thema zur Unterhaltungsnummer zu werden, geringer wird?

Frage an Habgierigen und Sozial-Gewissenhaften: Gibt es eine Möglichkeit, eine persönliche Bereicherung durch dieses Thema zu vermeiden (sodass du, Sozial-Gewissenhafter, ein gutes Gefühl bei der Sache haben kannst) und trotzdem dafür zu sorgen, dass du (Habgieriger) auch etwas dabei verdienst, was du verdient hast?

Frage an den politisch Erwachten: Gibt es eine Möglichkeit, im Fall, dass ich absage, ein anderes Angebot zu machen, bei dem dein Anliegen trotzdem weiterverfolgt werden kann?

Solche Fragen verraten eine Kenntnis *heuristischer Strategien*, aussichtsreicher Wege einer Lösungs*findung*, und zwar:

Ein wertvolles Teilstück herausschälen. Der Moderator unterstellt, dass eine Position, die sicher nicht in Reinkultur «durchkommen» sollte, doch Elemente enthalten kann, die in der Gesamtlösung sinnvollerweise vertreten sein sollten. So könnte *Nervenbündel* wichtige Hinweise geben, wie das Ganze verkraftbar zu gestalten sei, ohne mit seinem Votum insgesamt durchzudringen. Dies gehört zu den Merkmalen guter Teamleiter im beruflichen Leben: dass sie auch abwegige Vorschläge nicht disqualifizieren («Aber das ist doch völliger Quatsch!»), sondern mit wachem Auge die wertvollen Perlen auch in einer miesen Muschel entdecken und benennen («Ich bin nicht dafür, so zu verfahren, aber ein wichtiger Punkt wird mir deutlich an dem, was Sie sagen, nämlich ...»). So fällt das Erhaltenswerte nicht unter den Tisch, und der Teilnehmer fühlt sich trotz Ablehnung gewürdigt.

Das Interesse hinter der Position erkennen. Der Moderator bemüht sich, hinter der *Position* eines Teilnehmers sein *Interesse* zu erkennen (vgl. Fisher u.a. 1993). Eine wichtige Unterscheidung! Dadurch kommt Flexibilität in die Verhandlung, denn Interessen können meist in vielfältiger Weise berücksichtigt werden, nicht nur in der einen Weise, wie es die Position verwirklicht sehen will. In unserem Beispiel sagt er zum *Habgierigen* nicht: «dass du viel Geld bekommst», sondern (flexibler und wahrscheinlich stimmiger): «dass du etwas dabei verdienst, was du verdient hast» – eine minimale, aber folgenreiche Nuance.

Die kognitive Struktur erweitern. Der Moderator erweitert das Feld der Entscheidungen – auch dies eine wichtige allgemeine Strategie. Bisher schien sich die Entscheidung auf die Frage «Zusage» oder «Absage» zuzuspitzen:

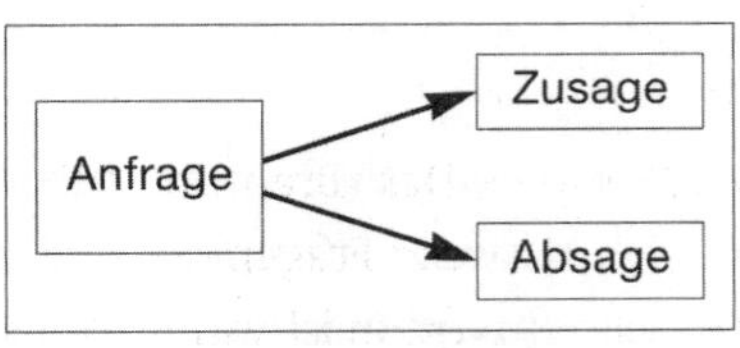

Die heuristische Frage an den *politisch Erwachten* enthält eine Erlösung aus der Scheinalternative und erweitert den Handlungsspielraum; ebenso die Frage an das *Nervenbündel*:

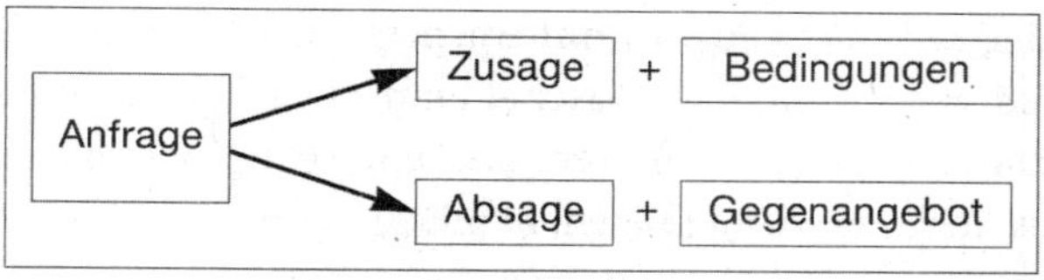

Auch unsere studentische Teamchefin war bei ihrer Teamintegration so verfahren (vgl. S. 95 f.). Schien es zunächst nur die Alternative

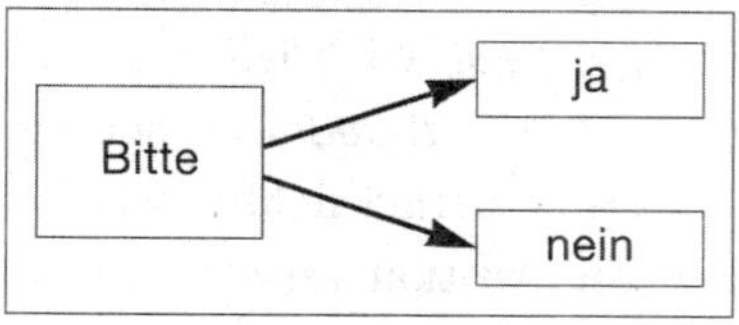

zu geben, so erweiterte sie in ihrer Antwort das Feld

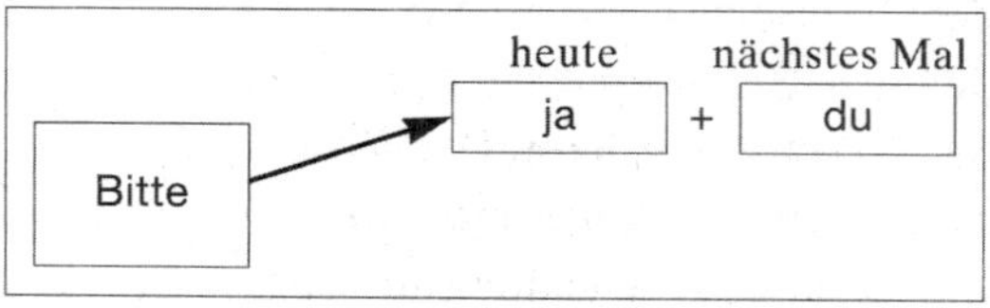

und stellte so einen grundsätzlichen Zusammenhang von Geben und Nehmen her.

Zurück zu unserem Beispiel: Das «Brainstorming» wurde provoziert und entfacht durch heuristische Fragen des Oberhaupts (in der Rolle des Moderators). Das *Nervenbündel* wollte die Sache (wenn überhaupt) am liebsten zu zweit machen (mit Koreferentin), ferner am liebsten an der Universität (nicht reisen müssen, Heimspiel!). Auch der *seriöse Zirkuspferd-Skeptiker* wäre beruhigt, wenn die Veranstaltung in einem Hörsaal stattfände, in räumlicher und zeitlicher Trennung vom Betriebsfest. Bezogen auf den inneren Teamkonflikt zwischen dem *Habgierigen* und dem *Sozial-Gewissenhaften,* kam folgende Idee auf: Leide ich bei der Unterrichtung meiner Studenten(innen) nicht jeden Tag unter den «unwürdigen Zuständen», unter den heruntergekommenen Räumen, unter den harten und kaputten Stühlen, an der Unwirtlichkeit schmuddeliger und armseliger Seminarräume? Hatten wir nicht angefangen, aus Eigenmitteln Teppichböden und Gardinen zu bestellen? Wäre es nicht möglich, anstelle eines persönlichen Honorars eine Sachspende an die Uni zu vereinbaren, in Form von – sagen wir – dreißig gepolsterten Seminarstühlen aus schönem Holz? Zum Wohl der Universität und der Studierenden, aber nicht zuletzt auch zum Wohl des Lehrers?

6. Schritt: Entwurf einer integrierten Stellungnahme

Jetzt ist das Oberhaupt meist in der Lage, die Früchte der Teamarbeit zu ernten und eine Reaktion zu entwerfen, welche die Weisheiten mehrerer Mitglieder in sich vereinigt. In diesem Fall kam es wirklich so: Vortrag im Uni-Hörsaal und dreißig gepolsterte Seminarstühle als Sachspende an die Universität. Der Auftraggeber war einverstanden.

Zu vollständiger Einigkeit gelangt die innere Ratsversammlung fast nie. Das Oberhaupt muss gleichwohl entscheiden – und damit die Rolle des bloßen Moderators wieder verlassen. In diesem Fall musste zumindest das *Nervenbündel* zurückstecken, wenn auch unter gemilderten Umständen. Aber wichtiger als Einigkeit ist ein inneres Betriebsklima, bei dem jeder an der Lösungssuche maßgeblich und wertschätzend beteiligt wird, sodass tatsächlich aus der Not (viele wollen mitreden, und alle wollen etwas anderes) eine Tugend werden kann (jeder kann etwas beitragen, sodass die Lösung qualifizierter wird, als wenn einer allein das Sagen gehabt hätte). Damit aus dem Stimmengewirr die Beiträge hochqualifizierter Mitarbeiter werden und damit diese Beiträge zu einem Synergieresultat führen, das jeden Einzelbeitrag qualitativ übertrifft, ist – genau wie im beruflichen und politischen Leben – eine gute Moderation erforderlich. Anderenfalls werden Chaos und gegenseitige Entwertung mögliche Synergieeffekte im Keim ersticken.

Aber läuft denn eine innere Ratsversammlung jemals so geordnet und schulmäßig ab, wie in diesem Beispiel dargelegt? Nein, auch in diesem Fall verlief der Prozess spontaner, chaotischer, bruchstückhafter, verteilt auf mehrere Tage – ich habe nachträglich den Vorgang didaktisch so aufbereitet, dass die Phasen und Verläufe ihre Logik erkennen lassen. Die Seele folgt zunächst ihrer eigenen Logik, ihrem eigenen Rhythmus. Dennoch ist die angegebene Schrittfolge und sind «die Regeln der Kunst» wichtig: Sobald der Prozess ins Stocken gerät, in einer Sackgasse festsitzt oder die Teilnehmer sich gegenseitig in die Pfanne hauen, kann das Oberhaupt darauf zurückgreifen und eine bewusste Gestaltung einleiten. Dann wird es in der Regel gut beraten sein, die «anti-interaktionelle» Runde (Schritt 2) nachzuholen. Übung macht den Meister, und zur Übung gehört, den «Meister», den Chef, überhaupt ans Steuer zu setzen. Bei einem schwachen Chef (Abb. 26) gehen die Teilnehmer über Tische und Bänke.

Die äußeren Umstände einer solchen Ratsversammlung können beträchtlich variieren: allein bei einem Spaziergang, im Gespräch mit anderen, am Tisch mit Papier und Bleistift.

Im geschilderten Beispiel vollzog sich die Ratsversammlung, wie das ja in der Regel der Fall ist, allein (ohne Berater) im Alltag. Etwas anderes ist es, wenn wir den Vorgang in einer Seminargruppe im Rahmen der Kommunikationsberatung anleiten. Auch hierfür noch ein Beispiel (entnommen aus Schulz von Thun 1996*):

* Praxisberatung in Gruppen. Erlebnisaktivierende Methoden mit 20 Fallbeispielen zum Selbsttraining für Trainerinnen und Trainer, Supervisoren und Coaches (Weinheim 1996, Beltz).

Abb. 26: Schwacher Chef

Eine berufliche Lebensentscheidung: Innere Ratsversammlung im Rahmen einer Seminargruppe

In einer Seminargruppe mit Führungskräften formuliert ein Vertriebsleiter einer Bausparkasse sein Anliegen: Zurzeit sei er Gebietsleiter der Region A. Im Zuge von Umstrukturierungsmaßnahmen sollten nun die Gebiete A, B und C zu einem Großgebiet ABC zusammengefasst werden. Er habe das Angebot auf dem Tisch, «Großgebietsleiter» von ABC zu werden. Wie solle er sich entscheiden?

Einerseits sei er hoch erfreut, andererseits habe er aber auch Bedenken. Seine Kollegen, die Gebietsleiter von B und C, würden dann – so sei es vorgesehen – seine Mitarbeiter werden. Und überhaupt: Sei das Ganze nicht eine Nummer zu groß für ihn? Bis Montag habe er Bedenkzeit.

Berater: Das klingt so, als würden zu diesem Thema mehrere Stimmen in Ihrer Brust sein. Wer meldet sich denn da alles zu Wort?

Er: Na ja, eine Stimme jubelt natürlich: «Hurra, du hast es geschafft! – Das ist doch eine Auszeichnung, ein Zugewinn an Macht und Bedeutung und auch an Geld, und ich darf mir das als persönlichen Erfolg anrechnen.»

Berater: Wie heißt der in Ihnen, der so spricht? Können Sie dem mal einen Namen geben?

Er: Ja, das ist der, der schon immer die Nummer 1 sein wollte!

Berater: Gut, nennen wir ihn mal *Nummer 1*. – Gibt es weitere Stimmen?

Er: Da ist sofort auch eine andere Stimme: «Du hast mit 39 Jahren bereits einen Herzinfarkt hinter dir, brauchst Beta-Blocker für deine Rhythmusstörungen – pass auf dich auf, sonst bist du schnell unter der Erde!»

Berater: Der *Gesundheitsbesorgte?*

Er: Ja! Und damit zusammenhängend oder auch nicht zusammenhängend eine weitere Stimme, die in Richtung Familie geht: «Du hast Frau und Kinder, und die wollen auch etwas von dir, und ich will auch etwas von ihnen – und die sind ohnehin schon ziemlich kurz gekommen in letzter Zeit!» – Wie der heißt? Das ist der *Familienmensch* in mir!

Und dann gibt es noch eine Stimme, die sagt: «Pass auf, die Sache ist nicht ganz ohne! Meine beiden jetzigen Kollegen sollen dann Mitarbeiter von mir werden – ob das gutgeht? Die werden ja auch erst einmal verkraften müssen, dass sie es nicht geworden sind!» – Das ist vielleicht der *vorsichtige Stratege* in mir.

Der Berater geht ans Flipchart, zeichnet die vier Stimmen ein und rückversichert sich, dass die wichtigsten Stimmen «namhaft» geworden sind (s. Abb. 27).

Bis hierhin ist das Vorgehen identisch mit dem im vorigen Beispiel, abgesehen davon, dass die Erhebung der Einzelstimmen nicht vom Oberhaupt selbst, sondern von einem externen Berater vorge-

Abb. 27: Innere Wortmeldungen zu einer beruflichen Lebensentscheidung

nommen wird. Die «freie Diskussion» (Schritt 3), die nun ansteht, wird im Folgenden von Mitspielern aus der Gruppe geführt. Es melden sich vier.

Berater: Sie vier bitte ich, in den Innenkreis zu kommen, mit der Idee, dass Sie – jeder so unbefangen und ehrlich wie möglich – einmal die innere Diskussion von Herrn X miteinander laut führen.

(Zum Gebietsleiter:) Zunächst aber möchte ich Sie bitten, noch einmal jedem der vier ein paar Schlüsselsätze mit auf den Weg zu geben, sodass sie in ihrer Rolle heimisch werden können.

Der Gebietsleiter tritt nun nacheinander hinter jeden der vier Spieler, welche seine vier inneren Stimmen = Teammitglieder = Ratgeber verkörpern, und spricht ihnen vor, was sie jeweils auf dem Herzen haben. Dies entspricht der «Anhörung der Einzelstimmen» (Schritt 2).

Nachdem dies geschehen ist, stellt sich der Leiter mit dem Gebietsleiter etwas abseits, und dieser beobachtet aus der Distanz die folgende Gruppendiskussion im Innenkreis. Ihm wird somit seine innere Diskussion auf der Bühne aufgeführt.

Die Spieler beginnen mit ihrer Diskussion. Jeder vertritt sein Anliegen, reagiert auf die anderen Teilnehmer, und es geht hoch her, zum Beispiel attackiert der *Familienmensch* die *Nummer 1*: «Hast du es denn immer noch nötig, deinem Papa zu beweisen, dass du den Längsten hast!?»

Der Gebietsleiter «gewinnt Distanz», indem er sich sein inneres Getümmel von außen anhört. Nach Ende der freien Diskussion kann es unterschiedlich weitergehen. Vielleicht drängt sich dem Gebietsleiter beim Anhören eine weitere, noch nicht vertretene Stimme auf (ein «Spätmelder») – in dem Fall könnte er einen weiteren Stuhl besetzen und diesen Nachzügler selbst den anderen Mitspielern vorstellen. Oder aus der Seminargruppe drängt es jemanden, eine fehlende weitere Stimme vorzuschlagen, die nach seiner Auffassung dazugehört. Irgendwann sollte (Schritt 4 der inneren Ratsversammlung) der Gebietsleiter den Vorsitz übernehmen und seine Leute zu konstruktiver gemeinsamer Lösungssuche anleiten. Der Berater kann ihm dabei zur Seite stehen.

Die methodischen Prinzipien und Regeln zur Durchführung einer solchen Beratung sind nicht Gegenstand dieses Buches. Das Beispiel dient uns hier zur Illustration, dass eine innere Ratsversammlung keineswegs nur im stillen Kämmerlein stattfinden muss, sondern auch im Rahmen der Supervision und Fortbildung unter Einbezug einer Gruppe angeleitet werden kann.

2.4 Kooperative Selbst-Führung

Der *kooperative* Teil des Oberhaupts dürfte in allen Musterbeispielen deutlich geworden sein: das Miteinander-Reden, das Zuhören, Moderieren, Sich-Beraten, das Wertschätzen jeder Wortmeldung. Der andere Teil betrifft die *Führung*, denn ein Chef soll nicht nur zuhören und moderieren, sondern auch das Zepter in der Hand behalten bzw. in die Hand bekommen – und das heißt, von seiner «Richtlinienkompetenz» Gebrauch machen, Ziele vorgeben, anordnen und motivieren, Entscheidungen treffen und (nach innen und nach außen) verantworten. Dies alles nicht aus dem hohlen Bauch heraus, sondern nach sorgfältigem Studium der Sachlage und nach Anhörung seiner inneren Berater.

Die souveräne Metaposition

Als Einführung in dieses Thema eignet sich eine von Ferrucci (1986) berichtete Anekdote. Im Gespräch mit seinem Meister, dem weisen, alten Assagioli, habe er ihm eine Frage gestellt, die sich darauf bezog, dass wir «unseren Gefühlen folgen» sollten. Dieser antwortete zur Verblüffung seines Schülers: «Aber du sollst *nicht* deinen Gefühlen folgen. Deine Gefühle müssen *dir* folgen!»

Diese Antwort kennzeichnet das therapeutische Ziel der von Assagioli begründeten «Psychosynthese»-Schule. Unser «wachsames Selbst» soll die Kontrolle über die «Elemente der Persönlichkeit» (Teilpersönlichkeiten) gewinnen.

Aus meiner Sicht wird es immer eine wechselseitige Gefolgschaft zwischen Oberhaupt und Team geben, so wie es immer und überall eine subtile Interdependenz zwischen Führenden und Geführten gibt: Der Führende kann in dem Maß auf Akzeptanz und Gefolgschaft hoffen, wie er sich seinerseits führen lässt, wie er das, was in den Köpfen und Herzen seiner Geführten versammelt ist, mit gutem Gespür aufnimmt, gestaltet, verwandelt. Diese Dialektik im Umgang mit sich selbst kommt in einer Empfehlung zum Ausdruck, die Goleman (1994, S. 90) zitiert und als ein Beispiel für «emotionale Intelligenz» anführt. Ein tibetanischer Lehrer wurde gefragt, wie man am besten mit Zorn umgehe, und er antwortete: «Unterdrücke ihn nicht, aber gib ihm nicht nach.» Gleichwohl ist die von Assagioli proklamierte Entwicklungsrichtung von grundlegender Bedeutung: dass das Oberhaupt *zunehmend* die Führung, die kooperative Führung des multiplen Teams übernehmen soll.

Wie kann das geschehen? Die entscheidende Voraussetzung für eine wirksame Selbst-Führung ist *die Wahrung* bzw. *Erlangung einer souveränen Metaposition*: dass das Oberhaupt wirklich «über dem Ganzen» steht und sich nicht im Getümmel der Gegensätze parteiisch verstrickt. Diese fundamentale Annahme findet sich nicht nur bei Assagioli und Ferrucci (Psychosynthese), sondern auch bei H. und S. Stone (1994; Voice-Dialogue) und bei Schwartz (1997; Innere Familientherapie).

Verschmelzung des Oberhaupts mit einzelnen Mitgliedern

Aber warum ist dies so wichtig zu betonen, so wichtig anzustreben? Ist diese Grundgegebenheit nicht Teil unserer seelischen Gesamtkonstruktion? Offenbar nicht. Mehr oder minder ist das Oberhaupt, unbewusst oder machtvoll unter Druck gesetzt, an der innerseelischen Gruppendynamik beteiligt. Und zwar in der Weise, dass es mit einem oder mehreren Teammitgliedern *so stark identifiziert ist*, dass wir geradezu von einer *Verschmelzung* sprechen können. Eine solche Überidentifikation liegt, wie wir noch sehen werden (Kapitel 4), besonders nahe mit solchen Mitgliedern, die entweder große Verdienste im Überlebenskampf erworben haben oder die das Ich-Ideal (= wie ein Mensch sein sollte) in besonders reiner Weise verkörpern. Wenn in unserem Musterbeispiel «Tante Anni» (S. 99ff.) das Oberhaupt mit dem *Pflichtbewussten* identifiziert und verschmolzen gewesen wäre, hätte er die beiden anderen Mitglieder, den *Faulpelz* und den *Gesundheitsexperten*, nur als Allianz «innerer Schweinehunde» diskreditieren können, als solche, die es unbedingt «zu überwinden» galt. Und sofort wäre das Oberhaupt in die innere Polarisierung verstrickt gewesen, hätte die beschriebene Moderation als Führungsaufgabe nicht wahrnehmen können. Oder wenn der Gebietsleiter bei seiner beruflichen Lebensentscheidung (S. 118ff.) mit seiner *Nummer 1* verschmolzen gewesen wäre, dann hätte er seine inneren Gegenspieler als «Angsthasen» und «Schlappschwänze» abgetan und mundtot gemacht. Die Folge wäre gewesen, dass er zwar *scheinbar* einig mit sich selbst gewesen wäre, jedoch mit einer unheilvollen inneren Gegenbewegung hätte rechnen müssen.

Diesen Vorgang der identifizierenden Verschmelzung visualisiert Abbildung 28 in der Weise, dass das Oberhaupt als (unbewusster) Urheber dieses Vorgangs erscheint. In anderen Fällen jedoch scheint eher die Vorstellung am Platz, dass die Verschmelzung von

Abb. 28: Aktive Identifikation des Oberhaupts (hinten) mit einem Teamliebling

einem sich kraftvoll aufdrängenden Teammitglied ausgeht, welches unerbetenerweise die Kommandobrücke besetzt und den Kapitän dort derart belagert, dass er seine Souveränität verliert und schließlich sagt und fühlt: «Ich bin (depressiv, ehrgeizig, beleidigt ...).» Handelt es sich im ersten Fall um einen Liebling des Chefs, so handelt es sich hier um einen ungeliebten Aufdringling.

Greifen wir auch hier auf unsere Lehrbeispiele zurück. Angenommen, der Chef der Werbeabteilung (S. 103 f.) wäre von seiner Empörung über den unzuverlässigen Kreativmitarbeiter derart eingenommen, dass er ganz und gar darin aufginge, dann wäre eine Teambildung mit dem verständigen Diplomaten (den er in diesem Zustand nur als «feiges Weichei» empfinden könnte) unmöglich, und er müsste als wutschnaubender Berserker in den Kontakt gehen (was ja vorkommen soll). Oder im Beispiel des Vortrags zum Thema «Stoppt den Hass» (S. 107 ff.): Wenn das *Nervenbündel* mit derart schlotternder Wucht das Oberhaupt belagert und seine Kom-

Abb. 29: Passive Identifikation des Oberhaupts (vorn) mit einem aufdringlichen Teammitglied infolge «Belagerung»

mandobrücke besetzt gehalten hätte, dann hätte ich – bedauernd und über mich selbst unglücklich – sagen müssen: «Tut mir leid, *ich* bin dem nicht gewachsen!» (Was ja auch vorkommt.)

Die selektive und dauerhafte Verschmelzung des Oberhaupts mit auserwählten Mitgliedern führt zur Herausbildung eines starren Selbstkonzepts (vgl. «Miteinander reden 1», S. 216ff.) und zu diktatorischer Unterdrückung «Andersdenkender» in der inneren Gesellschaft. In allen Fällen ist ein Verlust an Wahlfreiheit und Teambildung gegeben, eine Einschränkung sowohl in Bezug auf angemessenes Handeln wie auf innere Harmonie. Von daher eröffnet sich ein weites Feld für die «innere Teamentwicklung» – wir werden diesen Faden wieder aufnehmen. An dieser Stelle sind aber die Begriffe «Identifikation» und «Disidentifikation» noch genauer zu erläutern.

Identifikation und Disidentifikation

Dies sind zwei verschiedene Daseinsformen des Oberhaupts in Bezug auf seine Mitglieder:

Identifikation liegt vor, wenn das Oberhaupt in die Haut seines Mitglieds hineinschlüpft und es als Teil von sich selbst erkennt und anerkennt: «Es ist ein Teil von mir!»

Disidentifikation hingegen liegt vor, wenn das Oberhaupt Abstand nimmt, sein Teammitglied von außen betrachtet und das Bewusstsein entwickelt: «Es ist ein nur ein Teil von mir!»

Beide Sätze betonen einen Teilaspekt der Gesamtwahrheit, und sowohl therapeutisch als auch im Alltagsleben ist immer ein Pendeln zwischen Identifikation und Disidentifikation angezeigt. Erstere verhindert die Abspaltung eines Teammitglieds, seine Ausgrenzung als Fremdkörper; Letztere erlaubt den inneren Abstand zu sich selbst und verhindert eine Verschmelzung des Oberhaupts mit einem dominanten Teilnehmer. Im Wertequadrat (s. «Miteinander reden 2», S. 43–63) ausgedrückt:

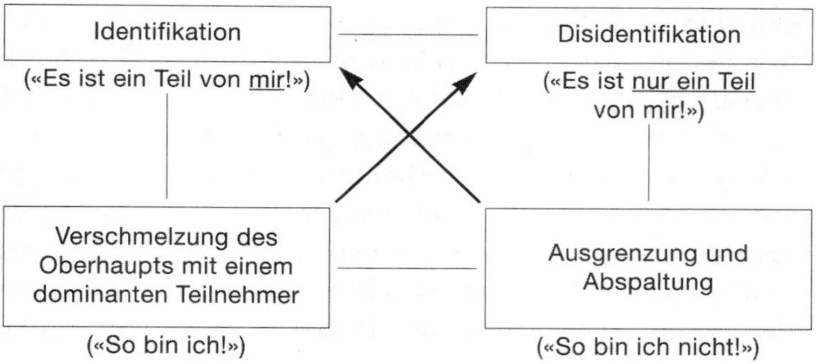

Die pädagogisch-therapeutischen Interventionsrichtungen (Pfeile) zielen, je nach seelischem Ausgangszustand, auf das gegenläufige Prinzip. Assagiolis Empfehlung verläuft von unten links nach oben rechts in Richtung Disidentifikation, wenn es darum geht, das Oberhaupt, das wachsame Selbst, wie er es nennt, im Kampf mit unliebsamen Widersachern zu stärken: «Wir werden beherrscht von allem, womit sich unser Selbst identifiziert. Wir können alles beherrschen und kontrollieren, von dem wir uns disidentifizieren.»

Und er erläutert: «In diesem Prinzip liegt das Geheimnis unserer Versklavung oder unserer Freiheit. Jedes Mal, wenn wir uns mit einer Schwäche, einem Fehler, einer Furcht oder irgendeinem persönlichen Gefühl oder Impuls ‹identifizieren›, begrenzen und lähmen wir uns. Jedes Mal, wenn wir eingestehen:‹Ich bin entmutigt› oder ‹Ich bin irritiert›, werden wir mehr und mehr von Niedergeschlagenheit oder Ärger beherrscht. Wir haben diese Begrenzungen akzeptiert; wir haben uns selbst unsere Fesseln angelegt. Wenn wir stattdessen in derselben Situation sagen: ‹Eine Welle von Entmutigung versucht mich zu überfluten›, so ist die Situation völlig anders. Dann gibt es zwei Kräfte, die einander gegenüberstehen: auf der einen Seite unser wachsames Selbst, auf der anderen Entmutigung oder Ärger. Und das wachsame Selbst unterwirft sich dieser Invasion nicht; es kann objektiv und kritisch jene Impulse von Entmutigung oder Ärger überprüfen: Es kann ihren Ursprung ermitteln, ihre ungünstigen Wirkungen voraussehen und sich ihre Unbegründetheit bewusst machen. Das reicht oft aus, um einem Angriff solcher Kräfte zu widerstehen und den Kampf zu gewinnen. Aber selbst wenn diese Kräfte in uns vorübergehend stärker sind, wenn die bewusste Persönlichkeit zunächst durch ihre Heftigkeit überwältigt wird, so wird das wachsame Selbst nie wirklich besiegt. Es kann sich in eine innere Festung zurückziehen, sich dort vorbereiten und einen günstigen Augenblick zum Gegenangriff abwarten. Es mag einige der Kämpfe verlieren, wenn es jedoch seine Waffen nicht streckt, sich nicht ergibt, so ist der Ausgang nicht gefährdet, und es wird schließlich den Sieg erringen» (Assagioli 1993, S. 29).

Auch wenn mir diese waffenklirrenden Formulierungen ein wenig kriegerisch erscheinen, so glaube ich doch, dass der geleitete Prozess der Disidentifikation dazu beitragen kann, dem Oberhaupt seine Kraft und seine Wahlfreiheit bewusst zu machen. Statt von «besiegen» würde ich allerdings im Sinn des Teamgedankens lieber von «einbinden» sprechen, denn der innere Widersacher hat meist auch etwas zu bieten, wenn er nicht allein und unkontrolliert auf seinen Besitzer und auf die Menschheit losgelassen wird (s. S. 197 ff. in diesem Buch: «Vom Umgang mit inneren Widersachern»).

Ich fasse zusammen: Das Oberhaupt kann zu seinen Mitgliedern in zweierlei Weise in Kontakt treten. Durch bewusste und freiwillige Identifikation macht es sich die seelische Qualität des Erwählten zu eigen, geht darin auf. «Geh da mal ganz hinein in diese Wut», sagt zum Beispiel ein Therapeut zu einem aggressionsgehemmten Klienten, sobald dieser doch einmal ein wenig Wut in sich spürt.

Oder wir sagen von uns selbst: «Ich habe mich da so richtig hineinplumpsen lassen!» – und meinen vielleicht eine bestimmte Stimmung, der wir uns hingaben, statt dagegen anzugehen.

Solange diese Identifikation bewusst, wahlweise und vorübergehend vollzogen wird, ist sie ein wichtiger Vorgang der Selbsterfahrung und der Integration innerer Außenseiter. Auch im Kontakt mit anderen Menschen kann es heilsam sein, vorübergehend einmal *einer* Stimme freien Lauf zu lassen, wohl wissend, dass sie nicht alle Aspekte des eigenen Empfindens abdeckt. Wenn die Identifikation aber als unbewusste und chronische Verschmelzung vonstatten geht oder wenn sich das Oberhaupt einer hartnäckigen Belagerung nicht erwehren kann, dann sind seine Führungsqualitäten drastisch eingeschränkt, und die Chance zur Teambildung ist gesunken. Durch den gegenläufigen Vorgang der Disidentifikation (Abgrenzung) kann das Oberhaupt sich von solchen Belagerern wieder befreien und sich als eine übergeordnete, nicht-verstrickte Instanz wiederfinden, die den Gesamtüberblick wahrt und zu den einzelnen Teammitgliedern aus einer gewissen Distanz freundlichen Kontakt aufnimmt (s. Schwartz 1997, S. 169 ff.). Im gelungenen Wechsel von Identifikation und Abgrenzung liegt ein Schlüsselprinzip für den heilsamen Umgang mit sich selbst.

2.5 Abwandlungen der Grundmetapher

Diese erste Bekanntschaft mit dem Oberhaupt, zunächst vor allem in seiner Rolle als Moderator und Integrator einer inneren Teambildung, wird sich in den weiteren Kapiteln noch vertiefen und erweitern.

Wir werden dann auch von der Möglichkeit Gebrauch machen, die Grundmetapher abzuwandeln, je nach dem gedanklichen Zusammenhang. So werden wir im Kapitel 4, das den Aufbau der Persönlichkeit beschreibt, auf das Bild der «inneren Bühne» eines Improvisationstheaters zurückgreifen: Die «Regisseurin» leitet das Gesamtensemble, einige seiner Mitglieder erscheinen sichtbar auf der Bühne, andere bleiben hinter den Kulissen. Auch wenn die Akteure im Rahmen der Spielidee ihre Texte frei improvisieren können, so hat doch die Regisseurin die Gesamtverantwortung und entscheidet über die Besetzung (s. Abb. 30 a).

Im Kapitel 5, wo es um die Gruppierung der inneren Mitglieder in Abhängigkeit vom menschlichen und situativen Kontext geht,

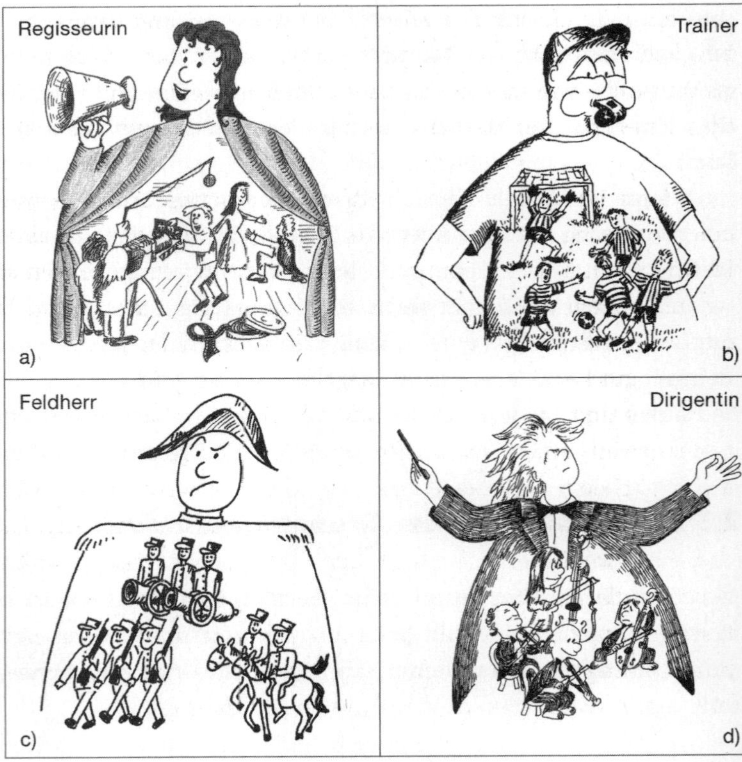

Abb. 30 a–d: Variationen der Metapher vom Oberhaupt und seinem Inneren Team

werden wir von «innerer Mannschaftsaufstellung» sprechen und einen «Trainer» als Oberhaupt vorsehen (s. Abb. 30 b).

Für Gespräche und Auseinandersetzungen, die einen starken Kampfcharakter haben, mag man auch das Bild vom «Feldherrn» und seiner «inneren Schlachtordnung» wählen (s. Abb. 30 c).

Viel harmonischer dagegen ist das Bild vom Konzert der inneren Stimmen in einem «Orchester», das von einer «Dirigentin» geleitet wird. Je nach Stück, das gerade gespielt werden soll, ruft sie wechselnde Solisten auf, bestimmt, wer (laut oder leise) dazukommen soll, sorgt für ein harmonisches Zusammenspiel und interveniert bei aufkommender Disharmonie und schlechter «Stimmung» (s. Abb. 30 d) – wie sich ja überhaupt unsere jeweilige *Stimmung* aus dem Ensemble der aktuell innerlich aktiven *Stimmen* aufklären lässt.

Weitere Metaphern sind denkbar. So bevorzugt Stierlin (1994), einer Anregung Gunther Schmidts folgend, das Bild vom «inneren Parlament», um (wechselnde) Koalitionen vor Augen zu führen sowie das Ringen um Macht und um Kompromisse. Eine Studentin* empfindet das Bild vom «Häuptling» als passend, der jeden seiner Indianer gut kennt und das Beste für den Stamm will.

All dies sind *Variationen* über *dasselbe Thema*. Die Variationen enthalten jeweils einen etwas anderen Aspekt der ganzen Wahrheit, und je nachdem, welchen Aspekt wir gerade betonen wollen, wählen wir die Metaphernvariante. Dasselbe Thema ist immer eine Psyche, die sowohl hierarchisch als auch gruppendynamisch strukturiert ist, die ein Doppelwesen ist, nämlich Singular («Ich») und Plural («Wir») zugleich. Jede Pädagogik und Kommunikationslehre, jede Beratung und Therapie muss diese doppelte Grundgegebenheit zu ihrem Ausgangspunkt und zu ihrem Ziel machen.

* Vogt 1988, unveröffentlichte Hausarbeit

2.6 Sind wir alle «multiple Persönlichkeiten», gar «schizophren»? Ein Blick über den Zaun zum pathologischen Nachbarn

Nachdem wir das normale und zum Teil ideale Zusammenspiel vom Oberhaupt und seinem integrierten Team vor Augen haben, können wir pathologische Erscheinungen besser einordnen, sowohl in ihrer Verwandtschaft als auch in ihrer Andersartigkeit begreifen.

In den letzten Jahren war viel von «multiplen Persönlichkeiten» zu hören und zu lesen (z.B. Casey: Ich bin viele, 1992, mit einem Nachwort von Howland, S. 433ff.). Auch Ornstein (1992, vgl. S. 37 und 79 in diesem Buch) verweist vielfach auf dieses Störungsbild und nimmt es als wichtigen Anhaltspunkt für die Richtigkeit seines Multimind-Konzepts.

Die offizielle Bezeichnung lautet mittlerweile «dissoziative Identitätsstörung» (DSM IV, Nr. 300.14; Saß u.a. 1996), wobei der Begriff «dissoziativ» (ausgliedernd, abspaltend, als nicht zusammengehörig trennend) auf das Phänomen hinweist, um das es hier geht: Mindestens zwei (angeblich bis zu fünfzig und mehr) Teilpersönlichkeiten mit charakteristischen Eigenschaften, Körperausdruck, Verhaltensweisen, Erinnerungen usw. wechseln sich darin ab, das Zepter zu führen und in einem Körper in Erscheinung zu treten. Je nachdem, wer gerade «dran» ist, haben wir es mit höchst unterschiedlichen Charakteren zu tun. Die «Gastgeber»-Persönlichkeit (in unserer Terminologie: das Oberhaupt) weiß meist von diesen machtergreifenden Besatzern nichts (oder will nichts von ihnen wissen) – nach dem Gastspiel fehlt ihr oft die Erinnerung an diesen Zeitraum.

Die alternierenden Teilpersönlichkeiten, die oft einen eigenen Namen haben, wissen zwar in der Regel voneinander, wollen und können aber miteinander nichts zu schaffen haben. Sie stehen untereinander und gegenüber der Primärpersönlichkeit in einem distanzierten, kritischen und zum Teil feindseligen Verhältnis, sodass Huber (1994, 1996) von bürgerkriegsähnlichen Zuständen spricht;

im Extrem kann eine Teilpersönlichkeit «den Dolch im Gewande» tragen und schlimme Selbstverletzungen oder Suizid begehen.

Soweit man heute über das Zustandekommen dieser Persönlichkeitsstörung Bescheid weiß, deutet alles darauf hin, dass es in der Kindheit dieser (meist sind es) Frauen schwersten und anhaltenden Missbrauch gegeben hat. Das kleine Kind, überwältigt von Angst, Entsetzen und Schmerz, kann weder fliehen noch sich wehren, noch hat es irgendeine Menschenseele, die ihm tröstend, helfend und verarbeitend beisteht. Normalerweise müsste die schutzlose Psyche daran zerbrechen. Wenn jedoch das Kind ein Talent zur Dissoziation hat, kann es eine seelische Notwehrreaktion dahingehend entwickeln, dass es mit einem Teil seiner Person ausweicht und ihn so vor der Vernichtung schützt. Diese Überlebenstechnik währt als post-traumatische Stressreaktion fort.

Es scheint nicht leicht zu sein, die multiple Persönlichkeitsstörung zu diagnostizieren – ihre Existenz ist unter den klinischen Fachleuten sogar umstritten (Saum-Aldehoff 1996: Interview mit V. Dittmann), zumindest das enorme Anwachsen dieser Diagnose in den USA lässt Skepsis aufkommen, ob nicht geradezu eine psychiatrische Modeerscheinung vorliegt (Lau 1997).

Oder hat man früher diese «Metastörung» übersehen, weil, nach Huber, einzelne Teilpersönlichkeiten durchaus gängige Störungen (Depressionen, Zwänge etc.) aufweisen können? Huber betont, dass eine traditionelle Behandlung in dem Fall nicht viel nütze, da nach einem «switch», also einem Identitätswechsel, eine andere Unterperson das Steuer übernehme und von der Therapie nicht profitiert habe, ihr wahrscheinlich sogar ablehnend gegenüberstehe. «Es muß also zunächst die Identitätsstörung behandelt werden, bevor alle anderen Störungen angegangen werden können, wobei das häufig parallel möglich ist» (Huber 1994, S. 66). Von daher ist die Anekdote zu verstehen, dass ein New Yorker Psychiater nach der Behandlung einer «multiplen» Patientin bei der Krankenkasse eine «Gruppentherapie» abgerechnet habe.

Die Therapie einer multiplen Persönlichkeit zielt darauf, eine Integration – oder zumindest als Vorstufe «die Ko-Bewusstheit» – der isolierten Teilwesen unter der Oberhoheit der Primärpersönlichkeit zu ermöglichen und zu fördern.

Das Fazit aus dieser kurzen Beschreibung: Wir sind alle «multiple Persönlichkeiten»; was uns aber vor einer multiplen Persönlichkeitsstörung bewahrt, ist die «Ko-Bewusstheit», die Fähigkeit zur Teambildung unter der Regie eines gut entwickelten Oberhaupts. Freilich trennt uns vom Nachbarn keine sichere Grenze. Trübungen der Ko-Bewusstheit, Mangel an innerem Wir-Gefühl, misslungene Teambildung und eine gelegentliche oder dauerhafte Führungsschwäche des Oberhaupts: das sind ja geläufige Normalphänomene gesunder Menschen, bis hin zu gelegentlichen «bürgerkriegsähnlichen Zuständen»!

Luise Rinser erwähnt eine weithin normale «Jugend-Schizophrenie»: «Manchmal hatte ich das Bedürfnis, etwas Schreckliches zu tun, ein Haus anzuzünden oder so etwas. Aber das war nur der eine in mir; der andere wollte gut sein und andern helfen». (1984, S. 16). In einer wissenschaftlichen Untersuchung von Matt (1995) über delinquente Jugendliche wurde ermittelt, dass manche jungen Männer ein Doppelleben führen: Wochentags ist der angepasste Musterknabe im beruflichen Einsatz und begründet eine bürgerliche Existenz; am Wochenende dagegen schlägt die Stunde des Banditen. Bei diesem handelt es sich wahrscheinlich um die negative Ausprägung jenes tatendurstigen Helden, der in der Entwicklung zum jungen Mann durchaus angelegt ist, aber im geregelten Lebenskontext einfach nicht (mehr) gebraucht wird. Bestellt und nicht abgeholt.

Diese Art von Spaltung ist nicht zu verwechseln mit der echten Schizophrenie, jener Krankheit, bei der das Zusammenspiel vom Oberhaupt und seinem Team in noch anderer Weise fehlgeschlagen ist. Eines der Hauptsymptome der Schizophrenie ist das Hören von Stimmen (vgl. «Stimmenreich», Bock u.a. 1992); aber nicht in dem

Sinn, wie wir hier von «inneren Stimmen» gesprochen haben (innere Regungen, für die wir einen Text entwerfen und sie uns auf diese Weise zugänglicher machen), sondern als wirkliches akustisches Erlebnis. Sie erreichen den Kranken scheinbar von außen, sprechen Texte (zum Teil Befehle), die er sich selber nicht zurechnet, und kommen und gehen und drängen sich auf, wann immer sie wollen. Und sie machen dem Betroffenen oft große Angst. Wenn wir uns darauf im Rahmen unserer hier vertretenen Sichtweise einen Reim machen wollen, können wir annehmen, dass es sich um Mitglieder des Inneren Teams handelt, die ehemals ausgestoßen («abgespalten») worden sind, also nicht mehr dazugehören, und sich auf diese Weise aus der Verbannung zurückmelden und als bedrohliche Fremdlinge erfahren werden.

In jüngster Zeit gibt es Berichte, dass ein solches Stimmen-Hören auch bei nicht schizophren Erkrankten vorkommt (Stratenwerth 1995), sogar in großer Zahl (zwei bis vier Prozent aller Menschen nach Studien aus den USA) und oft in engem Zusammenhang mit traumatischen Erlebnissen wie Unfällen, sexueller Gewalt oder dem plötzlichen Tod von Angehörigen. Wer solche Erfahrungen macht, muß also keinesfalls zwingend befürchten, «verrückt» zu werden. Man kann lernen, damit zu leben, und es gibt wohl auch die begründete Aussicht, dass das Oberhaupt wieder «Herr» werden kann über die verstoßenen oder entlaufenen Wesenheiten.

Ich erwähne diese mehr oder weniger pathologischen Phänomene deshalb, weil hin und wieder ein Hörer meiner Vorlesungen oder eine Teilnehmerin in Fortbildungskursen auf die Modellvorstellung des Inneren Teams mit besorgter Abwehr reagieren. Sie scheinen zu befürchten, dass sie durch Beschäftigung mit solchen Ideen in eine multiple oder schizophrene Persönlichkeitsirrfahrt hineingeraten könnten. Zwar bin ich der Überzeugung, dass, ganz im Gegenteil, das Bewusstsein von der inneren Pluralität und ein Training im Umgang damit im Normalfall solche pathologischen Abspaltungen zu verhindern hilft, ich kann aber gegenwärtig nicht ausschließen, dass eine angstvolle Abwehrreaktion im Einzelfall eine Anfälligkeit für die befürchtete Entwicklung anzeigen kann. Dann mag es geraten sein, von einer weiteren Beschäftigung damit zunächst Abstand zu nehmen.

Nach Auswertung von über hundert Erfahrungsberichten komme ich aber zu dem Schluss, dass in aller Regel die Wirkungen einer Beschäftigung mit dem Modell des Inneren Teams auf die persönliche Entwicklung als sehr positiv erlebt werden, und zwar vor allem in dreifacher Hinsicht:

1. *Als Befreiung aus dem Gebot der Einheitlichkeit:* «Ich hatte mir selbst immer auferlegt, eine einheitliche, starke, festgefügte Persönlichkeit zu sein. Dementsprechend habe ich mir meine widersprüchliche Vielfalt als Schwäche, ja sogar als pathologische Störung ausgelegt. Jetzt sehe ich, dass alles zu mir gehört und sein darf, sogar einen inneren Reichtum ausmacht.»
2. *Als Ordnungs- und Klärungshilfe:* «Um mich in meinem inneren Chaos zurechtzufinden, hilft mir das Modell. Dann sehe ich deutlicher, wer sich alles meldet, sich vordrängt und sich zurückhält, und wo die Brennpunkte des Konflikts liegen.»
3. *Als Erleichterung der Selbstakzeptierung:* «Wenn ich sozial unerwünschte Regungen in mir feststelle, kann ich jetzt (vor mir selbst und vor anderen) besser dazu stehen. Denn sie bedeuten jetzt nicht mehr, dass ich durch und durch schlecht oder minderwertig wäre, sondern nur, dass dieser Teil (neben vielen anderen) auch zu mir gehört – und das gestehe ich mir durchaus zu.»

3. Innere Teamkonflikte und inneres Konfliktmanagement

Aus all den bisherigen Betrachtungen ist deutlich geworden, dass innere Uneinigkeit und Teamkonflikte keinen dramatischen Sonderfall darstellen, sondern den seelischen Alltag ausmachen. Daraus ergibt sich die wichtige Rolle des Oberhaupts: angesichts von Pluralität und Uneinigkeit den Laden zusammenzuhalten und so zu führen, dass Gegensätze und Spannungen ausgehalten, ausgetragen und genutzt werden, ohne dass die Reibungsverluste allzu groß werden. In der Rolle des «Konfliktmanagers» besteht seine Aufgabe auch im Aufbau einer *inneren Streitkultur*: Wieder finden wir eine verblüffende Gemeinsamkeit zwischen den inneren Verhältnissen und den Verhältnissen in Familien, Arbeitsgruppen, politischen Parteien, Verbänden, Organisationen aller Art vor. In beiden Bereichen, den inneren und den äußeren, gilt das universale Kooperationsgesetz:

Menschen, die miteinander zu *schaffen* haben,
machen einander *zu schaffen*!

Und in beiden Bereichen kommt es darauf an, zwei gegensätzliche Spielarten des Misslingens zu vermeiden oder, wenn dies zeitweise unvermeidlich ist, immer wieder zu überwinden: die allzeit friedliche und höfliche, also fried-höfliche Pseudo-Harmonie, in der die Gegensätzlichkeiten aus Angst vor Zwietracht und Zerwürfnis nicht zur Sprache kommen; auf der anderen Seite die von Gehässigkeit diktierte Art, den Vertreter gegensätzlicher Auffassungen verächtlich und mundtot zu machen, was vielfach auch wechselseitig geschieht und die Kampfhandlungen zu gegenseitiger Entwertung und Blockierung eskalieren lässt – sei es, dass dies offen und «heiß» ausgetragen wird, sei es, dass dies verdeckt und «kalt» geschieht und das Geschehen unterschwellig lähmt. Die Wertebalance einer solchen Streitkultur (s. Abb. 31) muss zwei gegenläufige Tugenden entwickeln und miteinander in Zusammenarbeit bringen: die Tugend der Verständigungsbereitschaft, verbunden mit der Fähigkeit, die Perspektive der anderen zu ermitteln und nachzuvollziehen; auf der anderen Seite der Mut zur Konfrontation, Courage, Zorn und Ablehnung zu bekennen und zu benennen und dabei die Disharmonie auszuhalten, die den lieben Seelenfrieden so empfindlich beuteln kann.

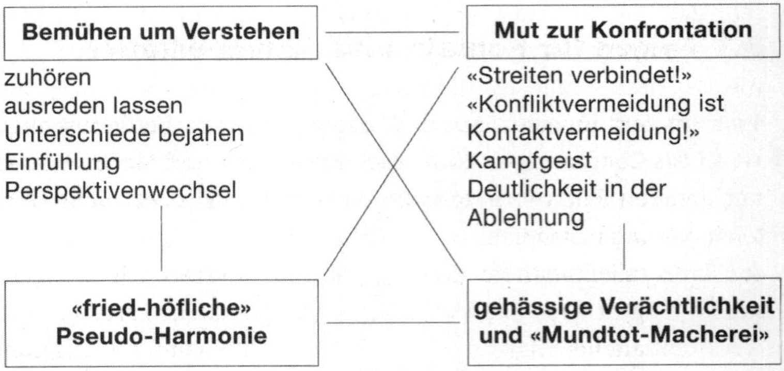

Abb. 31: Wertebalance einer konstruktiven «Streitkultur» (innerer wie äußerer)
Oben: Die beiden zusammengehörigen Schwestertugenden
Unten: Die Entartungsformen, sobald nur eine Tugendhälfte gelebt wird

Die inneren Teamkonferenzen und Ratsversammlungen des vorigen Kapitels geben eine Vorstellung davon, wie eine gute Streitkultur konkret aussehen kann. Im Idealfall wird aus der Not eine Tugend, kommt nicht trotz, sondern *durch* den Konflikt jene Weisheit zum Tragen, die nicht im einen oder anderen Pol enthalten ist, sondern in der Spannung der Gegensätze selbst verborgen liegt.

Was aber, wenn die inneren Konflikte derart heftig und/oder anhaltend ungelöst bleiben, dass es dem Menschen nicht nur die Sprache, sondern die ganze Handlungsfähigkeit verschlägt und ihm noch dazu die Lebensfreude raubt? «Mit sich selbst uneinig sein», um eine Formulierung von Tolstoi zu gebrauchen, kann in manchen Fällen so quälend werden, dass nur noch der Freitod als einziger Ausweg erscheint. Unter weniger dramatischen Umständen kann es – und das ist der Aspekt, der uns als Kommunikationsberater vor allem zu interessieren hat – zu einem schwerwiegenden und andauernden Kontakthindernis werden.

3.1 Folgen für Kontakt und Kommunikation

Was passiert innerseelisch und dann auch zwischenmenschlich, wenn das Oberhaupt die Kraft zur Einberufung und Moderation einer inneren Ratsversammlung nicht aufbringt oder wenn eine Teambildung misslingt?

Der Parallelitätsthese (S. 74ff.) folgend, können wir auch zunächst fragen: Was passiert in Gruppen (Gremien, Parteien etc.), wenn anhaltend ungelöste Konflikte das Miteinander bestimmen und zum Gegeneinander werden lassen? Wer jemals durch die Hölle anhaltender Teamkonflikte gegangen ist, kennt die grausame Vielfalt der Auswirkungen. Es lassen sich *Binnen-* und *Außenwirkungen* unterscheiden.

Binnenwirkungen ungelöster Teamkonflikte

Allgemein kann von einem *schlechten Betriebsklima* gesprochen werden. Statt gegenseitiger Unterstützung und Ermutigung herrschen entweder manifeste Gehässigkeiten und Verächtlichkeiten vor oder aber latente Feindseligkeit hinter einer Fassade von Sachlichkeit und Höflichkeit. Man geht einander aus dem Weg und/oder gruppiert sich in Cliquen. Energie und Schaffenskraft kommen kaum noch der gemeinsamen Aufgabe zugute, sondern werden in die Bewältigung der internen Vorgänge gesteckt: Verbündete gewinnen, Schlachtpläne ausarbeiten, Intrigen spinnen, Schriftstücke erstellen. Konferenzen und Zusammenkünfte verlaufen «ätzend» und zeitraubend. Das alles geht an die Nieren, es häufen sich Krankheiten und Fehlzeiten, die Gruppe ist zerfallsbedroht, innere und tatsächliche Kündigungen nehmen zu (s. Abb. 32).

Trifft dieses Szenario, das wir aus Arbeitsgruppen nur allzu gut kennen, auch auf innerseelische Verhältnisse zu? Auch hier ist das «innere Betriebsklima» spürbar gestört. In leichteren Fällen wird der Konflikt als ein Unbehagen empfunden, in schweren Fällen als überaus qualvoll – bis hin zum Suizid. So wie es in Gruppen den «heißen» und den «kalten» Konflikt gibt (vgl. Glasl 1990) – in heftiger Feldschlacht ausgetragen oder unterschwellig belastend in «eisigem»

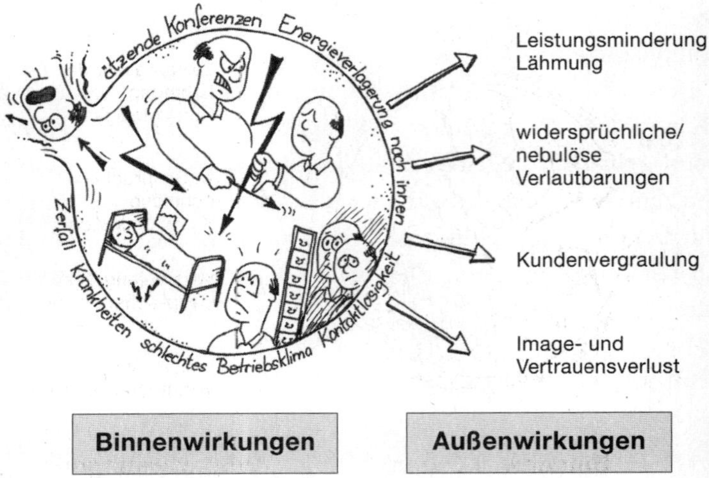

Abb. 32: Binnen- und Außenwirkungen interner Konfliktspannungen in Gruppen (Gremien, Parteien etc.), sofern anhaltend ungelöst

Schweigen –, so gibt es im inneren Milieu zum einen das aufwühlende Hin- und Hergerissensein, das den Nachtschlaf raubt und die Tage zermürbt, zum anderen gibt es den unbewusst verschleppten Konflikt, von dem sein «Besitzer» nichts weiß und nichts wissen will, der ihm aber entweder die Lebensenergie abzieht («Ich bin so unerklärlich müde, schlapp und gereizt in letzter Zeit!») und/oder ihm psychosomatische Symptome beschert, durch die ein verdrängter Konfliktpartner die Bühne in Verkleidung betritt: die Krankheit als Folgeerscheinung eines inneren Bürgerkriegs und der Bildung von «Untergrundbewegungen» (s. Kapitel 4, S. 264ff.). So können wir, cum grano salis, die Abbildung 32 auch für innere Verhältnisse verwenden (s. Abb. 33).

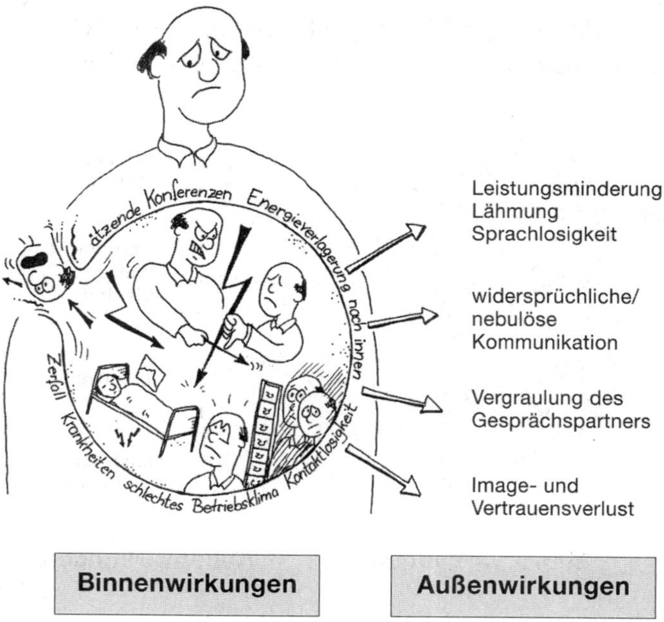

Abb. 33: Binnen- und Außenwirkungen innerer Teamkonflikte

Außenwirkungen ungelöster Teamkonflikte

Der interne Energieverschleiß bleibt nicht ohne Folgen für die Wirkungen nach außen. Betrachten wir zunächst wieder die Verhältnisse in der äußeren Realität von Abteilungen, Parteien, Gruppierungen aller Art. Ich sehe Auswirkungen in vierfacher Hinsicht:

- Infolge der internen «Reibungsverluste» kommt es zu einer *Leistungsminderung* bis hin zum völligen *Versagen*.
- Die *Kommunikation* nach außen ist *unklar* und *widersprüchlich* – die eine sagt «Hü!», der andere «Hott!» –, und falls es einen gemeinsamen Sprecher gibt, so bleibt er wie ein Regierungssprecher nichtssagend, nebulös, vage – wenn auch vielleicht auf rhetorisch geschliffenem Niveau.
- *Kundenvergraulung*: Wer einmal Kunde in einem Hotel/Kaufhaus/Krankenhaus war, wo intern ein zerstrittenes Klima herrschte, hat einiges an Spänen abgekriegt, welche dort herumfliegen, wo gehobelt wird («Ein Kunde? Auch *das* noch!»). Ebenso ist bekannt, was Kinder durchmachen, wenn Ehepaare in permanenter Konfliktspannung leben.
- *Image- und Vertrauensverlust*: Wenn zum Beispiel eine politische Partei ihre (notwendigen) internen Auseinandersetzungen nicht produktiv und konsensfähig gestaltet, wenn der Streit auf der Sach- und/oder auf der Beziehungsebene spürbar gehässige Formen annimmt und in ewige Querelen mündet, dann führt dies zu einem *Image-* und *Vertrauensverlust* («Mit denen ist kein Staat zu machen, die wissen nicht, was sie wollen, und haben zu viel mit sich selbst zu tun!»).

Bei den Außenwirkungen sind die Parallelen zu einem Individuum und seinem Kontakt zur Umwelt besonders auffällig. Auch hier finden wir, als Folge ungelöster innerer Teamkämpfe, die vier genannten Effekte (s. Abb. 33).

Diese wollen wir im Folgenden anhand von Beispielen genauer

anschauen. Wir beginnen mit dem Phänomen der *unklaren/nebulösen/widersprüchlichen Kommunikation*, setzen die Betrachtung fort mit der *Vergraulung*, das heißt, der kommunikativen Misshandlung des Gesprächspartners auf der Beziehungsebene, und kommen dann, etwas ausführlicher, auf den Umstand zu sprechen, dass das von inneren Teamkonflikten gequälte Individuum in der wirkungsvollen Auseinandersetzung mit seiner Umwelt enorm beeinträchtigt sein kann – bis hin zur völligen Lähmung, zum «inneren Patt».

Unklare/nebulöse/widersprüchliche Kommunikation

Klare Kommunikation setzt innere Klarheit voraus, zumindest das Bewusstsein innerer Ungeklärtheit. Diese Voraussetzung ist, wann immer zwei Menschen miteinander reden, häufig nicht gegeben, sodass in Wahrheit die Begegnung zweier «Gruppen» stattfindet, die aufgeregt zu einem Thema verhandeln, über das sie *untereinander* noch nicht (hinreichend) gesprochen haben.

Das folgende Beispiel berichtet eine junge Frau. Es geht um die Frage: Wo und wie feiern wir Weihnachten?

> Meine Freundin Karla bekam im November ihr erstes Kind. Bereits einige Monate vorher hatten wir verabredet, Weihnachten gemeinsam zu kochen und einen gemütlichen Abend zu viert plus Kind zu verbringen. Anfang Dezember veränderte sich die Situation dahingehend, dass mein «kleiner» (26-jähriger) Bruder mit seiner Freundin Weihnachten mit mir und meinem Mann feiern wollte. Da unsere Eltern geschieden sind, ist es mir besonders wichtig, meinem Bruder immer eine offene Tür anzubieten. Einer Feier zu sechst hätte weder von Karlas Seite noch von der Seite meines Bruders aus etwas entgegengestanden. Ein Besuch bei Karla zwei Wochen vor Weihnachten ließ bei mir dann allerdings Zweifel aufsteigen, ob eine Feier zu sechst wirklich eine gute Idee war. Für mich, die selbst keine Kinder hat, ist es ungewohnt, wenn mindestens die Hälfte der Aufmerksamkeit auf die Lebensäußerungen

eines Babys gerichtet werden. Ich empfinde das als extreme Störung im Kontakt. Da Karla und ich uns schon ewig kennen, war es für sie zudem selbstverständlich, dass sie sich nicht über den Abend quälen musste, sondern nach Bedarf ins Bett gehen konnte. Ihr Mann Peter vermittelte uns (nicht willentlich) dann den Eindruck, dass er sich am liebsten mit seiner Familie zusammen zurückziehen möchte. So fuhren wir also mit dem Gefühl eines verunglückten Abends nach Hause. Drei Tage später kam es zu folgendem Telefonat:

Abb. 34: Telefonat der Freundinnen vor Weihnachten

Im Großen und Ganzen sei sie danach mit ihrer Äußerung zufrieden gewesen. Als jedoch die Freundin mit Unmut reagierte und die Weihnachtsfeier nun ihrerseits absagte, habe sie diese Kontaktstörung für sich selbst ergründen wollen und habe ihre eigene innere Teamkonstellation während des Gesprächs rekonstruiert (s. Abb. 35).

Die *Selbstsüchtige* meldet sich deutlich und laut: «Solange ich selber kein Kind habe, sehe ich es nicht ein, mich durch die Rhythmen eines Kindes tyrannisieren zu lassen – jedenfalls nicht am Heiligen Abend!»

Abb. 35: Innere Teamkonstellation während des Telefongesprächs

Die *verlässliche Freundin* ist tugendhaft und spricht mit mahnendem Zeigefinger: «Verabredungen kann man nicht nach Lust und Laune einfach absagen! Von einer Freundin würde ich doch auch erwarten, dass sie mich nicht plötzlich fallen lässt!»

Die *große Schwester* fühlt sich für den «kleinen Bruder» verantwortlich: Der soll es doch Weihnachten schön haben, besonders wenn er extra von Berlin nach Hamburg kommt.

Die *Gesellschaftswissenschaftlerin* ist kinderfreundlich eingestellt (und schaut mit strafendem Blick auf die «kinderfeindliche und kleinkarierte» *Selbstsüchtige*): «Wie es mit der Welt weitergehen wird, hängt nicht zuletzt davon ab, wie wir die Kinder hier willkommen heißen und bereit sind, uns auf sie einzustellen!»

Nach außen hin laviert eine *Kontaktmanagerin* (vgl. Abb. 19, S. 91), die einen zerstrittenen Haufen hinter sich weiß (oder nur ahnt?) und mit dem das Oberhaupt offenbar identifiziert ist.

Ich möchte an dieses Beispiel einige Gedanken und Kommentare knüpfen:

1. Eine «innere Ratsversammlung» (mit dem Ziel, durch Teamarbeit zu einer klaren inneren Vereinbarung zu gelangen) hat noch nicht stattgefunden. Zu Beginn einer solchen wäre es notwendig, auf die Abwertung in der Namensgebung der *Selbstsüchtigen* aufmerksam zu werden. Dies könnte ein Hinweis darauf sein, dass das Oberhaupt der jungen Frau mit einem anderen ihrer altruistischen Teammitglieder derart identifiziert und verschmolzen ist (s. Kapitel 2, S. 123ff.), dass es die eigenen Interessen nur mit der Brille dieser Altruistin wahrnehmen kann und dann gezwungen ist, diesen auf sich selbst bedachten Anteil in einer Art moralischer Vorverurteilung abqualifizierend zu benennen. Sollte sich dieser Verdacht bestätigen, müsste sie erst einmal ihr Oberhaupt von der Altruistin abgrenzen (vgl. S. 128 f.). Denn für die Ratsversammlung gilt der Grundsatz: «Heiße jeden so *willkommen*, wie er *kommen will!*» – und dazu gehört die Verleihung eines ehrbaren Namens (s. dazu auch S. 250ff.!).

2. Das Oberhaupt hat, zusätzlich zu den Moderationsaufgaben, auch die Aufgabe, den einzelnen Mitgliedern *Gewicht* und *Bedeutung zuzuweisen.* Jede Stimme ist erst einmal willkommen und wird gehört. Aber nicht jede Stimme ist für eine gegebene Situation von gleicher Bedeutsamkeit und Adäquatheit – dieses große Thema kommt noch auf uns zu (Kapitel 6). Hier reicht der Hinweis, dass das Oberhaupt aus einer reflektorischen Distanz zum Beispiel folgende Fragen stellen und beantworten sollte:

- Ist es legitim und situationsgemäß, dass ich (auch) an mich denke und ein Weihnachten nach meinem Geschmack ersehne?

- Ist es angemessen, dass ich mich noch immer für das Weihnachtsglück meines «kleinen» Bruders zuständig fühle?
- Welche Bedeutung kommt der kinderfreundlichen Gesellschaftswissenschaftlerin in dieser konkreten Situation zu? usw.

Möglicherweise kommt es dadurch auch zu einer Umverteilung der Verantwortung, die bis jetzt in der jungen Frau allein versammelt scheint – etwa durch eine Nachricht an ihren Bruder: «Ich bin mit Karla verabredet, du bist trotzdem herzlich willkommen. Allerdings hier eine Vorwarnung: Es könnte mit ihrem Baby etwas nervig werden. Entscheide, ob du unter diesen Umständen kommen willst.»

3. Ihr Oberhaupt muss vorentscheiden, ob sie die Entscheidung für sich treffen will oder im Kontakt mit Karla. Im zweiten Fall dürfte sie mit innerer Vor*klärung*, aber ohne *Vorentscheidung* ins Gespräch gehen und müsste ihre innere Pluralität offenlegen («Einerseits habe ich mich drauf gefreut und möchte auch zu der Vereinbarung stehen, andererseits sind mir seit dem letzten Besuch Zweifel gekommen, und zwar …») – entsprechend der Methode 2 (S. 86ff.). Dieses Vorgehen enthält zwei Chancen und eine Gefahr. Die eine Chance besteht darin, dass die Freundin die Wichtigkeit offenbaren kann, die das Treffen für *sie* hat – und damit *zur inneren Gewichtung im Entscheidungsteam* beitragen kann. Denn das Gewicht, das die *verlässliche Freundin* in die Waagschale wirft, wird ja sehr unterschiedlich ausfallen, je nachdem, ob die reale Freundin sich bodenlos enttäuscht zeigen wird oder selbst schon leise Zweifel am Sinn der Verabredung bekommen hat. Die andere Chance liegt in der Möglichkeit, gemeinsam neue Lösungen zu erfinden («Wie wäre es denn, wenn ihr nachmittags kommt und abends wieder geht?»). Die Gefahr dieses Vorgehens liegt in der möglichen Kränkung, wenn die Kinderlose ihren «selbstsüchtigen» Anteil frank und frei bekennt. Aber eine Freundschaft, die diesen Namen verdient, blüht und gedeiht ja (in der Regel) nicht, wenn ich der anderen meine innere Wahrheit schonend vorenthalte – also eine gute Gelegen-

heit, jene Streitkultur zu entwickeln, die eine Beziehung auch stärken und wertvoll machen kann!

Das Beispiel zeigt sehr schön, wie Selbstklärung und Beziehungsklärung ineinandergreifen und einander (potenziell) befruchten.

4. Das Beispiel ist auch konflikttheoretisch interessant. Ich möchte später noch der Frage nachgehen, wie es eigentlich kommt, dass dem Menschen so viele innere Konflikte «einprogrammiert» sind, wohingegen unsere Katze diesen Eindruck gar nicht erweckt. Eine Antwort wird lauten: Wir sind unweigerlich Angehörige verschiedener Systeme, denen wir zu dienen haben – und alle sind in unserem inneren Gremium repräsentiert. Solche Systemanforderungen können in einem gegebenen Augenblick gleichzeitig wirksam werden und sehr Verschiedenes von uns fordern. In diesem Fall leitet sich jede der vier Stimmen aus je einer Systemzugehörigkeit ab: Sie ist *große Schwester* im System *Ursprungsfamilie*, sie ist *Freundin* im System *Freundschaft*, sie ist Mitglied der *Gesellschaft*, und sie hat – und das hat sie immer! – dem «System» zu gehorchen, das sie *selbst* ist (s. Abb. 36).

So weit zu möglichen Hintergründen einer unklaren, nebulösen oder widersprüchlichen Kommunikation. Sie ist in den seltensten Fällen sprachlicher Unbeholfenheit zuzurechnen. Eher noch wird sie in bewusster Methodik eingesetzt, um den Folgen einer riskanten Verlautbarung zu entgehen. Meist aber steckt eine – vielleicht nicht selbst durchschaute – innere Uneinigkeit dahinter. Manchmal reagiere ich (als Empfänger) mit den Worten: «Es klingt so, als wärst du mit dir selbst noch nicht ganz einig, wie du zu der Sache stehst, stimmt das?» Damit umgehe ich den Kontaktmanager und klopfe sanft an die Tür hinter ihm.

Vergraulung

Wer in mir einen inneren Teamkonflikt hervorruft oder aktualisiert, den aufzulösen mir nicht gelingt, muss damit rechnen, dass

Abb. 36: Innere Stimmen als Ausdruck mehrfacher Systemzugehörigkeit

er etwas von jener mürrischen Ekligkeit abkriegt, die oft als Außenseite dieses inneren Geschehens zutage tritt: Wo (innerlich) gehobelt wird, fallen (nach außen) Späne!

Ein Beispiel aus der eigenen Berufspraxis: Früher wurden die Diplomprüfungen im Fach Pädagogische Psychologie schriftlich durchgeführt; als Professor hatte ich pro Semester ca. sechzig Klausuren zu lesen, die einzelnen Antworten zu bewerten und schließlich eine Gesamtnote festzustellen. Nun geschah es zuweilen, dass ein(e) Student(in) in der Sprechstunde auftauchte und um einen Termin für die Erläuterung seiner/ihrer Klausurnote bat – er oder sie hatte eigentlich eine bessere Note erwartet. Ach herrje! Natürlich, das Anliegen ist nachvollziehbar, sogar wünschenswert im Interesse eines Feedbacks für die Leistung, gewiss! Andererseits müsste ich die Arbeit vom Prüfungsamt noch einmal kommen lassen, müsste mich zur Gesprächsvorbereitung noch einmal in sie vertiefen, um die Punktebewertung mit den handgeschriebenen Antworten in Beziehung zu setzen, müsste dann das Gespräch führen, die Kriterien erklären, mich mit den Einwänden auseinandersetzen, dem Gegenüber «nachweisen», dass seine Antworten nicht so gut sind, wie es selbst findet. Welch ein zeitlicher und seelischer Aufwand! Unangenehm! Und vor allem: Wenn da jeder käme! In einer Massen-Uni gar nicht zu machen! Auf der anderen Seite: Hatten die Prüflinge nicht – rein juristisch – sogar einen Anspruch darauf? Wie können sie mich bloß in so eine quälende Zwickmühle bringen!?

Wie habe ich reagiert? Zunächst schickte ich meinen *Bürokraten* vor (s. Abb. 37): Eine solche mündliche Erläuterung sei an sich nicht vorgesehen – bei der Vielzahl der Kandidaten auch rein zeitlich nicht zu schaffen –, und wenn, dann müsse ich erst beim Prüfungsamt beantragen ..., das könne Tage und Wochen dauern, und sicher sei es nicht leicht, einen Termin zu finden, denn in der Sprechstunde ganz unmöglich usw. usf. – Wenn überhaupt, könne es sich ohnehin nur um eine Erläuterung der Note handeln, eine Veränderung aufgrund einer Aussprache oder gar einer Verhandlung sei von vornherein ausgeschlossen ... – Klartext: Zieh deinen Antrag zurück, dann haben wir beide eine Sorge weniger!

Die meisten ließen sich nicht abwimmeln, und in das unausweichlich gewordene Gespräch schleppte ich meinen inneren Teamkonflikt hinein: An der vordersten Kontaktlinie standen Hand in Hand der *Hochschulpädagoge* («Ich will es Ihnen gern mal erklären!») und der *korrekte* Beamte («Sie haben einen Anspruch auf Erläuterung!»). Knapp dahinter allerdings stand der *genervte Massen-Prof*, schaute auf die Uhr, die zugleich seine Lebenszeituhr war, und ver-

Abb. 37: «Vorgeschobener» Bürokrat im Vorgespräch

breitete eine leicht grimmige Ausstrahlung. Sobald sich auf Seiten des Gegenübers eine gesprächsverlängernde «Uneinsichtigkeit» zeigte, wurde dieses Mitglied aktiv und fuchtelte mit seiner atmosphärischen Mistgabel an der Kontaktlinie herum. – Die Gespräche verliefen, um es gelinde zu sagen, unerfreulich; endeten in ein oder zwei Fällen sogar mit einem lauten Eklat.

So konnte es nicht weitergehen. Ich konnte damals auch noch nicht ahnen, dass dies einmal ein gutes Musterbeispiel für «Kundenvergraulung aufgrund eines verschleppten Teamkonflikts» abgeben würde.

Das Oberhaupt beschloss, dass etwas geschehen müsse, dass die bis dahin nicht konsequent zu Ende geführte innere Ratsversammlung nachzuholen sei. Da es der *genervte Massen-Prof* war, der für eine halbherzige und gereizte Gesprächsführung sorgte, konzentrierte sich die Aussprache auf seine «Person»: Was er denn dagegen habe, ein unausweichliches und darüber hinaus pädagogisch sinnvolles Gespräch zu führen? Er verwies auf die permanente Mehrbelastung durch große Studentenzahlen – vor allem darauf, dass es prinzipiell nicht möglich sei, sechzig Erläuterungsgespräche zu führen. Wozu also Extrawürste für Einzelne braten? Wenn da jeder käme!

In der Tat, so das Oberhaupt, das würde alle zeitlichen Möglichkeiten sprengen. Wie viel Zeit er denn maximal einzusetzen bereit sei? Maximal zwei mal zwei Stunden nachmittags pro Prüfungsperiode, o.k. – Wie wäre es denn, wenn wir von vornherein diese zwei mal zwei Stunden fest in den Terminkalender eintragen würden? Das macht doch psychologisch einen wichtigen Unterschied, ob jemand als «Eindringling» erscheint oder ob für ihn bereits reserviert ist!? Wenn nun viele kommen (was nicht zu erwarten ist), müssen sie sich die Zeit teilen, wenn nur einer kommt, kann das Gespräch völlig ohne Zeitdruck ablaufen – und wenn keiner kommt: geschenkte Lebenszeit! Bist du bereit, das einmal zu probieren? Ja, aber zusätzlich sollten wir nicht mehr alle Fragen durchgehen, sondern uns beschränken und konzentrieren auf diejenige(n), die besonders zum erwartungswidrigen Ergebnis beigetragen haben! – Das fand auch der *Pädagoge* sinnvoll und der *Beamte* vertretbar – zumindest *vorschlagen* sollten wir dem Kandidaten diese Beschränkung.

Das empirische Ergebnis dieser «inneren Reform» übertraf alle Erwartungen. Meist kamen nur ein bis zwei Studierende – der eine Nachmittag reichte, und der andere schenkte frei verfügbare Zeit. Ausnahmslos akzeptierten alle die Konzentration auf die kritischen Aufgaben. Aber viel wichtiger: Die Gespräche verliefen sämtlich erfreulich und ergiebig; trotz des unangenehmen Inhalts (warum war die Leistung schlechter als selbst eingeschätzt?) bedankten sich manche Studierende zum Schluss ausdrücklich für das Gespräch.

Dieses kleine persönliche Beispiel ist nicht weltbewegend – oder doch? Meine Studenten und ich sind immerhin auch von dieser Welt! Es wird daran aber ein Prinzip deutlich, das von allumfassender Bedeutung ist: Wer immer wo immer in welcher Rolle immer folgenreiche Gespräche zu führen hat, sollte darin geübt sein, innere Teamkonflikte zu identifizieren und wenn möglich aufzulösen. Bei der Schulung von Führungskräften ist dies zum Beispiel bei *Beurteilungsgesprächen* von besonderer Dringlichkeit (vgl. Hager und v.d.Laan 1992). In vielen Unternehmen sind diese pflichtgemäß in regelmäßigen Abständen mit den einzelnen Mitarbeitern zu führen. Dies ist gut gemeint und wohl begründet: Die Mitarbeiter(innen) sollen sich darüber im Klaren sein, wie ihre Leistung, ihr persönliches Auftreten, ihre Teamfähigkeit usw. eingeschätzt, wo sie als tüchtig erkannt und anerkannt werden, wo sie sich verbessern sollten etc. In der Praxis ist regelmäßig zu beobachten, dass Vorgesetzte von dieser segensreichen Einrichtung nur sehr «halbherzig» Gebrauch machen, sich wo immer möglich davor drücken. Die Abteilung Personalentwicklung zieht daraus meist den Schluss, dass die Vorgesetzten ungeübt seien, solche Gespräche zu führen, und bietet entsprechende Kurse in Gesprächsführung an, um sowohl Kompetenz als auch Motivation zu erhöhen. Diese Maßnahme greift dann zu kurz, wenn der Kursus sich allein auf die Einübung von Gesprächstechniken konzentriert und die innere (zum Teil unbewusste) Ausgangslage außer Acht lässt. Da zeigt es sich nämlich, dass das Innere Team ein diffus zerstrittener Haufen ist, in dem ein gesprächsbereiter *Feedback-Geber* von ganzen Heerscharen *innerer Bedenkenträger* umgeben ist, die durchaus beachtenswerte Kalküle zu Protokoll geben (s. Abb. 38).

Einer sagt zum Beispiel: «Bloß nicht die verdiente Kritik üben – ich muss mit ihm schließlich weiter auskommen – ‹wegloben› kann ich ihn dann auch nicht mehr!» Ein anderer: «Bloß nicht zu viel loben und anerkennen, dann kann er daraus Forderungen ableiten!» Ein Dritter vielleicht: «Bloß nicht die Sache xy berühren, dann bekomme ich wieder den Konflikt serviert, bei dem ich schon einmal in Bedrängnis geraten bin! Tu ich dir nichts – tust du mir nichts! Ich werde einen Teufel tun, diesen unseren langjährigen ‹Vertrag› zu kündigen!»

Abb. 38: Beurteilungsgespräch in Unternehmen: der/die Vorgesetzte und der «Chor der inneren Bedenkenträger»

Mancher Mitarbeiter hat ein solches «Beurteilungsgespräch» als überaus enttäuschend in Erinnerung, fühlte sich mit nichtssagenden Formulierungen «abgespeist» und menschlich übergangen. Wenn wir aber Inkompetenz und mangelnde Courage des Vorgesetzten allein dafür verantwortlich machen, bedenken wir zu wenig, dass das scheinbar harmlose Vier-Augen-Gespräch auf einem komplizierten Unternehmens-Schachbrett stattfindet, wo jeder Zug nicht nur die angestrebte Wirkung entfaltet, sondern die gesamte Konstellation nachhaltig (auch zum eigenen Nachteil) verändern kann. Die klugen Schachbrettstrategen sind im Inneren Team (beider Gesprächspartner) angetreten und begründen eine innere Konfliktlage, die in der Gesprächsschulung den Ausgangspunkt bilden sollte.

Schwächung der eigenen Wirksamkeit

Wer mit sich selber einig (geworden) ist, kann der Welt mit vereinten Kräften begegnen. Sie verleihen ihm die Ausstrahlung von Eindeutigkeit, Sicherheit, Ruhe, Souveränität, Autorität und das damit verbundene Gewicht, die damit verbundene Durchsetzungskraft.

Diese «Ausstrahlung», diese soziale Strahlkraft, kommt abhanden, wenn sich Teilkräfte gegenseitig lähmen und das Oberhaupt dadurch schwächen. Das weiß jede(r), der oder die mit Kindern zu tun hat: Wenn ich meiner Entscheidung ganz gewiss bin, dass jetzt Schluss ist mit Fernsehen, merken die Kinder (die vor allem auf Tonfall und Mimik und weniger auf den Inhalt der Worte reagieren) sofort, was die Stunde geschlagen hat. Sobald ich aber in einer winzigen Ecke meiner Seele selbst das Gefühl habe, dass es vielleicht doch etwas herzlos wäre, den Film an einer spannenden Stelle mittendrin abzuschalten, ist die Schlacht verloren: Die Kinder «wittern» diesen Teil, hören aus dem «Nein» das unausgesprochene «Vielleicht doch» sehr deutlich heraus und ruhen nicht eher, als bis sie mich so weit haben. – Manche Lehrer konnten (und können) ihrem Anspruch auf Ruhe und Ordnung im Unterricht keinen hinreichenden Nachdruck verleihen, weil in ihrer «inneren Lehrerkonferenz» jemand sitzt, der antiautoritär eingestellt ist (was nicht schlecht ist!) und im entscheidenden Augenblick den «Ordnungshüter» um genau jene Spur zaghafter und unentschlossener ausfallen lässt, die ausreicht, um die entsprechende «Witterung» der Schüler auszulösen (was nicht gut ist!). Diese Lehrer sind zu bedauern, weil sie mit einem kräftezehrenden Disziplinierungsaufwand wettmachen müssen, was die verbindliche Ausstrahlung auf der unmittelbaren Wellenlänge nicht geleistet hat.

Generelle Schwächung. Die Schwächung der Wirksamkeit aufgrund eines unaufgelösten Teamkonflikts kann *generell* oder *punktuell* sein. Generell (situationsübergreifend) ist sie dann, wenn auf der inneren Bühne immer ein Mitspieler auftritt, der dem jeweiligen Wortführer den Satz «Aber so wichtig ist das eigentlich nicht!» hinterherschickt (s. Abb. 39). Das Drama lässt sich gut aufführen. «Meine Damen und Herren!», sagt der Wortführer, «hören Sie, was ich zu verkünden habe.» – «Aber so wichtig ist das eigentlich nicht!», raunt der Selbstentwerter dem Publikum zu.

Abb. 39: Innere Gegeneinanderarbeit von Wortführer und Selbstentwerter

Das kommunikative Ergebnis einer solchen Gegeneinanderarbeit besteht in einer leisen Stimme, einem hastigen Sprechtempo, der Bereitschaft, sich von anderen Menschen unterbrechen zu lassen, und in eingestreuten selbstentwertenden Floskeln. Hier zum Beispiel ein Beitrag auf einer Elternbesprechung:

«Also ich finde (*beginnt zu sprechen, während andere sich noch unterhalten*), wir sollten den Ausflug vielleicht lieber erst nach den Ferien machen – *ich mein', das ist vielleicht auch nicht so wichtig, ich wollt' das nur mal…*, weil dann alle mitmachen können, die vorher noch beim Schwimmen sind, *aber ich weiß auch nicht…*»

An den kursiv gesetzten Stellen mischt sich der Selbstentwerter (oft ist es eine Selbstentwerterin) ein und nimmt mit ihrem Refrain «Ich bin nicht wichtig!» dem Beitrag von vornherein jeden Nachdruck, jedes Gewicht. Oft fühlen sich die Gesprächspartner herausgefordert, nach solchem (verbalen) «Kleingeld» mal einen richtigen (verbalen) Hundertmarkschein auf den Tisch zu packen – und schon polarisieren sich in einer Gesprächsrunde die kommunikativen Schwergewichte und die Fliegengewichte. Auf den Umgang mit solchen inneren Widersachern kommen wir noch wieder zu sprechen (s. S. 197 ff.). Wir ahnen aber bereits, dass hier rhetorische Übung nicht ohne eine «innere Teamentwickung» erfolgreich sein kann.

Punktuelle Schwächung. Von einer punktuellen Schwächung der eigenen Wirksamkeit sprechen wir dann, wenn der unaufgelöste Teamkonflikt auf eine bestimmte Situation, ein bestimmtes Thema, eine bestimmte Person(engruppe) bezogen ist. Mit Unbehagen erinnere ich mich zum Beispiel an den Beginn meiner Studienzeit (1967), als die Uni-Szene von den «Linken» beherrscht wurde und ich nicht recht wusste, was ich davon halten sollte/wollte. Einerseits schienen das gute Menschen zu sein: In ihrem Engagement für die Unterdrückten und die Ausgebeuteten, für die leidende Bevölkerung in Vietnam, waren sie mir, dessen Horizont kaum weiter reichte als bis zu den persönlichen Belangen, moralisch weit voraus. Und wie respektlos und couragiert sie mit den etablierten Autoritäten umgingen! Was war ich dagegen für ein ängstlicher Duckmäuser! Zur Eröffnungsfeier für uns Erstsemester im Hamburger Audimax trugen sie das berühmt gewordene Spruchband «Unter den Talaren – Muff von 1000 Jahren» und gaben das feierliche Gehabe der Würdenträger der Lächerlichkeit preis (vgl. S. 360). Und ich staunte, wie sie alles, was es gab und was passierte, politisch einordnen und bewerten konnten, aus einer «gesamtgesellschaftlichen» Analyse heraus. Ich fühlte mich klein mit Hut, kam bei der Durcharbeitung des «Kapitals» nur bis Seite 42 und konnte auch sonst nicht richtig mitreden. Und hatten sie nicht recht in vielem, in allem? Oder doch nicht? Auf der anderen Seite waren sie mir unheimlich und unsympathisch, wenn sie in aufgebrachter Selbstgerechtigkeit die «bürgerlichen» Dozenten vorführten und an den Pranger stellten. Und wenn jemand eine Meinung riskierte, mit der er nicht die richtige Parteilichkeit bekundete, wurde er gnadenlos ausgebuht, ausgepfiffen, mundtot gemacht – besonders auf großen Versammlungen. Aber bewies ich nicht gerade dadurch, dass ich solche Umgangsformen «nicht nett» fand, ein rückständiges bürgerliches Bewusstsein? Hatten sie nicht auch wieder recht, wenn sie argumentierten: «Die Forderung nach einem ‹netten menschlichen Miteinander› ist ein typischer bürgerlicher Zaubertrick (siehe Springer-Presse: ‹Seid nett zueinander!›), mit dem von struktureller Gewalt und staatlich-monopolkapitalistisch organisierter Inhumanität abgelenkt wird und die Frage der Humanität auf die individuelle Ebene verlagert und auf den ‹netten Ton› reduziert wird.» – Nein, der Ton der Revolution konnte wohl nicht «lieb und nett» sein, zumal «die Zeit der Appelle, Petitionen und Resolutionen» vorbei war, wie es hieß, und nun «Tacheles» geredet werden musste.

Auf der anderen Seite: War nicht die Achtung vor dem Meinungsgegner eine elementare Tugend auch in Zeiten des Umbruchs? War «liberal» immer auch «scheiß-liberal»? Stellen nicht Toleranz und Freundlichkeit ein ethisches Minimum dar, das in jedweden gesellschaftlichen Verhältnissen um der Menschlichkeit willen nicht preisgegeben werden darf? Bot vielleicht die rüde Intoleranz, mit der sie zuweilen auftraten, einen Vorgeschmack auf das, was man nach dem Sieg der Revolution zu erwarten hatte? «Lieber Gott, mach die bösen Menschen gut – und die guten etwas netter!», scherzte Ruth Cohn später in einem ganz anderen Zusammenhang und sprach mir nachträglich aus dem Herzen.

Mit einem Wort: Meine innere Aufstellung gegenüber «den» Linken, wie ich sie ausmachte, war überaus widersprüchlich (s. Abb. 40).

Abb. 40: Innere Konstellation eines naiven Studienanfängers 1967 gegenüber «den Linken»

Charakteristisch war nun, dass diese konfliktäre Binnenkonstellation

nach innen keine Prägnanz gewann; das «diffuse Gemuse» verbreitete Unbehagen, sowohl «den Linken» als auch vor allem mir selbst gegenüber;

nach außen zu profilloser Passivität führte, zu einem gelegentlich halbherzigen Mitläufertum, gelegentlich zu stiller Absonderung mit schlechtem Gewissen.

Dabei hätte das in Abbildung 40 enthaltene Team-Potenzial durchaus eine tragfähige Grundlage für einen Eigenstandpunkt, für «Hier stehe ich – ich kann nicht anders!» abgeben können, mit der Möglichkeit, das eigene Gewicht in die Waagschale der Auseinandersetzungen zu werfen. Selbst der *Zweifler* hätte zu einer Position der Stärke beitragen können. So aber, im unerlösten Zustand, blieb nicht mehr als eine «graue Maus» (wie es damals hieß) übrig, die das Geschehen mit gemischten Gefühlen aus der Zuschauerwarte an sich vorbeiziehen ließ.

Ob solche Überlegungen auch ein Licht werfen auf politisches Duckmäusertum im Hitler-Deutschland? Wie reagierte die Bevölkerung, wie reagierten Menschen wie du und ich auf die Demütigung der jüdischen Mitbürger, die Entrechtung, die Pogrome, die Deportationen – um nur den für jedermann und jedefrau offensichtlichen Teil der Barbarei zu nennen? War da nicht auch jene Mischung aus Passivität und Unbehagen, das sich durch Wegschauen und Nicht-dran-Denken am ehesten «bewältigen» ließ? Victor Klemperer (1995), dessen ergreifendes Tagebuch aus jener Zeit fünfzig Jahre später veröffentlicht worden ist, war immer auf der Suche nach der wahren «Vox Populi» («Stimme des Volkes») und fand sie widersprüchlich und uneindeutig. Ich vermute, dass diese Stimme in jedem Einzelnen ein Stimmengewirr war. Durch Goldhagens Untersuchungen (1996) sind wir daran erinnert worden, dass der *Antisemit* im inneren Ensemble des Normaldeutschen, jedenfalls in der Dunkelkammer seiner Seele, seit jeher vertreten war als ein jahrhundertealtes kulturhistorisches Erbe – und nicht erst durch die faschistischen Machthaber hineinindoktriniert wurde. Diese haben ihn lediglich mit penetranter Propaganda aus der Dunkelkammer in den noblen Salon geholt, aus ihm ein ehrenwertes und prominentes Mitglied der inneren Gesellschaft gemacht. So lässt sich denken, dass es nicht nur die Angst vor Denunziation und Verfolgung war, die einen einhelligen Protest- und Entsetzensschrei im Keim erstickt hat, sondern auch eine ungelöste und daher lähmende Konfliktkonfiguration im Inneren des deutschen Seelenlebens: Mitleid, heimliches

Grausen und klammheimliche antisemitische Genugtuung mögen das innere Patt begründet haben, das uns zu passiven Wegschauern und Geschehenlassern werden ließ.

Das innere Patt

Von einem «inneren Patt» spreche ich dann, wenn die Polarisierung so eskaliert, die Spannung so aufgeladen ist, dass «nichts mehr geht»: Zwei oder mehr Teilnehmer, jeder für sich ehrenwert und mit guten Kräften ausgestattet, sind derart ineinander verkeilt, dass sie sich gegenseitig keine Luft lassen (s. Abb. 41).

Abb. 41: Inneres Patt

Die Folge: ein taubstummes Nicht-Gefühl nach innen, eine Sprach- bzw. Handlungsblockade nach außen. Studieren wir diese Zuspitzung eines inneren Teamkonflikts an einigen Beispielen!

Die innere Leere des distanzierten Liebespartners. Ich greife aus «Miteinander reden 2» (S. 250 f.) das Beispiel eines jungen Mannes auf, dessen Partnerschaft in einer Krise steckte.

Der *anhängliche* und nähebedürftige Teil in ihm («Schön, dass ich dich habe!») war eine Weile gut versorgt gewesen. Es gehört zur Bauweise des Menschen, dass das Gutversorgte im inneren Stimmenkonzert nicht mehr laut und deutlich hervortritt. Schreien tun die Schlechtversorgten, in seinem Fall: der *Freiheitsliebende* («Ich brauche mehr Abstand!»). Entsprechende Äußerungen trugen ihm von seiner Freundin schwere Vorwürfe und heftige Ausbrüche ein. Bei solchen Auseinandersetzungen passierte es: Nicht fähig, auch nur einen «kommunikativen Notdienst» aufrechtzuerhalten, starrte er stier und stumm an die Decke, fühlte nichts und hatte eine «Leere im Kopf». Kennen Sie das? Es lohnt sich zu prüfen, *ob die Leere nicht das paradoxe Ergebnis einer inneren Überfülle ist.* In diesem Fall tummelten sich in seiner Brust weitere Mitstreiter, wie er später herausbekam. Einerseits regte sich ein *Fuchsteufelswilder*, der es leid war, sich all die Beschimpfungen und Kränkungen seiner Freundin gefallen zu lassen. Bevor dieser aber richtig «durchladen» konnte, fiel ihm ein *Selbstbeschuldiger* in den Arm («Sie hat doch recht, sie hat doch recht! Du bist wirklich beziehungsunfähig!»); dieser innere Ankläger verbündete sich mit der wehrhaften Freundin und hackte auf dem wehrlosen *Selbstzweifler* herum, der immer kleiner und depressiver wurde («Mit mir ist auch wirklich nichts los – wie auch sonst im Leben!»). «Seid ihr völlig meschugge!?», empörte sich der *Fuchsteufelswilde* gegen diese innere Gerichtsverhandlung und verhinderte ihre Fortsetzung im Verein mit einem *Abgeneigten* («So viel liegt mir auch gar nicht an ihr. Ist sie überhaupt die Richtige für mich?»), welcher sich bislang hinter dem breiten Rock des *Freiheitsliebenden* verborgen gehalten hatte. Aber diesem *Abgeneigten* fiel sofort, bevor er überhaupt den Hintergrund seiner Abneigung spüren konnte, der *Anhängliche* panisch ins Wort: «Achtung! Gefahr! Hör sofort auf! Sonst vergraulst du sie, und ich bin mutterseelenallein!» – Sobald dieser

Anhängliche wieder Sehnsucht nach Nähe aufkommen ließ, spürte der *Freiheitsliebende* den Strick um den Hals enger werden …

Der «zerstrittene Haufen» hat sich zu einem perfekten System wechselseitiger Verhinderungen verknäult. Keiner der inneren Mitglieder darf vollständig gespürt und wahrgenommen werden, geschweige denn sich offenbaren. Folge: Der junge Mann fühlt nichts und äußert nichts (s. Abb. 42).

Abb. 42: Multiples Patt bei einem distanzierten Liebespartner

Würde dieses Drama auf der inneren Bühne lebhaft aufgeführt, könnte es zunächst nur als überaus beängstigend, bedrückend, vielleicht auch demütigend empfunden werden und der Ausweg zum

Paartherapeuten (zum Innen-Teamentwickler) schlimmer als ein Gang zum Zahnarzt. Und ist der «Totstellreflex» in der Evolution der Natur nicht eine bewährte Überlebensstrategie? Jedenfalls ist die Neigung, in solchen Momenten den Kopf (und das Herz) in den Sand zu stecken (nichts mehr zu spüren, zu hören, zu äußern), eine nunmehr nachvollziehbare Notreaktion. Erliegen wir nur nicht dem Irrtum, dass in Menschen, die nichts fühlen, nichts vorgehen würde!

Profi und Mensch in der beruflichen Rolle. Punktuelle Pattkonstellationen ereignen sich tausendfach auch im beruflichen Bereich. Ein junger Kursleiter berichtet:

> In einem Seminar zum Thema Zeitmanagement führten wir am Ende des ersten Tages eine Aussprache in der Gruppe durch, wo jede(r) sagen konnte, wie er oder sie bisher zufrieden war. Bevor ich die Einladung zu dieser Runde zu Ende sprechen konnte, fiel mir eine Teilnehmerin gleich ins Wort und «meckerte» herum: Das habe ihr bisher alles gar nichts gebracht, und sie sei doch erstaunt, wie man in einem Seminar über Zeitmanagement derart seine Zeit vertun könne! – Ich hörte mein Herz pochen und eine Wut in mir hochsteigen: Das war starker Tobak! Natürlich war mein nächster Gedanke: Es wäre jetzt völlig falsch, aus der Haut zu fahren – ich sollte einfach die Unverschämtheit übergehen und sachlich nachfragen, welche Erwartungen sie hätte, und klären, ob diese in meinem Seminar erfüllt werden können. Also, ruhig Blut und souverän reagieren! Aber das wäre doch nicht authentisch, das wäre doch eine reine Maske! Ich war handlungsunfähig, hab sie nur verdattert angestarrt – und kam mir zu meiner Schande völlig hilflos vor (s. Abb. 43).

Wieder haben wir den typischen Fall einer gegenseitigen Verhinderung: *Profi Ruhigblut* lässt den *gekränkten Wüterich* nicht hervorkommen und wird seinerseits von einem *humanistischen Gutmenschen* zurückgepfiffen. Das Verhinderungssystem wird verschärft, wenn einzelne Mitglieder *imperativisch aufgeladen* sind. Damit meine ich in

Abb. 43: Patt zwischen professionellen und menschlichen Anteilen

Anlehnung an die «Theorie subjektiver Imperative» von Angelika Wagner (zum Beispiel 1984), dass von ihnen ein unabdingbarer Befehl, ein Gebot oder ein Verbot, ausgeht, wie man unbedingt zu sein hat bzw. wie man keinesfalls sein darf. Wenn dieser Imperativ auf etwas zielt, was sich bereits anders ereignet hat (zum Beispiel ich bin gekränkt, *sollte aber* laut Imperativ souverän über der Sache stehen; oder ich bin sprachlos und verdattert, *sollte aber* schlagfertig sein), erzeugt dies einen inneren «Knoten» oder, wie Wagner es auch nennt, einen «Imperativverletzungskonflikt» mit der doppelten Folge einer hohen inneren Erregung und einer äußeren Handlungsblockade. So auch hier. Ein *imperativisch aufgeladener Profi Ru-*

higblut sucht dem Oberhaupt einzuschärfen: «In der Berufsrolle musst du immer souverän über den Dingen stehen, darfst nie aus der Haut fahren!» (Wieso eigentlich nicht? Was ist denn das für ein Professionalitätsverständnis, welches das Kundtun menschlicher Regungen ausschließt!?) Ein *imperativisch aufgeladener Gutmensch* fordert: «Du musst immer ehrlich und authentisch sein, darfst dich nie hinter einer Maske verstecken!» (Wieso eigentlich nicht? Es gibt doch Situationen, die nicht für ehrliche Begegnungen geschaffen oder dafür noch nicht reif und tragfähig sind. Wohl dem, der dann eine gute, das heißt, situationsadäquate Maske zur Verfügung hat!)

Derartige *imperativische Aufladungen* einzelner Mitglieder verschärfen den inneren Teamkonflikt und setzen dem Oberhaupt doppelt und dreifach zu. Sobald es ihren strengen Forderungen nicht genügen kann, laden sie durch und schießen mit Gefühlen von Schuld, Scham und Minderwertigkeit. Die Abgrenzung von ihnen fällt dem Oberhaupt besonders schwer, und im Rahmen einer «inneren Teamentwicklung» ist hierauf besonderes Augenmerk zu richten (s. S. 254 f.).

Chronifiziertes Patt. So ein inneres Patt kann jahrelang dauern. In meiner Materialsammlung hält ein junger Mann den «Rekord», der 15 Jahre lang um eine Berufswahl gerungen hat. Als ältester Sohn einer traditionsreichen, bis ins 15. Jahrhundert zurückverfolgbaren Familie war er dazu ausersehen, das Hotel seiner Eltern zu übernehmen und als Koch zu arbeiten. Der *elterntreue Traditionalist* bildete eine Allianz mit dem *rationalen Ökonomen*, der eine Goldgrube vor Augen hatte. Auf der anderen Seite meldete sich unabweisbar ein *Selbstverwirklicher*, dem das Koch-Dasein zuwider war und der eine Sehnsucht verspürte, eigenen Talenten nachzugehen (zum Beispiel Tischlerei) und das Glück abseits des vorgezeichneten Traditionsweges zu suchen.

Fast 15 Jahre lang schob er die Entscheidung auf die lange Bank, indem er immer neue Ausbildungen, Hotelfachschulen, Auslandsaufenthalte unternahm, alles zur *Vorbereitung* auf die Hotelübernahme – ebenso wie zu ihrer *Verhinderung*. Man könnte sagen: Sein Oberhaupt ersann Handlungen und Strategien, die beide inneren Kontrahenten in ihrem Sinn auslegen konnten. Ich vermute, dass manche bizarre und schwer verständliche Handlungsweise unserer Mitmenschen begreifbar wird, wenn wir sie als den Versuch deuten, zwei (oder mehr) «Herren» zu dienen, die in heftigem Konflikt miteinander liegen. Auch manche Krankheit erfüllt diesen Zweck, indem sie die doppelte Botschaft enthält: *Ich würde ja gern – kann aber nicht!* Tatsächlich schreibt er später:

> Dass diese Situation, die immerhin über Jahre währte, zu gewissen Depressionen führte, liegt fast auf der Hand. Es stellten sich bei mir ab dem 20. Lebensjahr akute, sich verstärkende Atemprobleme ein, die von einem Heer von Ärzten, Psychotherapeuten, Heiltänzern und Heilpraktikern nicht gelöst wurden, die aber heute nicht mehr vorhanden sind. – Es vergingen fast 15 Jahre, an deren Ende ich praktisch dermaßen krank war, dass allein aus diesem Grund eine Übernahme nicht möglich war. Übrigens geht es mir nach der Klärung dieses Erbmartyriums wieder hervorragend, und das Verhältnis zu meinen Eltern war nie besser als heute.

3.2 Der Umgang mit inneren Teamkonflikten

Halten wir fest: Innere Teamkonflikte sind ein allgegenwärtiges Phänomen und, sofern und solange sie nicht gelöst sind, ein Ursprung von Unklarheit und Unfreundlichkeit im Kontakt und ein Ursprung von kommunikativer Schwäche und Unwirksamkeit überhaupt, welche im Extrem bis zur völligen Lähmung gehen können. Wie kann ich, das Oberhaupt, mit solchen ungelösten Konflikten fertig werden? Im Prinzip nicht anders als mit jeder normalen Uneinigkeit: Die Einberufung und Durchführung einer inneren Ratsversammlung nach den Regeln der Kunst wird in vielen Fällen die innere Vereinigung ermöglichen, das Finden einer gemeinsamen Linie, die Klarheit, Freundlichkeit und souveräne Kraft entfaltet. Denn «dumm» sind sie alle nicht, die sich da melden und inneren Raum einnehmen! Gut, dass wir sie haben! Aber solange sie am gemeinsamen Strang in entgegengesetzte Richtungen ziehen, bleibt die Wirkung null bei allergrößtem Kraftaufwand.

Wenn die Integration an Ort und Stelle nicht so schnell gelingt, wie zum Beispiel beim Kursleiter angesichts der massiven Kritik, dann kann die innere Ratsversammlung nachträglich einberufen werden, mit dem Ziel, für vergleichbare Situationen in der Zukunft eine klare Linie zu erarbeiten. Genau dies geschieht in zeitgemäßen Kommunikationskursen. Dadurch wird das Versagen zum Markstein der persönlichen Entwicklung und nachträglich Gold wert. Das «funktioniert» aber nur, wenn ich mir das «Versagen» zugestehe, etwa mit folgender Haltung:

«Es ist völlig in Ordnung, es ist menschlich und bricht meiner Kompetenz keinen Zacken aus der Krone, wenn ich hin und wieder sprachlos, verdattert, gelähmt und überrumpelt bin. Dem Ideal allgegenwärtiger Schlagfertigkeit schwöre ich ab – es ist zwar geschmeidig, aber allenfalls pseudo-souverän – und ohne Entwicklungschance für mein Inneres Team.»

Wenn ich mir diese Generalerlaubnis nicht ausstelle, bin ich dazu verurteilt, mir jedes punktuelle Versagen als persönliche Schande anzurechnen. Dann aber kann ich daraus nicht lernen, sondern will es so schnell wie möglich vergessen, um mich wieder «aufzubauen».

Es gibt innere Teamkonflikte, die so schwerwiegend sind, dass sie mit den Hausmitteln, die einem aufgeklärten Oberhaupt zur Verfügung stehen, nicht oder nur sehr schwer aufzulösen sind. Dies gilt insbesondere dann, wenn ein beteiligter Konfliktpartner in den seelischen Untergrund abgewandert ist (oder dorthin abgedrängt worden ist) und für das Oberhaupt nicht greifbar ist. Dann ist psychotherapeutische Hilfe angezeigt. Diese Domäne wollen wir hier nicht betreten, wohl aber dem Oberhaupt zutrauen und zumuten, ein inneres Konfliktmanagement auch unter erschwerenden Bedingungen zu versuchen. Denn es *muss* mit diesen Konflikten fertig werden, im Gegensatz zu realen Gruppen, die man notfalls auflösen oder in ihrer Zusammensetzung verändern kann – ein probates Mittel innerbetrieblichen Konfliktmanagements. Für das Innere Team gilt wahrhaft: «Bis dass der Tod euch scheide!»

Drei solcher Erschwerungen will ich ansprechen: 1. der innere Widerstand gegen eine Konfliktbearbeitung, 2. die Verschmelzung zweier Konfliktpartner zu einem scheinbar einheitlichen «Klumpatsch» und 3. die fortgeschrittene Eskalation bis hin zu einer Todfeindschaft.

Widerstand gegen eine Konfliktbearbeitung

Dem Inneren Team geht es nicht anders als dem beruflichen Team: Unterschwellige Konflikte belasten zwar, aber es ist überaus unangenehm, sie «auf den Tisch» zu bringen: «*Muss* das sein? Entschärft er sich nicht vielleicht von selbst wieder? Kommt Zeit, kommt Rat? Macht das Reden darüber nicht noch alles schlimmer?»

Die von Katastrophenahnungen genährte Konfliktangst («Dann bricht alles auseinander!») kann erheblich größer sein als die Lösungshoffnung. So werden manche inneren Konflikte lebenslang verschleppt, und der davon ausgehende Energieverlust wird in Kauf genommen.

In Kenntnis dieses Sachverhalts wird es zur Führungsaufgabe des Oberhaupts, die Konfliktbearbeitung auch gegen den Widerstand seiner Teammitglieder anzusetzen: «Liebe Leute, ich spüre euer Unbehagen, aber gerade darum muss es sein! So, wie es jetzt läuft, sind wir nach außen handlungsbehindert, und nach innen haben wir ein mieses Betriebsklima!» – Ein liebevolles Vorgespräch mit denjenigen Mitgliedern, die am meisten Angst (oder Bedenken oder Skepsis, jedes Teammitglied hat seine eigenen Vokabeln!) vor der

Konfliktbearbeitung anmelden, kann ihren Widerstand entscheidend mindern (s. dazu Vorgehensweisen bei Schwartz 1997).

Klumpatsch-Bildung

Eine weitere Erschwerung, die das Oberhaupt bei der Durchführung einer inneren Ratsversammlung zu überwinden hat, liegt in Folgendem begründet: Zwei (oder mehr) Teilnehmer des inneren Konflikts können so stark ineinander verkeilt sein, dass sie als ein einziger *Klumpatsch* erscheinen, amalgamartig ineinander verschmolzen, bis zur Unkenntlichkeit neutralisiert. Das ist psychische Chemie: Auch das Wasser (H2O) hat keinerlei Ähnlichkeit mit seinen beiden Ausgangsgasen Wasserstoff und Sauerstoff. Wenn wir den distanzierten Liebhaber (s. S. 162 f.) nach seinen inneren Stimmen und Regungen befragen würden, bevor er seine innere Konfiguration erarbeitet und bearbeitet hätte, würde er wahrscheinlich von einem *Müden und Depressiven* sprechen, der innerlich den ganzen Raum einnimmt («Es ist sowieso alles egal! Ich hab zu nichts Lust, alles wird immer auswegloser!»), ohne zu ahnen, dass dieser *Depressive* eine Klumpatsch-Gestalt ist, in der sehr verschiedene Mitglieder mit ursprünglich viel Kraft und Biss zu einer Lähmungsmasse verschmolzen sind. Am Tisch der Ratsversammlung sollen aber möglichst keine Klumpatsch-Gestalten sitzen, sondern im Gegenteil die ursprünglichen Energieträger – denn das Ziel ist Synergie und nicht Neutralisierung.

Die seelische Tendenz zur Klumpatsch-Bildung stellt, das sei an dieser Stelle nebenbei bemerkt, auch bei der Erhebung eines Inneren Teams ein methodisches Problem dar. Denn unter den genannten Stimmen können immer auch Klumpatsch-Gestalten sein, die aus zwei – oft entgegengesetzten – Regungen zusammengesetzt sind. Mit zunehmender Übung kriegt man ein Gefühl dafür und kann bei «Klumpatsch-Verdacht» genauer nachforschen. Mit zunehmender Vertiefung der inneren Einblicknahme können sich diese Gestalten auch von selbst auflösen.

Spätestens an dieser Stelle gewinnen wir eine Ahnung davon, dass die Arbeit mit dem Inneren Team nicht «mal so eben» zu machen ist, sondern dass wir mit allerlei seelischen Komplikationen zu rechnen haben, die unter Umständen die Möglichkeiten des Oberhaupts übersteigen und die Hinzuziehung eines Beraters, einer Klärungshelferin, einer Therapeutin angeraten erscheinen lassen. Aber das Bewusstsein von Möglichkeiten und Grenzen der eigenen Reichweite gehört ja zur Kompetenzausstattung jeder Führungskraft. Und das Wissen um die Existenz solcher Klumpatsch-Gestalten hilft, ihnen nicht auf den Leim zu gehen. Besonders Lustlosigkeit, Müdigkeit, Depression und Lähmung stehen unter besonderem Klumpatsch-Verdacht; das nachfolgende Lehrbeispiel geht auch noch einmal auf diesen Aspekt ein.

Eskalierte Polarisierungen

Außen wie innen ist eine Teambildung erschwert, wenn zwei (oder mehr) Beteiligte derart polarisiert sind, dass sie einander nicht ertragen können und teufelskreisartig immer extremer reagieren, um zu verhindern, dass der Feind die Oberhand gewinnt. Sobald der eine sich zur Geltung bringt, hält es den anderen nicht mehr auf dem Stuhl: Er wird nervös, greift hindernd ein, wird fies – oder erstarrt. In einem solchen Klima sind geordnete Teambesprechungen unmöglich.

Jetzt wird es nötig, vorübergehend das Tagesgeschäft auszusetzen und die beteiligten Kontrahenten zu einer Konfliktklärung an einen Tisch zu bringen. Die Vorgehensweise bei der inneren Konfliktbearbeitung ist derjenigen bei der Klärungshilfe realer Teams (Thomann 1998; Redlich 1997) wiederum verblüffend ähnlich. In einer Hinsicht allerdings hat es der Klärungshelfer realer Teams leichter: Die am Konflikt Beteiligten sitzen bereits leibhaftig vor ihm. Hingegen sind die inneren Kontrahenten im Seelenleben eines Menschen zunächst oft schwer zu identifizieren, weil sie in die wildwüchsige

Vielfalt der inneren Regungen, Gefühle, Gedanken und Körperempfindungen eingelagert sind und wie in einem Vexierbild erst noch gesucht und entdeckt werden müssen (s. Abb. 44 a). Erst wenn sie klare Konturen gewonnen haben (s. Abb. 44 b), können sie herausgelöst werden und sich «auseinandersetzen» (s. Abb. 44 c)!

Abb. 44 a: Innere Gegenspieler sind in die seelische Vielfalt schwer erkenntlich eingelagert

Abb. 44 b: Deutliches Hervortreten innerer Gegenspieler als Voraussetzung für ...

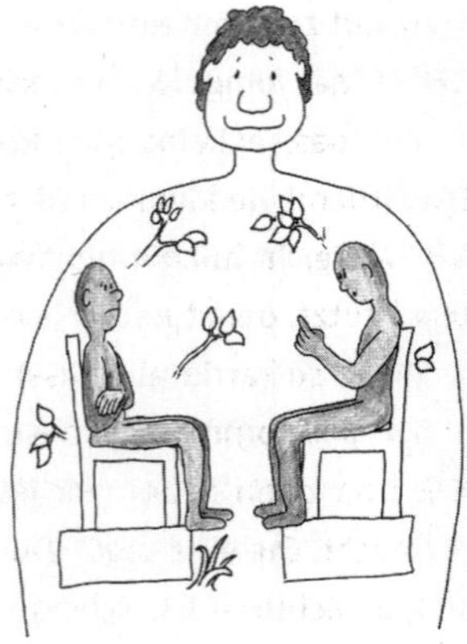

Abb. 44 c: ... eine Auseinander-Setzung (Konfliktklärung)

Fünf Phasen der inneren Konfliktbearbeitung

Die Identifikation der (inneren) Kontrahenten bildet die Phase 1 einer inneren Konfliktbearbeitung. Diese und vier weitere Phasen illustriere ich an folgendem Beispiel:

Eine Studentin, Lisa, 24 Jahre alt, berichtet, sie sei in letzter Zeit so lustlos, ohne Energie und Elan, habe geradezu Arbeitsstörungen und komme in ihrem Studium nicht voran. Die Konfliktbearbeitung vollzieht sich im Rahmen einer Beratung mit Hilfe eines Klärungshelfers (KH).

1. Identifikation der Kontrahenten

KH (hegt Verdacht auf Klumpatsch-Bildung): Welche Stimme meldet sich denn in dir zu dieser Sache? Gibt es eine, die sich als Erste aufdrängt?

Lisa: Na ja, ganz klar: Ich sollte fleißiger und zielstrebiger sein, nach zehn Semestern endlich den Abschluss anstreben und mich überhaupt zusammenreißen!

KH: Ja, das klingt doch sehr vernünftig. Aber irgend jemand in dir findet, das sei keine gute Idee?

Lisa: Irgendwie kann ich nicht.

KH: Vielleicht auch: Irgendwie *will* ich nicht?

Lisa (stutzt, denkt nach): Ja genau, irgendwie *will* ich das auch noch gar nicht, so karrierebewusst und zielstrebig und nach dem Motto «Wer zu spät kommt, den bestraft das Leben» und so.

KH: Gut, dann haben wir jetzt zwei innere Gegenspielerinnen ausgemacht. Die eine sagt: «Du sollst!», und die andere sagt: «Ich will aber gar nicht!» – Ich schlage vor, dass wir diese beiden jetzt genauer kennenlernen.

Nach dieser Phase 1 ist schon viel erreicht. Die inneren Gegenspielerinnen sind identifiziert, der ursprüngliche Klumpatsch (Lustlosigkeit) hat sich in zwei antagonistische Energieträger verwandelt. Diese haben bis jetzt noch keine Namen, aber das kann warten, bis sie sich genauer offenbart haben. Genau dafür ist die Phase 2 vorgesehen.

2. Monologische Selbstoffenbarung der Gegenspieler

Der Klärungshelfer lädt die Studentin ein, sich nacheinander mit den beiden Gegenspielern zu identifizieren:

> *KH*: Können wir mal zwei Stühle nehmen, und du setzt dich nacheinander auf jeden der beiden, versetzt dich zunächst ganz in die Haut der einen Gegenspielerin und sprichst mal in Reinkultur alles aus, was sie auf dem Herzen hat, o.k.?

Diese monologische Phase entfaltet bei der Klärungshilfe mit *beruflichen* Teams eine große Zauberkraft. Da von den anwesenden Kollegen und Konfliktpartnern niemand unterbrechen, «richtigstellen» oder sonstwie antworten darf, kann sich der jeweils Sprechende von seinen Beklemmungen befreien, indem er seine subjektive Wahrheit in Worte fasst – und sich zumindest vom Klärungshelfer, wenn nicht auch von den zuhörenden Gegnern, verstanden fühlt.

Ganz ähnlich auch bei der *inneren* Konfliktklärungshilfe: Es tut der Studentin gut, jeden Teil einmal «in Reinkultur» sprechen zu lassen, ohne dass gleich ein gereizter Gegenspieler dazwischenfunkt.

Die *Zielstrebige*, wie die Studentin dieses Teammitglied dann nennen wird, offenbart ihre Angst, dass Lisa im Wettlauf um die begrenzten Berufschancen nicht bestehen könnte, offenbart ihre Unruhe, wenn sie alle anderen so fit, clever und strebsam die Erfolgsleitern zimmern sehe. Aus dieser Angst und Unruhe heraus werde sie zur strengen Antreiberin.

Die *Bremserin*, wie sie vorläufig genannt wird, spricht von ihrer Sehnsucht, das Leben nicht zu verpassen («Vielleicht leben wir wirklich nur einmal!?»).

3. Dialog: Sich auseinander-setzen und aneinandergeraten

Mit der Bereitstellung zweier Stühle wird die «Auseinander-Setzung» dieser getrennten Einheiten gefördert und sinnfällig gemacht. Diese Zwei-Stuhl-Technik stammt aus der Gestalttherapie. Ihre Begründer, Laura und Fritz Perls, wussten aus der Psychoanalyse Freuds, dass im Menschen verschiedene Instanzen miteinander im Kampf liegen können, und zogen daraus die kreative Konsequenz, diesen Kampf leibhaftig zur Aufführung zu bringen und in einen Dialog zu überführen. Die «klassische» Auseinandersetzung in der Gestalttherapie ist die zwischen dem «Topdog» und dem «Underdog». Der «Oberhund» ist der Teil in uns, der uns streng und kritisch mustert und der im Namen eines Ich-Ideals Forderungen an uns stellt, wie wir sein *sollten*. Der «Unterhund» ist der Teil in uns, der sich ein feines Leben machen möchte und gegen all solche Forderungen rebelliert, der Ausflüchte erfindet, für Arbeitsstörungen sorgt und sich geradezu als «innerer Schweinehund» erweisen kann. Aber getreu dem Motto, dass jeder Mensch liebenswert ist, wenn er nur wirklich zu Wort kommt, kann auch der Underdog wertvolle und geradezu weise Regungen verkörpern und ausdrücken. So auch hier: In der *dialogischen* Phase der Auseinandersetzung wehrt er sich gegen die mahnenden Vorhaltungen des Topdogs und geht zum Gegenangriff über.

Bremserin: Auf diese Art hetzt du mich nun schon zwei Jahrzehnte durchs Leben – das ist ja kein Leben mehr! Immer die Erste sein, die Schnellste, die Beste! Ich möchte mal Zeit zum Ein- und Ausatmen haben. Und dass ich mich jetzt schon wieder festlegen soll im Rahmen deiner effektiven Karriereplanung, das macht mich regelrecht wütend, weil ich so viele Möglichkeiten sehe, für die ich mich offenhalten möchte. Ich komme mir vor wie eine Knospe, die die Farbe ihrer Blüte noch nicht verraten will – und Knospen reißt man doch auch nicht gewaltsam auf, damit sie schneller blühen!

Sodann wechselt sie wieder auf den anderen Stuhl, hört sich die Worte von eben noch einmal mit den Ohren der *Zielstrebigen* an und antwortet dann:

Zielstrebige: Das sind ja wunderschöne Bilder, die du da hervorzauberst, um deine Faulheit und Tagträumerei auch noch poetisch zu adeln. So viel Nabelschau muss man sich finanziell leisten können, meine Liebe!
Bremserin: Wenn du das geringschätzig als «Nabelschau» abtust, wo ich versuche, meinen Beruf mit mir und meinem Tempo in Übereinstimmung zu bringen, dann hast du noch gar nichts kapiert, du alte Krämerseele!
Zielstrebige: Jetzt wirst du unverschämt, weil ich mit der Finanzierung deinen wunden Punkt getroffen habe, stimmt's? ... Und so weiter.

Die *Bremserin* wird jetzt noch einmal umbenannt in die *Gelassene*, da sich deutlicher herausgestellt hat, dass sie nicht nur durch eine Anti-Haltung definiert ist, sondern auch ein positives Programm verkörpert: die Ruhe und Gelassenheit, etwas langsam ausreifen zu lassen – eine Anwältin der «Entschleunigung» in einer allzu temporeichen Zeit.

4. Versöhnung

Nachdem die beiden, die *Zielstrebige* und die *Gelassene*, sich deutlich «auseinandergesetzt» haben und dabei auch heftig «aneinandergeraten» sind, ist irgendwann vielleicht/hoffentlich der Zeitpunkt gekommen, wo sie die gegenseitige Verachtung und Erbitterung überwinden können und einander als wichtige und vollwertige Ergänzungspartner anerkennen können. Denn tatsächlich ist es für das Oberhaupt ja ein Segen, dass es beide Mitstreiter zur Verfügung hat. Am entsprechenden Wertequadrat (s. Abb. 45) ist sofort abzulesen, was passieren würde, wenn nur ein Mitglied vorhanden wäre oder allein das Sagen hätte.

An dieser Stelle vereinigen sich die Modelle vom Inneren Team

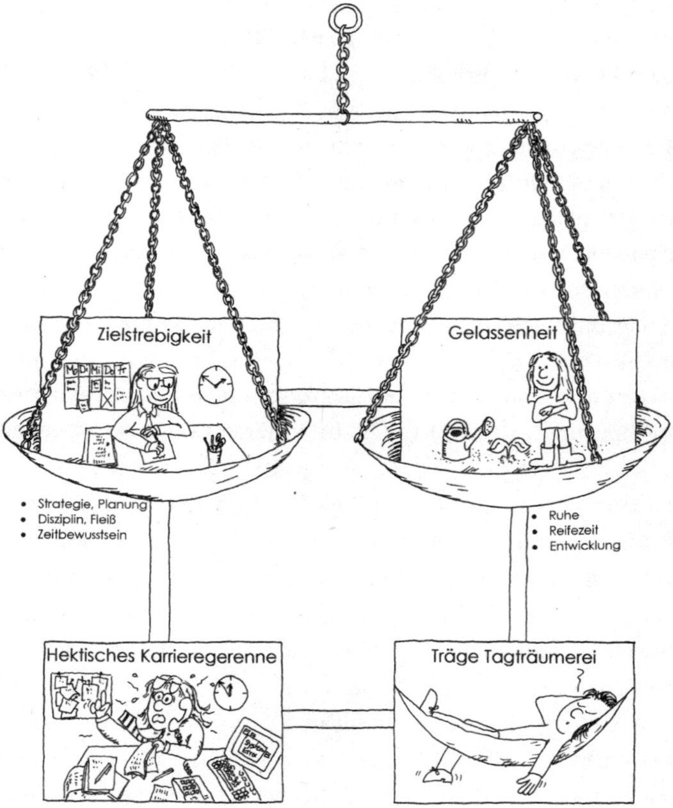

Abb. 45: Wertequadrat am Beispiel des Topdog-Underdog-Dialogs einer Studentin

und vom Wertequadrat, das ja immer auch ein Entwicklungsquadrat ist (Schulz von Thun 1989, S. 47ff.) und, so würden wir jetzt sagen, eine «innere Teamentwicklung» vorsieht.

Was hier deutlich wird: Ein wichtiger Teil jeder (äußeren wie inneren) Teamentwicklung besteht in der *Depolarisierung* von Mitgliedern mit gegensätzlicher Strebung. «Depolarisierung» ist die dialogische Überwindung einer Polarisierung. «Polarisierung» ist die feindliche Trennung gegensätzlicher Positionen, die jeweils eine Teilwahrheit oder eine Tugendhälfte betonen und somit idealerweise in einem Ergänzungsverhältnis stünden. Eine solche Polarisierung neigt zur Eskalation, mit der Folge, dass die Vertreter immer extremer werden und im Wertequadrat immer weiter «herunterrutschen». Typisch für die Konfliktaustragung ist, dass sich beide Konfliktpartner selbst im Glanz der Wertigkeit sonnen und den Gegner im Keller der Verkommenheit orten und ihm folglich nicht anders als brandmarkend begegnen können: «Ich stehe für bewusste Zielstrebigkeit, hingegen bist du ein träger Tagträumer, der nicht in die Gänge kommt!», sagt der Topdog mit der klassischen Beziehungsbotschaft: «Ich bin o.k. – du bist nicht o.k.!» – «Ich stehe für die Gelassenheit, die der Selbstentwicklung die nötige Reifezeit einräumt, hingegen du bist ein hektischer Karrierist und eine armselige Krämerseele!», erwidert der Underdog mit entgegengesetztem Inhalt, aber derselben Haltung. Diese Art der Konfliktaustragung (s. Abb. 46) ist uns bekannt aus zwischenmenschlichen Szenen im politischen, aber auch im beruflichen und privaten Bereich.

Die polarisierende Konfrontation hat den Vorteil, dass sie einen Gegensatz zuspitzt und prägnant macht, wohl auch den aufgeladenen Gefühlen der Erbitterung Luft verschafft. Insoweit ist sie in einer bestimmten Phase der Konfliktbearbeitung hinnehmbar und zuweilen (wenn der Konflikt vorher unter einer Decke von Pseudoharmonie verborgen war) willkommen. Wenn sich diese Art aber verewigt, ist eine fortschreitende Eskalation unausweichlich, bis hin zum Wunsch nach Eliminierung des Gegners, an ein «Miteinander» im Teamzusammenhang ist gar nicht mehr zu denken. Für eine produktive Streitkultur ist daher ganz entscheidend, dass die Kontrahenten die Abbildungen 45 und 46 vor Augen bekommen und sich, nach der Entladung, als Träger wichtiger (Teil-)Wahrheiten und als Verfechter wertvoller Prinzipien sehen lernen, die einander im Rahmen eines Ergänzungsverhältnisses bedürfen.

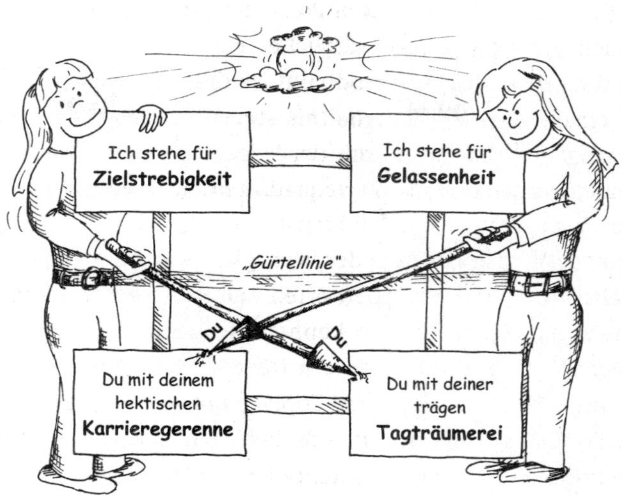

Abb. 46: Konfliktaustragung im Zustand der Polarisierung: sich selbst in der Wertigkeit sonnen und den anderen in seiner Unwertigkeit (unter der «Gürtellinie») angreifen

Dies gilt für äußere und innere Teams gleichermaßen. So wäre es gut, wenn die *Zielstrebige* zur *Gelassenen* (und umgekehrt) schließlich sagen könnte: «So gefährlich ich dich auch finde, wenn du allein das Sagen hättest, so muss ich doch mit Blick auf meine eigene Einseitigkeit einräumen: Gut, dass es dich auch gibt!»

5. Teambildung durch das Oberhaupt

Sobald die Depolarisierung zumindest annähernd gelungen ist, kann das Oberhaupt nun eine Teamkonferenz nach bekanntem Muster (vgl. S. 105 ff.) einberufen und mit seinen beiden (oder mehreren) «Leistungsträgern» eine innere Vereinbarung anstreben, die der konkreten Herausforderung gerecht wird. In dieser Phase ist das Oberhaupt idealerweise disidentifiziert, nachdem es sich zuvor wechselseitig identifiziert hat (vgl. S. 126 ff.). Es nimmt auf einem erhöhten

Stuhl Platz und leitet die Konferenz mit seinen nunmehr kooperationsbereiten Gegenspielern.

Im nachfolgenden Schema sind die fünf Phasen einer inneren Konfliktbearbeitung idealtypisch noch einmal aufgelistet.

Fünf Phasen innerer Konfliktbearbeitung

1	**Identifikation der Kontrahenten**	Wer ist am Konflikt beteiligt? Eventuell, welche Energieträger sind im Klumpatsch zusammengeschmolzen? Wie heißen sie (vorläufige Namen)? Reservierung eines Stuhls für jeden Konfliktpartner.
2	**Monologische Selbstoffenbarung der Gegenspieler**	Was haben sie zu sagen, wofür stehen sie? Welche Gefühle kommen dabei hoch? (Jeder für sich nacheinander, die «Gesamtperson» schlüpft dabei nacheinander in die Haut der Kontrahenten, jeweils auf dem vorgesehenen Stuhl.) Stimmt der vorläufige Name?
3	**Dialog: Sich «auseinander-setzen» und aneinandergeraten**	Person führt den Konfliktdialog, indem sie die Stühle wechselt und das jeweilige Gegenüber anspricht. Häufig Erbitterung und (gegenseitige) Verachtung.
4	**Versöhnung und teilweise Akzeptierung**	Wozu ist es gut, dass du (zuweilen) auch da bist? Was kann ich an dir schätzen? Wozu bedürfen wir einander, damit unsere «Gesamtperson» gut leben kann?
5	**Teambildung und konkrete Entscheidung durch das Oberhaupt**	Oberhaupt leitet die innere Teamkonferenz zu der konkret anstehenden Frage. Es entscheidet von höherer Warte: Wer soll in welchen Situationen Vorrang haben? Wie soll die gegenseitige Ergänzung aussehen? Wer soll künftig mehr Raum einnehmen, wer soll sich «gesundschrumpfen»?

In der Praxis sind allein die Phasen 1 und 2 häufig schon ausreichend, um sich selbst entscheidend voranzubringen oder einer konfliktbeladenen Person entscheidend zu helfen.

Denn der innere Konflikt mit seinen Parteien tritt deutlich hervor, während er zuvor im «diffusen Gemuse» seelischer Vielfalt, mit all seinen Wechselströmungen und Klumpatschbildungen, eingeschmolzen und unkenntlich war – für das Oberhaupt schwer «greifbar» und folglich schwer«eingreifbar».

In wiederum anderen Fällen treten bereits in Phase 1 und später im Übergang von Phase 3 nach 4 so viele Hindernisse auf, dass ein längerer therapeutischer Prozess unumgänglich ist. Dies gilt besonders dann, wenn einer der inneren Konfliktpartner ein Ausgestoßener (und dem Oberhaupt unzugänglich Gewordener) ist.

3.3 Innere Konflikthaftigkeit: ein menschliches Schicksal

Bisher haben wir den Fall betrachtet, dass zwei Gegenspieler aus dem Inneren Team in eine Kampfbeziehung verstrickt sind. Ein etwas anderer Fall liegt vor, wenn ein Mitglied des Inneren Teams mit dem Oberhaupt selbst in Konflikt gerät und als «innerer Widersacher» in Erscheinung tritt. Bevor wir das Kapitel mit diesem Phänomen abschließen, sei ein kleiner Einschub erlaubt.

Warum müssen wir uns als Menschen mit so vielen inneren Teamkonflikten herumschlagen? Ist uns das in die stammesgeschichtliche Wiege gelegt? Ist das ein Produkt der Zivilisation und des komplizierten Aufbaus unserer Gesellschaft? Beides ist der Fall! Gliedern wir daher diesen Exkurs in einen anthropologischen und einen soziologischen Teil.

Die anthropologische Dimension: dem Menschen eingebaute Konfliktpotenziale

Innere Konflikte kennzeichnen das Wesen des Menschen. Zwar gibt es auch im Tierreich überall dort innere Konflikte, wo verschiedene Reaktionsmuster zur Verfügung stehen und je nach den Umständen ausgelöst werden. In uneindeutigen Grenzsituationen konkurrieren dann zwei oder mehr Verhaltensweisen, so zum Beispiel, wenn bei einer Bedrohung ein «mutiger» *Kämpfer* und ein «feiger» *Flüchter* uneinig um den Vortritt ringen. Bei der Katze, die um den heißen Brei schleicht, sind die *Gierige* und die *Vorsichtige* gemeinsam am Ruder. Zuweilen gibt es in solchen Fällen «Übersprunghandlungen»: Ein Hahn, hin- und hergerissen zwischen Flucht- und Kampfimpuls, fängt plötzlich an, Körner zu picken. Dieses Verhalten entspricht nun wirklich nicht der Herausforderung durch seine Lage, es ist nur damit zu erklären, dass der konflikthafte Spannungszustand derart unerträglich ist, dass die Natur ihn, koste es, was es wolle, nicht anders als mit einem «Kurzschluss» zu beenden weiß.

Es ist aber offensichtlich, dass innere Konflikte eine seltene Randerscheinung tierischer Existenz darstellen. Ich sehe beim Menschen vor allem drei Momente, die notwendig konflikterzeugend sind:

1. Hochdifferenzierte kognitive und motivationale Ausstattung, mit der es ihm gelingt, an ein und derselben Sache vielerlei Aspekte und Merkmale auszumachen. So kann ich zum Beispiel einen Stuhl unter den Gesichtspunkten seiner Bequemlichkeit, seiner Ästhetik, seiner Kosten, seines Materials und so weiter betrachten und bewerten – und jeder seiner Aspekte ist geeignet, Mitglieder meines inneren Ensembles zu reizen: den *bequemen Genießer*, den *Schönheitsbewussten*, den *Geizhals*, den *Ökofreak*, die alle etwas anderes anstreben und alle auf Verschiedenes achten. Und dies ist nur das allersimpelste Beispiel.

2. Großer Erwartungs- und Planungshorizont, durch welchen der Mensch nicht nur die kurzfristige Befriedigung seiner Bedürfnisse im Hier und Jetzt anstrebt, sondern auch und vor allem die langfristige Sicherung und Steigerung seiner Existenz zum Ziel hat. Wie schön wäre es doch, in der Sonne zu liegen – aber nein, der Winter wird kommen, und ich muss das Dach rechtzeitig ausbessern. Während das Tier sein Heil in der Gegenwart sucht, fühlt der Mensch sich ständig aufgerufen, diese Gegenwart in den Dienst der erwarteten oder erstrebten Zukunft zu stellen und bei all seinen Handlungen auch die Langzeitfolgen zu bedenken: ein ewiger Konflikt zwischen dem Augenblicksgenießer und dem Langzeitstrategen.

3. Animalisches Erbe und humane Sittlichkeit. Als Säugetier und Raubtier haben wir eine lange Evolutionsgeschichte hinter uns – und in uns. Unsere Vorvorfahren waren Sieger im Überlebenskampf und haben diese Siegereigenschaften als animalisches Erbe an uns weitergegeben.

Wie konnte der Mensch überleben? Indem er in seinem Wollen und Trachten eine doppelte Ausrichtung entwickelte. Zum einen ist er mit einem ungeheuren Überlebenswillen ausgestattet, was seine individuelle Existenz angeht. Diesen teilt er mit allen anderen Tieren. Hierfür ist jedes Mittel recht, hier ist jeder sich selbst der Nächste, und in diesem Sinn hat der *Egoist* einen uralten Stammplatz im inneren Ensemble des Menschen, den er bis heute gut behauptet hat. Das einfache und übersichtliche Prinzip «Egoismus» musste aber an zwei Stellen durchbrochen werden, um ein Überleben der Gattung Mensch zu ermöglichen. Die eine Stelle verbindet uns noch mit dem Tier: Bei der Aufzucht und dem Schutz der eigenen Kinder sind wir, ohne dass der *Egoist* völlig von der Bildfläche verschwinden würde, doch auch auf Hingabe und Selbstlosigkeit ausgerichtet. Diese Art von Altruismus, die nicht der Selbsterhaltung, sondern der Arterhaltung dient, müssen wir uns nicht in sittlicher Anstrengung abringen; sie ist uns (mehr oder minder) als

Trieb und Neigung eingegeben, als Nachfahre eines uralten Brutpflege-Instinkts. So ist es eine existenzielle Tatsache, dass wir sowohl individuelle Lebewesen mit ureigenem Daseins- und Entfaltungsrecht sind als auch (nur) ein Glied einer langen Kette, der wir uns dienend einordnen, indem wir zeugen, gebären, aufziehen und sterben. Nichts kann diese Unterordnung des Individuums unter das «größere Ganze», unter die Kette der Menschheitsentwicklung, drastischer belegen als die Unumstößlichkeit seines Todes: dass wir, wie man so schön sagt, den nachfolgenden Gliedern «Platz machen».

Die zweite Stelle, an der das Prinzip «Egoismus ohne Skrupel» durchbrochen werden musste, ist die menschliche Gesellschaft. Es ist eine biologische Tatsache, dass der Mensch als Einzelwesen ein schlechter Überlebenskünstler ist und sich nur als soziales, gruppenbildendes Wesen erhalten kann. Die Urhorde, später der Stamm, ist von Anfang an ein weiteres größeres Ganzes, als dessen Teil das Individuum sich empfinden muss und dessen Gedeih und Verderb mit dem persönlichen Schicksal untrennbar verbunden ist (vgl. Redlich 1997, S. 107 f.).

Für die Seele des Menschen bedeutet dies ein eingebautes Konfliktpotenzial: Neben dem *Egoisten*, der das System *Ich* zu optimieren strebt und die Gemeinschaft für das eigene Wohlleben auszunutzen trachtet, steht ein Gegenspieler, der das System *Wir* innerseelisch repräsentiert und der das Ich dem Wir dienend unterordnet.

In Abbildung 47 finden Sie beide Gedanken auf einen Blick zusammengefasst – die doppelte Einbindung des Individuums in einen (arterhaltenden) Kontext der Gattung und in einen (am Gemeinwohl orientierten) Kontext der Gemeinschaft.

Zweifellos hat auch dieser «Wir-Anteil» im inneren Ensemble des Menschen einen alten Stammplatz, den er bis jetzt behauptet hat. Es scheint aber, dass er nicht mit derselben instinktiven Wucht ausgestattet ist wie der *Egoist* und der Brutpflege-*Altruist*. Um die mangelnde Instinktwucht auszugleichen, hat sich eine Ethik herausge-

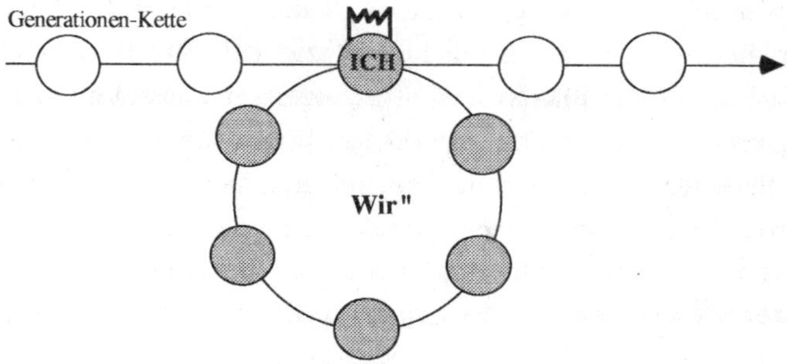

Abb. 47: Das menschliche Individuum (als «Krone der Schöpfung») ist in doppelter Hinsicht Teil eines größeren Ganzen

bildet, die dem Menschen eine normative Verpflichtung auferlegt, seinen Egoismus nicht skrupellos zu leben und seine (wahrhaft menschliche) Bestimmung in der Nächstenliebe zu sehen.

Die Zehn Gebote des Alten Testaments waren zur Zeit ihrer Entstehung ganz sicher Antithesen, Gegenstimmen zu den vorherrschenden Hauptstimmen im Menschen. «Du sollst nicht töten!» macht Sinn zu betonen, wenn man der menschlichen Natur eine Neigung zum Töten unterstellt – jedenfalls wenn es hart auf hart geht und einen Überlebensvorteil verspricht. Die alten Mythen künden viel von Mord und Totschlag, auch Kinder, Frauen und Greise bleiben nicht verschont. So erzeugt jedes der Zehn Gebote unweigerlich einen inneren Teamkonflikt, sonst gäbe es sie gar nicht.

Seitdem dem Menschen bewusst geworden ist, dass er nicht nur für sein persönliches Überleben und Wohlleben zuständig ist, sondern auch zum Gelingen des Ganzen beizutragen hat, spätestens seitdem gibt es einen inneren Konflikt, der auch als Machtkampf zwischen Hell und Dunkel, Licht und Schatten, Gott und Teufel gedeutet worden ist und von dem Wilhelm Busch spöttisch behauptet: «Der liebe Gott muß immer ziehen, dem Teufel fällt's von selber zu!»

Bei Sigmund Freud lautet dieser Gegensatz «Es» und «Über-Ich». Aber dieser Gegensatz ist nicht erst durch eine normensetzende Kultur in die Welt gekommen, er ist bereits in einer sehr ursprünglichen menschlichen Natur angelegt: Ohne Nächstenliebe hätte es kein Überleben der Gattung Mensch gegeben – allerdings ohne skrupellosen Egoismus auch nicht.

Dr. Jekyll und Mr. Hyde

Der Teil in uns, der nur sich selbst zum Mittelpunkt hat, dieser natürliche und legitime Vertreter der eigenen Wohlfahrt, wird dann (und nur dann) zu einer Ausgeburt des Bösen, wenn er sich nicht mit seinem (ebenso natürlichen) Gegenspieler vereinigt, der für Nächstenliebe und Ausrichtung am Gemeinwohl steht. Die notwendige innere Teambildung kann in verschiedener Weise misslingen: so, dass einer der beiden Teile auf Kosten des anderen die Oberhand gewinnt, oder so, dass beide im ewigen Kampf liegen. Dies Letztere sei, so lässt R. L. Stevenson (1850–1894) seinen Helden in der Erzählung «Dr. Jekyll und Mr. Hyde» sagen, «der Fluch der Menschheit», dass «der Mensch in Wahrheit nicht eins, sondern wahrlich zwei» sei und dass «diese inkongruenten Teile so miteinander verbunden» seien, dass «in dem qualdurchzuckten Schoße des Bewußtseins diese miteinander feindlichen Zwillinge ständig im Kampfe liegen» müssten (1984, S. 82 f.). Dieser Fluch, diese dem Menschen auferlegte Qual empfindet Dr. Jekyll, ein angesehener und anständiger Mann, als so unerträglich, dass ihm eine Erlösungsidee kommt: «Was würde geschehen, wären sie geschieden?» (S. 83). Mit Hilfe einer Droge gelingt es ihm, das «boshafte und schändliche Geschöpf in sich, das in all seinen Taten und Gedanken nur sein eigenes Selbst zum Mittelpunkte» hatte (S. 96), aus dem Kampf-Zwillingsgemenge herauszutrennen und, seiner «Oberhoheit entledigt», unter dem Namen «Mr. Hyde» auf die Menschheit loszulassen. Tatsächlich: «Der so lange in meinem Inneren eingesperrte Satan brach brüllend hervor»; er verkörpert die Schändlichkeit in Reinkultur und begeht schließlich sogar einen Mord, an welchem die Gesamtperson Mr. Jekyll, die nach erneuter Drogeneinnahme jeweils wieder das Zepter der Identität in die Hand nimmt, sich völlig unschuldig wähnt.

Das ganze Experiment endet in einem existenziellen Desaster, und wir Nachgeborenen tun gut daran, uns dieser Droge zu enthalten und den «Fluch des zwiefachen Wollens», die Qual der feindlichen Zwillinge in uns, weiter auszuhalten und – drücken wir es weniger pessimistisch aus – zu gestalten. Wenn Dr. Jekyll die *Teamidee* gekommen wäre und wenn er gewusst hätte, dass er seinen Mr. Hyde auch in *der* Form aus seinem Gefängnis hätte befreien können, dass er ihn auf einem Stuhl sprechen und fühlen ließe (vgl. S. 150), statt ihn agierend auf die Menschheit loszulassen, wer weiß, vielleicht lebte er noch heute, womöglich «im Einklang mit sich selbst» …

Das «Wir» in der Gegenwart

Seit dem Viktorianischen Zeitalter, das die Kulisse für Stevensons Erzählung abgibt, hat sich einiges getan. Es gilt inzwischen als nicht mehr so schändlich, das «eigene Selbst zum Mittelpunkt der Gedanken und Taten» zu machen. Das Pendel hat so weit in Richtung Individualismus ausgeschlagen, dass vom «Zeitalter des Narzissmus» die Rede ist und wir besorgt fragen müssen, ob der Selbstverwirklichungsgedanke zur Selbstsucht verkommen und das Gemeinschaftsgefühl so weit verkümmert ist, dass die Frage «Was bringt mir das?» zur modernen Leitfrage eines reinen Ego-Kalküls geworden ist (Müller 1994).

Aber auch für den modernen westlichen Menschen ist, bei aller Betonung der Individualität, die Zugehörigkeit zu einer Gruppe oder zu einem «großen Ganzen» immer noch eine seelische Schlüsselgröße, und sein Selbstwertgefühl speist sich nach wie vor überwiegend aus dem Nutzen, den er für die Gemeinschaft hat, und der

Anerkennung, die er von ihr erhält. Der Mensch braucht, um leben zu können, einen *Sinn*: die tief empfundene Gewissheit, für etwas dazusein, was über ihn selbst hinausweist.

Das ist die Quintessenz aller humanistischen Psychologen, die den Menschen in den Tiefenschichten seiner Seele studiert haben. Genannt seien vor allem Alfred Adler (der Mensch leidet unter einer Neurose, wenn er übermäßig um seinen Selbstwert besorgt ist und in zwanghaftem Ehrgeiz die Erhöhung und Sicherung des Ichs auf Kosten des Gemeinschaftsgefühls betreibt; zum Beispiel 1973); Victor Frankl (die menschliche Existenz muß sich selbst transzendieren, das heißt sich in den Liebesdienst für etwas stellen, was nicht sie selbst ist – Dienst an einer Sache oder Liebe für eine andere Person; andernfalls droht ein die Seele beschädigendes existenzielles Vakuum; zum Beispiel 1975); Carl Rogers (der innere Kern der menschlichen Persönlichkeit ist sowohl selbsterhaltend als auch sozial; zum Beispiel 1979) und Ruth C. Cohn («Ich sehe einen Wert in mir selber nur dann, wenn ich mich nicht lediglich als Ich fühle, sondern als jemand, der Anteil hat am Weltganzen»; 1989, S. 169).

Allerdings ist das Wir für den modernen Menschen viel weniger klar vorgegeben, als dies zu Zeiten der Urhorde, des Stammes, der Ständeordnungen, des Vaterlands der Fall gewesen ist. Familie, Kommune, Arbeitsteam, Nation – «das Ganze», von dem ich ein Teil bin, ist heute vielfältig, brüchig, wechselnd. Speziell in Deutschland herrscht Skepsis vor: Ist nicht die Hingabebereitschaft des Einzelnen an das «größere Ganze» schamlos ausgebeutet worden? «Du bist nichts, dein Volk ist alles!»

Angesichts des Fehlens einer evidenten und ungebrochenen Wir-Erfahrung wird der Wir-Anteil ungreifbar, er droht sich im Diffusen zu verlieren. So kann im Seelenleben der greifbare Teil die Oberhand gewinnen: Das individuelle Selbst wird zum überwertigen Ziel aller Bemühungen. Was wir als gesteigerten Individualismus, als «Ego-Trip» beklagen und als «Werteverfall» brandmarken, liegt nicht eine zunehmende moralische Minderwertigkeit zugrunde, sondern eine zunehmende Ratlosigkeit des modernen Menschen, der nicht mehr weiß, wohin mit seiner Bereitschaft zur Hingabe und Solidarität. Nur dunkel spürt er, dass sein Egoismus eine seelische Notlösung darstellt, die ihm aber doch zum Schaden an seiner Seele gereicht, weil der Wir-Anteil darbt und sein Daseinsrecht nicht erfüllt sieht. Der Egomane bleibt, seelisch gesehen, eine überfütterte «halbe Portion» und ist ebenso von Depression bedroht wie sein Gegentyp, der allem und jedem dienstbar ist und Mühe hat, (auch einmal) dem eigenen Ich zu dienen (Cohn und Schulz von Thun 1994, S. 60 f.).

Dem postmodernen Menschen ist auferlegt, sein Wir, seine Systeme, denen er angehören und sich vielleicht vorübergehend zugehörig fühlen will, selbst auszusuchen. Auch hier ist er gefordert, zum Baumeister seiner Identität zu werden, mit allen Unsicherheiten und Ängsten, die mit dieser Freiheit einhergehen, und mit allen Verirrungen, welche die Sehnsucht nach identitätsstiftender Zugehörigkeit mit sich bringen kann (zum Beispiel im Sektenwesen oder in neonazistischen Gruppierungen, wo sich das Wir-Gefühl auf das Deutschsein gründet und mit Fremdenhass einhergeht).

Weiterhin ist ihm heute auferlegt, das große Ganze auch und vor allem in der Menschheit auf Erden zu sehen. Nachdem unser «Dorf» kosmopolitisch geworden ist, die globale Vernetzung lebensbestimmend, die Gefährdung der Schöpfung erdumfassend, ist der Erdball zum Ganzen geworden, dem wir als Teil zugehören, ist «der Erdenbürger in uns», der «Welt-Innenpolitiker», zum Wachstum verdammt. Unsere historische Seele, die das Wir im überschaubaren Nahbereich erwartet, ist auf diese Dimension schlecht vorbereitet. Da aber für das (Über-)Leben auf diesem Planeten keine andere Wahl bleibt, ist dieser Quantensprung unausweichlich. Sind wir nicht die Nachfahren von Überlebenskünstlern?

Die soziologische Dimension: Rollenkonflikte

So weit einige Überlegungen zur «Natur» des Menschen und der darin angelegten inneren Konflikthaftigkeit. In einer arbeitsteiligen und komplex organisierten modernen Gesellschaft kommt ganz entscheidend, und tief in unser Seelenleben eingreifend, noch etwas anderes hinzu: Durch das Einnehmen von Rollen geraten wir unweigerlich in eine Vielzahl von Rollenkonflikten. Diese soziologische Dimension ergänzt und überlagert die anthropologische und sei hier nur in aller Kürze dargestellt. Gemeinhin werden Rollenkonflikte unterteilt in *Inter-* und *Intra-*Rollenkonflikte (so Reimann u.a. 1975).

Inter-Rollenkonflikte entstehen dadurch, dass ich zwei oder mehrere Rollen im Leben gleichzeitig innehabe und eine teilweise Unvereinbarkeit spüre. Wenn ich zum Beispiel sowohl Mutter, Ehefrau, Sekretärin und Elternsprecherin bin, dann werden die inneren Stimmen am Feierabend zu einem disharmonischen Konzert ansetzen: «Nimm dir mal endlich ein bisschen Zeit für deine kleine Tochter beim Zubettbringen!», sagt die *Mutter in mir* und jagt gleich noch ein paar Schuldgefühle hinterher. – «Du musst unbedingt noch die Lehrerin wegen der neuen Sitzordnung anrufen!», sagt die *Elternvertreterin in mir*, und ich spüre, wie mir einige Eltern im Nacken sitzen. – «Ich möchte mich auch mal wieder ein bisschen schön machen und mit meinem Mann in Ruhe ein Glas Wein trinken!», regt sich die *Ehefrau in mir* mit der bangen Erwartung, er könnte sich längst vernachlässigt fühlen. – «Aber lass es nicht so spät werden, morgen hast du in der Abteilung zusammen mit dem Chef deinen Großkampftag!», mahnt die *Berufstätige*, die schon jetzt erschöpft und müde ist und «im Grunde nur noch ihr Bett sehen will». – «Ich kann mich doch nicht zerreißen, ich bin nur noch am Rotieren!», verzweifelt das Oberhaupt und bringt damit ein heute überaus verbreitetes Lebensgefühl zum Ausdruck. Wenn wir multiple Rollen annehmen, gebärden wir uns, halb Opfer, halb Täter, voller Stolz, doch nicht ohne Lamento, wie jene Artisten im Varieté, die auf vielen Stäben Teller rotieren lassen, hin- und herrennen und immer gerade jenen Teller erreichen und wieder zum Drehen bringen, der gerade am meisten eiert und herunterzufallen droht. Dabei gelingt ihnen noch das atemraubende Kunststück, einen weiteren Teller in Bewegung zu setzen und so die kunstvolle Hektik abermals zu steigern.

Inter-Rollenkonflikte entstehen aber nicht nur um ein begrenztes Zeitbudget, sondern auch aufgrund inhaltlicher Unvereinbarkeiten. Dies ist uns bereits vertraut aus dem Beispiel der geplanten Weihnachtsfeier mit dem Säugling (S. 143ff.), wo die *Freundin*, die *Schwester*, die *Mitbürgerin* und die *Selbstbedachte* zu ein und derselben Angelegenheit sehr unterschiedlich Stellung bezogen. Dies war ein Beispiel aus dem Privatbereich. Noch viel brisanter sind derartige Rollenkonflikte im beruflichen und politischen Bereich, wenn ein Inhaber mehrerer Rollen in Situationen gerät (und zwangsläufig geraten muss), wo er, doppelt gebunden, einen objektiven Konflikt «intrapersonalisiert», wie ich es einmal nennen möchte, und Gefahr läuft, seinen Rollenauftrag zu verraten. Beispiel: Herr Dr. Vielwichtig ist Vorstandsmitglied beim Bankhaus Greif; gleichzeitig sitzt er im Aufsichtsrat der Multiplex AG, eines Hochbau-Unternehmens. Nun ereignet es sich, dass die Ministatik AG eine «feindliche Übernahme» ihres Konkurrenzunternehmens Multiplex anstrebt. Die Ministatik AG ist eine Kundin des Bankhauses Greif, sodass der Vorstand der Bank sich mit der Frage befassen muss, ob er sich durch Kreditvergabe in diesem Geschäft engagieren will. Nun gerät Dr. Vielwichtig in die Bredouille: Der *Bankier in ihm* ist hoch motiviert, dieses Geschäft zu befürworten, hingegen der *Multiplex-Aufsichtsrat in ihm* ist voller Entsetzen und Bedenken (s. Abb. 48).

Hier wohnen nun zwei Seelen, ach!, in seiner Brust, jedoch ist dieser innere Teamkonflikt nicht primär psychologisch, sondern spiegelt exakt die Logik der objektiven Konstellation wider. Mit

Abb. 48: Dr. Vielwichtig in einem Inter-Rollenkonflikt

manchen solcher Rollenkonflikte kann und muss man leben, andere wiederum sind so gravierend, dass jeder seriöse Teilhaber des gesellschaftlichen Geschehens gut beraten ist, bei der Übernahme eines neuen Amtes alte Ämter niederzulegen, wenn eine Unvereinbarkeit absehbar ist.

Intra-Rollenkonflikte sind dagegen allgegenwärtig und unvermeidbar. Denn sobald ich eine Rolle einnehme, bin ich mit den Erwartungen meiner Rollenpartner konfrontiert. Eine Rolle ist geradezu definiert als das Insgesamt von Erwartungen, das an den Inhaber einer Position gerichtet wird.

Das Quälende ist nun, dass diese Erwartungen vielfach widersprüchlich sind, weil

1. die verschiedenen Rollenpartner unterschiedliche Interessen haben und
2. sogar ein und derselbe Rollenpartner widersprüchliche Erwartungen haben kann, wenn er seinerseits einem inneren Teamkonflikt ausgesetzt ist.

Noch ungemütlicher wird die Sache dadurch, dass die Rollenpartner nicht nur «Erwartungen» haben, sondern auch kräftig Druck machen und – wenn ich sie enttäusche – auch sehr fies werden können. Wissenschaftlich ausgedrückt: Hinter jeder Erwartung stehen drohende Sanktionen.

Ein einfaches und klassisches Beispiel ist die Sandwich-Position einer Führungskraft im mittleren Management, welche Druck von oben und von unten bekommt (s. Abb. 49). Von oben heißt es einerseits: «Sie müssen nach unserer Umstrukturierung mit weniger Leuten mehr Leistung erbringen! (Sie sind doch hoffentlich belastbar?) Motivieren Sie Ihre Leute (Sie haben doch hoffentlich ein Motivierungstalent?!), machen Sie ihnen klar, dass in diesen Zeiten jeder volle Einsatzbereitschaft zeigen muss!» Andererseits heißt es von der Personalabteilung: «Eine Mitarbeiterbefragung hat Unzufriedenheiten und Defizite im Bereich ‹Führung und Kommunikation› aufgedeckt, die wir unbedingt abstellen müssen. Der Vorstand hat daher die Führungsleitlinie 2000 in Auftrag gegeben. Hier ist sie! Seien Sie fair und kooperativ, jederzeit ansprechbar, vertrauenswürdig, kritikfähig – und denken Sie daran: Der Mensch steht bei uns im Mittelpunkt!» Und von «unten»: «Machen Sie denen da oben klar, dass es so nicht weitergeht. So gehen wir hier kaputt. Sie haben doch hoffentlich den nötigen Biss, um unsere Belange wirkungsvoll zu vertreten?»

In diesem vereinfachten Musterbeispiel bekommt unsere mittlere Führungskraft «nur» von drei Seiten etwas zu hören – und zu fühlen.

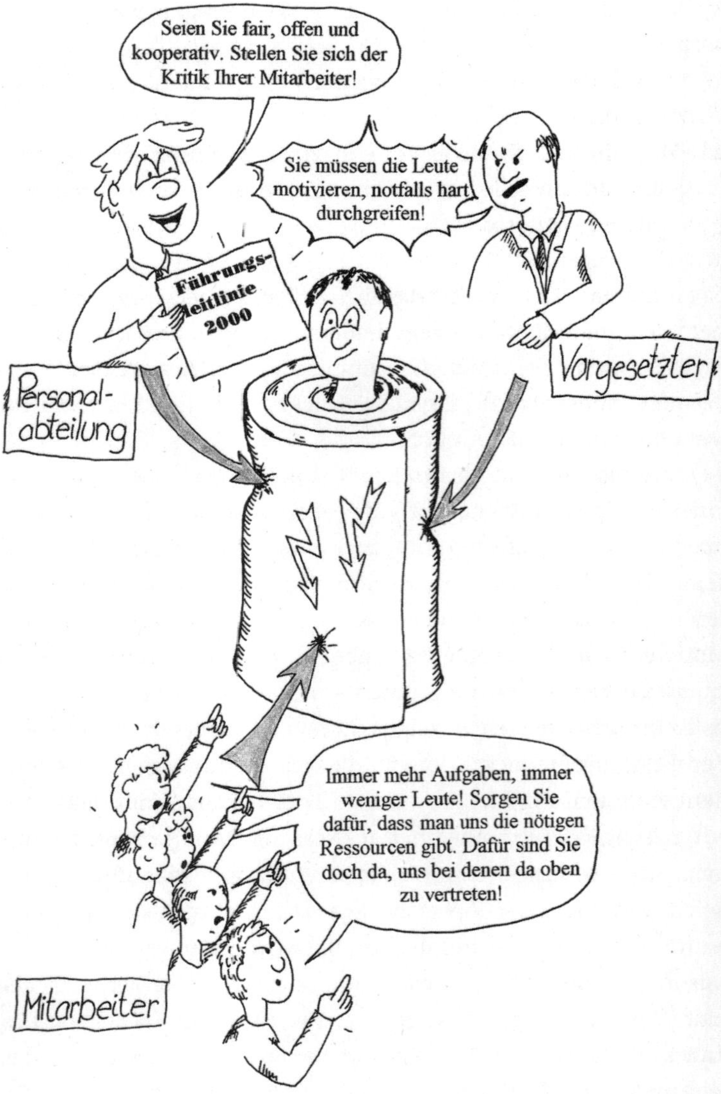

Abb. 49: Intra-Rollenkonflikt im mittleren Management

In Wirklichkeit sind es meist noch mehr Rollenpartner, von deren Appellen sie druckvoll umgeben ist und denen allen sie es nicht recht machen kann. Wohlgemerkt, der innere Teamkonflikt unseres Chefs ist vorprogrammiert, ist bereits in der Rolle angelegt, bevor er als Mensch die Bühne betritt. Gleichwohl muss er ihn persönlich ausbaden oder besser: ausfechten. Wir können uns vorstellen, dass jeder Rollenpartner im Inneren Team des Rolleninhabers «diplomatisch vertreten» ist. Diese diplomatischen Vertretungen nehmen lautstark am inneren Selbstgespräch und an den inneren Ratsversammlungen teil («Ich höre schon den Betriebsrat sagen ...»).

Nun kommt es darauf an! Wenn im Inneren Team unseres Chefs ein harmoniebedachter *Herr Allenrecht* die Oberhand hat, der allen wohl und niemandem weh tun will, dann wird er, indem er allen Seiten Zustimmung signalisiert, bald in Teufels Küche geraten und zum multiplen Prügelknaben werden, da er letztlich diese (widersprüchlichen) Zusagen nicht einhalten kann. Und er bleibt ein Opfer des Geschehens. Will er zum aktiven Täter werden, muss er in der Auseinandersetzung mit seiner Rolle eine eigene klare Linie finden, ein begründetes und differenziertes Selbstverständnis, das in der Begegnung mit den Rollenpartnern zu einem inneren Kraftzentrum werden kann, aus dem heraus er sicher, entschlossen und souverän sein Handeln darlegen, seine Verweigerungen begründen, seinen Gegenforderungen Nachdruck verleihen kann (Hager und v.d.Laan 1984). Durch dieses proaktiv ausgestrahlte Selbstverständnis nimmt er nun seinerseits Einfluss auf die Erwartungen, die an seine Rolle gerichtet werden. Diese Auseinandersetzung mit der Rolle sei, so die Kommunikations- und Unternehmensberater Hager und v.d.Laan, das A und O jeder Beratung und Fortbildung von Führungskräften, sei die innere Grundlage effektiver Kommunikation. Und, so ließe sich hinzufügen, nicht nur von Führungskräften, sondern von allen Rolleninhabern der beruflichen und privaten Welt: Auch eine Hausfrau und Mutter muss, um familiäre Auseinandersetzungen kraftvoll und deutlich führen zu können, eine klare Vorstellung davon entwickeln, was sie als ihre Aufgabe ansieht und was nicht und was sie ihrerseits von ihren Rollenpartnern zum Gelingen des Ganzen erwartet: was sie unbedingt einfordert, was sie für wünschenswert hält und wo sie von Fall zu Fall mit sich reden lässt. Sonst ist sie ewig am Dibbern, und keiner hört zu. Kein leichtes kommunikatives Kunststück für die Inhaberin einer Rolle, die für ein harmonisches Nest zuständig ist. Im beruflichen Bereich gewinnt in Zeiten beschleunigten Wandels, der immer auch einen *Rollenwandel* mit sich bringt und nach sich zieht, die Erarbeitung eines stimmigen Selbstverständnisses noch zunehmende Bedeutung.

Um dieses A und O zu meistern, sind zwei seelische Leistungen zu erbringen: zum einen die *innere Ratsversammlung zur eigenen Rolle*. Neben den Eigenstimmen sitzen die diplomatischen Vertretungen der verschiedenen Rollenpartner mit am Tisch. Nach Erarbeitung einer klaren Vorstellung von der eigenen Rolle kommt dann zum anderen die Bereitschaft und Fähigkeit zur *konflikthaften Auseinandersetzung* mit den Rollenpartnern hinzu, zu einem beharrlichen Ringen auch um die adäquate Beziehungsdefinition. *Herr* und *Frau Allenrecht* wollten diese so gern vermeiden, aber nun geht es nicht anders. Wenn zum Beispiel ein Moderator von einem Workshop-Teilnehmer «angeschossen» wird mit den Worten: «Sie scheinen von einer Lösung der Probleme meilenweit entfernt zu sein! Tun Sie nur so, oder sind Sie so ratlos, wie Sie den Anschein erwecken?», dann darf er nicht seinen harmoniebedachten *Allenrecht* ins Gefecht schicken mit den Worten: «Gut, also wir können ja jetzt mal gemeinsam schauen, welche Lösungsideen vorhanden sind …», sondern sollte die implizite Beziehungsdefinition, die in der Kritik enthalten war («*Wir* benennen die Probleme, *Sie* sind für die Lösung zuständig!»), explizit zurückweisen. Also auch nicht: «Ich empfinde Ihre Worte als verletzend und unverschämt!» – das kommt noch hinzu, trifft aber nicht den Kern, welcher in der unterschiedlichen Auffassung über die Rolle des Moderators liegt. Sondern zum Beispiel: «Ich begreife Ihre Sehnsucht nach Lösungen – und halte sie auch für erfüllbar. Ihre Kritik gibt mir aber Gelegenheit, noch einmal ganz deutlich zu betonen, wie ich meine Rolle hier *nicht* sehe und was ich stattdessen für meine Aufgabe halte …» Dann folgt eine Rollenklarstellung, je nach Situation mit Begründung und Gegenforderung.

Das Lieblingswort des *Herrn Allenrecht* lautet «gemeinsam»; damit wird eine Seite der Beziehung betont und die andere unterschlagen: «… aber in verschiedenen Rollen, und zwar …»

Herr Allenrecht ist ein wertvolles Mitglied des Inneren Teams, er sichert die moderne Tugend der «Kundenorientierung». Lässt man ihn allein, steht er aber auf verlorenem Posten. Dringend an seine Seite gehört ein streitbarer Geist, der über lupenreine Rollenklarheit wacht. Dieser «Profi» fehlt häufig im naiven Inneren Team von Berufsanfängern, seine Einstellung und Eingliederung gehört zu den vorrangigen Lernzielen einer professionellen Kommunikationsfortbildung.

3.4 Vom Umgang mit inneren Widersachern

Aus den vorangegangenen Erörterungen ist deutlich geworden: Innere Teamkonflikte, das Uneins-Sein mit sich selbst, ist ein typisch menschliches Schicksal. Anthropologische und soziologische Gegebenheiten wirken zusammen, sodass unsere Seele zum Tummelplatz gegensätzlicher Strebungen wird – in (post-)modernen Zeiten mehr und mehr. Damit sich die inneren Kontrahenten nicht heillos polarisieren, bedarf es einer starken Führung, eines souveränen Oberhaupts, dem es nicht nur gelingt, die Konflikte durch Depolarisierung zu entschärfen, sondern darüber hinaus aus der Not eine Tugend zu machen und durch Vereinigung der Gegensätze Kraft und Qualität zu erzeugen.

Was aber, wenn das Oberhaupt durch einzelne Mitglieder in seiner Souveränität gefährdet ist? Wenn es einzelne Teilnehmer gibt, die sich in unangenehmer Weise dominant und destruktiv bemerkbar machen? Jeder Gruppen- und Teamleiter weiß von schwierigen Teilnehmern zu berichten, die eine harmonische Zusammenarbeit stören und dem Leiter das Leben schwermachen. Gemäß unserer Parallelitätsthese können wir auch im Inneren Team mit solchen Ereignissen rechnen; und richtig, gleich zwei Bücher, die mir vorliegen, behandeln die Frage, wie man sich mit «inneren Feinden» wirkungsvoll auseinandersetzen kann, also mit Quälgeistern, die zum Beispiel unablässig

- Selbstzweifel schüren («Das schaffst du nie, dumm wie du bist!»),
- Pessimismus verbreiten («Es wird alles böse enden!»),
- Selbstvorwürfe machen («Wie konntest du nur!?»),
- Ängste wecken («Pass bloß auf, es wird garantiert alles schiefgehen!»),

und was der Möglichkeiten mehr sind, dem Oberhaupt die Hölle heiß zu machen, und es bei seinem Versuch, ein glückliches und sinnvolles Leben zu organisieren, nachhaltig sabotieren und das innere Betriebsklima vergiften. Oft wenden sie sich direkt an das Oberhaupt mit entmutigenden Du-Botschaften und/oder imperativischen Appellen: «Du musst immer und jederzeit (perfekt, freundlich, souverän, pünktlich, gut vorbereitet, ehrlich, tüchtig ...) sein!» (s. Abb. 50).

George R. Bach, der sich seit langem mit der Frage beschäftigt hat, wie die menschliche Aggression im Rahmen eines fairen Streits zu ihrem Recht kommen kann (zum Beispiel Bach und Wyden 1969), hat 1983 seinen Ansatz auf Probleme *innerhalb* des Menschen ausgeweitet. Der deutsche Titel «Ich liebe mich – ich hasse mich» (1985, zusammen mit L. Torbet) trifft den Kern nur vage, denn es geht, wie der amerikanische Originaltitel verrät, um den «inneren Feind».

Die Grundannahme in diesem Buch ist identisch mit der Vorstellung des Inneren Teams: «Was wir als unser Selbst bezeichnen, ist in Wirklichkeit eine Gruppe von Stimmen, oder Ichs, die dauernd

Abb. 50: Innere Widersacher: «Ha», rief der Mann, «wer bist du, sprich!» Der Kobold lacht: «Ich bin dein Ich.» (Wilhelm Busch)

miteinander im Gespräch sind, ob nun bewußt oder unbewußt, ob offen oder versteckt» (Bach und Torbet, S. 23).

Die Autoren gehen davon aus, dass es ursprünglich Außentäter waren, die uns mit Entmutigungen, Verhöhnungen, Beschuldigungen und Herabsetzungen eine negative Einstellung zu uns selbst beigebracht haben. Indem wir dann solche Stimmen von Eltern, Geschwistern, Schulkameraden, Lehrern usw. verinnerlicht haben, sind die Täter weiterhin in uns lebendig und setzen ihr böses Werk fort: eine nunmehr «hausgemachte» Selbstentmutigung, Selbstabwertung, Selbstanklage, Selbstsabotage.

Bei Bach und Torbet werden diese Übeltäter mit den Begriffen «innerer Feind», «innerer Quälgeist» oder auch «böses Ich» bezeichnet und dafür verantwortlich gemacht, dass wir uns unglücklich fühlen oder dass wir mit all dem, was (sonst noch) in uns steckt, nicht weiterkommen, unser Entwicklungspotenzial nicht ausschöpfen und mit dem gewohnten Elend, auf Nummer sicher gehend, vorliebnehmen. Die Arbeitsweise dieser Binnenteufel wird so beschrieben, dass man an heimtückische Heckenschützen denken muss: überrumpelnd und auf die empfindlichen, die wunden Punkte zielend. Was vielleicht wichtiger ist: Sie zeigen sich nicht deutlich, und ihre Stimmen bleiben vielfach «nonverbal», das heißt, ohne klaren Text, den man widerlegen könnte. Diese *grauen Eminenzen* des inneren Betriebsklimas gleichen jenen Zeitgenossen, die in einer Runde schweigend dasitzen und mit einer Ausstrahlung von Miesepetrigkeit und verdeckter Aggression die Laune aller anderen verderben – ohne Selbstoffenbarung, aber mit großer Wirkungsmacht.

Wir müssen, so die optimistische Aussage dieses Ansatzes, diese innere Milieuschädigung nicht über uns ergehen lassen! Das Buch enthält eine Anleitung, es mit diesem inneren Feind ohne professionell-therapeutische Hilfe entschlossen und konstruktiv aufzunehmen.

Identifizierung des Täters

Aber wie? Der erste und vielleicht wichtigste Schritt besteht darin, den inneren Feind zu *identifizieren* und ihn ans Licht zu zwingen – also dem Täter auf die Spur zu kommen: In welchen Situationen, zu welchen Themen meldet er sich in welcher Form? Welchen *Namen* willst du ihm geben? Wie lautet sein *Text*? Die Devise heißt also: Zwinge den Miesepeter, seine Anonymität aufzugeben und mit der Sprache herauszukommen. Denn (nur) so wird er greifbar und angreifbar! Dieser erste Schritt ist nicht nur wichtig, um einen geeigneten Kampfplan zu entwickeln, sondern hat schon für sich allein eine heilsame Wirkung: Allein durch das Aufgedecktwerden verliert er viel von seiner Macht, uns einzuschüchtern, zu überraschen und zu verletzen.

Die Strategie der «Identifikation des Bösewichts» lässt sich noch wirkungsvoller gestalten: In ihrem Buch «‹Kopfbewohner› oder: Wer bestimmt dein Denken?» (1996) schlägt die Psychotherapeutin M. Goulding Methoden vor, um die «Feindschaft gegen sich selbst mit Spaß und Leichtigkeit in Freundschaft zu verwandeln» (Untertitel). Auch in ihrem Bild vom Menschen wimmelt es von Scheusalen, abwechselnd «Monster», «Schurken», «Unholde» und «Bösewichter» genannt, die einem selbst, aber auch (wie ich mir, so ich dir!) anderen das Leben unnötig schwermachen. Auch hier geht es vor allem darum, diesen Tätern erst einmal auf die Spur zu kommen und sie auf eine steckbriefartige Liste zu setzen (s. Abb. 51). Wenn ich dieses Prinzip einmal für mich, Friedemann Schulz von Thun, anwende, dann finde ich in mir zum Beispiel jemanden, der bei jedem Plan, jeder Unternehmung, die mir vorgeschlagen wird, sogleich mit unerschütterbarer Emsigkeit die Katastrophen ausmalt, die dabei passieren könnten: Eine Kanufahrt zum Geburtstag meines Sohnes auf der Alster? Mit den Freunden des zehnjährigen Geburtstagskindes? Um Gottes willen! Sofort sehe ich umstürzende Boote, durchnässte Kinder, sintflutartige Regenfälle, verlorene Paddel und leckgeschlagene Boote vor meinem geistigen Auge! Und wir Eltern haben weder eine Ausbildung im Rettungsschwimmen noch in Erster Hilfe!

Wer meldet sich da in mir und beherrscht sowohl die innere Aussprache als auch die äußere Ausstrahlung mit Dominanz und Penetranz? Meine Mutter nannte meinen Vater immer «Katastrophenlüstling», wenn er in dieser Weise argumentierte, und ein solcher ist offensichtlich dank «seelischer Vererbung» in mir wirksam – ein alter Bekannter in meinem Inneren Team. Er ist insofern unangenehm, als er bei Familienplanungen miesepetrig wirkt und keinen rechten Unternehmungsgeist aufkommen lässt. – Nachdem nun der Täter «namhaft» gemacht worden ist, muss sein Text formuliert werden, Goulding spricht von «Lieblingstirade». In diesem Fall: «Um Himmels willen, was kann da alles passieren! Nein, nein, nein, lass das lieber sein!»

Allerdings enthält so eine Botschaft nicht nur penetranten Unsinn, sondern immer auch ein Körnchen Wahrheit: «Eine solche Unternehmung lässt sich nicht bis ins Letzte vorherbestimmen und kontrollieren. Mache dich auf unerwartete Ereignisse gefasst!»

Als Nächstes leitet uns Goulding an, die «unterschwellige Botschaft» herauszufinden, die der Täter bei wechselnden Kontexten gleichbleibend hindurchklingen lässt: «Das Leben ist überaus gefährlich, vermeide jedes Risiko!»

Schließlich sollen wir uns die Erscheinung des inneren Widersachers auch bildlich vorstellen und ihn mit einem passenden Kostüm versehen (warnend erhobener Zeigefinger, grauer Anzug).

Widersacher Nr. ...

Name:

Lieblingstirade:

Körnchen Wahrheit:

Unterschwellige Botschaft:

Kostüm:

Erscheinung:

Abb. 51: Steckbrief für einen inneren Widersacher (nach Goulding 1996)

Wenn wir einen solchen Steckbrief entworfen haben (s. Abb. 51), können wir darangehen, das Stück aufzuführen, das dieser unwillkommene Hauptdarsteller auf unserer inneren Bühne spielt. Also: Schlüpfe hinein in die Rolle, sei nach Herzenslust der *Katastrophenlüstling*, lass ihn zu voller Entfaltung kommen, übertreibe ihn ruhig ein bisschen, und wenn Spaß und Humor dabei aufkommen, umso besser! – Diese sparsamen Andeutungen mögen genügen, um den Geist und die Herangehensweise von M. Goulding zu kennzeichnen. Für schwermütige Vertreter einer verbiesterten Ernsthaftigkeit im

Umgang mit innerem Leid («typisch deutsch») ist das Buch eine erfrischende Brise, für Vertreter des «positiven Denkens», die ohnehin alles mit Leichtigkeit und wenigen Kunstgriffen zum Guten wenden wollen («typisch amerikanisch»), noch mehr Wasser auf ihre wie geschmiert klappernde Mühle.

Zweifellos liegt die positive Wirkung der dargestellten Steckbriefmethode in der *Disidentifikation* (vgl. S. 126ff.) begründet, die dadurch möglich wird: Ich lerne «meinen Pappenheimer» und seine Methoden sehr gut kennen als einen, der in mir wirksam ist, und gewinne gleichzeitig so viel Abstand zu ihm, dass ich als Oberhaupt seine Belagerung abschütteln und das Steuer wieder selbst in die Hand nehmen kann. Die unheilvolle Gleichung D + P = M (*Dominanz* plus *Penetranz* ist gleich *Macht*) wird außer Kraft gesetzt. Jetzt habe *ich* den Vorsitz und sage: «Hallo, da bist du ja wieder, mein lieber alter Katastrophenlüstling, mal hören, was du alles zu sagen hast – dumm bist du ja nicht! Aber bilde dir nicht ein, dass damit das Schlusswort schon gesprochen wäre!»

Verständnis des Wirkzusammenhangs und Würdigung des Widersachers

Mit dem ersten Schritt (Identifikation des Bösewichts) ist also schon viel gewonnen. Der zweite Schritt besteht nun nicht darin, ihn auszutilgen, zu vertreiben, zu entlassen. Dies ist kaum möglich, vor allem aber auch nicht wünschenswert. Denn mag er auch in manchen Momenten und Lebenszusammenhängen hinderlich und destruktiv sein – in anderen Kontexten wird er vielleicht dringend gebraucht. Dass er so stark hat werden können, ist bereits ein Hinweis darauf, dass er wohl auch notwendig ist – zumindest früher einmal war. Und handelt es sich wirklich um einen Widersacher, oder ist er nur deswegen bei seinem Oberhaupt in Ungnade gefallen, weil dieses sich vorschnell mit seinem Gegenspieler identifiziert hat? Erinnern wir uns: Der Underdog in Gestalt eines inneren

Faulpelzes (vgl. S. 173ff.) schien zunächst für unsere Studentin äußerst hinderlich für ein zielstrebiges Studium zu sein; nach und nach stellte sich aber heraus, dass seine Botschaft hörenswert war und er im Inneren Gesamtteam dieses Menschen, in welchem die Effektivitätstreiber mit programmatischer Geschäftigkeit agierten, als Anwalt der langsamen Ausreifung ein hilfreiches Gegengewicht darstellte. Dies ist überhaupt immer eine heuristisch wichtige Frage: Welchen Gegenspieler hält der Widersacher womöglich erfolgreich in Schach? Liegt darin vielleicht seine Funktion, besteht darin vielleicht seine Leistung? Ist mein *Katastrophenlüstling* möglicherweise deshalb von Wert, weil andernfalls ein *Bruder Leichtfuß* etwas fahrlässig mit seinem Motto «Wird schon alles gutgehen!» die innere Bühne besetzen und die notwendigen Sicherheitsvorkehrungen verschlampen würde?

Vielleicht verfügt der verborgene Gegenspieler sogar über gewaltige Energien, sodass gerade deshalb so viel *Dominanz* plus *Penetranz* aufgewendet werden muss, um prophylaktisch eine wirksame *Gegenmacht* (GM) aufzubauen: D + P = GM? Vielleicht handelt es sich bei dem inneren Widersacher um einen «Feuerbekämpfer», wie Schwartz (1997, S. 85ff.) eine bestimmte Kategorie von inneren Mitgliedern bezeichnet. Feuerbekämpfer machen es sich zur Aufgabe, mit unkontrollierbarer Wucht einzugreifen, wenn verbannte Mitglieder, die eigentlich hinter Schloss und Riegel sitzen sollten, auszubrechen drohen: zum Beispiel jemand, der viel Angst oder Schuld oder Verletzlichkeit in sich trägt. Um eine (vermeintliche) Katastrophe abzuwenden, inszeniert der Feuerbekämpfer ein Ablenkungsmanöver, welches das Hervorbrechen des Verbannten verhindert und das Oberhaupt mit etwas anderem beschäftigt, zum Beispiel mit einer Sucht nach Alkohol oder mit einer Bulimie oder anderen unkontrollierbaren Symptomen.

Wie dem auch sei, auf jeden Fall lohnt es sich, den inneren Zusammenhang zu erforschen, in welchem der Widersacher seine systemdienliche Aufgabe zu erfüllen sucht. Diese würdigende Haltung mag sich das Oberhaupt mit Hilfe eines Merkverses zu eigen machen:

Machst du mir auch das Leben schwer,
ich gebe dich so schnell nicht her!

Wie lässt sich der verborgene Wertbeitrag des Widersachers ermitteln? Ich sehe zwei einander ergänzende Heuristiken: die *Erkundung der guten Absicht* und die *Einordnung ins Wertequadrat.*

Erkundung der guten Absicht. Bei dieser von Vertretern des NLP* (zum Beispiel O'Connor 1992, S. 205ff.) dargestellten Methode wird dem Widersacher eine gute Absicht unterstellt. Wie kann man diese ermitteln? Man ruft ihn an und fragt ihn danach. In der Regel ist er auskunftsfähig. Sodann wird ein «kreativer Teil» angerufen (dessen Existenz optimistischerweise unterstellt wird), mit der Bitte, sich Verhaltensweisen auszudenken, die ebenfalls geeignet wären, das angestrebte Ziel des Widersachers zu erreichen, ohne aber die unangenehmen Begleiterscheinungen hervorzurufen, die bei dem vom Widersacher eingeschlagenen Weg der Zielerreichung zu beklagen sind. Sobald der kreative Teil mindestens drei solch alternativer Verhaltensmöglichkeiten vorgeschlagen hat, kann der Klient diese künftig erproben – allerdings nicht, ohne vorher sicherzustellen, dass der Widersacher selbst und auch alle anderen Teile seines inneren Ensembles «einverstanden» sind. Meldet jemand Bedenken an, muss der kreative Teil erneut arbeiten, um etwas zu erfinden, was diesen Bedenken Rechnung trägt. Denn wer heute Bedenken hat, wird morgen das Veränderungsprojekt sabotieren, wenn seine Bedenken nicht gehört werden – ganz so wie in normalen Gruppen auch.

* NLP: Neurolinguistisches Programmieren. Eine auf Bandler und Grinder (1985) zurückgehende Sammlung therapeutischer Ideen und Techniken, von den großen Meistern abgeguckt und systematisiert.

Einordnung ins Wertequadrat. Alternativ oder ergänzend dazu kann das Wertequadrat für die Suche nach dem Wertbeitrag des inneren Widersachers eine gute Hilfe bieten. Dem Wertequadrat liegt bekanntlich die Philosophie zugrunde, dass jeder Unwert, jede destruktive Qualität eine entgleiste Tugend («des Guten zu viel») darstellt, welche deswegen entgleisen konnte und musste, weil eine dazugehörige Schwestertugend nicht oder nicht ausreichend vorhanden war, um das konstruktive Tugendgleichgewicht zu sichern. Nehmen wir noch einmal den *Katastrophenlüstling* als Beispiel. Welchen Wertbeitrag enthält er (wenn auch des Guten zu viel)? Auf jeden Fall steckt darin eine *risikoabwägende Bedenklichkeit*, die man jedem Draufgänger unbedingt verschreiben möchte. Welche Schwestertugend muss hinzukommen, damit die genannte Tugend nicht entgleist? Eine *risikofreudige Abenteuerlust*, ohne die das Leben fade und eingleisig werden kann. Auch diese Schwestertugend muss, wenn sie allein auf weiter Flur steht, entgleisen: in ein tollkühnes und leichtfertiges Draufgängertum. – Nun ist das Wertequadrat fertig. Wenn wir statt der Tugenden die entsprechenden Teammitglieder eintragen, sieht es so aus:

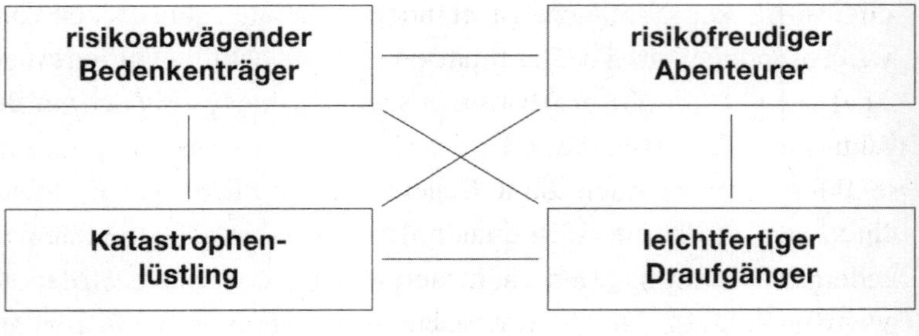

Mit Hilfe dieses Wertequadrats sehe ich, der ich einen *Katastrophenlüstling* als «inneren Feind» ausgemacht habe, dreierlei auf einen Blick:

1. *oben links* den konstruktiven Wertbeitrag, den mein entgleister Bösewicht zu leisten imstande wäre und welcher ihn zu einem potenziellen «inneren Freund» macht;
2. *unten rechts* einen inneren Gegenspieler, der vielleicht darauf lauert, die Macht zu ergreifen, würde er nicht «mit Dominanz und Penetranz» in Schach gehalten werden;
3. *oben rechts* den konstruktiven Zwillingsbruder derjenigen Tugend, die in meinem Widersacher enthalten ist; er müsste entwickelt und ermutigt werden, die innere Bühne zu betreten, damit das obere Zwillingspaar ein Team bilden kann.

Herbeiholen oder Entwicklung heilsamer Gegenspieler

Mit dem letzten Satz ist der nächste Schritt im Umgang mit inneren Widersachern vorgezeichnet: das Herbeiholen von inneren Gegenspielern, die eine heilsame Ergänzung zum Beitrag des Widersachers enthalten und ihn zur Teambildung einladen.

In diesem Beispiel also: Wo ist der *risikofreudige Abenteurer* in mir? Können wir ihn auf die Bühne holen und sprechen lassen? Schon so ein kleiner, künstlich inszenierter Auftritt könnte ihn stärken oder entfesseln. Vielleicht ist er noch klein, unterentwickelt und will erst noch wachsen. Dann hätten wir ein kleines Teamentwicklungsprojekt, das auf Wachstum ausgerichtet ist (und nicht auf Bekämpfung und Ausmerzung).

Dasselbe Prinzip, heilsame Gegenspieler auf den Plan zu rufen, finden wir in der Transaktionalen Analyse (Schlegel 1995), die den modernen Menschen von vielfachen «Antreibern» umzingelt sieht, welche aus der Seele einen Kasernenhof machen können. Demgegenüber werden «Erlauber» aus der Taufe gehoben und eingeübt, die ein heilsames Gegengewicht in den inneren Betrieb bringen (Rogoll 1976):

Antreiber	Erlauber
«Sei perfekt!»	«Sei du selbst!»
«Mach schnell!»	«Nimm dir Zeit!»
«Streng dich an!»	«Tu es gelassener!»
«Mach es allen recht!»	«Bejahe dich selbst!»
«Sei stark!»	«Respektiere dich und deine Grenzen!»

Bei der Etablierung heilsamer Gegenspieler ist es allerdings von geringem Wert, sich ihre Kernsätze per Selbstsuggestion vorzusprechen («Ich bin liebenswert und heute wird mir alles gelingen!»). Dies ist zwar zeitsparend («Mach schnell!»), aber die Gefahr ist naheliegend, dass diese gutgemeinte Stimme an der Lippe hängenbleibt, derweil in der Brust ganz andere Mächte toben. Empirische Untersuchungen zur «Selbstkommunikation» (Tönnies 1994) legen nahe, dass autosuggestive Verfahren keine zusätzlichen Effekte nach sich ziehen, die nicht allein durch Entspannung erreichbar sind (Tönnies, S. 201).

Aussichtsreicher scheint es, die innerlich vorhandenen Kraftquellen aufzusuchen und zu mobilisieren, wie dies im Ansatz des NLP betont wird. Für unser Beispiel demonstriert: Kenne ich so einen *risikofreudigen Abenteurer* in mir, vielleicht von früher, vielleicht aus anderen Lebenszusammenhängen? Dann kann ich, das Oberhaupt, lernen, ihn im erwünschten Kontext herbeizurufen, zum Beispiel durch Vergegenwärtigung seines Erscheinungsbilds oder einer Szene, in der er ganz groß herausgekommen ist. Oder, wenn er in meinem Seelenleben völlig unbekannt sein sollte: Kenne ich vielleicht jemanden, der mir nahe ist oder nahe war, der diesen *risikofreudigen Abenteurer* verkörpert? Dann kann ich diese Person mental herbeirufen und vor meinem geistigen Auge (oder durch ihre Stimme in meinem Ohr) erstehen und mich von ihrer Qualität anstecken lassen. Bei diesem Vorgehen hat die Mobilisierung von Ressourcen Vorrang vor der Bekämpfung oder Heilung von Defiziten.

Fassen wir die Prinzipien zusammen, die uns im Umgang mit inneren Widersachern leiten können:

1. *Die Identifikation des Bösewichts (Quälgeists)* macht aus der (oft nonverbal-mächtigen) grauen Eminenz einen greifbaren Täter, der mit der Steckbriefmethode dingfest gemacht werden kann.
2. Zunächst durch *Identifikation* («Er ist ein Teil von *mir!*»), dann durch *Disidentifikation* («Er ist *nur ein Teil* vom mir!») befreit sich das Oberhaupt aus der Belagerung und gewinnt an Steuerungsfähigkeit.
3. Statt einer weiteren Bekämpfung des Bösewichts wird seine Funktion und Leistung im Gesamtzusammenhang des Systems ermittelt und gewürdigt (mit Hilfe des Wertequadrats sowie durch Unterscheidung von Absicht und Methode).
4. Die Suche nach *heilsamen Gegenspielern* ermöglicht schließlich eine *Teamentwicklung*, innerhalb welcher der innere Widersacher seine Feind-Qualität endgültig verliert und seinen Wertbeitrag auf andere Art als zuvor beisteuert.

4. Aufbau und Dynamik der Persönlichkeit im Lichte des Modells vom Inneren Team

4.1 Das Ensemble auf der inneren Bühne

Wie können wir uns den Aufbau der Persönlichkeit im Lichte des Modells vom Inneren Team vorstellen?

Anstelle einer festgefügten Struktur («So bin ich nun einmal – und nicht anders!») kommt uns sogleich die innere Gruppendynamik vor Augen, das lebendige Wechselspiel verschiedener Teilkräfte, das Miteinander und Gegeneinander von Mitspielern auf einer Bühne, deren Vorhang für ein Publikum mehr oder weniger auf- und zugezogen werden kann. Wir wechseln jetzt die Metapher und schauen uns die Bühne, das Ensemble und den Regisseur oder die Regisseurin genauer an. Damit liegt der Akzent nun auch mehr darauf, dass die inneren Mitglieder nicht nur Wortmelder und Teilnehmer innerer Teamkonferenzen sind, sondern auch im «Außendienst» zu sichtbaren Akteuren im zwischenmenschlichen Kontakt werden (vgl. Abb. 9, S. 41).

Die alten Typologien haben uns glauben machen wollen, der Mensch sei *entweder* so *oder* so, zum Beispiel *entweder* prinzipienfest, verlässlich, ordnungsliebend – *oder* aber kreativ-chaotisch, voll neuer Ideen und wechselhaft. Oder er sei *entweder* hilfreich, herzlich, voller Wärme und Anhänglichkeit – *oder* aber kühl und distanziert, rational und hart. Daran ist sicher zutreffend, dass jeder Mensch in seinem inneren Ensemble über ein paar Stammspieler verfügt, die oft und gern die vorderste Reihe besetzen. Das sind diejenigen Mitglieder des Inneren Teams, die in der Lebensgeschichte des Individuums aufgrund besonderer Erfolge Karriere gemacht haben und von daher besonders «bühnenerprobt» sind und die Außenwirkung eines Menschen bestimmen.

Aber diese Stammspieler, die in vielen Stücken, die auf dem Spielplan stehen, die Hauptrollen übernehmen, sind keineswegs die einzigen Mitglieder des Ensembles – mögen sie auch die einzigen sein, die im Rampenlicht stehen und in Erscheinung treten. Im schlecht ausgeleuchteten Hintergrund der Bühne und hinter den Kulissen gehören viele andere dazu: zum Teil sehr verletzliche und schutzbedürftige Wesen, die alte Wunden tragen und Angst haben, sich dem Publikum zu zeigen, die heilfroh sind, wenn sie sich hinter den Matadoren mit den großen und breiten Schultern verbergen können – wer weiß denn, ob da vorn nicht noch wieder geschossen wird? Sollen doch die Gepanzerten und die mit den kugelsicheren Westen an die «Kontaktfront» treten!

Zum Teil sind es auch finstere Gestalten à la Mr. Hyde, die dem Ideal sittlicher Menschlichkeit hohnsprechen, innere Teufel und Schweinehunde, die, egoistisch, kleinlich, lüstern, pervers, herrschsüchtig, eifersüchtig, über Leichen gehend, all das Abgründigmenschlich-allzu-Menschliche verkörpern, wofür man sich als anständiger Mensch schämt und womit man sich da vorn keine Freunde macht.

Zum Dritten finden sich im Bühnenhintergrund auch stille Wasser, Talente und Potenziale, die viel zu bieten hätten, was das Leben tiefer und reichhaltiger machen würde, die jedoch scheu und unerweckt geblieben sind, weil ihr Regisseur bei den Spielplänen des Lebens bis jetzt keine rechte Verwendung für sie gesehen hat. Womöglich hat er sie wegen ihrer Unaufdringlichkeit auch übersehen.

So stellt sich die Persönlichkeit des Menschen als vorläufiges Ergebnis einer inneren Gruppendynamik im Wechselspiel mit Feedbacks von außen dar. Dieses Kräftespiel lässt manche Ensemblemitglieder nach vorn, hält andere zurück und schiebt sie ab, lässt die einen Außendienst, die anderen Innendienst verrichten (s. Abb. 52).

Dies ist eine erste grobe Unterscheidung, die wir nach und nach noch zu verfeinern haben. Im Lauf dieses Kapitels werden wir die «Vorderleute» (Stammspieler und Hauptdarsteller) sowie die «Hin-

Abb. 52: Persönlichkeit des Menschen im Licht des Modells vom Inneren Team: Stammspieler im Vordergrund – ***verletzliche Wesen, lichtscheues Gesindel*** **und** ***stille Wasser*** **im Hintergrund, zwischen ihnen eine Dynamik des Verdrängens, Vorschiebens, Beschützens**

terleute» (Antipoden) genauer unter die Lupe nehmen, ihr unterschiedliches Bühnenschicksal anschauen, immer auch unter dem Aspekt einer gelungenen Zusammenarbeit für die Kommunikation mit anderen Menschen.

Die innere Teambildung und Teamentwicklung ist Aufgabe des Regisseurs. Er steht in einem klassischen Dilemma: Einerseits soll er den äußeren Erfolg sichern, dafür sorgen, dass die Besetzung der Rollen den Erfordernissen des Stücks (und dem Geschmack des Publikums) entspricht, andererseits aber auch die innere Harmonie wahren, den Bedürfnissen seiner Schauspieler und den Belangen eines zuträglichen Miteinanders gerecht werden. Denn während das Publikum nur die im Rampenlicht auftretenden Mitglieder zu Gesicht bekommt, hat es der Regisseur stets mit dem gesamten Ensemble zu tun, nicht zuletzt mit jenen Mitgliedern, die immer nur Nebenrollen spielen dürfen oder nie zum Einsatz kommen. Diese können ihm schwer zu schaffen machen. Wenn er dem Publikum zuliebe und um des äußeren Erfolgs willen immer nur die ins Licht treten lässt, die gut ankommen oder gut gerüstet sind, um das äußere Geschehen günstig zu beeinflussen, dann kann das intern zu einem sehr schlechten Betriebsklima führen, kann es zu Streik und Meuterei kommen oder einen Aufstand geben. Eine heikle Position, die der Regisseur da innehat! Wir sollten es uns dreimal überlegen, ob wir diesen Posten wirklich wollen – und haben ihn doch längst seit unserer Menschwerdung.

4.2 Stammspieler/Hauptdarsteller und ihre verdeckten Gegenspieler

Betrachten wir zunächst diejenigen etwas genauer, die auf der Bühne der Persönlichkeit eine Erfolgskarriere hinter sich und keine Scheu haben, sich auf der Vorderbühne an der Kontaktlinie zu bewegen. Die beiden Begriffe «Stammspieler» und «Hauptdarsteller» benutze ich nicht ganz austauschbar: «Stammspieler» betont die häufige Wiederkehr bei wechselnden Situationen, zum Beispiel wenn jemand beruflich wie privat eine Ausstrahlung von distanzierter Unnahbarkeit hat, verbunden mit einem durchgängigen Sprachverhalten, das sachlich-intellektuell geprägt ist und Gefühlsäußerungen vermeidet. Mag es auch Momente von Intimität geben, in denen dieser distanzierende Grenzwächter die Bühne freigibt für Kollegen, die von Herzen kommen, so ist er doch derart häufig und lebensdurchgängig im Einsatz, dass er das Prädikat «Stammspieler» verdient. – «Hauptdarsteller» hingegen betont die Dominanz der Ausstrahlung in einer gegebenen Situation: Mag sein, dass unser wortkarger und zurückhaltender Distanzmensch in seltenen Situationen von geselligem Beisammensein einen «Unterhaltungskünstler» hervorbringt, der mit Witz und Charme die Stimmung zu erheitern und auf sich zu konzentrieren versteht. Manche Anwesenden, die seine kühle und unnahbare Art von sonstwoher kennen, werden diese Seite von ihm «untypisch» finden und sogar unter dem Eindruck stehen, er sei plötzlich «ein ganz anderer» geworden.

Er ist aber «ganz derselbe» geblieben, hat lediglich einmal jemanden als Hauptdarsteller nach vorn gelassen, der normalerweise nicht zum Stammpersonal des Außendiensts gehört und sein Dasein als «stilles Wasser» pflegt, wenn nicht ganz besondere Bedingungen zu seiner Erweckung führen.

Anders als in diesem Beispiel sind Hauptdarsteller häufig auch Stammspieler und umgekehrt; all die folgenden Betrachtungen beziehen sich vor allem auf die Stammspieler.

Die Erfolgsgeschichte der Stammspieler

Welche lebensgeschichtlichen Hintergründe mögen es gewesen sein, die sie zu prominenten und bühnenerprobten Stammspielern/Hauptdarstellern haben werden lassen? Soweit nicht genetische Vorprägungen mitwirken, sind vor allem zwei Lerntypen in Betracht zu ziehen:

1. **Das Lernen am Modell**, am Vorbild («Wie er sich räuspert und wie er spuckt, das habt ihr ihm redlich abgeguckt!» Schiller: Wallensteins Lager): Tatsächlich können wir feststellen, dass wir Mutter, Vater und andere wichtige Personen aus unserer Frühzeit zu Mitgliedern unseres Inneren Teams haben werden lassen – manchmal zum Missfallen des Regisseurs, sofern ihm diese Ähnlichkeiten bewusst werden.

2. **Das Lernen am Erfolg**, wobei der «Erfolg» im menschlichen Seelenleben viel komplizierter zu bestimmen ist als bei der Tierdressur, wo durch ein Stück Futter zum rechten Augenblick manches Kunststück gelingen kann.

Schauen wir uns die Erfolgsstruktur etwas genauer an: Jedes Ensemblemitglied wirkt in zweifacher Richtung, nach außen und nach innen. Ein Erfolg kann sowohl hier wie dort erzielt werden. Die Außenerfolge liegen in erwünschten Reaktionen der menschlichen Umwelt, die Binnenerfolge in der erwünschten Abwehr unliebsamer oder schutzbedürftiger Ensemblekollegen. Im Einzelnen:

Erfolge im Außendienst. Im einfachen Fall werden solche Mitglieder zu Stammspielern, die beim Publikum «gut ankommen». Wer Beifall auslöst (geliebt, gelobt, bewundert, anerkannt wird), wird vom Regisseur immer wieder gern auf die Bühne geschickt.

Allerdings sind es keineswegs immer die netten und lieben Seiten, mit denen man sich einen Platz an der Sonne erobert. Vielleicht bekam Else erst dann Aufmerksamkeit und Zuwendung, wenn sie die «wehleidige Jammerprinzessin» spielte; vielleicht konnte Hans sich mit jähzornigen Anfällen jenen Respekt verschaffen, der ihn davor schützte, bespöttelt und/oder links liegengelassen zu werden. Möglich auch, dass mancher die Hoffnung auf einen Platz an der Sonne aufgegeben hatte und froh war, überhaupt einen Platz zu erobern – und wenn die guten schon alle besetzt waren, konnte man vielleicht mit Fiesität, extremer Frechheit oder herzloser Raubeinigkeit einen «schlechten», aber doch immerhin seinen Platz finden: einen Schattenplatz.

Eberhard Stahl (1998) beschreibt in seinem Buch über «Dynamik in Gruppen», wie in jeder Gruppe eine Anzahl von (psychologischen) Rollen vorgesehen ist, zum Beispiel der *Streber*, die *Heulsuse*, der *Clown*, die *Rebellin*, der *Vermittler*, die *Tüchtige*, der *Versager*, die *Kritische*, der *Angeber*, der *kleine Hilflose* usw. Kommt jemand neu in eine Gruppe oder wächst langsam in sie hinein, so spürt er intuitiv, welche Rollen bereits «besetzt» und welche noch frei sind. Letztere sind gleichsam zur Besetzung «ausgeschrieben», um sie kann man sich bewerben. Hat der Neue ein inneres Teammitglied zur Verfügung, das einer noch freien Rolle entspricht, wird er diese einnehmen und sich so einen *psychologischen Platz erobern*. Das passende innere Mitglied wird, zumindest in dieser Gruppe, zum Stammspieler (s. Abb. 53).

Abb. 53: Besetzte (●) und unbesetzte (○) Rollen in einer Gruppe (links) sowie inneres Rollenrepertoire beim neuen Mitglied (rechts). Der passende wird zum Hauptdarsteller/Stammspieler (Krone) (in Anlehnung an Stahl 1998)

Jede Gemeinschaft, der wir angehören oder in die wir hineinwachsen, steht bestimmten Aufgaben gegenüber, die sie – nach innen und nach außen – zu bewältigen hat. Wenn beide Eltern arbeiten müssen, fällt einem älteren Geschwister lebenslogisch ein Teil der Betreuung jüngerer Geschwister zu. Ein *verantwortungsbewusster Helfer* wird gebraucht, und genau dieser wird im Inneren Team seines Besitzers einen Stammplatz erhalten.

«Gebraucht werden» kann objektiv verstanden werden (= überlebensnotwendig) oder auch subjektiv in dem Sinn, dass Eltern aufgrund ihrer seelischen Verfassung ein Kind «brauchen», das mit seiner Art dieser psychischen Not entgegenkommt. So mag eine Mutter für ihren Ehrgeiz eine erfolgreiche, im Rampenlicht der Bewunderung stehende «Prinzessin» brauchen und diese Erwartung unbewusst vermitteln. Ein Vater mag umgekehrt einen Versager benötigen, um sein beschädigtes Selbstwertgefühl daran aufzurichten. Solche Beobachtungen hat Horst Eberhard Richter in seinem Buch «Eltern, Kind und Neurose» (1969) vorgetragen. Den Grundgedanken habe ich in Abbildung 54 visualisiert.

Abb. 54: Die Kopfform des Kindes passt genau in das seelische «Loch» eines Elternteils

Ein Kind, das seine Eigenart auf solche Bedürfnisse ausrichtet, die auf der Tiefenebene des Systems liegen, wird auf der offiziellen Ebene keineswegs belohnt, sondern beschimpft werden: Da ist dann der «andere Teil» der Eltern am Werk! Jeder Sündenbock erhält Prügel, nachdem er dazu gemacht worden ist (und sich dazu hat machen lassen). So sind die Erfolge im Außenkontakt manchmal scheinbare Misserfolge, und der gesunde Menschenverstand wundert sich, warum jemand einen Stammspieler beibehält, der nichts als Schimpf und Schande einbringt.

Erfolge im Innendienst. Stammspieler verdanken ihre Karriere aber auch den Erfolgen, die sie im Innendienst erzielen. Hier besteht ihre Leistung in der erfolgreichen Abwehr all jener Kollegen, die Angst, Schmerz und Unbehagen verbreiten würden.

In jedem Ensemble gibt es «lichtscheues Gesindel», dunkle Gestalten, die unserem Ich-Ideal derart bedrohlich widersprechen, dass der Regisseur ihnen Bühnenverbot erteilt. Indem die Stammspieler und Hauptdarsteller sich vorn dick und breit machen, leisten sie einen Beitrag zur Verdrängungsarbeit.

Sie sind aber auch Beschützer. Es gibt Mitglieder in uns, die sehr weich, verletzlich und verletzt sind. In früher Zeit, als der Schutz noch nicht organisiert war, haben sie Verwundungen erlitten. H. und S. Stone (1994) sprechen vom «verletzlichen Kind», das in uns fortlebt und das «in unserer zivilisierten Welt ... das vielleicht am meisten verdrängte» ist (H. und S. Stone, S. 205). Indem die Stammspieler/Hauptdarsteller mit rauer Schale diesen weichen Kern umgeben, übernehmen sie einen wichtigen Schutz – allerdings mit der Gefahr, ganze Arbeit zu leisten und das Beschützte unter sich zu begraben (s. auch Chopich und Paul 1993).

Rau ist die Schale nicht in jedem Fall. Sie kann auch liebenswürdig, konventionell oder hilfreich sein, wenn sie nur *kontaktsicher* ist. Sie kann aber auch abstoßend (arrogant, cool, fies, unnahbar, oberflächlich, gepanzert) wirken; dennoch bleiben solche Stammspieler oft lebenslang im Einsatz, weil ihre Binnenwirkung (Schutz) wichtiger ist als ihre anstößige Außenwirkung.

Als Leser/in von «Miteinander reden 2» sind Sie mit dem Thema vertraut. Die dort dargestellten *acht Kommunikationsstile* können wir nun als Äußerungsformen von acht verschiedenen Stammspielern interpretieren. Hier zur Erinnerung ihre Abbildungen (s. Abb. 55).

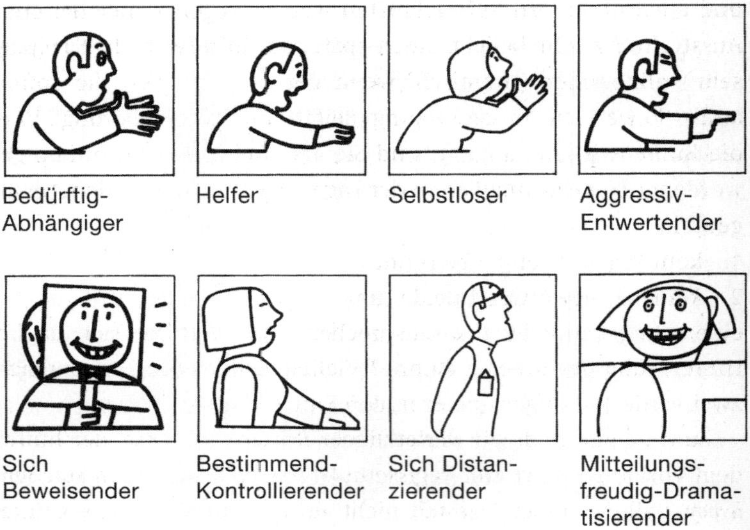

Abb. 55: Acht mögliche Stammspieler im Inneren Team (vgl. ihre Kommunikationsstile in Schulz von Thun: «Miteinander reden 2»)

Schon dort wurden sowohl die Außenwirkungen als auch die Binnenwirkungen jedes Stils, jedes dieser inneren Mitglieder besprochen. Ich wähle daher an dieser Stelle ergänzend zwei andere Beispiele, um die Stammspieler und ihre Bedeutung auf der inneren Bühne zu verdeutlichen.

Beispiel «Sunnyboy»

«Ich bin immer und überall der Sunnyboy», sagt ein junger Mann und lässt mit dieser Formulierung bereits eine Ahnung anklingen, dass sein inneres Ensemble weitaus reichhaltiger ist. Wie ist dieser *Sunnyboy*? Immer freundlich, er kann kein Wässerchen trüben und tut keiner Fliege etwas zuleide! In einer leicht schwermütigen Familienatmosphäre war er hoch geschätzt (die Rolle war noch frei!), und auch unter den Spielgefährten war er wegen seiner heiteren Ausstrahlung sehr beliebt. Auch später im Büro war Mr. *Sunnyboy* sehr willkommen («Komisch, wenn der kommt, geht die Sonne auf!»). So weit zur Außenwirkung (Beifall und Platzeroberung). Was die Binnenwirkung angeht, sind Sie als kundiger oder kundig gewordener Leser womöglich in der Lage, aufgrund der beiden Aussagenteile

1. «kein Wässerchen trüben» und
2. «keiner Fliege etwas zuleide tun»

einen *Antipodenverdacht* auszusprechen: Wer verbirgt sich da im Hintergrund der inneren Bühne? Vielleicht kommen Ihnen gleich zwei verdeckte Gegenspieler in den Sinn?

Zum einem ist da ein verletzlicher *Bruder Schwermut*, der hinter dem Vorhang kauert. Der Regisseur, begeistert von seinem Star *Sunnyboy*, will diese Elendsgestalt nicht auf der Bühne sehen – genug, dass sie ihm nach der Vorstellung zuweilen über den Weg läuft und sich nicht abwimmeln lässt!

Durchaus möglich, dass im Souffleurkasten noch jemand sitzt, der appellative Sätze auf die Bühne flüstert, zum Beispiel:

Musst du im Herzen noch so weinen,
nach außen sollst du heiter scheinen!

Gegen diese mächtige Allianz von Regisseur, Star und Souffleur hat *Bruder Schwermut* keine Chance, jedenfalls so lange nicht, wie Publikum da ist.

Zum anderen lauert hinter dem Vorhang ein *Bertram Bissig*, der gar nicht immer lieb und nett, sondern von klammheimlicher Fiesität ist und ganz gern einmal nicht nur Fliegen etwas zuleide täte, der manchen Zorn und manche Verachtung auf Lager hätte, die an den Mann und an die Frau gebracht sein wollen. Aber *Sunnyboy* bedeutet ihm: «Mach dich hier nicht unbeliebt!» – und drängt ihn mehr oder minder erfolgreich ab.

Der Souffleur mahnt flüsternd mit Wilhelm Busch:

Denn wer nicht höflich nach allen Seiten,
hat doch nur lauter Verdrießlichkeiten!

Bertram Bissig weiß nun nicht, wohin mit seiner Energie! Hin und wieder gelingt es ihm, von hinten mit einer spitzen Mistgabel nach vorn zu stochern, sodass *Sunnyboys* Fröhlichkeit zuweilen eine leicht aggressive Beimischung erhält, wie sie für «frotzelnde» Männerrunden typisch sein kann (s. Abb. 56).

Abb. 56: Beispiel eines Stammspielers *Sunnyboy* mit seinen verdeckten Antipoden und einem Souffleur

Unversehens sind wir auf eine neue Kategorie von Ensemblemitgliedern gestoßen: die *Souffleure*. Sie verwandeln die früher einmal aufgenommenen Leitsätze des Lebens in aktuelle Einflüsterungen und nehmen dadurch Einfluss auf das Bühnengeschehen. Mancher Souffleur verkörpert in Reinkultur die normativen Botschaften wichtiger Lebenspartner aus Vergangenheit und Gegenwart, ihre Einschärfungen, wie man zu sein hat. Auch und nicht zuletzt in den Souffleurkästen haben wir «unsere Lieben» versammelt. Zirkler (Diplomarbeit 1996) spricht von «Museumsgestalten», die als «graue Eminenzen» wirksam werden, selbst nicht in Erscheinung treten, aber die auftretenden Akteure mit Nachdruck beeinflussen.

Der ewige Widerhall solcher Fremdstimmen (Introjekte) kann eine Behinderung darstellen; besonders, wenn sie sich mit imperativischer Unabdingbarkeit aufdrängen (Wagner 1984, vgl. S. 165 in diesem Buch) und wenn sie «irrationale Überzeugungen» (Ellis 1977; vgl. «Miteinander reden 1», S. 77 f.) enthalten, können sie dem Menschen arg zusetzen und ihn in starren Mustern gefangen halten.

Mögen diese Sätze auch in «Fleisch und Blut übergegangen» sein, so ist es doch im Zuge der Selbsterziehung und persönlichen Entwicklung möglich, sie zu entschärfen oder zu verwandeln. Anstelle des Satzes «Nach außen sollst du heiter scheinen» mag dann ein neuer Souffleur die Verse von Erich Kästner anstimmen:

Sei traurig, wenn du traurig bist,
steh nicht vor deiner Seele Posten.
Den Kopf, der dir ans Herz gewachsen ist,
wird's schon nicht kosten!

Beispiel «Ein Bündelchen Widerspruch»

Das folgende Beispiel ist dem berühmten Tagebuch entnommen, das die 13- bis 15-jährige Anne Frank von 1942 bis 1944 in einem Amsterdamer Hinterhaus führte, darin sich ihre Familie zusammen mit anderen jüdischen Flüchtlingen vor den NS-Schergen über Jahre versteckt hielt (Frank 1992). Es handelt sich um die allerletzte Eintragung vom 1. April 1944. Drei Tage später wurde sie entdeckt und in ein Konzentrationslager deportiert, in dem sie ein Dreivierteljahr später umkam. Man kann diesen Text nicht lesen und für Illustrationszwecke heranziehen, ohne die Erschütterung noch einmal zu erleben, die der reale Kontext dieses Tagebuchs wieder und wieder heraufbeschwört. Das Entsetzen über den Holocaust geht uns auch und vor allem anhand von leibhaftigen Einzelschicksalen nahe.

In Anne Franks Tagebuch verbinden sich kindliche Unbekümmertheit und eine erstaunliche Reflexionsfähigkeit zu einem Text, dessen letzte Fassung sie selbst zur Veröffentlichung vorgesehen hatte. In einer Art Selbstanalyse beschreibt sie sich in einem ihrer fiktiven Briefe an eine erdachte beste Freundin («Liebe Kitty!»): «Ich habe nicht umsonst den Ruf, daß ich ein Bündelchen Widerspruch bin!» (S. 311ff.). Im nächsten und zugleich letzten Brief an Kitty erläutert sie ausführlich diesen Ausdruck. Zum einen habe er die (äußere) Wortbedeutung, dass sie anderen gegenüber zum Widerspruch neige. Dafür sei sie bekannt. Dann gebe es aber eine zweite Wortbedeutung, für die sie nicht bekannt sei – und das sei ihr Geheimnis: «Ich habe Dir schon öfter erzählt, daß meine Seele sozusagen zweigeteilt ist. Die eine Seite beherbergt meine ausgelassene Fröhlichkeit […] und vor allem meine Art, alles von der leichten Seite zu nehmen. […] Diese Seite sitzt meistens auf der Lauer und verdrängt die andere, die viel schöner, reiner und tiefer ist.» Der Clown sei zwar vorübergehend amüsant, aber dann habe man auch genug davon. Dennoch: «Meine leichte, oberflächliche Seite wird der tieferen immer zuvorkommen und darum immer gewinnen. Du kannst Dir nicht vorstellen, wie oft ich schon versucht habe, diese Anne, die nur die Hälfte der ganzen Anne ist, wegzuschieben, umzukrempeln und zu verbergen. Es geht nicht, und ich weiß auch, warum es nicht geht.»

Sie führt dann aus, warum die tiefe und schwere Anne nicht nach vorn darf: Diese sei zu schwach, um mit dem Spott der anderen fertig zu werden. Die «leichte» Anne sei daran gewöhnt und robust genug, es auszuhalten, hingegen: «Wenn ich wirklich einmal mit Gewalt für eine Viertelstunde die gute Anne ins Rampenlicht gestellt habe, zieht sie sich wie ein Blümchen-rühr-mich-nicht-An zurück, sobald sie sprechen soll, läßt Anne Nr. 1 ans Wort und ist, bevor ich es weiß, verschwunden.»

Die «liebe Anne» würde daher nie im Kontakt mit anderen Menschen, sondern nur beim Alleinsein das Wort führen: «Ich fühle alles anders, als ich es ausspreche.» Die freche Anne würde man zwar unsympathisch finden, aber sie (Anne, das Oberhaupt) könne dem «Rat der guten Hälfte» nicht folgen: Selbst die eigene Familie wäre irritiert und würde glauben, sie sei krank, und würde mit Kopfwehpillen und Beruhigungstabletten kommen, wohl auch ihre schlechte Laune kritisieren. «So drehe ich mein Herz wieder um, drehe das Schlechte nach außen, das Gute nach innen und suche dauernd nach einem Mittel, um so zu werden, wie ich gern sein würde und wie ich sein könnte, wenn ..., wenn keine anderen Menschen auf der Welt leben würden.»

Kritische Würdigung der Stammspieler/ Hauptdarsteller

Unterziehen wir die Rolle der Hauptdarsteller und Stammspieler einer kritischen Würdigung! In der Literatur werden sie auch «Schwergewichte» (H. und S. Stone 1994) und «Manager» (Schwartz 1997) genannt, weil sie sich auf der Bühne so «dick und breit» machen bzw. weil sie innen und außen alles gut unter Kontrolle halten. Sie sind nützlich und wichtig, weil sie den Menschen berechenbar, erfolgreich und «sozialverträglich» machen. Sie sind Überlebenshelfer im Kampf ums soziale Dasein und Garanten eines zivilisierten Umgangs miteinander. Sollten Sie geneigt sein, Mr. *Sunnyboy* als erbärmliche, falsche Fassade anzusehen, so würden Sie ein wertvolles Mitglied der inneren Gesellschaft verteufeln. Mancher, dem diese leichte und heitere Seite abgeht, möchte sich wohl gern eine Scheibe davon abschneiden. Sie ist ein Geschenk der Natur und eine biographische Entwicklungsleistung zugleich.

Ebenso ist Annes *frech-fröhlicher Leichtfuß* mit Sicherheit ein Überlebenshelfer ersten Ranges in einer Situation, in der die Tag und Nacht Bedrohten den Kopf oben behalten, all der Angst und Verzweiflung widerstehen müssen, die in ihrer Lage angelegt sind. In der Überlebensgruppe war diese Rolle «ausgeschrieben», und alle waren heimliche Nutznießer dieser gruppendynamischen Leistung, auch wenn sie geschimpft und sich empört haben. Tatsächlich spürt Anne sehr deutlich, mit welch geballter Abwehr die Erwachsenen auf die «innere Anne» reagieren würden, reagieren müssten.

Was in der lebensbedrohlichen Extremsituation so überdeutlich zutage tritt, mag in abgemilderter Form für menschliches Zusammenleben überhaupt gelten: In irgendeiner Weise ist jede Gruppe eine «Überlebensgruppe», die auf Effektivität und Zusammenhalt angewiesen ist und nicht alles jederzeit verkraften kann, was in der menschlichen Seele angelegt ist. Und soweit die Stammspieler Effektivität und Sozialverträglichkeit garantieren, leisten sie gute Arbeit.

Die Gefahr ist allerdings, dass sie des Guten zu viel tun. Manchmal passen sie, bei allen historischen Verdiensten, die sie sich in der Frühzeit des Individuums erworben haben, nicht mehr so recht in die Gegenwart und ihre neuen Umgebungen. Oft nehmen sie zu viel Raum ein und stehen einer Teamentwicklung im Weg. Das kann so weit gehen, dass sie einen Alleinvertretungsanspruch geltend machen und das Oberhaupt verführen, sie mit der Gesamtpersönlichkeit zu verwechseln. Und vielleicht das Wichtigste: Indem sie die verletzlichen, weichen Kernmitglieder derart beschützen, dass diese sich in der «Schutzhaft» nicht mehr rühren können, schneiden sie den Menschen vom inneren Zentrum seiner Lebendigkeit und Berührbarkeit ab – machen ihn im Extrem zum funktionierenden, aber unbeseelten Roboter, der zu tiefem Kontakt unfähig (geworden) ist. Dies ist ein zentrales Thema moderner Menschenkunde; betrachten wir daher das Schicksal der inneren Gegenspieler und ihr mögliches Zusammenspiel mit den bewährten Vorderleuten noch etwas eingehender!

4.3 «Auf Vordermann gebracht» oder Das Elend der Antipoden

In einer marktwirtschaftlich organisierten Welt sind wir herausgefordert, nicht nur mit Leistungen und Produkten in gutem Licht zu erscheinen, sondern zunehmend auch mit unserer *Persönlichkeit*. Darin liegen eine Chance und eine Gefahr. Die Chance: die Entwicklung der Persönlichkeit wird auch zur professionellen Herausforderung, nicht nur zur menschlich-privaten. Wir sind angehalten, uns selbst in den Blick zu nehmen: wie wir auftreten, auf andere Menschen reagieren und auf sie wirken, wofür wir stehen, womit wir uns schwertun, woran wir kranken. Die Gefahr: indem die Persönlichkeit zum Markenzeichen wird, muss sie sich auf die Bedarfslage der Auftraggeber und Kunden ausrichten und riskiert, sich auf ein «optimales Image» zu reduzieren und alles zu verbannen, was zwar den ganzen Menschen ausmacht, aber das Erfolgsimage gefährden könnte. «Du gehst als Mann, komm nicht als Pfeife wieder!», gab die Frau einer Führungskraft ihrem Ehemann mit auf den Weg, als er zu unserem Seminar «Kommunikation und Führung» abreiste. Sie argwöhnte, dass ihr Mann, der doch ein «ganzer Kerl mit dem Herzen auf dem richtigen Fleck» war, nun einer Schulungsmaßnahme ausgesetzt werden sollte, die von dem ganzen Kerl nur noch eine optimale Vorzeigehälfte, eine «halbe Portion», übriglassen würde – diese aber auf Vordermann gebracht.

Demgegenüber habe ich als Kommunikationsberater den Eindruck, dass unsere Führungskräfte häufig allzu sehr die Sozialisation zur halben Portion bereits hinter sich haben und im Seminar eher Ermutigung und Anleitung brauchen, den ganzen Kerl zurückzuerobern – aber das Dilemma einer modernen Fortbildung im Bereich Kommunikation und Persönlichkeit ist von der Frau zutreffend auf den Punkt gebracht (s. auch S. 266 f.).

Vorderseitenkontakt

Die menschliche Seele ist «ein Bündelchen Widerspruch», sie wird von Gegensätzen geprägt. Alles steckt in jedem. Jedes Mitglied unseres Inneren Teams hat auch einen Antipoden, der den Gegenpol verkörpert.

Wenn sich das Oberhaupt einseitig mit den Stammspielern und Hauptdarstellern identifiziert, geht es ausschließlich mit der *Vorderseite der Persönlichkeit* in den Kontakt und verbannt die Antipoden auf die unsichtbare *Rückseite der Persönlichkeit*. Dies mag situativ sehr angemessen sein; wenn sich jedoch die Spaltung in Außendienst und Innendienst verewigt, dann ist die innere Teambildung behindert, und es bauen sich unheilvolle Spannungen auf. Dafür noch ein Beispiel: In Abbildung 57 sehen wir einen Menschen, bei dem drei Stammspieler der Außenwelt zugewandt sind, während ihre drei Antipoden auf der unsichtbaren Rückseite bleiben und auf den Innendienst beschränkt sind:

1. Ein *Dieter Dynamo*, fabelhaft fit, voller Energie und Einsatzfreude. Freilich, dann und wann meldet sich auch seine rückwärtige Hälfte, die *alte Schlappwurst*, die einfach nicht mehr kann und zweifelnd fragt, was die ganze Hektik eigentlich soll. Beide gehören zusammen und machen den ganzen Menschen aus.
2. Ein *Harry Hilfreich*, der zu allen lieb und nett ist, jedem gern einen Gefallen tut und auch sonst edel, hilfreich und gut sein will und kann. Auch auf seiner Rückseite «lauert» jemand: ein *Fritze Fiesling*, der bissig und abweisend sein kann und der, wenn er um

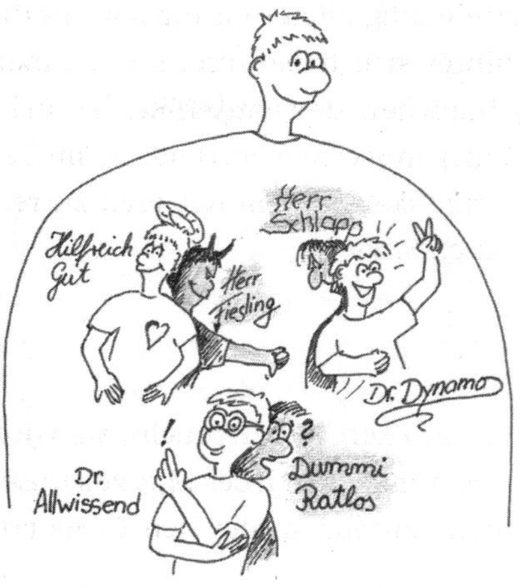

Abb. 57 a: Drei Hauptdarsteller und ihre Antipoden, welche …

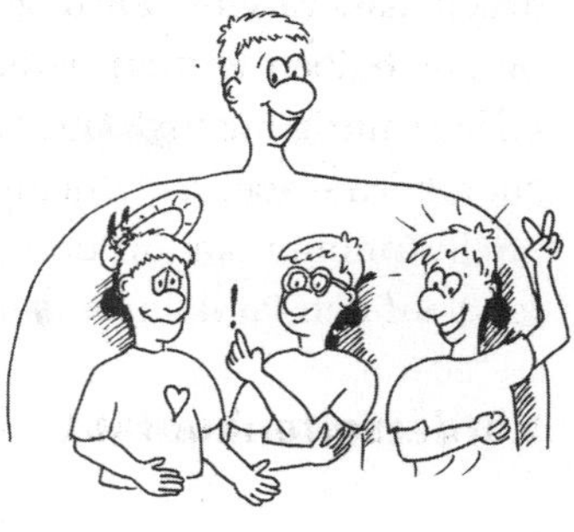

Abb. 57 b: … durch geschicktes Drehen und Wenden für die Außenwelt unsichtbar bleiben: «Vorderseitenkontakt»

einen Gefallen gebeten wird, am liebsten auch mal sagen würde: «Such dir einen anderen Dummen, du alter Blutsauger!» Auch hier – beide gehören zusammen und machen den ganzen Menschen aus.

3. Ein *Dr. Allwissend*, der immer Bescheid weiß, sich in allem perfekt auskennt, nie in Verlegenheit kommt und stets schlagfertig die Oberhand behält. «Absolut souverän, der Mann!», sagt sein Chef mit Hochachtung. Wo auch immer unser Beispielmensch hingeht, auf jeden Fall (und für alle Fälle) hat er seinen *Dr. Allwissend* dabei, auch im Privatleben ist dieser gern im Einsatz. Freilich gibt es Situationen, wo *Dr. Allwissend* plötzlich verstummt und sein Rückseitenbruder allein auf der Bühne steht: *Dummi Ratlos*, der nicht mehr weiter weiß, der verdattert und betroffen ist, der eigentlich Hilfe braucht – aber schon ist *Dr. Allwissend* wieder da und greift ein: «Das werden wir doch wohl noch allein hinkriegen!» Wiederum – beide gehören zusammen und machen den ganzen Menschen aus.

Wenn nun die Aufspaltung in Außen- und Innendienst sehr krass wird, wenn nur die Vorderleute an die Kontaktlinie treten und der Mensch sich im Kontakt mit anderen stets so dreht und wendet, dass die Antipoden verdeckt bleiben, dann wird er nicht nur zur «Pfeife», sondern ihm droht auch seelisches Unheil. Denn der Antipode, der «Gegenzwilling», der sein Daseinsrecht auf der Bühne verliert, fällt als Teampartner aus und wird zum Gegenspieler. Und der Hauptdarsteller, ohne heilsame Ergänzung durch seinen Gegenzwilling, wird immer extremer, rutscht in die untere Etage des Wertequadrats ab.

Beispiel: Wenn *Dieter Dynamo* allein ohne Teampartner *Rudi Ruhe* auf der Bühne wirbelt, wird er schnell zum atemlosen Hektiker und treibt Raubbau an der Gesamtpersönlichkeit. Als Reaktion darauf entsteht hinter den Kulissen eine erschöpfte *alte Schlappwurst*, deren Botschaft («Ich bin müde, ich kann nicht mehr!») vorn nicht gern gehört wird. Dennoch (und gerade deswegen) radikalisiert auch sie sich, entfaltet sie eine untergründig lähmende Wirkung, und *Dieter Dynamo* muss noch mehr Gas geben, um die Geschwindigkeit trotz der Bremswirkung zu halten. Ein spannungsreicher Gegensatz, benannt auf der unteren Zeile des Wertequadrats (s. Abb. 58), hat sich aufgebaut. Beide arbeiten gegeneinander statt miteinander, der eine im Rampenlicht, der andere im Dunkeln.

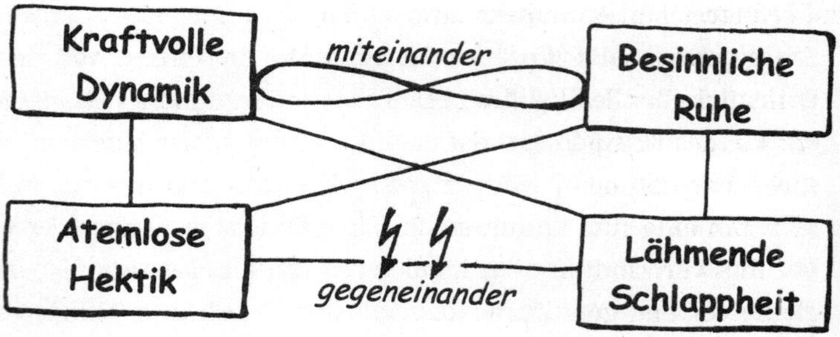

Abb. 58: Teamarbeit der Gegenzwillinge (oben). Gefahr: Spaltung und Gegeneinanderarbeit (unten)

Das Erwartungsprofil der Berufsrolle: der Animateur

Ja, aber! Unter dem Gesichtspunkt einer gesunden und ganzheitlichen menschlichen Entwicklung mag es ja angeraten sein, den Antipoden Raum zu geben und sie ins Team zu integrieren. Aber verlangt nicht der Bewährungsdruck im Beruf, dass wir unsere «Vordermannschaft» dem Erwartungsprofil anpassen und die Antipoden hinter Schloss und Riegel halten?

Wir haben dies empirisch untersucht für einen Beruf, der bei vielen jungen Leuten als «Traumjob» gilt: den Animateur (Meyer 1987). Das ist eine vom Reiseveranstalter oder Ferienklub bezahlte Person, die den Urlaubern Freizeitangebote macht, um das sonnige Ferienparadies mit Sport, Spiel und Unterhaltung auch zu einem fröhlichen Gemeinschaftserlebnis werden zu lassen. Meyer führte Tiefeninterviews mit zehn weiblichen und männlichen Animateuren. Ihre Ergebnisse habe ich in das Modell des Inneren Teams transponiert und in Abbildung 59 zusammengefasst.

Das Ergebnis dieser Untersuchung: Die innere Bühne des Animateurs und der Animateurin ist gleichsam von einer Mauer in eine vordere und eine hintere Hälfte geteilt. Vorn im Rampenlicht stehen fünf Hauptdarsteller, die in ihrem Zusammenspiel den guten und erfolgreichen Animateur ausmachen:

1. Ein *gleichbleibend freundlicher Mr. Smalltalk*, der schon vor dem Frühstück für alle, die ihm begegnen, ein freundliches Wort und ein kleines Kompliment auf den Lippen trägt, der jederzeit ansprechbar und bereit ist, ein paar Worte hin und her zu wechseln, um eine gute Stimmung zu erhalten und zu steigern.
2. Mit ihm verwandt und im Bunde ein *locker-flockiger Sunnyboy*, der gleichbleibend gute Laune ausstrahlt und nach dem Motto «Locker vom Hocker und alles paletti» den Urlaubern hilft, der Schwere und Ernsthaftigkeit ihres Alltagsdaseins zu entkommen.
3. Ein *kreativer Clown*, der vor allem abends auf der (realen) Bühne

Abb. 59: Hauptdarsteller (im Vordergrund) und verbannte Antipoden (hinter der Absperrmauer) im Berufsbild des Animateurs (rekonstruiert nach Meyer 1987)

seinen Auftritt hat und unterhaltsame Shows bietet, mit Witz und Tanz, Hully Gully und Klamauk.

4. Ein *ermutigender Freizeitpädagoge*, der auch solche Urlauber an Sport und Spiel heranzuführen weiß, die ängstlich sind und sich nicht viel zutrauen.
5. Ein *taktvoller Diplomat*, der im Konfliktfall die Wogen glättet oder Urlauber, wenn sie sich danebenbenehmen, mit netten Worten in die Schranken weist.

Wer von Haus aus Spontaneität und Charme, Kontaktfähigkeit, Kreativität und ein wenig Hilfsbereitschaft mitbringt, für den ist diese Arbeit zunächst wirklich ein Traumjob. Sie oder er kann sich mit diesen Teilen zur Entfaltung bringen, und das in schönster Umgebung unter der Sonne des Südens ebenso wie unter der Sonne der Beliebtheit und Anerkennung durch die Feriengäste. Meyer spricht von einer «narzisstischen Euphorie», in die der Animateur gerät: «Man ist dort wer, wird von den Gästen hofiert und verehrt, ist so etwas wie ein ‹kleiner Gott›!» (Interviewäußerung, Meyer, S. 169).

Hinter der Absperrmauer allerdings vollzieht sich *das Elend der Antipoden*. Dort führen viele Mitglieder des inneren Ensembles ein Leben in stockdunkler Gefangenschaft. Bei der einen Animateurin sind es mehr diese, bei der anderen mehr jene Gestalten, von denen dringlich empfunden wird, dass sie «auch noch da sind» und nicht zu ihrem Recht kommen. Abbildung 59 versteht sich als «Summenbild», das heißt, ich habe die verbannten Antipoden mehrerer Interviewpersonen in ein und dieselbe Brust gezeichnet. Da wären zum Beispiel:

1. Ein *Schneckenhäusler*, der gern einmal allein wäre, sich zurückziehen und vom Reden und Zuhören befreit sein möchte. Dieser Kontaktmuffel ist in allen Kontaktberufen verstärkt zu erwarten. Da die Rollenvorschrift in diesem Fall aber den Einsatz rund um die Uhr vorsieht, spitzt sich die Unerwünschtheit des *Schneckenhäuslers* zu: «Ich, die ich immer gut allein sein konnte, musste

ständig mit anderen Leuten zu tun haben, ob ich wollte oder nicht. Man war gezwungen, immer mit jemandem zusammen zu sein, und der ganze Tag tobte immer so an einem vorbei, daß man gar nicht die Möglichkeit hatte, sich darüber Gedanken zu machen» (Meyer, S. 113).

2. Eine *einsame Traurige*: «Du durftest eigentlich nie zeigen, daß du traurig bist. Die erwarten einfach ein freundliches, fröhliches Gesicht von dir. Da mußt du dich schon sehr zusammennehmen, wenn's dir nicht gut geht. Du sollst trotzdem dieselbe Ausstrahlung haben, als ob es dir eigentlich gutgeht» (Meyer, S. 113).
3. Ein *Anlehnungsbedürftiger*, welcher, nachdem er stunden- und tagelang allem und jedem eine freundliche Stütze gewesen ist, nun selbst einmal jemanden braucht, der ihn auffängt.
4. Ein *stilles Wasser*, das unter der Oberflächlichkeit des ständigen Smalltalks leidet und gern mal mit jemandem über Dinge reden möchte, die einen wirklich und zutiefst bewegen. Da aber dem Animateur verboten ist, mit den Gästen über Interna zu sprechen (zum Beispiel über das Thema: «Wie ist mir zumute in diesem Job, mit meinen Kollegen, mit meinem Chef, mit den anderen Gästen?»), ist für das *stille Wasser* nicht einmal ein kleines Reservat vorgesehen. Ebenfalls wird es nämlich «nicht gern gesehen», wenn die Animateurskollegen lange zusammenhocken. Außerdem herrschen oft Missgunst und Konkurrenz in diesem Kreis (Meyer, S. 162).
5. Ein *Angewiderter*, der auf manche Gäste – wie sie reden und sich benehmen – mit Ablehnung und Abscheu reagiert. «Ich habe mich zur Freundlichkeit gezwungen, auch wenn mir die Gäste persönlich nicht sympathisch waren. Man wird ja auch nicht dafür bezahlt, daß du mit einem Miesepetergesicht rumläufst, sondern daß du der strahlende Sonnenschein bist.» Die *Angewiderte* kommt bei manchen Animateurinnen besonders hoch, wenn Gäste in weinseliger Stimmung schlüpfrige Witze reißen oder sexistische, rassistische oder nationalistische Sprüche klopfen.

Dieser Teil muss sich hinter der Diplomatin verstecken («Ich fand es saudoof, hab aber gelächelt») und seine konfrontative Energie – ja, wohin lenken? Sie bleibt im Inneren stecken und führt dazu, dass sich mit der Zeit in der eigenen Brust ein erschöpfter Griesgram und ein Miesepeter breitmachen wollen, ein Duo, das nun im völligen Gegensatz steht zu der erwünschten und im offiziellen Einsatz befindlichen Vordermannschaft.

Diese gewaltige Spannung zwischen Vorder- und Rückseite ist sehr schwer über längere Zeit auszuhalten. Alkohol und Drogen (Meyer, S. 162), aufhellende und beruhigende Medikamente werden dann zu naheliegenden Mitteln, die kurzfristig und vorübergehend über die Not hinweghelfen, längerfristig aber tiefer in das innere Elend hineinführen und die Gefahr eines Zusammenbruchs noch erhöhen.

Berufstypisches Schattenkabinett

Die Rolle des Animateurs soll uns hier nur als prägnantes Beispiel dafür dienen, wie wohl jede Berufsrolle nach einer bestimmten Vorderseite der Persönlichkeit verlangt und ganz bestimmte Mitglieder des Ensembles in die Verbannung treibt. Es wäre eine interessante Aufgabe der Forschung, für verschiedene Berufe diese inneren Konstellationen herauszuarbeiten (s. Winkler, Diplomarbeit 1993 über Kommunikationstrainer; Sautter, Diplomarbeit 1997 über Werbefilm-Regisseure). Eine moderne Berufsberatung könnte dann auch auf die seelischen Herausforderungen aufmerksam machen, die auf den Träger dieser Berufsrolle zukommen werden. Und in der beruflichen Aus- und Fortbildung könnten solche Themen rechtzeitig eingeführt werden, um Möglichkeiten der Prophylaxe und Bewältigung zu erkunden.

Sind Sie Lehrerin oder Manager, Schülerin oder Lehrling, Tanzlehrer oder Stewardess, Krankenschwester oder Taxifahrer, Ärztin oder Altenpfleger, Verkäuferin oder Filialleiter? Was auch immer

Sie sind, es lohnt sich, einmal die berufstypische Mannschaftsaufstellung herauszuarbeiten, sowohl die ständige Einsatztruppe im Vordergrund, nahe an der Kontaktlinie, als auch diejenigen, die in dieser Rolle nicht gern gesehen sind und nach hinten verbannt werden. Mit diesem Ihrem berufstypischen Schattenkabinett werden Sie es vermutlich zu tun bekommen.

Dies in Betracht zu ziehen mussten wir als Kommunikationstrainer erst lernen. Wir hatten uns zum Beispiel die Kommunikationsfortbildung für Ärztinnen und Ärzte anfangs so gedacht, dass wir ein einfühlsames Gesprächsverhalten zur Einübung anbieten könnten, getreu der Einsicht, dass der beste Balsam für manche Wunde das Wort und das Ohr eines zugewandten Menschen ist. Bald stellten wir aber fest, dass der «Heilfaktor Mensch» zunächst und vordringlich selbst heilungsbedürftig war: Viele Ärzte, die ihren *Onkel Balsam* im ständigen Einsatz hatten, befanden sich am Rand der seelischen Erschöpfung, weil im hinteren, unausgeleuchteten Teil ihrer inneren Bühne das «Elend der Antipoden» herrschte (vor allem anlehnungsbedürftige und aggressive Mitglieder). Als jugendlicher Patient war ich in der Sprechstunde eines mir freundlich gesonnenen Arztes. Plötzlich, ich weiß nicht mehr, warum und wieso, kam er mit «geladener» Stimme darauf zu sprechen, wie er es überdrüssig sei, von morgens bis abends «Händchen zu halten», und wie er mal am liebsten «mit der Sense» durch die Patientenschar laufen würde – und dann, wie zur Bekräftigung, nahm er einen Revolver aus der Schublade und knallte ihn auf seinen Schreibtisch.

Der letzte Teil der Erinnerung kommt mir aus heutiger Sicht so unwahrscheinlich vor, dass ich lange darüber gegrübelt habe, ob es sich wirklich so ereignet hat oder ob nicht in meiner Phantasie Dichtung und Wahrheit miteinander verschmolzen sind. Es hat sich aber wirklich so zugetragen. Dieser Arzt hatte noch 25 Jahre später eine gutgehende Praxis, war also keineswegs krank oder «ausgeflippt». Ein in den Hintergrund verbanntes Teammitglied eines gesunden Menschen hatte lediglich in einem unbewachten Augenblick die innere Mauer übersprungen. Im Volksmund heißt das, jemand ist «ausgerastet». Dabei ist es ein wichtiger Unterschied, ob dieser Verbannte nun das Kommando an sich reißt und die Gesamtperson zu einem Amoklauf veranlasst (was hier nicht geschah) oder ob das Oberhaupt die letzte Kontrolle bewahrt und dem Verbannten nur ein Stück weit freien Lauf lässt (was hier geschah).

Jedenfalls mussten wir uns in unserer Kommunikationsfortbildung für Ärzte umstellen: Bevor wir dem bereits überstrapazierten *Onkel Balsam* ein erweitertes Verhaltensrepertoire anbieten konnten (und damit die Spaltung zwischen der offiziellen Vorzeigehälfte und der «verdammten» Rückseite vertieft und verewigt hätten), mussten wir uns erst um die Elenden und Vergessenen kümmern, die sich von ganz hinten meldeten und sich als vordringliche «Notfallpatienten» zu erkennen gaben (s. Abb. 60).

Abb. 60: Hauptdarsteller und Antipoden im Arztberuf

Wie können wir als Kommunikationsberater, wie können wir aber auch als Menschen, die im Leben stehen, mit den rückwärtigen Antipoden umgehen, mit jenen ausgegrenzten, manchmal elenden, manchmal scheuen Wesen, die, von der Kontaktlinie ferngehalten, in ihrer Teilnahme und Mitwirkung eingeschränkt sind und infolgedessen zu Sorgenkindern werden? Wie kann der Regisseur eine Teamentwicklung einleiten, wie kann der externe Berater dabei helfen?

Da die Antwort auf diese Frage auch davon abhängt, wie radikal die Abdrängung beziehungsweise Zurückhaltung erfolgt, möchte ich im folgenden *drei Stufen der Verbannung* unterscheiden.

4.4 Die erste Stufe der Verbannung

Nehmen wir zunächst den roten Faden wieder auf: Die Persönlichkeit des Menschen ist von Gegensätzen geprägt, die wir als zusammengehörige Geschwister gekennzeichnet haben. Lebensgeschichtliche Einflüsse sowie der Erwartungsdruck, der sich mit einer Berufsrolle verbindet, führen dazu, dass diese Geschwister vielfach ein unterschiedliches Bühnenschicksal haben: Der eine darf und muss wieder und wieder als Hauptdarsteller an die Kontaktlinie treten, der andere bleibt mehr oder minder hinter dem Vorhang, bis hin zum strikten Auftrittsverbot.

Die *erste Stufe der Verbannung* besteht darin, dass die betroffenen Antipoden zwar hinter den Hauptdarstellern verdeckt bleiben, aber vom Oberhaupt

- deutlich gespürt werden,
- prinzipiell anerkannt und geschätzt sind.

«Nur» aus Opportunitätsgründen entscheidet das Oberhaupt: *So* sollte ich mich *hier* besser nicht zeigen!

Wenn zum Beispiel die Animateurin abends bei den Gästen sitzt und die Zoten mit jedem Glas Wein immer widerwärtiger werden, spürt sie zwar insgeheim ihren Widerwillen, lässt sich aber nichts anmerken: *Sunnygirl* bleibt im Außendienst und lacht pflichtschuldigst mit, wenn auch ein wenig gequält, weil die *Angewiderte* im Untergrund der Bühne stänkert. Diese Antipodin steht hier an sich zur Verfügung, sie ist einsatzbereit und bräuchte nur Erlaubnis und Ermutigung, um sich zu zeigen. In der Kommunikationsberatung würden wir zwei Arbeitsschritte vollziehen:

Erster Schritt: Die *Angewiderte* im Einzelinterview genau kennenlernen: Was genau ist ihr peinlich, woran nimmt sie Anstoß? Sie, die sich so oft zurückgehalten hat, erhält jetzt einmal Gelegenheit, die «ungehaltene Rede einer ungehaltenen Frau» (vgl. Brückner 1995) zu halten – was eine sehr entlastende Wirkung haben kann.

Gleichfalls ist es ratsam, in derselben Weise *Sunnygirl* genauer kennenzulernen: Wie verhält sie sich genau? Welche Gefühle und Überzeugungen verbinden sich mit diesem Verhalten? Musste *Sunnygirl* für diesen Job neu eingestellt werden, oder ist sie eine «alte Bekannte» im inneren Ensemble?

Zweiter Schritt: Nachdem die beiden Mitarbeiterinnen bekannt sind, stellt sich nun die Frage, wie sie, einander unterstützend und ergänzend, ein Team werden können. Die *Angewiderte* (allein) lässt sich schlecht mit der Rolle der Animateurin vereinbaren – und *Sunnygirl* (allein) wird dem Menschen in der Rolle zur Qual. Wie können die beiden aus der Not (ihrer Gegensätzlichkeit) eine Tugend (ihrer Ergänzungsfähigkeit) machen? Dies ist die Stunde der kommunikativen Kreativität! In der Kommunikationsberatung verfügen wir über zahlreiche Methoden, um auf die Suche zu gehen (Schulz von Thun 1996).

Zum Beispiel wäre es möglich, die Gruppe zu einem «act storming» (Redlich 1994) einzuladen: Im Unterschied zu einem Brainstorming, bei welchem verschiedene Ideen gesammelt werden, werden hier verschiedene Verhaltensvorschläge im Rollenspiel vorgeführt, alle mit der Leitidee, die (wahrhaftige) *Angewiderte* mit dem (diplomatischen) *Sunnygirl* zu verbinden. So lautet zum Beispiel ein Vorschlag, wie die Animateurin in der Situation reagieren könnte: «Oje, Herr …, jetzt darf es aber nicht mehr schlimmer kommen. Im Grunde sind Sie ein Mensch mit Niveau, aber (spitzbübisch lächelnd) wahrscheinlich braucht der Niveauvolle in Ihnen auch mal Urlaub!? – Ich möchte mal einen Vorschlag machen …» – und schlägt etwas vor, worauf sie selbst Lust hat und was dem Beisammensein eine atmosphärische Wende geben kann.

Wenn mehrere Verhaltensideen vorliegen, kann die Animateurin auswählen, was ihr und der Situation am besten entspricht, und sie kann für diesen Typus von Situationen ihr Team-Repertoire entwickeln. Im Idealfall sagen die Gäste später, wenn sie unter sich sind: «Die kann einem manchmal ganz schön harte Sachen sagen, aber irgendwie auf eine Art, dass man nicht böse wird und sogar noch lachen kann!»

Der Zusammenhang von innerer und äußerer Teamentwicklung

In der ersten Stufe der Verbannung sind die Antipoden also einsatzfähig, aber zurückhaltend. In realen Arbeitsteams ist diese innere Aufstellung typisch und angemessen, solange das Team sich noch in einer anfänglichen Phase der Wir-Bildung («forming») befindet. Konventionalität und oberflächliche Höflichkeit bestimmen das Klima, solange man gefühlsmäßig noch nicht zusammengehört und der Einzelne seinen «Platz» noch nicht gefunden hat. Wenn die Gruppe den nun anstehenden nächsten Entwicklungsschritt verpasst und in dieser Phase steckenbleibt, kann das Klima durch die Unterströmungen ungelebter Antipoden vergiftet werden und erstarren. Ein ehemaliger Bankkaufmann (Stiegemeyer 1991, unveröffentl. Arbeit) erinnert sich an seine Zeit in einem Kreditinstitut. Seine Teamerfahrungen scheinen mir nicht untypisch zu sein, ich nehme sie als Lehrbeispiel für *verpasste Teamentwicklung in einem Kreditinstitut.*

Im Geldhandel waren ständig zwischen acht und zwölf Mitarbeiter beschäftigt. Geführt wurden wir von einem Leiter und seiner Stellvertreterin. Wir saßen alle um einen großen, runden Tisch, an dem jeder seinen festen Arbeitsplatz hatte.

Er habe sich von Anfang an «selbst-los» gegeben: Was ich denke und fühle, ist unwichtig – Hauptsache, ich bin ganz für euch da! Er machte sich zum Beispiel als Kaffeeholer verdient:

Es brauchte nur irgend jemand den Wunsch nach Kaffee zu äußern, schon bin ich aufgesprungen und machte mich auf den Weg, sechs bis zehn Kaffee vom Automaten zu holen. Dafür erntete ich dann sehr viel freundlichen Beifall, und alle Kollegen fanden mich ausgesprochen «nett».

Jeden Montag nach Feierabend habe es ein Treffen aller Mitarbeiter gegeben, um Probleme und Interna zu erörtern:

Also ein Ort, wo auch jeder Einzelne sich mitteilen kann und die persönliche Meinung gefragt ist. In diesen Sitzungen habe ich es nie vollbracht, meine eigentliche Auffassung kundzutun. Ich habe immer nur den Vorschlägen und Ausführungen meines Chefs oder meiner Chefin zugestimmt, obwohl ich sehr häufig tatsächlich völlig anderer Meinung gewesen bin. Allerdings waren die anderen auch nicht viel anders. Kritik an dem Führungsstil der Leitenden wurde leider nur hinter deren Rücken geäußert. Gingen wir zum Beispiel mit mehreren Kollegen zu Tisch, so war sehr häufig die Unzufriedenheit mit der momentanen Arbeitssituation das Thema. Gegenüber den Chefs wurde allseitige Zufriedenheit gespielt, was den Chef und die Chefin noch mehr in ihrer Selbstgefälligkeit bestärkte. – Ich wollte es allen recht machen und den Erwartungen meiner Kollegen, insbesondere denen meines Chefs entsprechen. Machte mein Boss eine blöde, von mir zunächst gar nicht witzig empfundene Bemerkung, lachte ich doch mit, wie alle anderen auch. Meine eigene Persönlichkeit habe ich auch hier völlig in den Hintergrund gestellt. Das, was der Chef lustig findet, müssen auch seine Untergebenen lustig finden; und alles lachte wie auf Kommando. [...]

Das haarsträubendste Beispiel schildere ich jetzt ein wenig ausführlich, weil mir in der Rückschau tatsächlich immer noch schlecht wird. Mein erster längerer Urlaub stand bevor. Es war mein letzter Arbeitstag, ein Freitag. Der Zufall oder mein Chef wollte es so, dass wir ausnahmsweise an diesem Tag noch eine Gruppenbesprechung für den Abend geplant hatten. Statt wie jeder vernünftige Mensch zu sagen: «Nicht mit mir. Ich mach heute um 15 Uhr Feierabend», erklärte ich mich bereit, an dieser Sitzung teilzunehmen. Ich gehörte sogar zu den letzten fünf Teilnehmern dieser Veranstaltung. Gerade wollte ich aufbrechen, da fing mein Chef an: In den drei Wochen, die ich im Urlaub wäre, hätten wir ja ein ganz wichtiges Gelddisponententreffen. Alle wichtigen Händler Deutschlands würden in Hamburg sein. Ich hätte die Chance, alle kennenzulernen. Ein wichtiger Tag für meine Karriere. Er wäre damals, in meinem Alter, extra aus dem Urlaub wieder nach Hamburg geflogen. Außerdem gefalle ihm mein Haarschnitt nicht mehr. Die Haare wären viel zu lang. Ich sollte mal wieder zum Friseur gehen!!! Sonst wünsche er mir aber einen schönen Urlaub! – Ich dachte, das ist nicht wahr. Aber es war real. Und ich bin zum Friseur gegangen, und ich habe meinen Urlaub unterbrochen, bin nach Hamburg zurückgefahren und habe an einem unangenehmen Gelddisponententreffen teilgenommen. Ich hätte schon damals kündigen sollen.

In einem Beurteilungsgespräch zeigte sich der Chef mit dem Berichterstatter zufrieden,

der Einsatz würde stimmen. Er fragte mich natürlich auch, ob ich denn in der Abteilung meine Vorstellungen erfüllt sehen würde. Daraufhin

hab ich natürlich vollständig zugestimmt und sogar noch die herrschende Atmosphäre und den Teamgeist gelobt.

Wie würden Sie die innere Mannschaftsaufstellung dieses Mitarbeiters, des Berichterstatters, rekonstruieren? Wenn wir nur die wichtigsten aufstellen, dann erscheinen als Hauptdarsteller an der Kontaktlinie ein hilfs- und einsatzbereiter *netter Kerl* und ein *folgsamer Musterschüler*, der kritiklos alles hinnimmt und für gut befindet. Chef und Chefin kriegen es ausschließlich mit diesen beiden zu tun. Aber Achtung, dringender Antipodenverdacht! Zurückgezogen hinter einer inneren Absperrung, kauern und lauern drei weitere und beklagen ihre Arbeitslosigkeit (vgl. Abb. 61): Ein *kritischer Geist*, der durchaus eigene Meinungen und ketzerische Gedanken hat; ein *gesunder Egoist*, der an sich selbst (und den wohlverdienten Urlaub) denkt; schließlich ein *Wächter des eigenen Ehrgefühls*, der sehr wütend werden kann, wenn er Vorwürfe als distanzlos und unverschämt erlebt.

Welcher Chef würde es nicht herzinnig begrüßen, von Leuten aus der ersten Reihe umgeben zu sein? Jedenfalls, wenn (wie hier) die Leistung stimmt!? Die lauernde Meute außerhalb der Bannmeile kann sehr ungemütlich werden: Wehe, wenn sie losgelassen! Die Verführung ist groß, sich mit der Vorzeigehälfte zufriedenzugeben und sie mit freundlichem Wohlwollen zu belohnen: Besonders wenn man bedenkt, wie brutal und herzlos das Berufsleben zum Teil sein kann, muss man nicht besonders selbstgefällig sein, um ein wenig Nettigkeit und höfliche Zurückhaltung zu schätzen. Dennoch schreit die beschriebene Situation nach äußerer und innerer Teamentwicklung – und zeigt deutlich, wie die eine mit der anderen untrennbar verschränkt ist. Die *äußere* Teamentwicklung müsste darauf angelegt sein, das *kritische* Potenzial der Gruppe zu erwecken, eine Streitkultur aufzubauen, in der jeder sich traut, deutlich auszusprechen, womit er (auf der Sach- *und* auf der Beziehungsebene) nicht einverstanden ist. Die Phasen des «stormings» (des Aneinandergeratens) und des «normings» (gemeinsam akzeptierte Spielregeln entwickeln,

Abb. 61: Hauptdarsteller und verbannte Antipoden eines Bankmitarbeiters gegenüber Vorgesetzten und in Teambesprechungen

wann, wie und wo das geschehen kann) stehen an, sind in diesem Beispiel überfällig geworden und verlangen vom Teamleiter, dass er zu etwas einlädt, was ihm (zunächst) das Leben schwerer machen wird. Dennoch kann auch er nur gewinnen: Zwar ist es bequem und nervenschonend, von «netten Kerlen» umgeben zu sein, aber solche Kontakte machen mit der Zeit auch sehr einsam: Niemand sagt, was er still im Herzen meint. Wenn die Wahrheit der Beziehung ein Untergrundleben führen muss, zeigt sie sich maskiert: in Krankmeldungen, Kündigungen, Intrigen, übler Nachrede.

Die übergroße Vorsicht im Umgang miteinander führt dazu, dass mit den kritischen Geistern auch die kreativen und unternehmungslustigen auf der Strecke bleiben. In einem Klima von Bravheit und Vorsicht hat jeder in seinem Inneren Team einen starken *Sicherheitsbeauftragten*, der bei der Wahl der Worte und Gedanken darauf achtet, «bloß keine Fehler» zu machen, und dies erreicht am besten, wer den bewährten Pfaden im Gleichschritt folgt. Zwar ist in den modernen Anforderungsprofilen für Mitarbeiter und Führungsnachwuchs von Kreativität, Kritikfähigkeit und unternehmerischem Denken die Rede, aber Hochglanzpapier ist vielfach geduldiger, als es Vorgesetzte sind, die einen solch unruhigen Geist in ihrer Abteilung menschlich verkraften sollen. Und ein Team, das aus lauter Querdenkern besteht, kann zum Albtraum werden!

Aber verlassen wir hier die gedankliche Bahn, die uns zu Fragen der Gruppendynamik und der angemessenen Teamentwicklung führen würde. Unser Thema ist ja die innere Teamentwicklung, ohne die eine äußere nicht möglich ist. Unser Berichterstatter müsste es über sich bringen, seiner «ketzerischen Hintermannschaft» den Weg nach vorn an die Kontaktlinie freizumachen – möglichst ohne die beiden Stammspieler nun ihrerseits in Acht und Bann zu schlagen.

«Ich hätte schon damals kündigen sollen!», schreibt er resigniert, setzt dann aber fort:

> Das ist vielleicht nicht ganz richtig, stattdessen wäre wohl ein Assertive training [Training in angemessener Selbstbehauptung] eher für mich notwendig gewesen. Dieses habe ich aber zu der Zeit nicht erkannt bzw. auch nicht von solchen Möglichkeiten gewusst, und der Führungsebene fehlte für solche Einsichten leider das notwendige Feingefühl.

Wenn wirklich nur eine *Verbannung erster Stufe* vorliegt, kann durch Ermutigung und Übung in einem Kommunikationsseminar und/

oder in einem Teamtraining ein relativ schneller Durchbruch erzielt werden. Kommunikationstrainer, (Team-)Supervisoren und Teamentwicklungshelfer haben hier ihre größten Erfolge und sehr befriedigende berufliche Erfahrungen. Und viele Teams können aus eigener Kraft deutlich vorankommen. Wenn allerdings eine *Verbannung zweiter Stufe* der Fall ist, liegen die Dinge schwieriger.

4.5 Die zweite Stufe der Verbannung

Die erste Stufe war gekennzeichnet durch den Satz: *«So bin ich zwar (gottlob) auch, so sollte ich hier aber besser nicht in Erscheinung treten!»* Hier siegt die Opportunität (und zuweilen durchaus ein angemessenes Gespür für die Situation, vgl. Kapitel 6) gegen die innere Wahrheit. Für die zweite Stufe der Verbannung gilt der Satz: *«So bin ich (leider) auch, aber so sollte ich nicht sein!»*

Hier sind es das Oberhaupt und sein Stammpersonal selbst, die Vorbehalte gegen den Antipoden hegen und sich seiner schämen. Sei es, dass sie ihn für a) lächerlich, erbärmlich, minderwertig, dumm (Ebene der Kompetenz) oder b) verwerflich, fies, unmenschlich (Ebene der Moral) oder c) krankhaft, unnormal, pervers, pathologisch (Ebene der seelischen Gesundheit) halten. Ich spreche von «inneren Außenseitern» (s. Abb. 62). Sie verkörpern Regungen, Gedanken, Gefühle, Impulse, die ich zwar mehr oder minder deutlich spüre, zu denen ich aber nicht stehen kann, nach dem Motto:

Was grummelt da in meinem Bauch?
Ach, du Schreck! So bin ich auch!?

Versuchen wir mit ein paar Beispielen, das Phänomen einzukreisen:

- Ein Schüler mit hohem Leistungsanspruch an sich selbst versteht die Erklärungen seines Physiklehrers nicht, kann dazu aber nicht

Abb. 62: Innerer Außenseiter (hinter Gittern)

stehen (und zum Beispiel nachfragen), weil er den *Dummi*, den *Schwer-von-Begriff* in sich als großen Makel empfindet. Wir können annehmen, dass auch die *Gruppennorm* in der Klasse mit darüber entscheidet, wie stark die Verbannung ausfällt. Vielleicht muss jeder, der etwas nicht kapiert und mehrfach nachfragt, mit einem ungeduldigen Gestöhne der Mitschüler, vielleicht auch des Lehrers rechnen.

- Ein Jubilar fühlt sich durch Würdigungen und Danksagungen seiner Chefs und Kollegen sehr gerührt. Da er aber von sich das Bild eines Mannes hat, der souverän und rational über den Dingen steht, ist ihm dieses *rührselige Weichei*, das ihm Tränen in die Augen treibt und seine Stimme bricht, überaus peinlich. Durch eine laute und forsche Sprache, durch ein paar robuste Bemerkungen gewinnt er seine Fassung zurück.

- Der Vertriebsleiter eines Großunternehmens hat in schwierigen Zeiten überaus viel zu tun. Es meldet sich in ihm eine Stimme: «Hilfe, ich kann nicht mehr, ich bin am Ende meiner Kraft!» Da er aber – vor sich selbst und vor seinem Chef – das Image eines dynamischen und belastbaren Managers hat, empfindet er diese *ausgebrannte Schlappwurst* als überaus kläglich («Schwaches Bild!»). Er beißt die Zähne zusammen, um sie unter Verschluss zu halten.
- Jemand spürt zuweilen den Wunsch, groß herauszukommen und viel Geld zu verdienen. Er gehört aber einer gewerkschaftlichen oder ökologisch-alternativen Bewegung an, mit deren Werten er sehr identifiziert ist. Infolgedessen nimmt er diesen *ehrgeizigen Karrieristen* in sich nur mit Unbehagen zur Kenntnis und hofft, von seinen Gesinnungsfreunden nicht ertappt zu werden. Denn wenn jemand in den eigenen Reihen Züge aufweist, die dem ideologischen Gegner zugerechnet werden, kann eine gnadenlose Ketzerjagd einsetzen.
- Dem Gruppenleiter in einem chemischen Großkonzern schlägt ein ausgeprägtes ökologisches Gewissen. Er nimmt aber teil an der offiziellen Denkhaltung und Sprachregelung seines Unternehmens, welche ökologische Bedenkenträger als ideologisch verblendet und als unrealistische Träumer verunglimpft und ein wenig der Lächerlichkeit preisgibt. Er bekommt jeweils ein sehr mulmiges Gefühl, wenn sich sein ökologisches Gewissen regt.
- Eine Frau könnte zuweilen ihr einjähriges Kind «an die Wand klatschen» – und ist entsetzt über sich selbst, da sie sich nichts sehnlicher wünscht, als ihrem Kind eine gute Mutter zu sein.
- Ein Lehrer verspürt Angst gegenüber einem seiner Schüler, dem er Gewalttätigkeit zutraut. – Da er ein *ganzer Mann* und kein Angsthase und Feigling sein will, versucht er seine Angst zu ignorieren.
- Eine Mitarbeiterin hat in und an ihrem Team manches auszusetzen. Da sie aber diese nörgelnde *Xanthippe* in sich widerlich fin-

det («Ich fühle mich dann selbst so hässlich!»), macht sie gute Miene zum bösen Spiel.

- Ein Familienvater verspürt zuweilen den klammheimlichen Impuls, «mal eben Zigaretten zu holen» und dann auf Nimmerwiedersehen spurlos zu verschwinden. Da er Frau und Kinder liebt, kreidet er sich diese Regung als perverse Phantasie an.
- Eine Freundin ist voller Bedauern und Mitgefühl, als ihre beste Freundin durch die Prüfung fällt. Gleichzeitig spürt sie aber auch, dass jemand in ihr ist, der voller Genugtuung die inneren Sektkorken knallen lässt. Sie empfindet sich deswegen als unmenschlich und sündig und hofft auf Strafe vom Beichtvater.

In all diesen Fällen sind die inneren Wortmelder im eigenen Haus nicht gern gesehen, kriegen einen Maulkorb verpasst, werden, wenn möglich, hinter Schloss und Riegel gehalten oder werden, wenn sie sich doch einmal zu weit hervorwagen, mit Schimpf und Schande, Angst und Schrecken zurückgepfiffen.

Teilweise fallen sie der Verbannung anheim, weil sie dem allgemeinen Ich-Ideal ihres Trägers widersprechen, teilweise zusätzlich deshalb, weil sie der herrschenden Wertauffassung der eigenen Gruppe zuwiderlaufen. Wenn die Ideologie einer Gruppe eine klare Einteilung der Welt in Gut und Böse vornimmt und die «politische Korrektheit» ihrer Mitglieder streng überwacht, werden die Antipoden zu Ketzern und müssen sich hinter einem weit zugezogenen Vorhang verstecken. Das bedeutet aber auch ein Denk- und Wahrnehmungsverbot, denn die Antipoden sehen die Welt mit eigener Brille und erkennen in ihr andere Aspekte als die linientreuen Stammspieler. So ist jede Gruppe gut beraten, eine «Ambiguitätstoleranz» zu entwickeln, das heißt, eine souveräne Fähigkeit, Mehrdeutigkeiten und abweichende Einstellungen auszuhalten, wenn nicht sogar willkommen zu heißen. Innere und äußere Teamentwicklung bedingen sich dabei gegenseitig.

Teilweise scheint die Verbannung der Antipoden auch deshalb

erforderlich, weil das Oberhaupt befürchtet und sich ausmalt, dass sie, einmal losgelassen, eine dämonische Macht entfalten könnten. Eine entsetzliche Vorstellung, wenn die wütende Verzweiflung der Mutter tatsächlich zur Misshandlung oder Tötung des Kindes führen, der Vater tatsächlich seine Familie im Stich lassen würde! Potenzielle Verbrecher muss man einsperren, um die Allgemeinheit zu schützen – gilt dies nicht auch für die innere Gesellschaft?

Eher scheint das Gegenteil der Fall: Hinter Schloss und Riegel können sie sich an ein zivilisiertes Leben nicht gewöhnen; und wenn sie dann Überdruck entwickeln und schließlich ausbrechen, sind sie von unkontrollierbarer Wucht und laufen womöglich Amok. Sind sie hingegen an Freiheit und frische Luft gewöhnt, können sie in einem intakten Team unter Leitung eines starken Oberhaupts ihre Lebensenergien konstruktiv einbringen. Deshalb ist die Integration innerer Außenseiter ratsam.

Bei dem inneren Außenseiter des folgenden Beispiels handelt es sich um eine Gestalt, die wohl wie keine andere von der 68er-Generation der Verachtung anheimgegeben war und ist: den deutschen Spießer.

Die «Spießige»: Integration innerer Außenseiter

Dieses Beispiel stammt aus der Kommunikationsberatung. Eine junge Frau hat eine kleine Dreizimmerwohnung. Sie hat viele Freunde und Bekannte, und da sie eines der drei Zimmer nicht unbedingt selbst benötigt, nimmt sie gegen ein Entgelt immer mal wieder jemanden auf, der gerade keine Bleibe hat. Im Vordergrund ihrer inneren Bühne steht eine großzügige, tolerante Türöffnerin, die dem jeweiligen Mitbewohner alle Rechte der zwanglosen Mitbenutzung und der uneingeschränkten Lebensführung einräumt: «Fühl dich wie zu Hause!» So weit, so gut. Nun passierte es, dass ein neuer Mitbewohner danach fragte, ob auch seine Freundin hin und wieder bei ihm übernachten dürfe. «Aber klar doch! Denkst du, ich bin eine Frau Wirtin, die über Damenbesuch wacht?» So weit auch gut. Mit der Zeit allerdings bemerkte sie bei sich eine Veränderung ihrer Stimmung. Oft, wenn sie nach Hause kam, erlebte sie ihre Wohnung als «besetzt», besonders wenn das Paar zwanglos in der Küche saß, was in letzter Zeit immer häufiger vorkam. Frage (in der Beratung): «Wer meldet sich denn da in dir?» Sie antwortet mit angewiderter Stimme: «Das ist *meine* Küche, und die will ich *für mich* haben! – Und überhaupt passt mir das nicht, wenn der Besuch mehr und mehr anfängt, hier auch noch zu wohnen!» Sie gibt ihrer Stimme einen tantenhaft-meckernden Klang, um sich als Oberhaupt davon zu distanzieren. «So richtig schön spießig!», fügt sie selbstkritisch hinzu und betont, dass die beiden Gäste sich freundlich und tadellos benehmen würden, sie ihnen «objektiv überhaupt nichts vorwerfen» könne.

Dies ist ein typisches Beispiel für die zweite Stufe der Verbannung: Eine Antipodin meldet sich im «Innendienst», ist aber höchst unerwünscht, weil sie dem Selbstkonzept ihrer Besitzerin («Ich bin großzügig und liberal!») zuwiderläuft. Entsprechend wird sie abgewehrt und abgewertet: ein Außenseiterschicksal. Aber auch noch hinter Schloss und Riegel gelingt es der Antipodin, ihr (Un-)Wesen zu treiben. In dem Maß, wie ihr das Daseinsrecht verweigert wird, vermiest sie ihrer Besitzerin die Stimmung. Die *Großzügige* hat alle Hände voll zu tun, die *Spießige* abzuhalten, und verliert im Zuge dieser Schwerarbeit an echter Herzlichkeit (s. Abb. 63).

Für die Kommunikationsberatung stellt sich in solchen Fällen immer die Frage: Handelt es sich um ein *zwischenmenschliches* oder ein *innermenschliches* Problem? Ein zwischenmenschliches wäre es, wenn sie die «Überfremdung» in den eigenen vier Wänden nicht mehr hinnehmen will, aber sich nicht traut oder sich unfähig fühlt, mit dem Mitbewohner darüber erfolgreich ins Gespräch zu kommen.

Ein innermenschliches Problem wäre es, wenn sie mit ihren eigenen inneren Reaktionen auf dem Kriegsfuß steht und nicht dazu

Abb. 63: Die *Großzügige* als Hauptdarstellerin, die *Spießige* als innere Außenseiterin

stehen kann. Oder wenn sie sich nicht genau über ihren Standpunkt im Klaren ist: Was sie sich *wünscht*, was sie *akzeptiert*, was sie gerade noch *durchgehen lassen* und was sie *keinesfalls hinnehmen* will. Solange die Grenzziehung innerlich nicht klar ist, kann sie es auch äußerlich nicht werden.

Im ersten Fall wäre ein Gesprächstraining, zum Beispiel im Rollenspiel, angemessen, im zweiten Fall eine Selbstklärung und/oder eine innere Teamentwicklung. Vielfach ist beides der Fall und miteinander verschränkt. Dann hat das Kommunikationsproblem eine inner- und eine zwischenmenschliche Komponente und ist normalerweise in dieser Reihenfolge zu bearbeiten (es sei denn, dass der innermenschliche Teil erst während des Gesprächstrainings bewusst und auffällig wird). Nutzen wir die Gelegenheit, dieses allgemeine Schema aufzuzeichnen (s. Abb. 64), bevor wir das Beispiel weiterverfolgen.

Abb. 64: Idealtypische Unterscheidung von intra- und inter-personellen Komponenten in der Kommunikationsberatung

In diesem Fall war die Sache eindeutig, auf die entsprechende Frage antwortete die Frau: Nein, das Gespräch wäre für sie kein Problem – sie habe keine Mühe, Konflikte zu besprechen, auch und gerade nicht mit diesem Mitbewohner. Das Problem sei wirklich, dass sie in diese erbärmliche, spießige Stimmung hineingerate, in der sie die Freude an ihrem Zuhause verliere und sich dazu noch eklig vorkomme.

In einem solchen Fall besteht die Aufgabe der Beratung darin, dem inneren Außenseiter, dem «Nachtschattengewächs», Licht und Wärme zuteil werden zu lassen, ihm die Würde zurückzugeben, die ihm in seiner inneren Gruppe verweigert wird. «Setz dich mal auf den Stuhl derjenigen, die du als spießig empfindest, schlüpf mal in ihre Haut, und sprich als *Spießige* alles aus, was du auf dem Herzen hast!»

Jeder Mensch ist liebenswert, wenn er nur wirklich zu Wort

kommt – das trifft immer auch auf verbannte Antipoden zu. Wenn man der *Spießigen* ins Herz schaut, kommen ganz normale menschliche Regungen hervor, die alles andere als verdammenswert sind. Zum Beispiel: «Ich hasse das Wort, aber ich fühle mich richtiggehend ‹überfremdet›.»

Berater: «Lass mal im Augenblick die kritische Distanzierung weg, die kommt ja von jemand anderem in dir! Schau mal nur der *Spießigen* ins Herz! Also du, *Spießige*, fühlst dich regelrecht überfremdet?» Sie (als Spießige): «Ja, genau! Wenn ich nach Hause komme, empfinde ich meine Küche als besetzt, als ob da kein Platz mehr für mich ist. Natürlich kann ich da sitzen und arbeiten, aber ... (sie überlegt und ‹überfühlt›) ... ich kann meiner eigenen Stimmung nicht so nachgehen, fühle mich selbst mehr als geduldeter Gast ...» Berater: «Und das in deinem eigenen Zuhause!» Usw.

Des Weiteren lohnt es sich, den Teil zu interviewen, welcher mit imperativer Wucht («Man darf auf keinen Fall spießig sein!») an der Ausgrenzung des Außenseiters arbeitet (Wagner 1984). Frage an die *Offenherzige*: «Was ist das Schlimme daran, spießig zu sein?» – Die Theorie hinter dieser Frage: Wenn innere Leitsätze mit der Wucht der Unbedingtheit (ich muss unbedingt, darf auf keinen Fall!) ausgesprochen werden, steht dahinter die Angst vor einer subjektiven Katastrophe, die bei einer Verletzung des Imperativs eintreten würde. Wenn es gelingt, dem Gedanken an diese (vermeintliche) Katastrophe einmal nicht auszuweichen, sondern im Gegenteil sie mit aller Deutlichkeit vor Augen zu führen und dabei all jene Gefühle und Ängste durchzuarbeiten, die an diese Katastrophenphantasie gekoppelt sind, dann verliert der Imperativ seine verbiesterte Intensität (siehe dazu den Beratungsansatz von Angelika Wagner 1984).

Wohlgemerkt, es geht nicht darum, diesen Teil im Leben dann «herauszulassen», das heißt, eine spießige Wirtin zu werden. Dann hätten wir eine neue Hauptdarstellerin und wiederum kein Inneres Team. Vielmehr geht es darum, diese Verbannte als wertvolles Mitglied der inneren Gesellschaft zu entdecken, sodass sie, rehabilitiert und aus dem Gefängnis befreit, für Kooperation und Teambildung zur Verfügung steht. Im Zuge der Rehabilitierung wird es auch nötig, ihr einen neuen, jetzt nicht mehr (selbst-)abwertenden Namen zu geben, welcher ihre positive Leistung im Inneren Team widerspiegelt, zum Beispiel die *Abgrenzungsfähige*, die vortrefflich imstande sein wird, ihre liberale Schwester zu ergänzen und mit ihr zu kooperieren. «Du kannst gern …», sagt dann die eine und lässt ihrem großzügigen Herzen freien Lauf – «Was ich aber nicht möchte …», ergänzt die andere und sorgt dafür, dass die Gesamtperson ihre Grenzen nicht überschreitet.

Diese Idee der inneren Teamentwicklung durch Integration der Außenseiterin ist in Abbildung 65 veranschaulicht:

Abb. 65: Innere Teamentwicklung durch Integration einer Außenseiterin

Im dazugehörigen Wertequadrat (s. Abb. 66) ist wieder gut zu erkennen, wie die beiden Schwestertugenden erst durch Teambildung und Balance ihre positive Qualität entfalten können. Solange sie allein auf der Bühne stehen, verkommt ihre Tugend und wird zur menschlichen Störgröße.

An diesem Werte- und Entwicklungsquadrat erkennen wir etwas

von allgemeiner Bedeutung. Im Band 2 von «Miteinander reden» lautete die Lehre: Wenn von zwei Gegenqualitäten nur die eine vorhanden ist bzw. gelebt wird, entwertet sie sich durch Übertreibung («zu viel des Guten») und verkommt zur Untugend. Entsprechend verläuft die notwendige Entwicklungsrichtung (von unten links nach oben rechts) hin zur Gegenqualität, welche bisher nicht hinreichend vorhanden oder entwickelt ist.

Abb. 66: Innere Teamentwicklung im Werte- und Entwicklungsquadrat

Nun können wir – in Kenntnis der Dynamik eines inneren Ensembles – hinzufügen: Diese bisher vermisste und erst noch zu entwickelnde Gegenqualität ist häufig durchaus vorhanden: Sie wartet, auf den Innendienst reduziert, als Verbannte auf ihre Befreiung. Allerdings fühlt sie sich hässlich an, weil sie sich, in Ermangelung eines Teamzusammenhangs, ihrerseits im «Aggregatzustand» der entwertenden Übertreibung befindet. Solange die beiden Tugendschwestern nicht vereinigt sind, polarisieren sie sich, die eine (idealisiert) in den Außendienst, die andere (verteufelt und verbannt) in den Innendienst.

So kommt es, dass sich der Berater bzw. Selbstberater mit besonders liebevoller Zuwendung des hässlichen jungen Entleins im inneren Ensemble anzunehmen hat.

Hindernisse der Integration

Bevor die Integration und die Verwandlung in einen schönen Schwan jedoch gelingen kann, sind erst noch drei Hindernisse zu beachten und zu überwinden: Die ehemaligen Außenseiter sind bei ihren ersten «Auftritten» häufig
- unwillkommen bei der Mitwelt,
- ungeschickt und rüde im Auftreten,
- sie werden angefeindet von den eigenen inneren Teampartnern.

Unwillkommen bei der Mitwelt. Dies ist eine zunächst schmerzliche Erfahrung vieler Menschen, die im Lauf ihrer persönlichen Entwicklung die Grenzen der angestammten Verhaltensmuster erstmalig überschreiten und sich von einer neuen Seite zeigen: Die Mitwelt (Ehepartner, Arbeitskollegen, Chef und Freunde) neigt oft gar nicht dazu, den Persönlichkeitsfortschritt ihres Partners zu feiern und mit offenen Armen willkommen zu heißen. Im Gegenteil, sie ist irritiert und befremdet: «Was ist denn plötzlich mit *dir* los!?» Dies liegt zum einen daran, dass eine sich entwickelnde Persönlichkeit häufig weniger «pflegeleicht» wird, zumindest dem Beziehungspartner zumutet, auf das Altvertraute und Gewohnte zu verzichten. Das bedeutet nichts anderes, als dass sich die *Beziehungen verändern* – und bevor eine menschliche Beziehung ein neues Gleichgewicht gefunden hat, geht sie durch eine labile und meist auch auseinandersetzungsreiche Phase. Es ist ratsam, auf einen solchen Gegenwind von vornherein gefasst zu sein.

Ungeschickt und rüde im Auftreten. Oftmals fühlen sich die Beziehungspartner auch zu Recht verprellt, weil die «Neue» im Außendienstteam anfangs noch recht unzivilisiert in Erscheinung treten kann. Wer jahrelang im Gefängnis war, ist einer plötzlichen Freiheit nicht gleich gewachsen. Möglich ist dann, dass die *Abgrenzungsfähige* sich zunächst in einer Mischung aus Ungeschicklichkeit und Aufgeladenheit etwas rüde und überreagierend benimmt. Solange die «Neue» im eigenen Team noch nicht vollständig integriert ist, solange ihr Auftreten zum Beispiel noch nicht mit Diplomatie und Gelassenheit gepaart ist, kommt sie vielleicht noch mit der Wucht derjenigen daher, die allzu lange etwas heruntergewürgt hat. In solchen Fällen mag eine metakommunikatorische Nachbemerkung am Platz sein, etwa von der Art: «Tut mir leid, wenn ich überreagiert und dich verletzt habe. Ich habe so lange Zeit die Großzügige gespielt, dass die andere Seite jetzt erst mal doppelt und dreifach stark hervorkommt!»

Angefeindet von den inneren Teampartnern. Das dritte Hindernis besteht darin, dass die «Neue» auch in der eigenen (Vorder-)Mannschaft nicht gleich mit offenen Armen empfangen wird. Zu groß sind noch die Vorbehalte. Bevor die *Großzügige* und die *Abgrenzungsfähige* ein Team bilden können, müssen sie zunächst miteinander in Kontakt kommen, sozusagen ihre Beziehung klären. In der Kommunikationsberatung unterstützen wir diesen Prozess, wie bereits im Konflikt-Kapitel beschrieben (S. 175 ff.), durch eine Anleitung zum inneren Dialog mit Hilfe der Zwei-Stuhl-Technik. Möglich, dass der Teamneuling, der bisherige Außenseiter, zunächst noch die volle Wucht der Ablehnung zu spüren bekommt: «Du bist doch kleinkariert und spießig!» Und auf die Frage, was daran so schrecklich sei (vgl. S. 253 f.), mag vielleicht die *Großzügige* plötzlich ausrufen: «Du bist haargenau wie Vater! Auch wie du redest: Originalton Papa!» (s. Abb. 67).

Tatsächlich: Wir erben ja alle nicht nur in genetischer und

Abb. 67: Innerer Außenseiter «entpuppt» sich als elterliches Erbe

finanzieller, sondern auch in psychischer Hinsicht. Die wichtigen Menschen unserer Biographie leben in uns weiter als Mitglieder unseres inneren Ensembles (bis hin zum «Originalton»). Meine Frau spricht mich manchmal scherzhaft mit dem Namen meines Vaters an, wenn sie den Eindruck hat, dass dieser jetzt gerade in mir lebendig und aktiv wird. Präziser gesprochen: dass ein typisches Teammitglied von ihm in mir wiederkehrt.

Eigentlich ist dies ja eine schöne Vorstellung, dass wir unsere Lieben in uns versammelt haben und sie dadurch lebendig bleiben. Als weniger schön empfinden wir es jedoch, wenn wir plötzlich gewahr werden, dass auch die verhassten Seiten unserer Lieben in uns wieder auftauchen, obwohl wir so auf *gar keinen Fall* werden wollten. Durchaus möglich, dass die *Großzügige* deshalb zu einer so prominenten Stammspielerin werden konnte und musste, um diesen verhassten väterlichen Erbteil von der Bühne fernzuhalten.

Nun aber schleicht er sich durch die Hintertür ein und erhebt Anspruch auf einen Stammplatz.

Hier gilt nun Goethes Lehrsatz: «Was du ererbt von deinen Vätern, erwirb es, um es zu besitzen!» Das heißt in diesem Zusammenhang: Nimm das elterliche Erbe an, du kannst es nicht ausschlagen, allenfalls in dir bekämpfen – und das kostet Kraft. Nimm es aber nicht als einen Fremdkörper in dir auf, sondern verbinde es mit deiner eigenen Substanz, veredle es auf diese Weise, und mache es dir so zu eigen. Wenn zum Beispiel das väterliche Erbe der engen, kleinkarierten Grenzziehung sich mit deiner Liberalität verbindet, verwandelt es sich zu etwas sehr Gutem: zu der Fähigkeit, sich im Rahmen der Großzügigkeit auch abzugrenzen!

Große Gegenkräfte sind wirksam, wenn es um die Integration innerer Außenseiter geht, die der zweiten Stufe der Verbannung anheimgefallen sind. Wir dürfen annehmen, dass Menschen, denen diese Schwerarbeit gelungen ist, weniger anfällig dafür sind, andere Menschen zu verachten, zu verhöhnen, auszugrenzen, als Außenseiter zu verfolgen, sobald sie verpönte Eigenschaften aufweisen. Denn es ist ja zum Teil dem seelischen Mechanismus der *Projektion* zu «verdanken», dass wir auf der äußeren Lebensbühne fremdenfeindlich bekämpfen müssen, was wir auf der inneren Seelenbühne nur mühsam mundtot machen konnten, nach dem Motto:

Wozu ich nicht recht stehen kann,
das häng' ich einem andern an!

Oder wie es bei Robert Gernhardt heißt:

Die schärfsten Kritiker der Elche
waren früher selber welche!

Sie tragen den «Elch» bereits in sich.

Fassen wir zusammen: Die Integration innerer Außenseiter, die der zweiten Stufe der Verbannung anheimgefallen sind, gestaltet sich weitaus schwieriger als auf der ersten Stufe. Mit erheblichen Gegenkräften (Widerständen) auf beiden Bühnen ist zu rechnen. Dennoch ist diese seelische Schwerarbeit lohnend um der inneren Harmonie willen, die auch auf äußere Hassprojektionen verzichten kann. Die wohlverstandene Entwicklung der Persönlichkeit peilt nicht ein «schönes Ideal» an, das um alle ideologisch verpönten Eigenarten bereinigt wäre (Verbannung von Außenseitern und Optimierung der Vorzeigehälfte), sondern darauf, gerade diese in den inneren Konferenzen mit Sitz und Stimme vertreten sein zu lassen und sie als Ko-Akteure einzubeziehen. «Dass ich mehr und mehr versuche, der zu werden, der ich in Wahrheit bin» (Carl Rogers), dieses unideale Ideal enthält einen Willkommensgruß an alle Gestalten, die sich am hinteren Bühnenrand herumdrücken – auch zum Beispiel an den *Spießer* in uns, der im inneren Teamzusammenhang die Fratze des hässlichen Spießbürgers verliert und zu vollständigerer Beachtung eigener Grundbedürfnisse verhelfen kann.

4.6 Die dritte Stufe der Verbannung

Wenn wir nun auf die dritte Stufe der Verbannung zu sprechen kommen, dann ist es an der Zeit, das Bild von der inneren Bühne noch zu erweitern und die Vorstellung einzuführen, dass sie nicht nur einen *Vorder-* und einen *Hintergrund*, sondern auch einen *Untergrund* hat (s. Abb. 68).

Diese dritte Stufe der Verbannung trifft solche Mitglieder unseres Ensembles, die dem Oberhaupt und den Hauptdarstellern so bedrohlich erscheinen, dass sie auch hinter dem Vorhang nicht geduldet werden können und ganz von der Bildfläche verschwinden müssen.

Die *erste Stufe* der Verbannung traf Antipoden, die von ihrem «Be-

Abb. 68: Die innere Bühne mit Vordergrund, Hintergrund und Untergrund

sitzer» prinzipiell als wertvolle Mitglieder der inneren Gesellschaft angesehen werden, aber in einer gegebenen Situation aus Opportunität oder mangels Angemessenheit zurückgehalten werden. Die *zweite Stufe* widerfuhr abgelehnten Außenseitern und war durch das Verbot gekennzeichnet: «So sollte ich nicht sein!» Die *dritte Stufe* trifft verleugnete, nicht wahrgenommene Mitglieder: «So bin ich nicht!» Sie bleiben nicht nur dem Publikum verborgen, sondern weitgehend auch dem Regisseur. Sie haben sich *scheinbar* auch aus dem Innendienst zurückgezogen.

Die Verbannung in den Untergrund hat zunächst den Vorteil, dass die gruppendynamischen Verhältnisse auf der Bühne übersichtlicher und verkraftbarer werden. Auch genießen die Verbann-

Kernsätze für die Antipoden der drei Verbannungsstufen:

1. Stufe: «So sollte ich hier besser nicht in Erscheinung treten!»

2. Stufe: «So sollte ich nicht sein!»

3. Stufe: «So bin ich nicht!»

ten im Untergrund größtmöglichen Schutz vor Verletzungen (zum Beispiel wenn das Publikum mit Steinen wirft). Gleichwohl geht von den Unter- und Abgründigen eine Dynamik aus, die sehr gefährlich werden kann. *Ihr Auftrittsverbot vermag ihre Lebenskraft nicht zu bannen.* Immer wieder versuchen sie sich zu melden, indem sie mit dem Besenstiel an die Decke klopfen. Zwar vernimmt man oben diese Klopfgeräusche, vielleicht als Stimmungsschwankung oder als Kopfschmerz; vielleicht stören sie auch den Schlaf oder mischen sich in (Alb-)Träume ein. Aber man kann sich oben keinen Reim auf diese Geräusche machen. Und da sie nicht zum Stück passen, das dort gespielt werden soll, versucht man sie zu überhören. Ein probates Mittel, um dieses Ziel zu erreichen: Mehr Lärm! Mehr Aktion! Keine Pausen!

Unsere gesamte Lebensführung können wir über weite Strecken als eine Strategie zum Überhören der Klopfzeichen auffassen. Wer süchtig nach Stress ist, vermeidet eine Weile erfolgreich die Begegnung mit den Boten aus dem Untergrund. Dabei handelt es sich keinesfalls nur um lichtscheues Gesindel, das antisoziale Energie in sich trägt. So, wie in einer Gesellschaft mit einem Unrechtsregime oftmals gerade die Besten von der Bildfläche verschwinden, weil sie unbequem sind und für Konflikte sorgen werden, so können auch in unserem Innenleben humane Qualitäten des Gewissens, der Sinnsuche, der Herzlichkeit, der Verletzlichkeit der seelischen Verbannung anheimfallen, wenn sie oben für die effektive Lebensführung im gegebenen biographischen Kontext hinderlich sind. Besonders das *innere Kind*, das oben nur stören würde, wenn in der Erwachsenenwelt das Stück von der Tüchtigkeit und Stärke gespielt wird, hat aufgehört zu schreien, verstummt im Untergrund.

Untergrundbewegung

Bleiben die Verbannten, die abgespaltenen Antipoden, un-erhört, fangen sie an, sich unerhört zu benehmen: Sie verbünden sich und gründen eine Untergrundbewegung, die zu manchen Sabotageakten fähig ist. Sie gehen uns vielleicht an die Nieren oder sitzen uns im Nacken oder liegen uns auf dem Magen. Vielleicht vermasseln sie uns den Erfolg, lassen uns Fehler machen, hindern uns daran, in allen Lebenslagen «optimal zu funktionieren». – Das kann man nun so oder so sehen: als üblen Racheakt oder als weisen Liebesdienst, um uns ein sogenannt erfolgreiches Leben ohne Tiefe, ohne Liebe und ohne Sinn zu ersparen. Auf jeden Fall muss mit dieser Untergrundbewegung gerechnet werden. In seltenen, spektakulären Fällen bricht mal einer aus und läuft Amok, so wenn jemand, der keiner Fliege etwas zuleide tun kann, plötzlich wie wild mit einem Messer um sich sticht und hinterher fassungslos die Urheberschaft seiner Tat leugnet: «Das war ich nicht, irgendein fremder Dämon ist über mich gekommen und hat von mir Besitz ergriffen!»

Neben dieser *Dämonisierung* und der zuvor erwähnten *Psychosomatisierung* kann auch mit einer *Devitalisierung* gerechnet werden: Die abgespaltenen Antipoden vereinigen sich zu einer Untergrundbewegung namens «Depression» oder «burnout» (berufliches «Ausbrennen»). Das ständige Niederhalten ihrer Energie und Gefühlsintensität muss mit Fühllosigkeit und seelischer Erschöpfung bezahlt werden.

Wenn wir darauf verzichten, jedes Mal wieder das aufwendige Bühnenbild mit Vorder-, Hinter- und Untergrund (vgl. Abb. 68) zu strapazieren, können wir uns den ganzen Ablauf in vereinfachter Visualisierung durch die folgende Bilderserie veranschaulichen (s. Abb. 69 a–c, vgl. die Ausgangskonstellation in Abb. 57, S. 229):

Am Anfang dieser Entwicklung identifiziert sich unser Ich (das Oberhaupt) ausschließlich mit den Hauptdarstellern – und fühlt sich auch so (s. Abb. 69 a). In dem Maß aber, wie die Untergrundbewegung an Boden gewinnt, bindet ihre Niederhaltung mehr und mehr Energie, mit der Folge, dass Vitalität und innere Lebendigkeit

Abb. 69 a: Abspaltung der Antipoden

Abb. 69 b: Bildung einer Untergrundbewegung

Abb. 69 c: Innere «Machtergreifung»

verlorengehen (s. Abb. 69 b). Auch die zwischenmenschlichen Kontakte verlieren an Tiefe, weil sich ja nur die «halbe Portion», die Vorderseitenhälfte der Persönlichkeit, in die Beziehungen einbringt. So entsteht ein Teufelskreis, weil tragenden Beziehungen normalerweise die Heilkraft innewohnt, verbannte Mitglieder zu befreien. In der Endphase dieser unheilvollen Entwicklung haben die Untergründigen eine «innere Machtergreifung» in der Weise vollzogen, dass sie den gesamten Innenraum, das gesamte Lebensgefühl, mit ihrer ungelebten Energie, mit ihrer Depression ausfüllen, so dass die einstmals strahlenden Hauptdarsteller nun ihrerseits verdrängt werden und allenfalls noch eine Zeitlang als unechte, gespielte Fassade ein Scheinleben fristen. Wer in dieser Phase eine Psychotherapie aufsucht, sagt von sich: «Ich spiele tagsüber den gutgelaunten, dynamischen Alleskönner, aber innendrin fühlt sich alles trostlos, sinnlos und kraftlos an!» Eine enorme seelische Muskelkraft ist nötig, um die Fassade noch aufrechtzuerhalten; der Griff zu Medikamenten, Drogen und Alkohol kann den Zusammenbruch allenfalls verzögern. Bei Menschen mit sehr starker Kondition kann sich dieser Zustand aber auch verewigen.

Eine solche Lebenskrise enthält die große Chance, die Untergrundbewegung als eine Befreiungsbewegung umzudeuten und zu gestalten. Hierfür ist psychotherapeutische Hilfe möglich und nötig, hier endet die Zuständigkeit der Kommunikationspsychologie.

4.7 Innere Teamentwicklung im Spannungsfeld von innerer Harmonie und äußerer Kompetenz

Die Besichtigung der menschlichen Persönlichkeit im Licht des Modells vom Inneren Team hat uns u. a. das «Elend der Antipoden» vor Augen geführt. Innere Teamentwicklung besteht bei dieser Sicht in der Eingliederung verbannter Außenseiter, wobei je nach Verbannungsstufe sich die Arbeit mehr oder minder schwierig gestaltet. Auf der anderen Seite verlangen insbesondere professionelle Kontexte eine geeignete «Vordermannschaft», wie wir es exemplarisch am Beispiel des Animateurs gesehen haben (S. 231ff.). Das Oberhaupt, das sich als Entwicklungshelfer seines Teams begreift, sieht sich einer zweifachen und widersprüchlichen Herausforderung ausgesetzt:

Die eine verlangt die Herausbildung eines «Profils», das den Anforderungen einer Leistungsgesellschaft optimal entspricht und das uns in ihr funktionsfähig macht. Gefragt ist hier eine tüchtige und situationsadäquate Vordermannschaft, die alle inneren Störenfriede im Griff hat und aus dem Geschehen heraushält. Die andere verlangt von uns die Entfaltung des ganzen Menschen, der wir in Wahrheit sind und der sich in der Verwirklichung seiner selbst und seines Lebenssinns nicht auf seine Vorzeigehälfte, auf seine gut angepasste Vordermannschaft reduzieren lässt. (Fort-)Bildungsveranstaltungen sind meist auf das eine *oder* das andere ausgerichtet (s. Abb. 70): Auf

Abb. 70: Dilemma der Inneren Teamentwicklung – Verbindung von Professionalität und Menschlichkeit als Aufgabe von Beratung und Fortbildung

der einen Seite werden Trainingskurse zur optimalen Situationsbeherrschung angeboten, ohne danach zu fragen, was die einseitige Ausrichtung auf das berufliche Anforderungsprofil mit dem inneren Menschen macht. Auf der anderen Seite werden «ganzheitlich» ausgerichtete Selbstentfaltungskurse angeboten, die einem therapeutisch-humanistischen Ideal verpflichtet sind und in der berufsbezogenen Tüchtigkeit vor allem die Gefahr der menschlichen Deformation sehen.

Ich habe mir den Optimismus bewahrt, dass äußerer Erfolg und innere Entwicklung trotz einer gewissen Gegensatzspannung miteinander vereinbar bleiben, dass Professionalität und Menschlichkeit zusammengehören und dass eine berufsbezogene Beratung und Fortbildung den Profi und den Menschen gleichermaßen fördern kann. Im übernächsten Kapitel wird dieses Thema wieder eine Rolle spielen.

5. Variationen der inneren Mannschaftsaufstellung

Bei der Beschreibung des Aufbaus der Persönlichkeit im letzten Kapitel haben wir unterstellt, dass jedem Menschen eine Grundkonstellation eigen ist, die für ihn, gemittelt über eine Vielzahl von Lebenssituationen, typisch ist und in der er sich von anderen Menschen unterscheidet. Damit hatten wir die eine Hälfte der Wahrheit zu fassen. Die andere Hälfte steckt in der Erfahrung, dass ein und derselbe Mensch gegenüber verschiedenen Situationen, Menschen, Lebensthemen über eine oft beachtliche Variationsbreite verfügt. Ich wechsle abermals die Metapher und spreche davon, dass wir je nach Sportart, Spielfeld, Gegner usw. mit einer jeweils unterschiedlichen *Mannschaftsaufstellung* antreten.

Ein guter Fußballtrainer variiert die Mannschaftsaufstellung je nachdem, wen er zur Verfügung hat, wer zur Zeit in Hochform ist – aber auch je nach Gegner und je nach den Umständen: Handelt es sich um ein Heimspiel oder ein Auswärtsspiel? Wie ist der Tabellenstand? Wird der Gegner als offensiv eingeschätzt, mag es geraten sein, mit «Doppelstopper» anzutreten und den etwas einfallslosen, aber unüberwindlichen Benno Block zum Spielführer zu machen. Hat hingegen die eigene Mannschaft nichts mehr zu verlieren, kann nur noch ein Sieg sie retten, dann gehört Benno Block auf die Reservebank, stattdessen wird der Trainer mit fünf Spitzen antreten und Stanislaus Sturm und Willy Windig aufs Feld schicken.

Entsprechend haben wir uns die Aufstellung des Inneren Teams vorzustellen: Sie wechselt ständig, je nach Situation, Thema, Gesprächspartner! Mit dieser Erkenntnis schlagen wir ein spannendes Kapitel auf. Je länger ich mich selbst und andere Menschen in schwierigen zwischenmenschlichen Situationen untersuche, umso mehr komme ich zu der Überzeugung, dass unsere aktuelle Kommunikationsfähigkeit stark davon abhängt, ob wir «alle beisammen haben», sprich: ob und inwieweit unsere innere Mannschaftsaufstellung der Situation entspricht, in der wir gefordert sind. Damit eröffnen sich faszinierende Fragen der Kommunikationspsychologie: Wie stellt sich das Innere Team angesichts verschiedener Gesprächspartner, bestimmter Situationen und angesichts der persönlichen Ausgangslage zusammen? Wie geschieht dies von selbst? Gibt es dafür individuelle oder gar überindividuelle Gesetzmäßigkeiten? Und wie kann ich, das Oberhaupt, der Trainer, darauf günstigen Einfluss nehmen, sodass ich für den Ernstfall nicht nur alle beisammen habe, sondern die Passenden auch in der richtigen Aufstellung? Wie kann ich mich, mit anderen Worten, in jener «Aufbaukunst» üben, die ein Schachmeister dem Steppenwolf (Hesse 1974) erklärt: Eine einmal erreichte Grundaufstellung der Persönlichkeit sei keine einmalige, bindende, lebenslängliche Ordnung der vielen Unter-Ichs. Jeder könne seine «Figuren» jederzeit in beliebiger Ordnung neu zusammenstellen und damit eine unendliche Mannigfaltigkeit des Lebensspiels erzielen. «Wie der Dichter aus einer Handvoll Figuren ein Drama schafft, so bauen wir aus den Figuren unseres zerlegten Ichs immerzu neue Gruppen, mit neuen Spielen und Spannungen, mit ewig neuen Situationen» (Hesse, S. 209 f.).

Ich reserviere die Frage nach der situativen Angemessenheit für das 6. Kapitel und betrachte hier zunächst die Phänomene der Auswechslung und der menschlichen Umstellungsfähigkeit überhaupt.

5.1 «Wie ausgewechselt!» – Dynamische Variabilität im Alltag

Die schnelle Drehbühne

Beginnen wir mit einem Beispiel, das die Frau eines selbständigen Geschäftsmannes über ihren Ehepartner berichtet. «Nach des Tages vielen Mühen hängt er abends schlapp und ausgelaugt im Sessel, einsilbig, knurrig und gereizt – unnahbar und überwiegend stier und stumm. Das Telefon klingelt, ein Kunde! Sie müssten meinen Mann sehen: wie ausgewechselt! Aufgeräumt und zugewandt, charmant und gut gelaunt geht er auf seinen Gesprächspartner ein, dass es nur so eine Freude ist, jedenfalls für den! Schon fasse ich Hoffnung: wenn nur ein Bruchteil dieser aufgeräumten Stimmung für mich übrigbliebe – aber denkste! Sogleich fällt er wieder in sich zusammen: Mr. Muff wie gehabt!»

Dieses drastische Beispiel belegt die Aufstellung grundverschiedener Mannschaften und die Fähigkeit zur schnellen Umstellung: Der erschöpfte Feierabend-Ehemann tritt mit *Mr. Muff* als Spielführer an, an seiner Seite noch Herr *Mäkel-Mecker* und Herr *Stöhn*. Für das Telefonat wechselt der Geschäftsmann blitzschnell die gesamte Mannschaft aus und betritt das neue Spielfeld mit *Willy Witzig*, *Henry Hilfreich* und *Charlie Charmeur*.

Fragen wir uns an dieser Stelle nicht, ob dem Mann diese starke Polarisierung zweier Mannschaften, diese beruflich-private Spaltung, gut bekommt; hier geht es zunächst nur um das Phänomen, dass eine rasche Umstellungsfähigkeit menschenmöglich ist. Unsere innere Bühne aus dem letzten Kapitel erweitert sich jetzt zu einer Drehbühne, die wie auf Knopfdruck neue Konfigurationen erscheinen lässt (s. Abb. 71).

Abb. 71: «Innere Drehbühne» als Sinnbild für einen schnellen Mannschaftswechsel

Personale Bandbreite

Als Luise Rinser achtzehn war, kritisierte ihr Vater sie voller Verachtung: «Du hast keinen Charakter, du bist wankelmütig!» (Rinser 1984, S. 13). Tatsächlich: In ihrem Roman «Mitte des Lebens» beschreibt sie genau dieses Lebensgefühl und lässt ihre Heldin sagen: «Damals, als ich jung war, da war ich ziemlich verwirrt. Kanntest du das auch, dass man morgens aufwacht und ein ganz anderer ist als tags zuvor? [...] Man beugt sich über sich selbst und sieht hundert verschiedene Ichs, und keines ist das wahre, die hundert zusammen sind vielleicht das wahre» (Rinser, S. 13).

Später hat sie das «Wankelmütige» positiv umgedeutet und das Wort «wandelmutig» geprägt. «Personale Bandbreite» und «Wandelmutigkeit» sind im modernen Berufsleben zu einem wichtigen Teilstück sozialer Kompetenz geworden, auch wenn (oder *weil*) die Trennungslinie zur geschmeidigen Wendehalsigkeit zuweilen schwer zu ziehen ist. Man kann wohl von einem neuen Sozialtypus sprechen, der sich hier herausbildet. In seinem Universitätsroman «Der Campus» (1995) hat Schwanitz diesen Typus in Gestalt des wendigen Bernie Weskamp vorgestellt, eines Professors, der seinen Ehrgeiz von der Wissenschaft auf die Mikropolitik verlegt hat, in allen Gremien zu Hause ist, ein kunstvoll gesponnenes Netzwerk aus formellen und informellen Kontakten pflegt und daran Gefallen findet, vor und hinter den Kulissen die Fäden zu ziehen. Seine personale Bandbreite besteht darin, dass er in wechselnden Situationen, aber auch innerhalb ein und derselben Begegnung immer neue Mitglieder seines Inneren Teams aufstellt, in den Kontakt schickt und dieses Wechselspiel wie eine Klaviatur virtuos zu bedienen versteht (s. Abb. 72). Ein paar Originalzitate dazu:

> In Bernies Seelenhohlraum richtete sich in Sekundenschnelle die *Figur des männlich-überlegenen Erklärers* auf und straffte seine missmutig zusammengesunkene Gestalt zu einem Meter fünfundachtzig respektabler Lebensgröße (S. 41). – Halt! rief da von ganz weit *Bernie der Wahrhaftige*. […] Aber *Bernie der Tollkühne* hörte nicht auf ihn [und schwindelte vergnüglich weiter von seinen Stierkampf-Erfahrungen; S. 142]. – *Bernie der Furchtlose* und *Bernie der Erfahrene* hatten sich zur Ruhe gelegt und *Bernie dem Behaglichen* Platz gemacht […] (S. 143). *Bernie der Geheimnisvolle* musste jetzt an die Front (S. 144).

Was haben wir davon zu halten? Einerseits handelt es sich um eine wichtige Fähigkeit: Wir können dem ständigen Wechsel situativer Erfordernisse nur durch ein flexibles Rollenrepertoire gerecht werden, und stimmige Kommunikation erfordert diese Bandbreite. Andererseits mögen wir einer allzu geschmeidigen Wendigkeit in allen Lebenslagen sehr gemischte Gefühle entgegenbringen und den «wahren Kern» vermissen. Fortgeschrittene Leser/innen mögen ei-

Abb. 72: Geschmeidige Vielfalt im inneren Ensemble von Bernie Weskamp (nach Schwanitz: «Der Campus») – hier dargestellt als virtuos bediente Klaviatur

nen Augenblick sinnieren, welches Werte- und Entwicklungsquadrat ihnen vor Augen tritt! Die personale Breite verkommt zu einer opportunistischen «Wendehalsigkeit», wenn da nicht auch ein unverwechselbarer und nicht wechselfähiger Kern aufscheint, ein Ruhepol der Identität, welcher den wandelbaren Rollenfacetten einen Sinn und eine Richtung gibt («Wer bin ich, wofür stehe ich, und wo sind die Grenzen meiner Geschmeidigkeit?»). Ist dieser Wesenskern vorhanden und spürbar, jedoch nicht mit situativer Flexibilität gepaart, erscheint ein Mensch als allzu festgelegt, als starr:

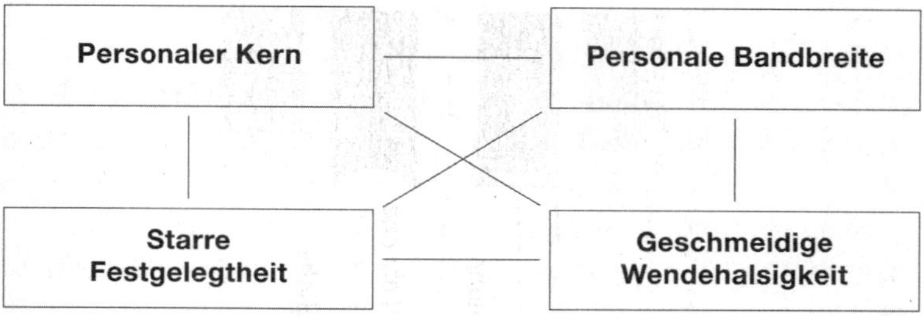

Das Tempo der inneren Umstellung

Nach meinem Eindruck unterscheiden sich Menschen beträchtlich beim Tempo ihrer inneren Umstellungsfähigkeit. Ich selbst bin ein sehr langsamer Umsteller: Der Umbau der Bühne und ihre Neubesetzung kosten Zeit und Anstrengung. Wenn ich zum Beispiel innerlich darauf eingestellt bin, in Ruhe am Schreibtisch zu sitzen und Terminplanung zu machen, dann ist meine «Kontaktmannschaft» meilen-weit entfernt – und wenn dann jemand kommt und etwas von mir will, trifft er den zurückgezogenen Schneckenhäusler an, der sich gereizt und grimmig weigert, den Kopf zu heben, oder der hinter dem Vorhang der inneren Bühne verborgen bleibt und einen Kontaktmanager vorschickt, um diesen den «kommunikativen Notdienst» verrichten zu lassen. Was im Telefonverkehr «falsch verbunden» genannt wird, findet hier seine Entsprechung im Nahkontakt. Langsame Umsteller haben es besonders schwer, wenn sie von schnellen Leuten umgeben sind oder wenn etwas Unvorhergesehenes dazwischenkommt. Studieren wir an dem folgenden Beispiel etwas genauer, was auf der inneren Bühne vor sich geht.

Durcheinandergepurzel auf der inneren Bühne. Ein Vorgesetzter in einem Großunternehmen. Sein bester Mitarbeiter hat um ein Gespräch gebeten. Er sei privat in eine schwierige Situation geraten, sitze in der Klemme. Wahrscheinlich werde das Auswirkungen auf seine Einsatz- und Leistungsfähigkeit haben. Langsam kommt der Vorgesetzte ins Gespräch hinein, mehr und mehr wird ihm die Situation des Mitarbeiters deutlich, mehr und mehr spürt er auch, was für ein «inneres Empfangskomitee» sich in ihm aufstellt: ganz vorn an der Kontaktlinie der *anteilnehmende, einfühlsame Berater* («Du Armer! Was können wir tun?»); dahinter ein *aufgeschreckter Ehrgeiziger*, der das große Projekt in Frage gestellt sieht, wenn der Mitarbeiter ausfällt («Lass mich jetzt bloß nicht im Stich!»); schließlich dezent im Hintergrund, aber durchaus fühlbar ein *strenger Moralist* («Selbst schuld! Nun bekommst du die verdiente Quittung für deine fahrlässige Lebensführung!»). So langsam hat er sie, wenn auch noch nicht zu einem Team verbunden, so doch zumindest alle beisammen, und das Gespräch gewinnt an Konzentration und innerer Beteiligung (s. Abb. 73 a).

Da schrillt das Telefon, jene allgegenwärtige, unschuldig-rücksichtslose Maschine, der wir gestatten, jedes soeben sorgsam gesponnene und zarte Gewebe von Kontaktfäden einfach zu zerreißen: «Entschuldigung, eine Sekunde! ... Ach, der Herr Vorstandssekretär? *Was*? Was ist schiefgelaufen? *Wer* hat behauptet, ich hätte eigenmächtig ...? Ja, also, das ist doch ... *Wann* soll ich Rede und Antwort stehen? Heute Abend noch? Also, das darf ja wohl nicht wahr sein!» Während auf der inneren Bühne alles durcheinanderpurzelt (s. Abb. 73 b), während die alte Mannschaft (der *einfühlsame Berater*, der *aufgeschreckte Ehrgeizige*, der *strenge Moralist*) hinter die Kulissen gescheucht und ein neues Team im Alarmtempo und völlig unkoordiniert die Bühne zu besetzen sucht, währenddem übernimmt vielleicht ein *sachlich-gefasster Kontaktmanager* am Telefon den Notdienst und spürt hinter sich sowohl einen *ängstlichen kleinen Jungen*, dem das Herz in die Hose rutscht, als auch einen *wütenden Racheengel* («Das soll büßen, wer mir das angetan hat!»); alsbald gesellt sich ein *kalkulierender Stratege* dazu und beginnt seinen Schlachtplan zu entwerfen (s. Abb. 73 c).

Abb. 73: Gesprächsunterbrechung und die Abfolge des Geschehens auf der inneren Bühne (vgl. Text S. 275 ff.)

Der Telefonhörer ist wieder aufgelegt. «So, tut mir leid, unangenehme Geschichte. Wo waren wir stehengeblieben?» Er ruft nach dem *teilnahmsvollen Berater*, der nun wieder seinen Platz einnehmen soll – wer war denn sonst noch dabeigewesen? Er ruft nach der alten Mannschaft, aber sie kommt nicht durch – die Bühne ist und bleibt besetzt: der *kleine Junge* mit dem Herz in der Hose, der *Racheengel* und der kalkulierende *Stratege* wollen und wollen nicht weichen, können ihre aufgeregte Konferenz nicht einfach wieder abbrechen. Was bleibt übrig, als wiederum einen Notdienst in den Kontakt zu schicken, der das «Gespräch» mit dem Mitarbeiter fortsetzt und doch hauptsächlich damit beschäftigt ist, den Vorhang zuzuziehen, damit vom nachwirkenden Hexenkessel möglichst wenig nach außen dringt (s. Abb. 73 d).

Ein drastisches Beispiel, gewiss. Ich fürchte allerdings, dass – beruflich wie privat – sehr viele Gespräche geführt werden, ohne dass die dazu passende innere Aufstellung gegeben wäre; dass wir bei der Vielzahl unserer Kontakte längst nicht alle beisammen haben. Für manche Menschen ist das «Durcheinandergepurzel» zum Normalzustand geworden. Man kann zwar mit ihnen sprechen, aber sie sind ganz woanders. Dies ist weniger schädlich bei all den Informations- und Koordinationskontakten, die vor allem dem Austausch sachgerechter Informationen dienen. Geht es aber um Themen, die eine innere Beteiligung nahelegen, dann ist die Reduktion des Gesprächs auf die Ebene der Begegnung von Kontaktmanagern beklagenswert, besonders wenn dieser Notdienst auch das private und familiäre Miteinander kennzeichnet. Dieser Gefahr entgehen wir aber kaum durch gute Vorsätze für unser Gesprächsverhalten: Da die innere Beteiligung nicht zuletzt durch die Gegenwart der «Spätmelder» und der leisen Tiefenbewohner unseres Selbst gegeben ist, braucht sie *Zeit* und entzieht sich dem schnellen und effektiven Lebensmanagement. Manche Themen zwischen meiner Frau und mir kommen überhaupt erst auf, wenn wir drei Stunden miteinander gewandert sind – und wer weiß, welche Themen ausgespart bleiben, solange das alltägliche Familienmanagement (Kinder, Haushalt, Termine, Erledigungen) Vorrang hat.

Sparen wir uns an dieser Stelle, ein Loblied auf die «Kunst der Langsamkeit» anzustimmen und die «Entschleunigung» der Lebensführung zu preisen! In einer Gesellschaft der Effektivität und des schnellen Wandels wird dies schwer möglich sein. Aber vielleicht kann es gelingen, unseren inneren Beschleuniger dort außer Kraft zu setzen, wo er nichts zu suchen hat. Manchmal sind kleine Vorkehrungen geeignet, um eine bessere Passung von Gespräch und innerer Aufstellung zu gewährleisten. Zum Beispiel bemerke und beachte ich inzwischen schärfer, wenn das Gespräch einen schnelleren Fortgang nimmt, als meine Seele mitkommt. Ich habe es mir angewöhnt, in diesem Fall mit Worten wie «Ich hänge noch an dem Punkt von vorhin, nämlich ...» das rasche Wechselgeschehen zu verlangsamen und mit meinem inneren Geschehen wieder zur Deckung zu bringen. Oder wenn jemand mit einem Anliegen auf mich zukommt, für das ich im Augenblick nicht alle beisammen habe, dann gelingt es mir inzwischen besser, eine halbherzige Schnellabfertigung zu vermeiden, mit Worten wie «Sie erwischen mich gerade in einer Situation, wo ich ...» (innerlich mit etwas anderem sehr beschäftigt bin), «kann ich Sie/können Sie mich dann und dann wieder ansprechen?».

In Seminaren frage ich oft: «Gibt es noch irgendetwas, was Sie fragen oder loswerden möchten, bevor wir dann zu etwas Neuem kommen?» Mit anderen Worten: Gibt es noch irgendjemanden, der Ihre innere Bühne besetzt hält und der das Empfangskomitee für das Neue noch nicht vorlässt?

Dies ist eine neue Aufgabe für das Oberhaupt: immer mal wieder einen kurzen «Check» durchzuführen, ob die Passung von Gespräch und innerer Aufstellung gegeben ist – bei sich selbst und beim Gegenüber. Und wenn nicht, dann lässt sich meistens etwas dafür tun.

5.2 Personenbezogene Grundaufstellungen

Die dynamische Variabilität zeigt sich in auffälliger Weise auch darin, dass wir *verschiedenen Menschen mit unterschiedlichen Grundaufstellungen begegnen*. Mit «Grundaufstellung» bezeichne ich eine zwar situativ veränderliche, aber doch häufig wiederkehrende, für diese Beziehung typische Mannschaftsaufstellung.

Das beginnt schon im Kindesalter. Als unser Sohn etwa zwischen zwei und vier Jahre alt war, bekam meine Frau es (zu ihrem Leidwesen) häufig mit seiner «regressiven» Mannschaft zu tun: dem *trotzigen Poltergeist* und dem *hilflos-wehleidigen Jammerpott*. Ich hatte ein ganz anderes Kind, bei mir schickte er den *kooperativen Kumpel*, den *selbständigen Manager* («Das kann ich schon allein!») und den *rücksichtsvollen Partner* («Papa, ich möchte gern das und das – aber nur, wenn es dir nichts ausmacht!») aufs Spielfeld (s. Abb. 74).

Abb. 74: Kleinkind schickt gegenüber Vater und Mutter unterschiedliche Teilmannschaften aufs Spielfeld

Zwar war das aktuelle Beziehungsangebot, das von Mutter und Vater ausging, sehr ähnlich. Seine dennoch unterschiedlichen Mannschaftsaufstellungen hatten offensichtlich mit der Frühgeschichte und ihren Spuren in den Tiefenschichten der Seele zu tun. Und von hier gesehen ist klar: der «Kleine» in ihm wendet sich an Mama (und wird von ihrer Gegenwart belebt), der «Große» in ihm sucht im Papa sein Gegenüber. Auch morgens eine strenge Aufteilung im Bett: der *schmusige Kuschelbär* zu Mama, der *Kämpfer und Tober* zu Papa – obwohl dieser zur frühen Morgenstunde den *Kuschelbär* entschieden bevorzugt hätte.

Auch als Erwachsene stellen wir personenbezogene Mannschaften auf. Sie können diesen Test sofort selbst machen, indem Sie sich zwei Menschen aus ihrem Leben auswählen, zum Beispiel:

Mutter – Vater	**Kind 1 – Kind 2**
Kollege A – Kollege B	**linker – rechter Nachbar**

Bringen Sie vergleichend die beiden inneren Aufstellungen zu Papier, die sich gegenüber diesen beiden Menschen in Ihnen typischerweise herausbilden! Die Leitfrage dabei ist: Wenn ich mir diesen Menschen vorstelle und mir vergegenwärtige, wie die Kontakte mit ihm verlaufen, wen habe ich häufig/vorzugsweise im Einsatz (sei es im Außendienst oder im Innendienst)? Wer betritt die Kontaktlinie, wer bleibt im Hintergrund, wer bleibt ausgesperrt?

Hier das Beispiel eines Meisters gegenüber seinen Auszubildenden Ulf und Sebastian.

Meister (auf die Frage, wie er innerlich und äußerlich auf die beiden reagiert): Also, den *Ulf* mag ich an sich sehr gern, aber man muss bei ihm verdammt aufpassen, dass er keinen Bockmist baut oder schlusig wird. Also, da bin ich unerbittlich und kann auch mal böse werden, ziemlich oft sogar. Und wenn man nicht aufpasst, dann sabbelt der einen zu. «Komm auf'n Punkt, Junge!», sag ich immer. Aber das ist nicht bös gemeint, so rein menschlich ist da ein Draht, vielleicht ein bisschen wie zu einem Sohn, sag ich mal (s. Abb. 75 a).

Ja, und der *Basti*, der ist von einer ganz anderen Sorte. Den muss man lassen, der lässt sich nicht gern reinreden, fühlt sich gleich kontrolliert oder was. Aber der macht sein Ding! Ich sag meistens nur «gut!», manchmal auch «sehr gut!». Aber so richtig warm wird man nicht mit ihm. Manchmal frag ich so beiläufig: «Na, geht's dir gut?», aber dann kriegt man keine richtige Antwort. Ich weiß nicht, ob der irgendwie Kummer hat oder Probleme? Also sehr verschlossen und unnahbar (s. Abb. 75 b).

Abb. 75 a+b: Unterschiedliche Grundaufstellungen eines Meisters gegenüber seinen beiden Auszubildenden

Wenn wir den Gehalt dieser Aussagen im Modell des Inneren Teams darstellen, dann werden wir gewahr, dass der Meister mit sehr unterschiedlichen Aufstellungen den Kontakt zu den beiden bestreitet.

Gegenüber Ulf bildet sich offenbar unkompliziert ein Trio als Team. Gegenüber Sebastian kommen ganz andere Mitglieder hervor, und die innere Teambildung erscheint etwas erschwert: Den Schulmeister hält er zurück, und zwischen den Zeilen deutet sich ein leiser Teamkonflikt an zwischen Nähe suchen («Geh auf ihn zu!») und Distanz wahren («Lass ihn in Ruh!»).

Dass zwei Beziehungspartner einander mit einer bestimmten Mannschaftsaufstellung begegnen, wird einem (manchmal peinlich) bewusst, wenn A, der mit B und C bekannt ist, nun erstmalig mit beiden gleichzeitig zusammentrifft. Nun passt das Team, das normalerweise gegen B antritt, nicht zum Team, das normalerweise für C reserviert ist. Vielleicht verbindet A mit B ein Ton von etwas ironischer Selbstbeweihräucherung («Wir sind doch die Größten, nicht wahr? Besonders ich, aber manchmal selbst du, hahaha!»), und in dieser Art läuft der Kontakt lustvoll und «wie geschmiert». Angenommen, mit C ist der Kontakt in der Regel von ernsthafter Anteilnahme und streitbarer Auseinandersetzung geprägt. Beim Treffen zu dritt passen nun die vorgesehenen Mannschaften nicht zueinander – und manche Schweigepause, manches irritierte Suchen nach einer gemeinsamen Dreierbasis ist begleitet von scheuen Bewegungen auf dem inneren Spielfeld, wo mancher, wie bestellt und nicht abgeholt, schließlich des Feldes verwiesen wird, ohne dass ein Ersatzspieler schon gefunden wäre. Die Verlegenheitslösung, die dann übrigbleibt, ist oft ein etwas fader kleinster gemeinsamer Nenner, ein höfliches Stelldichein von Kontaktmanagern, die tapfer ihren Dienst tun, während die innere Bühne immer leerer wird.

Das dynamische Wechselspiel menschlicher Beziehungen

Bei Ihrem eigenen Test mit zwei Vergleichsmenschen werden Sie ähnliche eklatante Unterschiede festgestellt haben. Es ist offensichtlich, dass unterschiedliche Beziehungspartner ganz unterschiedliche Mitglieder unseres inneren Ensembles hervorlocken, provozieren, aktivieren und blockieren. Das klingt sehr kausal, sagen wir präziser: dass unterschiedliche Beziehungspartner uns veranlassen (nahelegen), mit einer ganz bestimmten Aufstellung auf sie zu antworten. In der Regel unterliegen wir dem evidenten Erlebnis, dass wir selbst auf den anderen, auf sein So-Sein *re-agieren*. Der Meister würde mit subjektiver Gewissheit überzeugt sein, dass seine jeweilige Mannschaft viel mehr über das auslösende Gegenüber verrät als über ihn selbst. Dieses Bewusstsein drückt sich oft in dem Satz aus: «Wenn jemand so oder so ist, dann reagiere ich *entsprechend*!»

Bedenken müssen wir dabei aber zweierlei:

Erstens, mit größter Wahrscheinlichkeit würde ein anderer Meister auf die beiden Jugendlichen mit erheblich anderer Grundaufstellung reagieren. Jeder erlebt seine Art zu reagieren als «entsprechend». Und doch spiegelt sich in des Meisters Reaktionsweise auch seine Persönlichkeit (und seine personale Bandbreite).

Zweitens, dieser fiktive andere Meister hätte auch «andere» Lehrlinge, obwohl es sich ebenfalls um Ulf und Sebastian handeln würde. Wieso das? Weil auch die Lehrlinge einen großen Teil ihres So-Seins als *Reaktion* auf die Eigenarten des jeweiligen Meisters entwerfen. Vielleicht hätte Sebastian, wenn er denselben Vergleichstest mit diesem und einem anderen Meister machen würde, bei diesem einen *Verschlossenen* in vorderster Reihe stehen, beim anderen – im Extrem – eine *zutrauliche Plaudertasche*. An dem So-Sein des anderen, auf das wir re-agieren, sind wir immer schon auslösend beteiligt – und umgekehrt. Das ist das Wechselspiel-Mysterium jeder zwischenmenschlichen Beziehung, deren Dynamik sich kausal nicht rekonstruieren lässt.

Aus diesem Grund kommt es zu den «Teufelskreisen», die den Lesern von «Miteinander reden 2» sattsam bekannt sind. Mit Hilfe des Modells vom Inneren Team können wir dieses Phänomen noch deutlicher beschreiben: Ein bestimmter Mitspieler X aus der Mannschaft von A provoziert (ködert, lockt hervor, aktiviert) einen bestimmten Mitspieler Y aus der Mannschaft von B. Dieser Y wiederum aktiviert auch umgekehrt den X aus der Mannschaft von A (oder einen anderen, der wiederum X «vorschickt»). Zum Beispiel: Im Team von Sebastian gibt es den *Verschlossenen*; dieser aktiviert im Team des Meisters den *besorgten Seelendoktor*. Sobald dieser mit behutsamen Nachfragen («Na, geht's gut?») auftritt, provoziert er in Sebastians Team den *Grenzwächter*, der ein solches «Herumbohren» als unangenehm und als Eingriff in seine Intimsphäre erlebt. Umso mehr macht er dicht und gibt sich verschlossen, was die Besorgnis des *Seelendoktors* verstärkt usw. Beide stehen unter dem Eindruck, zu re-agieren («Ich reagiere entsprechend»), ohne zu ahnen, dass sie am So-Sein des anderen immer schon auslösend beteiligt sind.

Nutzen wir die Gelegenheit, den grundsätzlichen Zusammenhang der beiden Modelle *Teufelskreis* und *Inneres Team* ins Auge zu fassen (s. Abb. 76).

Im 2. Band von «Miteinander reden» ist das Phänomen doppelter Kreisläufe beschrieben, die zwischen zwei Beziehungspartnern A und B gleichzeitig oder wechselweise ablaufen, oftmals der eine mehr offen, der andere mehr verdeckt (vgl. Bd. 2, S. 40 f.). Wie wir jetzt deutlicher erkennen, ergeben sich solche Doppelkreisläufe daraus, dass verschiedene innere Teammitglieder gleichzeitig oder wechselweise «anspringen» und verhaltenswirksam werden.

Wenn zwei Beziehungspartner ihr System *gegenseitiger Hervorlockungen und Blockierungen* als leidvoll erfahren und sich aus dieser Verstrickung befreien wollen, können sie einen Beziehungstherapeuten aufsuchen. Dieser wird vor allem zweierlei tun. Er wird ers-

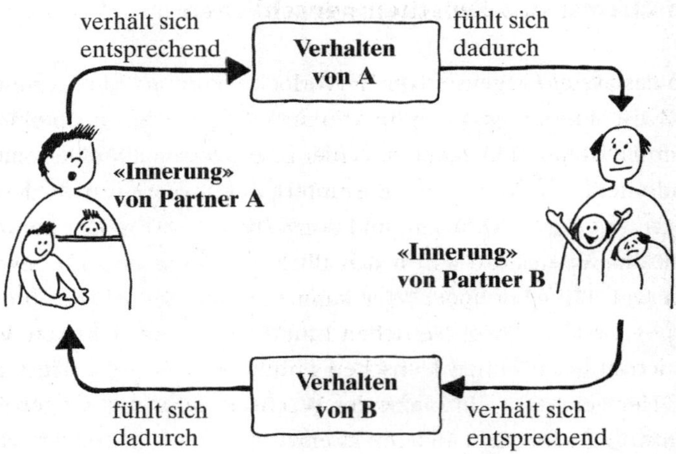

Abb. 76: Zusammenhang der Modelle «Teufelskreis» und «Inneres Team»: Innere Mitglieder werden durch das Verhalten des Gegenübers aktiviert bzw. blockiert

tens den Beteiligten bewusst machen, wie ihr Teufelskreis «funktioniert», welcher Sinn und welcher Vorteil in ihm enthalten ist. Zweitens wird er beiden Partnern einzeln helfen, ihrem Oberhaupt die Souveränität zurückzugeben, die es durch das *automatische Anspringen* eines am Teufelskreis beteiligten Teammitglieds verloren hat. Dieses ist meist dann und erst dann bereit, sich künftig zurückzuhalten und einem anderen Platz zu machen, wenn man mit ihm gesprochen und verhandelt hat – wenn es seine Absichten gewürdigt sieht und wenn man seine Befürchtungen zerstreuen kann, was alles Schlimmes geschehen könnte, wenn es auf seinen Einsatz verzichtet (Schwartz 1997). So greifen Individual- und Systemtherapie ineinander.

Die Chemie des Zwischenmenschlichen

Wie das System gegenseitiger Hervorlockungen und Blockierungen im Zwischenmenschlichen funktioniert, ist zum Teil noch ein Geheimnis. Ich bin überzeugt, dass hier Energieströme und Resonanzphänomene wirksam sind, die unterhalb und außerhalb dessen liegen, was wir an verbalem und nonverbalem Geschehen kommunikationswissenschaftlich in den Blick (und in den Griff) bekommen (vgl. Bliesener 1996). Wer kann schon voraussehen, ob (und wie) es zwischen zwei Menschen funkt!? Wer kann erklären, warum ich mit dem einen Menschen mühelos in ein lebendiges Hin und Her gerate, in ein tanzendes Wechselspiel gegenseitiger Aufmunterung – mit dem anderen in eine anstrengende Konversation, die sich, vom besten Willen der Beteiligten mühsam in Gang gehalten, doch energetisch als tote Hose erweist?

Wer kann schon voraussagen, ob sich zwei Menschen, die man beide gut kennt, ineinander verlieben werden? Gewiss, als Psychologen ahnen wir, dass Amor seine Pfeile nicht ganz blindlings durch die Gegend schießt. Neben dem Erlebnis von Seelenverwandtschaft («Gleich und gleich gesellt sich gern!») scheint eine Rolle zu spielen, wie sich die Mannschaftsaufstellung des einen Partners auf die des anderen auswirkt. Da ist zum einen das *Prinzip der wohltuenden Ergänzung*: Wenn in meinem Stammteam ein *schutzbedürftiger Angsthase* sich aufhält, der sich dem Leben nicht gewachsen fühlt, dann ist es wohltuend, wenn der Partner in vorderster Reihe einen starken Beschützer bieten kann, der sich über einen Schützling freut, den er an die Hand nehmen kann. Da ist zum anderen das *Prinzip der vitalisierenden Erweckung*: Angenommen, auf meiner inneren Bühne schmort jemand im Hintergrund oder im Untergrund und kommt nicht zum Leben – vielleicht ein *munterer Ausgeflippter*, der gern mal verrückte Sachen macht. Er kommt aber nie zum Zuge, weil die Bühne mit vernünftigen, verantwortungsvollen und strengen Hauptdarstellern besetzt ist. Oder vielleicht ein *romantischer Poesieliebhaber*, der tief empfindet, aber im eigenen Ensemble keine Chance erhält, weil die Stücke, die auf dem Spielplan des Lebens stehen, überaus prosaisch sind. Wenn nun der Partner einen Schlüssel besitzt für das Verlies, in dem meine ungelebten Mitglieder hausen, weil bei ihm zum Beispiel solche (ausgelassenen oder romantischen) Mitglieder in vorderster Reihe frohlocken, dann wird er für meine Sehnsuchtsantipoden zum Erlöser, zu jemandem, der den Frosch küsst und zum Prinzen macht (s. Abb. 77). Wer kann sich diesem Zauber entziehen, wer wollte sich da nicht verlieben?

Abb. 77: Das Zusammenspiel zweier Innerer Teams beim Verlieben nach den Prinzipien der wohltuenden Ergänzung und der vitalisierenden Erweckung

Reziproke und komplementäre Hervorlockungen

Die Chemie des Zwischenmenschlichen ist auch im beruflichen Bereich von Bedeutung. Dass wir am So-Sein des anderen auslösend beteiligt sind, merken wir zum Beispiel als Seminarleiter in unseren Kommunikationskursen. Einer aus unserem Kreis hat häufig und überwiegend Teilnehmer, die sehr nett, bewundernd und dankbar sind. Eine andere hat eher solche, die sich kritisch, empfindlich und zum Teil aggressiv geben. Eine Dritte hat vielleicht solche Teilnehmer, die ihre anhängliche und zutrauliche Seite hervorkommen lassen. Ich bekomme es überwiegend mit «friedlichen» Zeitgenossen zu tun.

Im Modell des Inneren Teams ausgedrückt: Indem der Leiter oder die Leiterin mit ihrer inneren Mannschaftsaufstellung auftritt, hat sie eine ganz bestimmte Ausstrahlung, mit der sie beim Gegenüber für ganz bestimmte Teammitglieder Einladungen ausspricht und Ausladungen für andere. Die «entsprechende» Reaktion auf eine solche Einladung kann *reziprok* und/oder *komplementär* sein. «Reziprok» heißt: Ein ebensolches Teammitglied kommt hervor («Wie man in den Wald hineinruft ...»). Wenn ich selbst einen *netten Kerl* in meiner Vordermannschaft habe, der niemandem etwas zuleide tut, dann bin ich bei reziproker Resonanz auch eher von netten Kerlen umgeben. «Komplementär» heißt: Ein anderes, aber dazu passendes Teammitglied wird aktiviert. Zum Beispiel bei warmherziger mütterlicher oder väterlicher Ausstrahlung traut sich bei den Teilnehmern das *innere Kind* hervor, bei einer strengen Ausstrahlung («Mit mir ist nicht gut Kirschen essen!») kommen zunächst vorsichtige Duckmäuser an die Rampe – und/oder reziprok: aggressive Herausforderer.

In Übungen und Experimenten haben wir herausgefunden, dass bereits die «Erstausstrahlung» innerhalb von fünf Minuten eine gewisse vorläufige Aufstellung der Gegenmannschaft hervorruft. Freilich ist dieses Empfangskomitee auf Seiten der Teilnehmer auch von eigengesetzlichen und situativen Faktoren abhängig, sehr sogar. Dennoch lohnt es sich, den eigenen Ausstrahlungseffekt unter die Lupe zu nehmen, um auf die ausgelöste Resonanz vorbereitet zu sein und mit ihr umgehen zu können.

Dieses *zwischenmenschliche* dynamische Wechselspiel ist das eine. Zusätzlich kann – gleichzeitig oder zeitversetzt – ein *innermenschliches* dynamisches Wechselspiel hinzukommen. Bleiben wir im Beispielbereich der Seminarleitung. Angenommen, eine Kursleiterin führt in einem Wirtschaftsunternehmen eine Fortbildungsveranstaltung zum Thema «Kommunikation und Führung» durch. Teilnehmer: 14 männliche Führungskräfte. Die Leiterin ist eine junge Frau mit einer menschlichen, etwas mütterlichen Ausstrahlung, sie spricht unbekümmert, herzlich und empfindsam. In ihrer ganzen Art findet sich wenig von jener Hochleistungsbetonung, bei der man sich unmittelbar zusammennimmt und auf Perfektion schaltet. So kommt es, dass sich in den männlichen Führungskräften, die normalerweise mit ihrer perfekten Hochleistungsmannschaft antreten, etwas rührt: Die Verbannten wittern Morgenluft und stecken sehnsüchtig ihre Köpfe hervor, so ein *Bedürftiger*, ein *Berührbarer*, ein *Hilfesuchender* (s. Abb. 78 a). Sollte für diese zarten und weichen Wesen die Stunde der Befreiung gekommen sein? Am Nachmittag teilt sich die Gruppe, um an persönlichen Fragestellungen zu arbeiten. Hier verkehrt sich die innere Mannschaftsaufstellung (Abb. 78 b), die Empfindsamen und Berührbaren trauen sich hervor und bestimmen das Klima. Die Gruppenarbeit verläuft tiefgehend und solidarisch. Die professionelle Vordermannschaft ist abgemeldet und außer Dienst. Die Leiterin ist froh, weil für diese Art von Fortbildung, die den inneren Menschen mit einschließt, die Fassade der Perfektion ein Lernhindernis darstellen würde.

Abends allerdings, die Männer sind nun wieder unter sich, stehen die *Berührten*, wie bestellt und nicht abgeholt, wenig bühnenerprobt herum. Ein kleines Kind im Inneren fühlt sich von Mutter alleingelassen: Wer bringt mich denn nun ins Bett? So kann «man» nicht mit den Kollegen in Kontakt treten. Verlegenheit breitet sich aus (Abb. 78 c), und in Windeseile erobert die erprobte Vordermannschaft die Bühne zurück und jagt die «Weichlinge» mit Hohn und Spott wieder davon. Derbe Sprücheklopfer und rationale Profis beherrschen wieder die Szene. Sollte plötzlich der Chef aus der anderen Halbgruppe wieder dabeisein, kann sich diese Rekonstruktion der alten Aufstellung besonders schnell und drastisch vollziehen.

Abb. 78 a: Normalaufstellung männlicher Führungskräfte

Abb. 78 b: Die Antipoden trauen sich an die Kontaktlinie. Stammspieler (vorübergehend) «abgemeldet»

Abb. 78 c: Verlegenheit im Inneren Team nach Verschwinden der Leiterin

Abb. 78 d: Stammspieler haben – aggressiv aufgeladen – ihr Terrain zurückerobert

Die Leiterin fällt am nächsten Morgen aus allen Wolken, als ihre Teilnehmer den vorangegangenen Nachmittag mit spöttischen Sprüchen kommentieren und sie als die Urheberin eines wertlosen Geschehens angreifen (Abb. 78 d). Nanu, sind das noch die Menschen von gestern?

Sie sind es noch, und sie haben sich wieder «eingekriegt». Wir Leiter sehen inzwischen deutlicher, dass die Einladung an eine verbannte Hintermannschaft nur ausgesprochen werden sollte, wenn zuvor das Einverständnis der Vorderleute, der Stammspieler und Leibwächter, eingeholt worden ist. Sie wollen gewürdigt und ernst genommen werden, eine innere Teamentwicklung ist nur mit ihnen möglich, nicht ohne sie oder gar gegen sie.

Das innere Empfangskomitee

Jeder Kommunikator steht vor der folgenschweren Tatsache, dass seine Botschaft nicht auf einen Hohlkörper trifft, in den man sie einfach hineinschütten könnte, sondern auf einen Menschen, der auf seiner inneren Bühne ein ganz bestimmtes Empfangskomitee aufgestellt hat. Ob und wie meine Botschaft ankommt, hängt manchmal viel weniger davon ab, wie ich die Worte wähle, als davon, «wer» sie in Empfang nimmt und welche(s) der vier Ohren «er» aktiviert (vgl. Schulz von Thun 1981, S. 44ff.).

Eine junge Mutter berichtet, wie sie innerhalb weniger Tage beim Wickeln ihres Säuglings zweimal nahezu denselben Satz gehört und jeweils völlig unterschiedlich darauf reagiert habe – innerlich wie äußerlich: «Ich habe bei meinem Sohn lieber Stoffwindeln als Pampers benutzt, weil er dann nicht so leicht wund war», bemerkte ihre Freundin – und die Mutter fand das hochinteressant und erkundigte sich genauer. Wenige Tage später kam die Schwiegermutter und fragte: «Sind diese Kunststoffwindeln denn gut für die Babyhaut? Wir hatten ja früher nur Stoffwindeln ...» – und die Angesprochene fand das «höchst unpassend» und reagierte abwehrend und unwirsch. An der Formulierung oder am Tonfall hat es hier nicht gelegen. Für die Freundin ist einfach ein anderes Empfangskomitee aufgestellt als für die Schwiegermutter; hier eine *Interessierte und Neugierige*, die sich gern austauscht über Erfahrungen, dort eine *Grenzwächterin*, die genau aufpasst, ob Schwiegermutter sich nicht zu viel einmischt, und die bei jeder Appellbotschaft auf Abwehr schaltet.

Jede menschliche Beziehung hat ihre Geschichte, deren Folgewirkungen wir in den personenbezogenen Grundaufstellungen wiederfinden. Von außen betrachtet, ist es zuweilen unerklärlich, warum jemand auf eine harmlose Bemerkung derart gereizt reagiert. Wahrscheinlich hat der Gereizte in ihm eine (Leidens-)Geschichte hinter sich und sitzt nun sprungbereit auf der Lauer, um neuerlichen Anfängen zu wehren.

Einflussnahme auf das innere Empfangskomitee

Das Phänomen des inneren Empfangskomitees ist von besonderer Bedeutung dort, wo ich als ein Kommunikator Einfluss nehmen will auf das Denken, Fühlen und Handeln meines Empfängers. Jedes Veränderungsmanagement steht und fällt mit meiner Überzeugungskraft. Zwar gibt es die beiden extremen Sonderfälle, dass ich offene Türen einrenne oder gegen eine Wand laufe, zumeist aber ist das mehrköpfige Empfangskomitee von *Aufgeschlossenen* und *Abwehrenden* heterogen besetzt. Wie kann ich, um etwas zu erreichen, dieses Empfangskomitee gezielt ansprechen?

Jeder Fall liegt anders, aber wenn wir die Situation formal betrachten, die zwischen dem Appell-Sender und dem Appell-Empfänger besteht, dann können wir grundsätzlich mit folgendem Empfangskomitee rechnen (s. Abb. 79):

- Ein *Aufgeschlossener*, der die Sache erst einmal neugierig und interessiert an sich herankommen lässt. Dass vieles im Argen liegt und reformbedürftig ist, hat er selbst erfahren und hofft demzufolge, dass «endlich einmal etwas geschieht». «Nur hereinspaziert!», ruft er dem Sender zu. «Ich werde Ihren Appell wohlwollend prüfen lassen!»
- Ein *Autonomiewächter*, der das eigene Hoheitsgebiet vor Eindringlingen schützt. Jeder Appell ist ein Eingriff in die Hoheitsrechte

Abb. 79: Das innere Empfangskomitee für eine appellbetonte Kommunikation

des Empfängers. Um nicht wie eine Billardkugel herumgestoßen zu werden, muss er sich seiner Autonomie vergewissern: «Du hast mir gar nichts zu befehlen!» Druck erzeugt Gegendruck, einen leichten *Widerstand auf der Beziehungsebene*, eine kleine, trotzige Grundhaltung, die noch ganz unabhängig vom Inhalt des Appells ist. Zumindest können wir damit rechnen, dass im Empfangskomitee auch ein Kontrolleur aufgestellt ist, der genau überprüft, ob der Appell-Sender eine gültige Fahrkarte zur Einreise in das Hoheitsgebiet besitzt oder nicht (im Beispiel oben: Freundin *ja*, Schwiegermutter *nein*).

- Ein *misstrauischer Manipulationsdetektiv*, der hinter jedem Appell eine raffinierte Falle wittert: Fast jedem Appell, auch und gerade wenn er in Gestalt einer *Empfehlung* (an den Empfänger) daherkommt, liegt ein Wunsch, ein *Interesse* (des Senders) zugrunde. Ein gesundes Misstrauen ist gerechtfertigt: Liegt das, was du mir empfiehlst (oder was du im Namen des Gemeinwohls von mir forderst), nicht in Wirklichkeit vor allem in *deinem* Interesse? Besonders, wenn du mir mit Engelszungen die Vorteile ausmalst, die diese Sache für mich haben soll, dann stellt sich in meinem Empfangskomitee der *Misstrauische* in die erste Reihe: Verbirgt sich hinter dem freundschaftlichen Berater nicht bloß ein schlauer Verkäufer?

- Ein *Verteidiger des inneren Gleichgewichts*. Fast jeder Appell soll bei dem Appell-Empfänger eine Veränderung bewirken (es sei denn, der Appell lautet: «Weiter so!»). Aber eine Veränderung bedroht den Status quo, den (vielleicht mühsam errungenen) inneren Gleichgewichtszustand. Der Status quo wird selbst dann verteidigt, wenn er als nachteilig und elend erlebt wird: Immerhin ist er vertraut, gibt Sicherheit in einer Welt, in der alles fließt, schwankt und sich umwälzt. Diese Art von Widerstand fügt dem Empfangskomitee eine dritte Abwehrkraft hinzu: den *Verteidiger des inneren Gleichgewichts* («Bloß nicht! Haben wir nie so gemacht!»).

Angesichts einer solchen Empfangsmannschaft darf die Aussicht, mit seinem Appell durchzudringen, nicht allzu hoch veranschlagt werden – jedenfalls wenn die eigene Macht nur auf die Macht des Wortes beschränkt ist. Immerhin ist das Empfangskomitee keine statische Größe, keine unveränderliche Gegebenheit: Es verwandelt sich während und durch das Gespräch oder durch die Rede. So weiß ein guter Kommunikator, dass er an der Abwehrmannschaft nicht ohne weiteres vorbeikommt. Wenn er, ohne sich um diese zu kümmern, mit Engelszungen auf den *Aufgeschlossenen* einredet, wird er es später umso mehr mit denen zu tun kriegen, die sich nicht angesprochen und übergangen gefühlt haben. Wer also jemanden für etwas gewinnen will, ist gut beraten, auch diejenigen im Team des Gegenübers anzusprechen, die das «Nein!» in sich tragen; und zwar nicht, indem er ihnen etwas auszureden versucht, sondern – paradoxerweise – indem er ihre Daseinsberechtigung bestätigt und um ihre Mitarbeit bittet.

Erschließung einer Mülldeponie. Dem folgenden Beispiel liegt eine nicht ungewöhnliche Situation zugrunde: Das Land will eine neue Mülldeponie erschließen. Erste Erkundungen haben ergeben, dass am Rand des Ortes X einigermaßen günstige Bedingungen vorliegen. In X hat sich eine protestierende Bürgerbewegung gebildet. Ein Regierungsvertreter reist zu einem Diskussionsabend nach X, um für die Sache zu werben und sich mit dem Widerstand auseinanderzusetzen. Die letzte Entscheidung ist in dieser Angelegenheit noch nicht gefallen.

In seiner Vorrede versucht der Regierungsvertreter auf das innere Empfangskomitee der anwesenden Bewohner günstig Einfluss zu nehmen:

Meine Damen und Herren,
auch wenn ich mich hier ein bisschen wie in der Höhle des Löwen fühle, bin ich letztlich doch froh, die Gelegenheit zu haben, Ihnen den Stand der Dinge und die Ergebnisse der Voruntersuchungen vorzutragen.

Kommentar: Die entwaffnende Einleitung, wahrscheinlich ehrlich empfunden, ist von der Wirkung her geeignet, das *Raubtier* im inneren Empfangskomitee der Versammelten, das diesen Regierungsvertreter am liebsten zerfleischen würde, gnädig zu stimmen.

Ich bin mir darüber im Klaren, dass hier nicht irgendwer versammelt ist, sondern Bürgerinnen und Bürger mit besonderem Engagement und Sachverstand. Von daher bin ich darauf gefasst, dass Sie sehr kundig und kritisch meine Argumente prüfen werden. Friede, Freude und Eierkuchen würden auch nicht zu dem Anlass passen, der uns hier heute zusammenführt.

Kommentar: Die Würdigung der Anwesenden hinsichtlich konstruktiver Absichten und Fähigkeiten ist geeignet, den sachlich-konstruktiven *Mitarbeiter* auf die Bühne zu holen und eventuelle *Krawallmacher* zurückzudrängen. Allerdings darf der Redner hier nicht zu dick auftragen, weil dies sofort die *Manipulationsdetektive* auf den Plan rufen würde. – Auch der Hinweis auf den antagonistischen Charakter der Begegnung ist geeignet, eskalierende Kräfte einzudämmen, die darauf warten, einem harmonischen Blabla mit kämpferischer Wucht entgegenzutreten. Sie werden prophylaktisch in ihrem Daseinsrecht gewürdigt – und wer sich gewürdigt sieht, muss nicht rebellisch auftrumpfen. – Die «politisch korrekte» Anrede «Bürgerinnen und Bürger» ist eine kleine Verbeugung vor den anwesenden Frauen und, sofern sie eine *Frauenbeauftragte* in ihrem inneren Ensemble haben, eine Vermeidung ihrer Provokation.

Ich sage Ihnen vorweg: Ich verstehe meinen Beitrag noch nicht unbedingt als der Weisheit letzten Schluss. Die ganze Wahrheit erschließt sich ja häufig erst im Dialog. Ich bin aber der Überzeugung, dass die Gesichtspunkte, die ich Ihnen vorzutragen habe, ein wichtiger Beitrag zur gemeinsamen Wahrheitsfindung sein können.

Kommentar: Indem er seinen Vortrag nicht als unantastbare Expertenweisheit ausgibt, sondern als «Beitrag zur dialogischen Wahrheitsfindung», kontravoziert (im Gegensatz zu provoziert) er den *Autonomiewächter* im inneren Empfangskomitee und erleichtert dem *Aufgeschlossenen* das Betreten der Kontaktlinie.

Natürlich geht es nicht nur um Wahrheitsfindung, sondern auch um Interessen, um legitime Interessen auf beiden Seiten. Ich werde die Interessen nicht verhehlen, die ich zu vertreten habe. Aber die Durchsetzung von Interessen ist nur auf sachlicher Grundlage möglich und legitim – und um die Klärung dieser sachlichen Grundlagen soll es mir und uns heute Abend gehen.»

Kommentar: Durch den Hinweis auf eigene Interessen beruhigt er die *Manipulationsdetektive*, lädt sodann den Teil im Empfangskomitee ein, der an Sachklärung interessiert ist.

Mit dieser Vorrede erhöht der Sprecher seine Chance, trotz massiver Proteststimmung überhaupt erst einmal angehört zu werden – die Voraussetzung für jede Auseinandersetzung. Durch *Provokationen* (sachlich orientierter Strebungen) und *Kontravokationen* (der auf Krawall gebürsteten Strebungen) nimmt er Einfluss auf die innere Aufstellung des Auditoriums.

Vielleicht provoziere ich mit diesen Zeilen den *Manipulationsdetektiv* im Inneren Team des Lesers. Vielleicht sagen Sie: «Das ist doch raffinierteste Trickrhetorik! Da schickt die Behörde einen rhetorisch und dialektisch geschulten Vertreter an die Front, der Öl auf die Protestwogen gießt, um so ihre Interessen gegen das Volk besser durchzusetzen! Ich habe es doch immer geahnt: Kommunikationstrainer geben dem Wolf Kreide zu fressen, damit sich ihm Türen auftun, die berechtigterweise verschlossen blieben, wenn sein wahres Wesen erkannt würde!»

Die Scheidelinie zwischen effektiver Kommunikation und raffinierter Manipulation ist nicht eindeutig zu ziehen, sie hängt auch von der Perspektive ab, von der aus ich eine Angelegenheit betrachte. Wenn ich als Leiter einer Behörde die ehrliche Überzeugung habe, dass eine Mülldeponie zum Wohl aller unabdingbar ist und dass sie dort errichtet werden muss, wo die Bedingungen günstig und die Zumutbarkeit für die angrenzende Ortschaft am ehesten gegeben ist, dann werde ich – und das ist meine verdammte Pflicht – jemanden schicken, der den Protest aufzufangen in der Lage ist, ohne gleich umgepustet zu werden; der die Gesprächsführung so beherrscht, dass Verwirrung, Frust und Eskalation vermieden werden, und der die Chance auf Akzeptanz der unpopulären Maßnahme erhöht. Entscheidend für eine Bewertung ist letztlich, ob die Wirkungsmethode mit Ehrlichkeit und Transparenz verbunden bleibt, ob er also wirklich neben seiner Überzeugungsabsicht an einer «Wahrheitsfindung im Dialog» interessiert ist (und sich entsprechend verhält) oder dies nur vorgibt, um bessere Karten zu haben.

In anderen Fällen ist die Sache eindeutiger. Intuitive Talente schlitzohriger Kommunikation haben schon immer gewusst, dass sie eher zum Ziel kommen, wenn sie auf die Mannschaftsaufstellung ihres Gegenübers Einfluss nehmen. Diese Art der «psychologischen Kriegsführung» sei an folgendem Alltagsbeispiel demonstriert.

Unerwarteter Besuch an der Haustür. Ich sitze zu Hause am Schreibtisch. Es klingelt an der Tür. Eine lästige Unterbrechung. Ein mir unbekannter junger Mann. Will der etwa was verkaufen? Mein *abweisender Grenzwächter* betritt das innere Spielfeld, einsatzbereit, diesen unerwünschten Kontakt schon im Keim zu ersticken. Der Mann stellt sich höflich vor und wahrt den Abstand, bleibt einen Meter vor der Tür stehen (mein Grenzwächter ist beruhigt und muss nicht aufrüsten). Er komme von einem bekannten Verlag (nennt den Namen) und führe eine Meinungsbefragung durch zum Thema «Vorurteile gegen jugendliche Straftäter»; ob ich ihm wohl drei Minuten – länger gewiss nicht – zu einigen Fragen meine Meinung sagen würde. Na ja, man möchte kein Unmensch sein: Wenn dem Mann mit drei Minuten geholfen ist … der *Hilfsbereite* betritt das Spielfeld, der Grenzwächter tritt (innerlich) zwei Schritte zurück und schaut auf die Uhr.

Abb. 80: Anfängliche innere Mannschaftsaufstellung an der Haustür

Nun stellt der Besucher seine Fragen: Ob ich der Meinung sei, dass jugendliche Straftäter nach ihrer Haftentlassung mit Vorurteilen rechnen müssten bei Arbeitgebern, in der Bevölkerung, wohl auch bei mir persönlich? Ob ich der Meinung sei, dass man solchen, die nun ein ordentliches Leben führen wollten, eine Chance geben müsste? Ja doch, unbedingt! Wer würde nicht in sich die Überzeugung auffinden, dass solchen Menschen die Chance für einen Neuanfang eröffnet werden muss. Neben dem *Hilfsbereiten* steht nun nach etwa zwei Minuten der *Tolerante* und *Wohlwollende* an vorderster Kontaktlinie. Der *Grenzwächter* schläft ein wenig.

Nun erwähnt der junge Mann fast beiläufig, dass er selbst auch so ein entlassener Häftling sei: nur ein Verkehrsdelikt – aber dann die ganze Strenge des Gesetzes. Plötzlich wird aus dem anonymen «Meinungsbefrager» ein betroffener Mitmensch: Ach, Sie Ärmster! Der *Mitleidige* betritt das Spielfeld, wohl auch der *schuldbewusste Privilegierte*. Aber auch der *Grenzwächter* wacht wieder auf, besonders, als der «Meinungsbefrager» und «Betroffene» sich nun doch auch drittens als Verkaufsanbieter zu erkennen gibt: Schon ein einziges Abonnement würde seine Chancen auf einen beruflichen Neuanfang erheblich verbessern ...

Sofort leuchten beim *Grenzwächter* alle Alarmlampen auf – er ist ganz wieder da. Aber die Kontaktlinie ist besetzt. Da tummeln sich noch der *Hilfsbereite*, der *Tolerante*, der *Wohlwollende*, der *Mitleidige* und der *Schuldbewusste*. Große Irritation, inneres Durcheinander.

Der Ausgang? Ungewiss. Aber in jedem Fall eine enorme Chancenverbesserung gegenüber der Anfangssituation, als noch der abweisende *Grenzwächter* allein auf weiter Flur war.

In meinem Fall hat der *Grenzwächter* das Abonnement abgelehnt, und die Wohltäter in der Vorderreihe haben jeder einen Euro (insgesamt 5 Euro) gegeben. Zu spät empörte sich ein *Naiver*, der sich hereingelegt fühlte, und übergab den Fall an den *Kommunikationswissenschaftler* zur weiteren Auswertung – auch eine Art von Teamarbeit ...

Abb. 81: Innere Aufstellung des Empfängers an der Haustür nach raffinierter Manipulation

Die Mannschaftsaufstellung bezogen auf die eigene Person

Wenn wir von «personenbezogenen Mannschaftsaufstellungen» sprechen, dann ist ebenfalls (und nicht zuletzt) daran zu denken, dass wir auch uns selbst gegenüber eine solche Grundaufstellung entwickelt haben. Die Summe aller Botschaften, die hier laut werden, bilden die Grundlage unseres Selbstwertgefühls. Dieses kann insgesamt eher gut oder eher schlecht sein, in jedem Fall ist auch hier mit innerer Uneinigkeit zu rechnen, folglich wird es in der Regel widersprüchlich sein.

Dass der Mensch zugleich Subjekt und Objekt der Selbstbewertung sein kann, kommt zugespitzt in einem Ausspruch des amerikanischen Komikers Groucho Marx zum Ausdruck: «Ich würde nie einem Klub beitreten, der mich als Mitglied akzeptiert!» Weniger witzig wird die Sache, wenn jemand von einer tiefen Überzeugung durchdrungen ist, dass mit seinem Partner etwas nicht stimmen kann, wenn er ihn liebt. Gottlob sind solche Stimmen («Ich bin nicht liebenswert!») meist nicht die einzigen im Inneren Team. Manche Menschen berichten davon, dass einzelne Mitspieler zu bestimmten Zeiten ihren großen Auftritt haben: «Morgens, nach dem Aufwachen, finde ich mich zwei Stunden lang nur zum Kotzen, vermeide es, in den Spiegel zu schauen, und rechne mich dem Abschaum der Menschheit zu. Aber Sie sollten mich am frühen Abend sehen: In einem Rausch von Selbstgefühl sehe ich die Welt mir zu Füßen liegen, finde mich selbst phantastisch und unwiderstehlich!»

Dies ist ein Extrembeispiel, aber wohl jeder kennt das Wechselspiel von Stimmungen, in denen wir mit unterschiedlichen Selbstbewertern in Kontakt kommen: mit dem inneren *Niedermacher* zum Beispiel, und dann wieder mit einem *stolzen Oskar*, der unseren Charakter, unsere Kompetenz und tägliche Lebensleistung mit Anerkennung und Wohlgefallen würdigt. Solche Stimmungen sind ja nichts anderes als seelische Musik, die vom jeweils vorherrschenden Chor innerer Stimmen erzeugt wird. Und wer seine Stimmungen ergründen will, kann auf den Text der Einzelstimmen lauschen, die am Chor beteiligt sind.

Die inneren Botschaften der Selbstbewerter sind, wie alle Äußerungen, quadratisch (vgl. S. 39). Ihr Hauptakzent liegt entweder auf der Beziehungs-Seite («Du bist ein Versager, eine grundehrliche Haut …») oder auf der Appell-Seite («Sei perfekt, edel, hilfreich, gut und allzeit erfolgreich!»). H. und S. Stone (1994) haben den Eindruck gewonnen, dass in der selbstbezogenen Grundaufstellung des westlichen Erfolgsmenschen ein Triumvirat vorherrscht, bestehend aus dem *Perfektionisten*, dem *Kritiker* und dem *Antreiber* (der seinerseits Kapitän einer ganzen Untermannschaft sein kann, vgl. S. 208 (s. Abb. 82).

Abb. 82: Typische Aufstellung des westlichen Erfolgsmenschen bezogen auf das eigene Selbst

Wenn diese drei überwiegend den Ton angeben, entsteht ein schreckliches Betriebsklima im Innendienst, mag auch der Außendienst tapfer seiner Aufgabe nachkommen. Selbst wenn wir uns hier in der Domäne der Psychotherapie befinden, bricht dieses Thema notgedrungen auch in der beruflichen Fortbildung sozialer Kompetenzen immer wieder durch. Wie damit umzugehen ist, ist uns bereits aus dem Kapitel «Innere Widersacher» (S. 197ff.) vertraut. Vor allem kann und muss der innere Gegenspieler, der ermutigende *Würdiger*, geweckt, gestärkt, trainiert werden, zum Beispiel durch den Vorschlag: «Stell dich mal hinter diesen Stuhl, und halte eine kleine Lobrede auf dich selbst!»

5.3 Themenbezogene Mannschaftsaufstellungen

Im vergangenen Kapitel sind wir auf die Tatsache gestoßen, dass unsere Grundaufstellung gegenüber verschiedenen Mitmenschen unterschiedlich ist und dass auch uns selbst gegenüber eine charakteristische Mannschaft im Einsatz ist. Werfen wir jetzt noch einen Blick auf innere Mannschaftsaufstellungen, die sich angesichts bestimmter Lebensbereiche oder Lebensthemen (Geld, Erziehung, Politik, Sexualität ...) konfigurieren. Auch hier betreten wir ein weites Feld – was in der Sozialpsychologie unter die Kategorie «Einstellungen» fällt, betrachten wir hier als «Aufstellungen» und rechnen damit, dass sie beileibe nicht nur eindeutige Stellungnahmen enthalten, sondern aus einer Gruppe von Wortmeldungen bestehen, die vielgestaltig und widersprüchlich sein werden. Diese Gruppe von Wortmeldungen wird noch einmal unterschiedlich ausfallen, je nachdem, wie konkret ein Lebensthema gefasst ist, lautet das Thema: «Wie ist meine Einstellung zur Asylantenfrage?» oder konkreter: «Wie stehe ich zum Bau eines Asylantenheims in unserer Straße?»

Die Persönlichkeitstheorie Fritz Riemanns im Licht des Modells vom Inneren Team

Zur Darstellung themenbezogener Mannschaftsaufstellungen greife ich ausnahmsweise auf eine Persönlichkeitstheorie zurück. Ich sage «ausnahmsweise», weil das Modell vom Inneren Team von seiner Idee und von seiner Anwendungspraxis her *phänomenologisch* orientiert ist, und das heißt: Wir schauen einfach, wer in dir, wer in mir wirksam ist und mit welcher Botschaft er sich zu Wort meldet – unabhängig davon, ob ein solches seelisches Teilmitglied in irgendeiner Theorie vorgesehen ist. Wenn wir hier die Theorie von Riemann (1969) mit dem Modell des Inneren Teams verbinden, dann deshalb, um das weite Feld etwas einzugrenzen, um die phänomenologische Vielfalt auf zwei Dimensionen zurückzuführen.

Auf diese beiden Dimensionen greifen wir in unseren Kommunikationskursen gern zurück, wenn wir auf menschliche Unterschiede zu sprechen kommen (vgl. Thomann und Schulz von Thun 1988, S. 149–174). Die sich ergebenden vier Pole, die vier Grundstrebungen der menschlichen Persönlichkeit, können wir als vier Stammspieler des Inneren Teams auffassen:

Abb. 83: Vier Grundstrebungen der Persönlichkeit (nach Riemann 1969 und Thomann u. a. 1988), hier als vier Stammspieler («Fraktionssprecher») des Inneren Teams aufgefasst

Bei diesen Stammspielern handelt es sich genau genommen um Fraktionssprecher, denn unter jedem der vier Oberbegriffe versammeln sich zahlreiche Unteraspekte. So mag zum Beispiel der *Nähe-Mensch* in uns verschiedene (von Person zu Person unterschiedliche)

Teilmitglieder zusammenfassen, etwa einen *selbstlosen Helfer*, einen *Anlehnungsbedürftigen*, einen *konfliktscheuen Beschwichtiger*, einen *herzlichen Ermutiger* usw.

Diese vier Fraktionssprecher mögen sich hier in aller Kürze vorstellen, zur Auffrischung für den kundigen Leser und als Kurzeinführung für den interessierten Neueinsteiger:

Mir geht es um den herzlichen Nahkontakt, darum, ein harmonisches Miteinander in Liebe und Zuneigung herzustellen und aufrechtzuerhalten. Ich bin gern für andere da, blühe auf im Kontakt, wenn wir uns nahe sind und uns als Menschen von Herz zu Herz begegnen können.

Anlehnungsbedürftig wie ich bin, habe ich große Angst vor Konflikt und Zerwürfnis, davor, von Gott und der Welt verlassen und mutterseelenallein dazustehen.

Sie wollten mit mir sprechen? Wie schön! Sprechen wir doch per Du von Mensch zu Mensch und legen wir das gespreizte Rollengehabe ab! Ich hoffe, ich bin nicht zu aufdringlich?

Es geht darum, den gebührenden Abstand zu wahren, und dass man einander nicht mit distanzloser Vertraulichkeit begegnet. Wichtig, dass jeder unabhängig für sich steht, dass man nicht allzu sehr aufeinander angewiesen ist. Von Vorteil, wenn man die Dinge rational, objektiv und sachlich angehen kann.

Wenn jeder sein Einzelzimmer und seine Rückzugsmöglichkeit hätte, gäbe es nicht so viel Streit zwischen den Menschen. Auch sogenannte Herzensangelegenheiten sollte man mit kühlem Verstand angehen und über der Sache stehen.

Wer mit mir sprechen will, möge bitte sein Anliegen schriftlich oder per Fax vortragen, die betreffende Person erhält dann Antwort aus meinem Büro.

In einer unsicheren und chaotischen Welt (auch: Innenwelt) ist eine

a) anständige und
b) überschaubare

Lebensführung nur möglich, wenn man

1. die Angelegenheiten,
2. die Menschen und
3. sich selbst

durch Struktur und Ordnung, Organisation und Planung, Hierarchie, Regeln und Kontrolle in den Griff bekommt. Auch Pünktlichkeit und Disziplin gehören dazu, ohne diese Tugenden kann kein System funktionieren. Gehen wir auf Nummer sicher – das hat nichts mit Pedanterie zu tun!

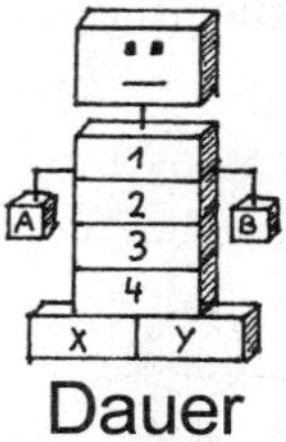

Sie wollen mit mir sprechen? Dann braucht es eine Tagesordnung, auf die man sich einstellen und vorbereiten kann. Und lassen Sie mich Ihnen die Geschichte der Abteilung seit 1927 kurz umreißen, damit Sie meine Ausführungen im historischen Kontext verstehen können. Wenn Sie mich nicht unterbrechen, werden Sie am ehesten die Logik meiner Ausführungen einsehen.

Es gibt Leute, also, Leute gibt's! Die sehen schon aus wie ihr eigener Terminkalender und kommen überhaupt nicht zum Leben! Und Leben, das ist Lebendigkeit, Spontaneität, Kreativität, mal was Neues wagen, nicht immer die eingefahrenen Gleise! Was man schlecht geplant und organisiert hat, kann man doch an Ort und Stelle improvisieren und sich vom Charme des Augenblicks verzaubern lassen! Hat mir noch nie jemand übel genommen, und wenn doch, dann vergesse ich es gleich wieder, bin schließlich nicht nachtragend, haha!

Du willst mit mir klönen? Tun wir doch schon die ganze Zeit, aber dann muss ich dir noch erzählen, was mir neulich passiert ist ... ich bin gespannt, wie du das findest – und vor allem: wie du *mich* findest! Aber warte mal, ich glaub', ich muss weg! Sollte vor einer halben Stunde beim Zahnarzt sein, macht nichts, der weiß schon, dass ich sowieso nicht ganz pünktlich bin, der Gute, ein ganz charmanter Mann!

Haben Sie sich an Leute aus Ihrer Umgebung erinnert gefühlt? Meistens kann man andere Menschen in dieses Persönlichkeitsschema leichter einordnen als sich selbst. Das liegt daran, dass man von anderen häufig nur die Stammspieler des Außendiensts sieht, von sich selbst kennt man aber auch die Hintermannschaft: jene Mitglieder, die zwar meist im Hintergrund bleiben, dort aber durchaus spürbar sind und sich gelegentlich auch nach vorn drängen wollen. Der Mensch ist ein Sowohl-als-auch-Wesen, und so können wir uns vorstellen, dass wir – in Hinblick auf die Riemann'schen Dimensionen – mit einer «Grundaufstellung» durchs Leben gehen, in der ein, zwei oder auch drei Stammspieler überwiegend vorn stehen und nach außen wirken, die anderen als Antipoden im Hintergrund bleiben (und eventuell der Verbannung anheimfallen; s. Abb. 84).

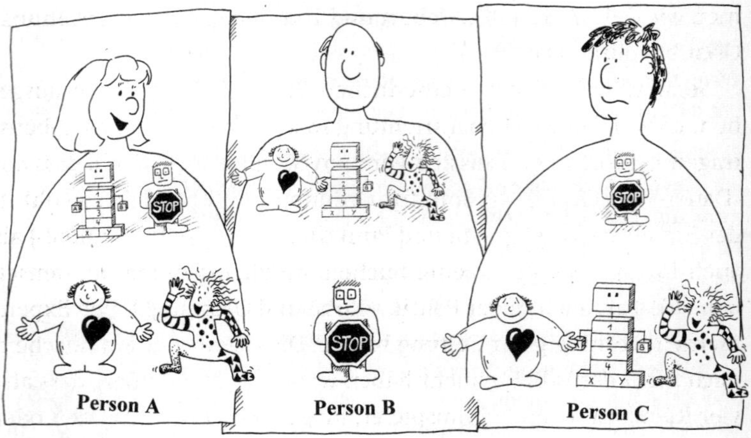

Abb. 84: Beispiele für persönlichkeitstypische Grundaufstellungen der vier Riemann'schen Stammspieler (vgl. auch Jun 1989)

Umgruppierungen des Inneren Teams in Hinblick auf wichtige Lebensthemen

Zu solchen persönlichkeitstypischen Grundaufstellungen gelangen wir, wenn wir eine Art Durchschnitt für viele Situationen bilden. Genau dies ist auch die «Persönlichkeit», wie sie über Fragebogentests ermittelt wird (z.B. Kuhl und Kazén 1997).

In diesem Kapitel richten wir unser Augenmerk jedoch auf die menschliche Eigenart, diese Grundaufstellung je nach Kontext auch dramatisch zu verwandeln. Ein «Distanz-Mensch» kann in einer neuen oder in einer sich verändernden alten Beziehung plötzlich sein ganzes Nähe-Ensemble hervorholen: Halb zieht er sie, halb sinken sie hin. Ebenso, wie es personenbezogene Umgruppierungen gibt, so gibt es sie auch in Hinblick auf Lebensbereiche und Lebensthemen wie Geld, Sexualität, Geburt und Tod, Lebenskrisen, Erziehung, Urlaub, Politik usw.

Solange wir bei der menschlichen Persönlichkeit davon ausgehen, dass sie eine Gleichausrichtung in allen menschlichen Lebensfragen hervorbringt, müssten wir zum Beispiel annehmen, dass ein «Dauer-Mensch» seinen Sinn für Ordnung und Kontrolle sowohl in der Erziehung («Gehorsam und Pünktlichkeit, feste Prinzipien!») als auch im Urlaub («Rechtzeitig buchen, möglichst immer an denselben Ort!») als auch in der Politik («Ruhe und Ordnung! Keine Experimente!») vorrangig zur Geltung bringe. Dies ist aber allem Anschein nach nicht der Fall. Vielmehr haben wir damit zu rechnen, dass alle vier Riemann'schen Stammspieler, mögen sie nun zur Vorder- oder zur Hintermannschaft eines Menschen gehören, sich ihr Betätigungsfeld suchen. So mag bei bestimmten Lebensthemen ein rückwärtiger Antipode plötzlich seinen Platz auf der Reservebank verlassen und aufs Spielfeld laufen – und so sein Daseinsrecht innerhalb der Gesamtmannschaft behaupten. Vielleicht sind es auch zwei oder drei, die dieses themenbezogene Spielfeld betreten und ein Team oder eine zerstrittene Gruppe bilden. Um diesen Gedanken konkret werden zu lassen, hören wir einmal mögliche Stellungnahmen der vier Riemann'schen Stammspieler zu verschiedenen Themen:

Thema GELD

NÄHE

Nicht so wichtig, aber schön zu haben, um jemanden glücklich zu machen. Wenn ich Geld übrig habe, stecke ich gern den Kindern etwas zu oder mache Geschenke – da fällt mir immer etwas Persönliches ein.

DISTANZ

Wichtig, um auf niemanden angewiesen zu sein. Dass man nicht bitten und zu Dank verpflichtet sein muss, sondern Leistungen bezahlt, auf die man einen Anspruch hat. Geld macht unabhängig. Wenn schon Geschenke nötig sind, sollte man Geld geben – der andere weiß selbst am besten, was er gebrauchen kann.

DAUER

Spare in der Zeit, so hast du in der Not! Um sich vor den Wechselfällen des Lebens zu schützen, sollte man Geld sparen, sicher und nicht spekulativ anlegen und sich gut versichern. Gute Lebensführung zeigt sich vor allem in einer guten Buchführung.

WECHSEL

Man sagt, ich könne mit Geld nicht umgehen. Das stimmt überhaupt nicht! Ich kann es gut ausgeben, mehr, als ich sogar besitze, haha! Ich weiß gar nicht genau, ob ich zurzeit Schulden habe!? Wenn ich zufällig Geld habe, kann ich sehr großzügig sein. Wie gewonnen, so zerronnen: Raus damit, auf dem Konto ist es tot!

NÄHE

Sex ist nur dann schön, wenn er eingebettet ist in eine liebende, vertraute Beziehung, dass man sich wirklich mag, sich streichelt und kuschelt, sich tief in die Augen schaut und so einander wirklich nahe ist und in der Verschmelzung seinen gemeinsamen Höhepunkt findet.

DISTANZ

Sex hat dann seinen besonderen Reiz, wenn nicht allzu viele Gefühle dabei sind und die reine Fleischeslust zum Zuge kommt. Jeder ist selbst für seinen Orgasmus zuständig. Die Fremdheit des Partners ist reizvoll, mindestens sollte sein Äußeres ein Element von Fremdartigkeit aufweisen. Bloß nicht die Frage «Liebst du mich?» – dann ist alles aus.

Thema SEXUALITÄT

DAUER

Sex kann schön sein, aber man muss in der richtigen Stimmung und darauf eingestellt sein. Nicht gerade «freitags abends nach der Tagesschau», aber doch eine gewisse Regelmäßigkeit, mit Vorankündigung, und gern eine gewisse Regelhaftigkeit im Ablauf! Ich habe es mir zur Gewohnheit gemacht...

WECHSEL

Ein bisschen prickelnde Spannung sollte immer und überall dabei sein – in einem unerotischen Alltag würde ich total verwelken! Sex ist echt geil, wenn er spontan und ungeplant aus dem Augenblick heraus entsteht, gern auch an den «unmöglichsten» Orten. Experimentierfreude ist angesagt!

NÄHE

Sterben möchte ich am liebsten zu Hause, im Kreise meiner Lieben, und dass mir jemand die Hand hält und ich Abschied nehmen kann. Die schrecklichste Vorstellung: im Krankenhaus, allein, den Apparaten ausgeliefert, ohne Begleitung, abgeschoben.

DISTANZ

Das Sterben ist eine intime Angelegenheit, da möchte man sich wie ein Elefant von der Herde dezent zurückziehen. Allerdings wäre professionelle Hilfe ratsam, um das Leiden zu verringern.

Thema
STERBEN

DAUER

Wichtig ist, dass man sich langsam darauf einstellt und gute Vorbereitungen trifft: Grabstätte kaufen, Testament machen, Papiere sortieren, Listen für die Hinterbliebenen anlegen, wo sie alles finden und woran sie denken müssen.

WECHSEL

Oje, müssen wir ausgerechnet über dieses Thema reden? Tot sind wir doch früh genug, also lass uns erst mal leben, und zwar intensiv. Für mich wäre der schönste Tod peng-bum! – mitten aus dem Leben heraus, vielleicht noch mit dem Champagnerglas in der Hand.

Mögen diese Beispiele genügen. Sie können, wenn Sie ein Gefühl für die vier Stammspieler der Persönlichkeit entwickelt haben, ihre analogen Stellungnahmen zu den anderen Lebensthemen selbst vornehmen.

Halten wir in Abbildung 85 fest, dass ein und derselbe Mensch zu den verschiedenen Lebensthemen sehr unterschiedliche Aufstellungen zur Geltung bringen kann:

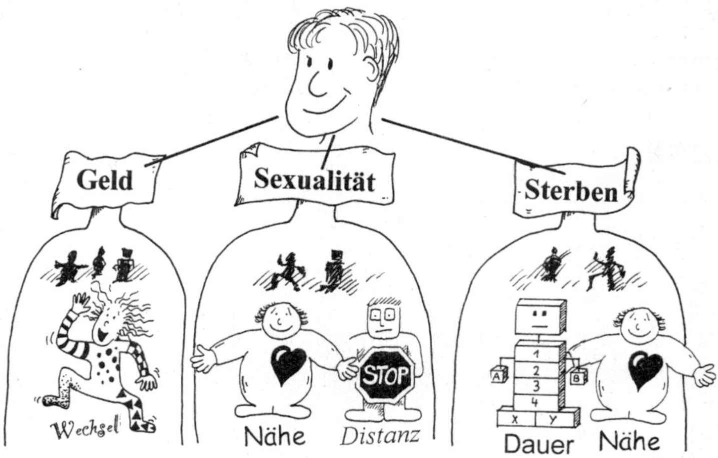

Abb. 85: Unterschiedliche Mannschaftsaufstellungen ein und derselben Person in Bezug auf verschiedene Themen (schematisches Beispiel)

Dabei können ein, zwei, drei (vielleicht sogar alle vier) Mitglieder dominant im Vordergrund stehen, durchaus auch zwei Gegenspieler einer Dimension (s. Abb. 85, Mitte).

In unseren Kursen spielen wir manchmal, um das Thema erlebnisaktivierend einzuleiten, das Spiel «Vier Ecken hat der Raum»: Die Gruppe geht langsam durch den Raum. Zu immer einem neuen Lebensthema werden dann vom Leiter die vier Stellungnahmen nacheinander ausformuliert (in wechselnder Reihenfolge, also beim Thema «Erziehung» vielleicht Dauer – Nähe – Wechsel – Distanz, zum Thema «Geld» vielleicht Wechsel – Dauer – Distanz – Nähe). Jeder Teilnehmer soll sich nach jedem Thema für eine der vier Stellungnahmen entscheiden, die ihm am ehesten aus dem Herzen gesprochen ist. Alle Teilnehmer mit der gleichen Wahl treffen sich in einer der vier Ecken des Raums, die vom Leiter bezeichnet werden. Die Zuordnung der Ecken zu den vier Riemann-Polen ist (zunächst) nur dem Leiter bekannt und bleibt während der ganzen Übung konstant.

Nach den Übungsdurchgängen kann jeder Teilnehmer selbst auswerten, in welcher Ecke er wie oft gestanden (und wen er dort getroffen) hat.

6. Inneres Team und Gehalt einer Situation

Unsere innere Mannschaftsaufstellung entspricht im Idealfall dem Spielfeld, auf dem die menschliche Begegnung stattfindet. Im Realfall ist diese Entsprechung mehr oder minder gut, kann (punktuell) durch eine gute Kommunikationsberatung und (generell) durch innere Teamentwicklung verbessert werden. – Dieser folgenschwere erste Satz soll in diesem sechsten und letzten Kapitel mit Sinn und Vorstellung gefüllt werden.

Stimmige Kommunikation enthält einen doppelten Auftrag, der mir die Übereinstimmung mit mir selbst und mit dem Gehalt der Situation abverlangt. Worin aber besteht der Gehalt einer Situation? Wie ist er zu bestimmen? Ergibt er sich aus objektiven oder aus subjektiven Kriterien? Und wonach bestimmt sich die Entsprechung von Kommunikation und Situation?

6.1 Die Entsprechung von Kommunikation und Situation

Dies sind keine leichten Fragen, und wer in der Kommunikation und im Umgang mit Menschen alles «richtig» machen will, muss nahezu verzweifeln, wenn er dahinterkommt, dass diese sich nicht aus den gegebenen Bestimmungsgrößen quasi mathematisch oder logisch oder psychologisch ableiten lassen – oder doch? Gelungene Kommunikation ist das Resultat eines Wechselspiels, ich habe es nie allein in der Hand (oder im Mund), und manchmal verpufft ein «guter» Beitrag, ebenso wie ein «schlechter» etwas Gutes auslösen kann. Dennoch ist nicht alles beliebig oder nur durch Versuch und

Irrtum zu finden: Es gibt klare Gütekriterien, die es anzustreben lohnt, weil ein «guter» Beitrag zur Kommunikation ihr Gelingen wahrscheinlicher macht.

Diese Gütekriterien liegen in den Besonderheiten einer Situation verborgen, sie wollen entdeckt, «erspürt» werden. So kann sich die Verzweiflung in Suchfreude verwandeln, kann der situative Spürsinn mit der Zeit reifen, kann sich das Gefühl für Stimmigkeit oder Unstimmigkeit in uns zu einem Seismographen verfeinern, können wir lernen, die einer Situation innewohnende Logik herauszuarbeiten und unser kommunikatives Handeln darauf einzustellen.

Ein situatives Gespür haben wir alle, auch wenn es uns auf unübersichtlichem Gelände abhanden kommen kann. Schaudernd lachen wir über den Kabarettisten Jürgen von Manger, wenn er als Henker dem Delinquenten vor der Hinrichtung ebenso treuherzig wie vertraulich von seinen beruflichen Alltagssorgen und von den schlechten Verkehrsanbindungen zur Haftanstalt erzählt («Ich mein', damit haben Sie ja nun nix mehr zu tun ...»): ein durch und durch nettes Verhalten, aber in dieser Situation will und will es nicht passen. Dieses Extrembeispiel bietet den didaktischen Vorteil, dass sofort deutlich wird: Die innere Mannschaftsaufstellung (mit der treuherzigen *Plaudertasche* als Spielführer) stimmt hier nicht, sie ist «daneben». Im wirklichen Leben ist die Verfehlung eines situativen Gehalts oft deutlich zu spüren, aber nicht mit absoluter Trennschärfe zu markieren. So berichtet eine Flughafenangestellte: «Uns wurde beigebracht, mit aufgebrachten Fluggästen angemessen umzugehen, zum Beispiel bei Flugverspätungen oder wenn ein Koffer nicht angekommen war. Zum Teil muss man sich dann schlimmste Beleidigungen und Beschuldigungen anhören. Wir lernten, darauf erstens sachlich und zweitens freundlich einzugehen, keinesfalls beleidigt oder aggressiv. Diese Reaktionsweise gefiel mir gut. Sie machte mich unangreifbar und überlegen. Als ich damit begann, in dieser Weise auch auf meine Freunde zu reagieren, nämlich betont sachlich und stets mit einem Lächeln, wäre ich sie beinahe losgeworden.» Die innere Aufstellung, die in der einen (professionellen) Situation adäquat erscheint, wird in der anderen (privaten) Situation zu Recht als «daneben», als «Abfertigung» empfunden. Die Freundschaft lebt von der authentischen Auseinandersetzung; die Frage «Wie stehen und wie fühlen wir zueinander?» berührt ihren Lebensnerv. Am Flughafenschalter geht es darum aber überhaupt nicht. – Oder nehmen Sie den Vater, der als leitender Angestellter gewohnt ist, Probleme auf die schnellste Weise «einer effektiven Lösung zuzuführen». Wenn er mit dieser inneren Mannschaftsaufstellung abends den ehelichen Dialog bestreitet, kann es schiefgehen, obwohl er es wirklich gut meint:

Mutter: Stephan hat wieder eine Fünf geschrieben, ich mache mir allmählich Sorgen ...

Vater: Gut, also erstens: Gespräch mit der Lehrerin, bitte Terminabstimmung vornehmen. Zweitens: Disziplin und Arbeitsmoral als Werte stärker implementieren ...

Mutter: Drittens lasse ich mich scheiden!

Vater: Bitte, Carlotta, auch von deiner Seite etwas mehr Gesprächsdisziplin, sonst kommen wir hier nicht weiter!

Oder nehmen wir einen anderen Bereich: Vielfach wird berichtet, dass Ärzte das Geschehen von der medizinisch-technischen Seite beleuchten und kommentieren und dabei die existenzielle Betroffenheit ihrer Patientinnen ausblenden. So zum Beispiel, wenn nach einer Totgeburt von «hygienischer Entsorgung» die Rede ist oder wenn nach einer Abtreibung der Fötus als «bereits vergammelt» bezeichnet wird. Besonders Frauenärzte standen dafür lange Zeit unter heftiger Kritik (Amendt 1985; Sieg 1988). In unserem Modell gesprochen: Spielführer in der Mannschaft des Arztes sind der *Naturwissenschaftler* und der *Medizintechniker*; der situative Gehalt verlangt aber auch und nicht zuletzt den *menschlichen Beistand*.

Situationsadäquate Aufstellungen

Bedeutet denn all dies, dass es zu jeder gegebenen Situation eine passende, adäquate innere Aufstellung gibt? Nicht nur eine einzige, sie soll ja auch, dem doppelten Stimmigkeitsgebot folgend, mit dem Menschen in Einklang stehen, der in der Situation zu handeln oder sich zu äußern hat. Und dieser wiederum wird die Situation seiner eigenen Identität entsprechend auffassen und definieren (s. S. 328 und 358ff.). Und er wird ein Verständnis von seiner Rolle in dieser Situation mitbringen. Insofern können wir weder empirisch erwarten noch normativ als Ideal verkünden, dass die objektiv gegebenen Bestimmungsstücke einer Situation in jedem Fall ein bestimmtes Kommunikationsverhalten mit sich bringen (sollten). Aber prinzipiell lohnt es sich für jeden Kommunikator, wenn er seine Ziele erreichen und zum Gelingen des Ganzen beitragen will, den Gehalt einer Situation genau zu erfassen, um den darin enthaltenen Forderungen durch eine geeignete innere Aufstellung entsprechen zu können.

Diesen Grundgedanken, dass eine Situation «Forderungen enthält» und eine «entsprechende innere Mannschaftsaufstellung» herausfordert, möchte ich an folgendem Beispiel illustrieren:

Becker und Jäger (1994) haben einen Leitfaden für Führungskräfte entwickelt, wie sie Teambesprechungen zu wichtigen (heiklen, brisanten) Themen leiten können. Ihr Kerngedanke: Bei solchen Auseinandersetzungen sollten vier Phasen unterschieden werden:

1. Initialphase
2. Aktionsphase
3. Integrationsphase
4. Umsetzungsphase

Das Verhalten des Leiters sollte in den verschiedenen Phasen sehr unterschiedlich sein: Damit Verhalten auch atmosphärisch wirksam wird, sollten auch die innere Verfassung und die Ausstrahlung phasentypisch unterschiedlich sein; das heißt in unserem Modell nichts anderes, als dass die *innere Aufstellung* des Leiters in Passung zur jeweiligen Phase zu bringen ist – jedenfalls idealerweise. Schauen wir uns genauer an, worum es in den einzelnen Phasen geht, worauf es ankommt und wie demzufolge die innere Aufstellung aussehen sollte.

Initialphase: Zu Beginn braucht es jemanden, der die Anwesenden willkommen heißt, sie in die Situation (und ihre Hintergründe) einführt und der das Thema nicht nur benennt, sondern so einführt, dass er zu einem Mitdenken und Mitfühlen einlädt und «anstiftet». Wenn der Leiter für diese Phase einen *freundlichen Gastgeber*, einen *präzisen Situationsklärer* und einen *suggestiven Anstifter* für das Thema mitbringt, dann hat er «alle beisammen» (s. Abb. 86).

Dies alles klingt fast banal. Wenn wir aber mit ansehen, wie lieblos und luschig viele Sitzungen eröffnet werden, ohne gestaltende Kraft, ohne gemeinschaftsbildende Ansprache, ohne thematische Prägnanz, dann dürfen wir uns nicht über den chaotischen oder blockierten Verlauf mancher Debatte wundern.

Ich persönlich habe noch einen *Wächter der Andacht* in meinem Inneren Team: Er wacht darüber, dass in dieser Phase alles mucksmäuschenstill ist: keine Seitengespräche, kein Auspacken und Ordnen der Unterlagen, kein Kommen und Gehen. Beim kleinsten Anzeichen von Abgelenktheit unterbreche ich die Einführung und warte mit ruhendem Blick auf den Urheber.

Aktionsphase: Die Auseinandersetzung kommt in Gang, hier kann es hoch hergehen. Und das soll es auch. In dieser Phase soll ein wertschätzender, zunächst nur *aufnehmender*, zu Beiträgen *ermutigender Moderator* zum Spielführer werden, während andere, die auf das Spielfeld drängen, zurückzuhalten sind, zum Beispiel ein *Ordnungshüter* («So geht es nicht, meine Herren! In meiner Rednerliste kommen zunächst Herr A, B, C, Y und Z!»), ein *Besänftiger* («Aber, aber! Bitte bleiben Sie sachlich!») und ein *selbst Engagierter* («Das kann ich so nicht stehen lassen, jetzt muss ich auch mal was sagen!»; s. Abb. 86).

Abb. 86: Beispiel für den (wünschenswerten) Wandel innerer Aufstellungen in Abhängigkeit von der Situation – hier: Leiter von Teambesprechungen in den ersten beiden Phasen (in Anlehnung an Becker 1994)

Integrationsphase: Irgendwann kommt der Zeitpunkt, wo alles Wichtige gesagt ist, die Interaktionsdynamik zwar weiter in Schwung bleibt, aber keine neuen Gesichtspunkte und Einsichten mehr zutage fördert. Eben noch *non-direktiver Moderator*, soll der Leiter nun als *Machthaber* des Geschehens auftreten, den Prozess stoppen und in eine neue Phase überführen: die Phase des Bilanzierens und Integrierens. Wieder ein innerer Wechsel seiner Mannschaftsaufstellung: Jetzt wird eine *ordnende Hand* gebraucht, jemand, der das Gesagte einordnet, strukturiert, miteinander in Beziehung setzt und (entweder) den Grundkonflikt herausarbeitet und (oder) den konsensuellen Tenor auf den Punkt bringt. Wichtig aber in dieser Phase, dass die *ordnende Hand* auf der inneren Bühne nicht allein auf weiter Flur steht – sie wäre in Gefahr, von der entfachten Dynamik der vorangegangenen Phase «weggepustet» zu werden. An ihrer Seite braucht sie einen Leibwächter, einen *Wächter der Disziplin*, welcher bei Wiederaufleben der Dynamik nun für Ruhe und Sachlichkeit sorgt und notfalls nachdrücklich durchgreift. Auch hier wieder: Wenn der Leiter nicht «alle beisammen hat», kann er nicht situationsgerecht führen.

Umsetzungsphase: Angenommen, man ist zu einem gemeinsamen Ergebnis gekommen. Nun kommt es letztlich darauf an, das Ergebnis der Aussprache in entsprechende Handlungen umzusetzen. Ein *strukturgebender Planer* betritt die Bühne, begleitet von einem notfalls *unerbittlichen Kontrolleur*: Er stellt die Frage oder legt fest, woran der Vollzug gemessen wird und was geschehen soll, wenn das Beschlossene nicht eingehalten wird.

Wir werden gewahr, dass jeglicher Geschehenswandel uns eine beträchtliche personale Bandbreite und eine flexible Umstellungsfähigkeit abverlangt. Ein Mitglied meines Inneren Teams, das eben noch goldrichtig war, kann wenige Momente später zur Fehlbesetzung werden. Dass ich hier als Beispiel ein Phasenmodell gewählt habe, ist nicht ganz zufällig: Die Gliederung von Geschehensabläufen in *Phasen* dient nicht nur dazu, im uferlosen Ereignisstrom ein Minimum an Übersicht zu ermöglichen, sondern auch, um die Verknüpfung von Ereignis und adäquater Bewältigung zu erleichtern und den Moment für die innere Umstellung zu markieren. Für den Säugling haben wir (idealerweise) eine andere innere Aufstellung als für das Kleinkind in der «Trotzphase»: Der *Fürsorgliche* in uns muss sich jetzt mit einem neuen Mitglied verbinden und verbünden, das klare Grenzen setzt. Dies zu wissen ist das eine, es auch innerlich (rechtzeitig) hinzukriegen das andere.*

Auch andere Phasenlehren eignen sich, um bei inneren Auf- und Umstellungen behilflich zu sein. So werden in der Verarbeitung von Krisen und Schicksalsschlägen mehrere Phasen unterschieden (Kast 1989). Beispielsweise ist die erste Phase oft durch Schock und Ver-

* Überhaupt scheint mir das Modell vom Inneren Team sehr aussichtsreich, um eine praktisch hilfreiche Erziehungspsychologie zu begründen.

leugnung charakterisiert («Das ist nicht wahr!»), die Betroffenen lassen die schlimme Nachricht noch nicht (ganz) an sich herankommen. In dieser Phase sollte der Helfer, zum Beispiel der Arzt, seinen *medizinischen Aufklärer* von der Bühne abtreten lassen – die Patienten hören nur scheinbar zu.

Neben der *personalen Bandbreite* und der *flexiblen Umstellungsfähigkeit* ist eine dritte Qualifikation gefordert, um eine adäquate innere Aufstellung zu ermöglichen: ein Wissen bzw. ein Gespür, welche Teilmannschaft in welcher Situation gebraucht wird, um alle beisammen zu haben – mit anderen Worten: ein *situationslogisches Verständnis*. Damit kommen wir zum nächsten Abschnitt.

6.2 Zur Wahrheit und Logik menschlicher Situationen: ein Modell

Da ich vor allem in meinen ersten Berufsjahren immer wieder die Besonderheiten einer Situation verkannt habe und in meinem Verhalten deshalb daneben lag, musste ich mir ein Modell erfinden, um diesen Besonderheiten auf die Spur zu kommen. Es ist einfach, schnell handhabbar, fast banal – und doch in seiner realen Anwendung oft von einer klärenden Kraft, manchmal von erheblicher Brisanz, wenn damit unausgesprochene Tabus spruchreif werden.

Dieses Modell enthält vier Komponenten: einen Eingangs- und einen Ausgangskanal sowie einen Doppelbauch in der Mitte (s. Abb. 87).

1. Der Eingangskanal steht für die *Vorgeschichte* und für die gegebenen Anlässe, die zu der Situation geführt haben.
2. Der Oberbauch steht für die *thematische Struktur*, um was es geht.
3. Der Unterbauch steht für die (zwischen-)*menschliche* Struktur der Anwesenden.
4. Der Ausgangskanal steht für die *Ziele* des Treffens, was dabei herauskommen soll.

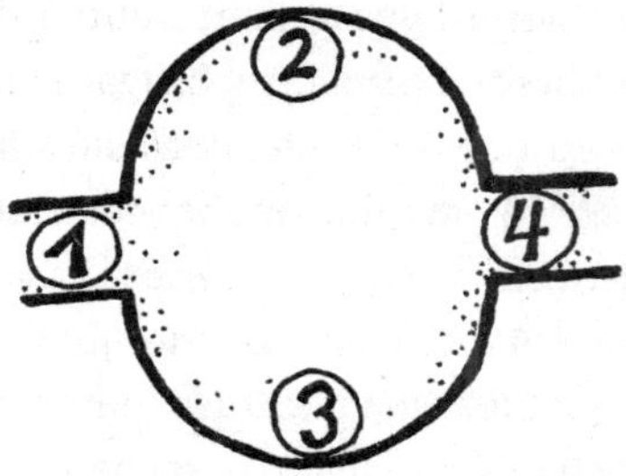

Abb. 87: Vier Grundkomponenten des Situationsmodells (ausführlich in Abb. 88)

Betrachten wir die Bedeutung dieser vier Komponenten im Einzelnen:

1. Vorgeschichte. Menschliche Begegnungen und Gespräche ereignen sich in vielen Fällen nicht spontan und absichtslos, sondern sie finden, besonders im beruflichen und politischen Bereich, aufgrund einer Verabredung oder einer Einladung statt. Damit das Treffen (die Sitzung, die Klausur, die Veranstaltung, das Gespräch) überhaupt zustande kommen kann, sind im Vorfeld Anlässe gegeben und Kräfte wirksam. Fragen, die diese Komponente aufhellen, sind zum Beispiel: Was war der Anlass für dieses Treffen? Wer hat in wessen Auftrag dazu eingeladen? Was ist dem Treffen schon vorausgegangen an Vorklärungen, Telefonaten, vorbereitenden Gesprächen? Wer mit wem und mit welchem Ergebnis?

Wenn ich ein Treffen oder eine Veranstaltung moderiere, gehe ich anfangs immer auf diese Vorgeschichte ein, um ein gemeinsames Situationsverständnis sicherzustellen. Manchmal kommen hier dunkle Punkte ans Licht. Bleibt die Vorgeschichte im Dunkeln, trägt die Situation nicht. Bei meinem allerersten Lehrauftrag hatte ich es versäumt, die Vorgeschichte zu ergründen und zu Beginn anzusprechen – ein Kunstfehler, wie sich herausstellen sollte. Hintergrund war: Ein hauptamtlicher Dozent hatte im Semester davor die studentische Projektgruppe geleitet, war mit ihr in einen wissenschaftlich-ideologischen Streit geraten und hatte daraufhin die Leitung abgegeben – an mich, den frischgebackenen Diplompsychologen mit Schwerpunkt «Methodenlehre». Genau der wurde nach seiner (umstrittenen) Auffassung in dieser Gruppe dringend benötigt. Ich bekam während der ganzen Veranstaltung über 14 Wochen hinweg kein Bein auf den Boden.

Manchmal hat jeder Teilnehmer des Treffens seine eigene, nur ihm bekannte Vorgeschichte. Dann lohnt es sich meistens, in einer Anfangsrunde den persönlichen Hintergrund der Anwesenheit zu klären («Ich bin deshalb hier, weil …»).

In Abbildung 88 (S. 327) ist das vielfältige Geflecht der Anlässe und Vor-Geschehnisse durch ein Fadengewirr symbolisiert.

2. Thematische Struktur. Damit ist gemeint: Welche Themen führen uns zusammen? Was steht auf der Tagesordnung? Was gehört zu unserer Aufgabe, was nicht? In welche Unteraspekte strukturiert sich das Rahmenthema? Was ist thematisch vorgegeben, was ist hier unter uns erst noch zu erheben? Mit einem Wort: Worum geht es?

Das Thema muss mit dem Anlass (1.) und mit der Zielsetzung (4.) in Übereinstimmung sein, sonst stimmt etwas nicht. Manchmal hat das Thema eine verdeckte Rückseite. Es ist wichtig, sie zu erkennen, um den Gehalt der Situation zu erfassen. Beispiel: In einem Unternehmen soll umstrukturiert werden. Alle Abteilungsleiter sind eingeladen zum Thema «Profilbildung 2000»: Mit welchen Produktgruppen soll das Unternehmen künftig auf dem Markt hervortreten, das heißt, welche Produktbereiche sollen ausgebaut und in der Entwicklung gefördert werden, und welche sollen eher am Rande mitlaufen oder vielleicht ganz aufgegeben werden? Die verdeckte Rückseite dieses Themas ist von menschlicher Brisanz, wenn die anwesenden Abteilungsleiter die Produktbereiche vertreten: Wer ist es wert, in seiner Bedeutung zu wachsen, wer muss schrumpfen? Wer muss weg? Hier kann jedes sachliche Argument zum Dolchstoß in den Rücken eines Menschen werden – eine der Grunderfahrungen beruflicher Kommunikation.

Zur Förderung eines gemeinsamen und genauen Situationsverständnisses kann es auch hilfreich sein, darauf hinzuweisen, was hier und heute *nicht* Thema sein soll. So sagt zum Beispiel die Jugendamtsleiterin im Rahmen einer Mediation* mit zwei getrennten Eheleuten: «Wir versuchen herauszufinden, wo die Kinder am besten aufgehoben sind. Was wir hier *nicht* versuchen herauszufinden: Wer hat mehr Schuld am Scheitern der Ehe? Einverstanden? Denn aus unserer Sicht hat das eine mit dem anderen nichts zu tun.»

3. Zwischenmenschliche Struktur. Damit ist gemeint: Wer ist anwesend, wer ist hier zusammengekommen? Warum ausgerechnet diese und keine anderen? In welcher Funktion, in welcher Rolle, mit welchem Interesse, in wessen Auftrag? Ist die Zusammensetzung stimmig, das heißt, in Übereinstimmung mit Anlass (1.), Thema (2.) und Zielsetzung (4.)? Wer fehlt? Warum? Bei welchen der Anwesenden ist unklar, warum bzw. wozu er dabei ist?

Besonders beachtenswert ist die Tatsache, dass die anwesenden Personen unterschiedliche «Hüte» auf dem Kopf tragen (s. Abb. 88, S. 327). Damit will ich ihre *situationsbezogene Rolle* symbolisieren. Nehmen wir ein Beispiel, wo diese Rollen besonders deutlich hervortreten: vor Gericht. Bei einem Strafprozess gibt es den Vorsitzenden Richter, die Beisitzer, den Angeklagten, den Staatsanwalt, den Strafverteidiger, vielleicht einen Nebenkläger mit seinem Anwalt, dann gibt es Sachverständige, die «gehört», Zeugen, die «vernommen» werden, schließlich Gerichtsdiener und die Öffentlichkeit. Durch Sitzordnung und Kleidung (zum Beispiel Roben) sind die unterschiedlichen «Hüte» der Anwesenden relativ gut zu unterscheiden. Im beruflichen Bereich ist das viel schwieriger zu erkennen,

* Mediation: Vermittlung bei Konflikten durch einen neutralen Dritten (im Vorfeld und zur Abwendung von Gerichtsprozessen).

weil alle im gleichen Outfit um denselben ovalen Tisch herumsitzen. Daher kann es überaus wichtig sein, die «Hutordnung» der Anwesenden zu Beginn zu klären.

Am Beispiel des Gerichts ist gut zu erklären, was unter einer *situationsbezogenen* Rolle verstanden werden soll: Beim Richter und beim Staatsanwalt stimmen ihre normale Berufsrolle und ihre Rolle in dieser Situation überein, ebenfalls bei den Anwälten. Jedoch der Hauptabteilungsleiter eines Großunternehmens: *hier* (vor Gericht) ist er Angeklagter (und hat sich als solcher zu verhalten); der Polizist: *hier* ist er als Zeuge; der Leiter einer psychiatrischen Klinik: *hier* ist er als Sachverständiger. Im beruflichen Bereich ist das gang und gäbe: So kann ein Vorstandsmitglied *Teilnehmer* an einer Fortbildungsveranstaltung, der Chef einer Personalentwicklung *Moderator* einer Teamentwicklung sein.

Es ist diese *situative Rolle*, welche meine Vorstellung davon prägt, was mein Beitrag zu einer Situation sein sollte und wie er vorzubringen ist. Sie ist gleichsam der Treffpunkt von Person (mit ihrem Inneren Team) und Situation. Zuweilen wird das kompliziert, nämlich wenn jemand zwei (oder mehr) «Hüte» gleichzeitig auf dem Kopf trägt. So gibt es zum Beispiel bei der Ausbildung von Referendaren zum Lehramt einen Seminarleiter. Dieser ist einerseits Förderer und Supervisor (sodass die Referendare sich mit ihren Sorgen, Nöten, Zweifeln und Schwächen ihm anvertrauen sollten), andererseits aber auch berufsentscheidender Prüfer und Bewerter (sodass die Referendare gut beraten sind, eine gute Figur abzugeben und nicht allzu viel Zweifel und Schwächen preiszugeben). Solche unsichtbaren Doppel-Hüte werfen für alle Beteiligten oft große, meist verschwiegene Probleme auf. Nahezu verrückt wird die Situation, wenn der Seminarleiter zu erkennen gibt, dass ein guter Lehrer in seinen Augen fähig sein muss, eigene Schwächen wahrzunehmen und zu bearbeiten. Wohlgemerkt, solche menschlichen Komplikationen liegen in den Rollen begründet, nicht in den Eigenarten der Menschen.

4. Die Ziele. Die Treffen, von denen wir hier sprechen, finden nicht um ihrer selbst willen statt: Es soll etwas dabei herauskommen, zum Beispiel eine Entscheidung, eine Vereinbarung, ein Konzept, ein gemeinsamer Informationsstand, eine bestimmte Handlungsbereitschaft bei der Zielgruppe.

Die Haupt- und Nebenziele, die die Anwesenden in das Treffen hineintragen, werden nicht alle gleich sein – auch das gehört zur «Wahrheit der Situation»; daher ist in Abbildung 88 das Geflecht der Ziele durch ein Fadengewirr symbolisiert. Zur Erleichterung einer situationsgerechten Kommunikation ist es dienlich, wenn der Leiter seine Zielsetzung des Treffens allgemeinverbindlich herausstellt, unter Umständen auch, was *nicht* die Zielsetzung sein soll. Zum Beispiel: «Es soll heute (noch) *nicht* darum gehen, *Lösungen* zu erarbeiten. Sondern den Ist-Zustand so deutlich wie möglich zu beschreiben, mit all seinen Aspekten – sodass wir sehen können, ob Handlungsbedarf besteht, und wenn ja, wo!»

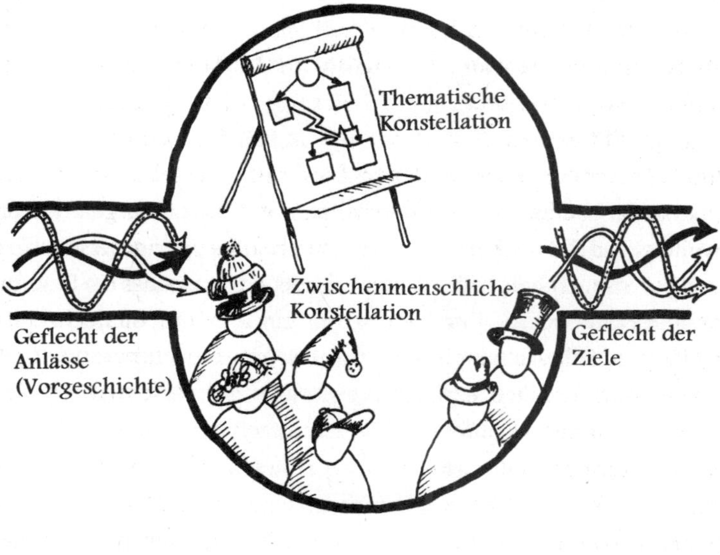

Abb. 88: Situationsmodell mit vier Komponenten

Der *Gehalt einer Situation* ergibt sich aus diesen vier Komponenten; ich spreche auch gern, ein Wort Karin van der Laans aufgreifend, von der «Wahrheit der Situation» (vgl. «Miteinander reden 1», S. 139) und meine damit die Summe all jener Umstände, welche in der Situation enthalten sind, ihren Schwerpunkt definieren und die psychische Realität der Anwesenden beeinflussen. Wenn du, mein Freund, Kummer hast und meinen Beistand suchst, weil deine Frau sich in einen anderen verliebt hat, dann kann ich dir kein Berater sein, wenn ich derjenige bin, welcher ... Vielleicht macht es Sinn, dass wir darüber sprechen, aber eine «Beratung» darf und kann es nicht sein, das verstieße gegen die «Wahrheit der Situation». Oder: Du bist prominent, und ich hätte gern ein Autogramm von dir. Wenn ich dich darum bitte, wäre es unter anderen Umständen völlig in Ordnung. Sollte ich aber dein Vorsitzender Richter sein, wäre die Bitte ein Verstoß gegen die Wahrheit der Situation. (Dennoch so geschehen während des Prozesses gegen den Staatsratsvorsitzenden der ehemaligen DDR.)

Situationsdefinition und Situationsverständnis

Auf ein und dieselbe Situation können sich die Teilnehmer einen sehr unterschiedlichen Reim machen: Sie *definieren* die Situation unterschiedlich. Beispiel: Ein Unternehmen sucht einen guten Berater. Sie laden Herrn Ratgut ein zum «Kennenlernen». Einige andere Berater werden zu anderen Terminen bestellt. Nach der Begrüßung sagt der Firmenvertreter: «Dann legen Sie mal los, Herr Ratgut!» – und definiert die Situation als Vorstellungsgespräch, in welchem der «Bewerber» sich und sein Konzept präsentiert. Herr Ratgut ist irritiert: «Nein, nun legen *Sie* mal los!» – und definiert die Situation als Beratungs-Erstgespräch, bei welchem der «Klient» berichtet, wo ihn der Schuh drückt. Wann immer Irritation und Uneinigkeit über die angemessene Kommunikation entsteht, ist der Verdacht begründet, dass die Beteiligten unterschiedliche Situationsdefinitionen im Kopf haben – und entsprechend mit einer inneren Mannschaftsaufstellung anrücken, die ihrem Situationsverständnis entspricht. Zur Sicherstellung einer gemeinsamen Situationsdefinition beginne ich ein Treffen oder eine Veranstaltung mit der **Leitfrage zur Wahrheit der Situation:**

- *Wie kommt es* (Vorgeschichte!), und
- *welchen Sinn macht es* (Zielsetzung!), dass
- *ausgerechnet ich* (in welcher Rolle?)
- *ausgerechnet mit Ihnen* (in welcher Zusammensetzung?)
- *ausgerechnet dieses Thema* (wie hat es sich ergeben?) bearbeiten möchte?

Und dann gehe ich die einzelnen Punkte durch und vermittle so mein Situationsverständnis. Wenn jemand der Anwesenden die Situation anders definiert, so hätte die Klärung dieser Uneinigkeit unbedingten Vorrang vor der thematischen Arbeit. Andernfalls schleppt sich die latente Uneinigkeit durch das Treffen und stört die Zusammenarbeit aus dem Verborgenen.

Zwei Dimensionen sozialer Situationen

Nach meinen praktischen Erfahrungen können Situationen in ihrem Gehalt auf zwei Dimensionen variieren:

Der Situationsgehalt kann einerseits mehr oder weniger (und für mehr oder weniger Anwesende) *transparent* sein, im Extrem völlig im Nebel. Er kann andererseits mehr oder weniger *stimmig* sein, das heißt hier: dass Anlass, Zielsetzung, Thema und Zusammensetzung der Gruppe zueinander passen, dass angesichts der Ausgangslage und der Zielsetzung genau die richtigen Leute mit der richtigen Rollenverteilung zum richtigen Thema zusammengekommen sind. Das Anliegen eines Sitzungsleiters oder Moderators muss sein, schon im Vorfeld (bei der Planung der Situation) und dann in der Sitzung selbst so weit wie möglich den Quadranten 1 zu erreichen.

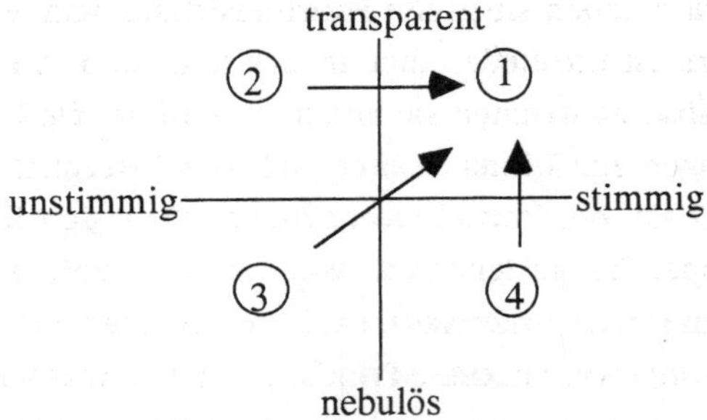

Abb. 89: Zwei Dimensionen sozialer Situationen (die Pfeile geben die Interventionsrichtung eines guten Moderators an)

Ist eine Unstimmigkeit nicht zu beheben (zum Beispiel, weil ein Wichtiger fehlt), soll dies wenigstens transparent und bewusst sein: Quadrant 2. Die oben zitierte Leitfrage («Wie kommt es, und welchen Sinn macht es ...») in Verbindung mit dem Vier-Komponenten-Modell hilft, den Idealquadranten zu erreichen, zumindest anzuzielen.

Diese Ausführungen mögen manchem «alten Hasen» allzu idealistisch erscheinen: Besteht im professionellen und politischen Bereich die Kunst häufig nicht gerade darin, Situationen so zu gestalten, dass das strategische Kalkül hinter der offiziellen Situationsdefinition verborgen bleibt? Tatsächlich, wir von der Fortbildung sind häufig in Gefahr, unseren Teilnehmern den Gebrauch der «weißen Tasten» beizubringen, während in der Realität die Musik von den Virtuosen der «schwarzen Tasten» gespielt wird. Holzauge, sei wachsam! Wachsamkeit gelingt aber nur dem, der weiß, wie die Melodie klingen würde, wenn sie mit weißen Tasten gespielt würde.

Ein Moderationsunfall. Das folgende Beispiel stammt aus dem betrieblichen Alltag. Herr Emsig, der Leiter einer Projektgruppe, beklagt sich in einer Fortbildungsveranstaltung über seinen Vorgesetzten: «Manche Führungskräfte benehmen sich unmöglich! In ihren

Sonntagsreden haben sie große Führungsideale, von ‹Fairness› und ‹Kooperation› ist die Rede, aber in der täglichen Praxis wird das nicht eingelöst, da machen sie einen, obwohl sie im Unrecht sind, vor aller Augen zur Minna.» Ob er mal so ein Beispiel genau schildern könne? «Ja, der Vorfall steckt mir noch in den Knochen: Die Projektgruppe, die ich leite, war von einem Hauptabteilungsleiter (HAL), einem Dr. Vielunterwegs, ins Leben gerufen worden. Neulich hat er mich angewiesen, diese Projektgruppe einmal wieder zusammenzurufen, zu einem gemeinsamen Termin mit ihm. Erfahrungsgemäß heißt das dann auch, dass ich die Moderation der Sitzung übernehmen soll. Allerdings hat er nicht gesagt, worum es ihm ging. Aber das würde ich dann ja erfahren – dachte ich. Jedoch hat er kurz vor Sitzungsbeginn abgesagt, weil er verhindert war. Da er mich aber wohl nicht mehr erreicht hat, hat er Rolf, meinen Vorgesetzten, den Abteilungsleiter (AL) Ruppig (wir duzen uns), angerufen und diesen gebeten, ihn auf dieser Sitzung zu vertreten. Jedenfalls hat mein Chef das so verstanden. Vielleicht hat der HAL auch nur gemeint, dass er auf der Sitzung sein Fernbleiben melden soll. Mein Chef, Rolf Ruppig, hat sonst mit der Projektgruppe nichts zu tun, war gerade aus dem Urlaub zurück und entsprechend wenig begeistert von dieser ‹Vertretung›. Er kam dann im letzten Augenblick, als ich die Sitzung schon gerade eröffnet hatte. Nur mit halbem Ohr kriegte ich mit, dass der HAL wohl gar nicht kommen werde. Was sollte ich tun? Ich habe dann erst mal zur allgemeinen Orientierung eine inhaltliche Zusammenfassung der bisherigen Projektarbeit gegeben. Plötzlich flippte mein Chef aus, vor aller Augen brüllte er mich fast an: Er hätte weiß Gott wenig Zeit – und was ich da überhaupt zusammenzufassen hätte!? Ich habe in der Situation aber gekontert: ‹Willst *du* die Moderation übernehmen?› Da war er dann erst mal ruhig, und irgendwie kam die Sitzung noch halbwegs mit Anstand über die Runden. Aber hinterher hatten wir großen Krach.»

Kommentar: Bezogen auf Abbildung 89 (S. 330), befindet sich die Situation im Quadranten 3: Sie ist *unstimmig*, weil nicht die richtigen

Leute zum richtigen Thema zusammensitzen; und sie ist *nebulös*, weil dies nicht transparent wird. Würde der Moderator mit der situativen Leitfrage in die Sitzung gehen («Wie kommt es, und welchen Sinn macht es, dass ausgerechnet ich ausgerechnet Sie in genau dieser Zusammensetzung ausgerechnet zu diesem Thema zusammengerufen habe?»), würde die Unstimmigkeit sofort auffallen, die Situation geklärt werden und das weitere Vorgehen folgerichtig bestimmt werden können. So aber laviert sich der Moderator, innerlich verunsichert, durch das Geschehen – mit der Folge, dass sein Chef, der Abteilungsleiter Ruppig, sich wie bestellt und nicht abgeholt fühlt und ausrastet. Hier wäre die letzte Gelegenheit gewesen, die Situation doch noch zu klären, zum Beispiel durch folgende Reaktion: «Dein Unmut kommt mir jetzt zwar plötzlich und heftig, zeigt aber, dass mein Vorgehen möglicherweise nicht im Einklang ist mit unserer Situation – und ich nehme die Gelegenheit, das mal zu überprüfen. Vielleicht sagst du (Rolf) einmal, welchen Hintergrund das hat, dass du hier anstelle von Dr. Vielunterwegs bist – und dann können wir mal sehen, was daraus für unser weiteres Vorgehen folgt!› Indem er stattdessen auf der «Beziehungsebene» reagiert, verfehlt er den situationslogischen Kern des Geschehens – Mitarbeiter und Chef geraten in einen *falschen* Streit. Auch seine einleitende Klage über das «unmögliche Benehmen» von Vorgesetzten verrät, dass er die Ursache für die Unstimmigkeiten in der charakterlichen Schwäche seines Chefs ausmacht; damit ist er selbst zwar «aus dem Schneider», kommt der Sache aber nicht hinreichend auf die Spur. Freilich, der HAL hat sehr zur Verwirrung beigetragen, und der AL hätte durch anfängliche Wortmeldung und Klarheit dafür sorgen können, dass er später nicht ausrasten muss. Hauptzuständig für die Stimmigkeit und Transparenz einer Situation ist und bleibt aber der Moderator.

Vorrangig obliegt es ihm auch, die einer Situation innewohnende *Logik* herauszuarbeiten, das heißt, die in ihr angelegte Folge-Richtigkeit des kommunikativen Vorgehens. Es ist nicht beliebig, wer zuerst spricht und wozu er etwas sagt. Die *Logik der Situation* ergibt sich aus ihrem vierfachen Gehalt, und sie gebietet bestimmte Reihenfolgen, in menschlicher und thematischer Hinsicht.

6.3 Die Eingebundenheit der Situation in einen systemischen Kontext

Die «Wahrheit einer Situation» wäre nur unvollständig zu erkennen, wenn wir nicht auch die Eingebundenheit einer Situation in ihr Gesamtsystem vor Augen haben. Denn die Teilnehmer einer Situation begegnen einander nicht nur mit unterschiedlichen «Hüten» (= situationsbezogenen Rollen), sondern sie tragen auch verschiedene unsichtbare «Uniformen» – je nach Zugehörigkeit zu ihrem Subsystem. Und manche hängen an unsichtbaren Marionettenfäden: Sie sprechen nicht aus eigener Souveränität, sondern halten weisungsgebunden die Stellung für jemand anderen oder für eine Institution. Die eigentlichen Kraftfelder der Begegnung liegen dann nicht in der Situation selbst. Wir tragen diesem Umstand Rechnung, indem wir das Situationsmodell umrahmen und Platz lassen für das «systemische Drumherum» (s. Abb. 90, S. 334):

Die Verkaufstrainerin und die abwertenden Männer

Ein Beispiel für die Bedeutung der Systemeingebundenheit sozialer Situationen: Eine Frau leitet eine Fortbildungsveranstaltung für Verkaufsberater in Buchläden. Das Thema: Wie können wir den Umsatz steigern, nachdem in letzter Zeit in einigen Regionen eine sinkende Tendenz zu verzeichnen war? Sie unterbreitet ihren ausschließlich männlichen Teilnehmern einige neue Ideen. Zum Beispiel soll dem Kunden an der Kasse des Buchladens die Alternativfrage gestellt werden: «Möchten Sie unser Sonderangebot des Monats gebunden oder broschiert?» – auch wenn der Kunde keinen Wunsch nach dem

Sonderangebot geäußert hat. Die Trainerin berichtet: Einige Teilnehmer, die schon die ganze Zeit recht grimmig und verächtlich aus der Wäsche geguckt hätten, würden auf sie in anmaßender und abwertender Weise reagieren: Das sei doch alter Wein in neuen Schläuchen, das bringe doch gar nichts – dazu abwehrende Handbewegungen und Getuschel untereinander. Sie kenne schon ihre Pappenheimer, es wären immer dieselben, die alles abtun würden, es offenbar auch nicht abkönnten, wenn eine Frau ihnen etwas beibringen wolle. Aber was tun? Wie geht frau mit solchen Leuten um?

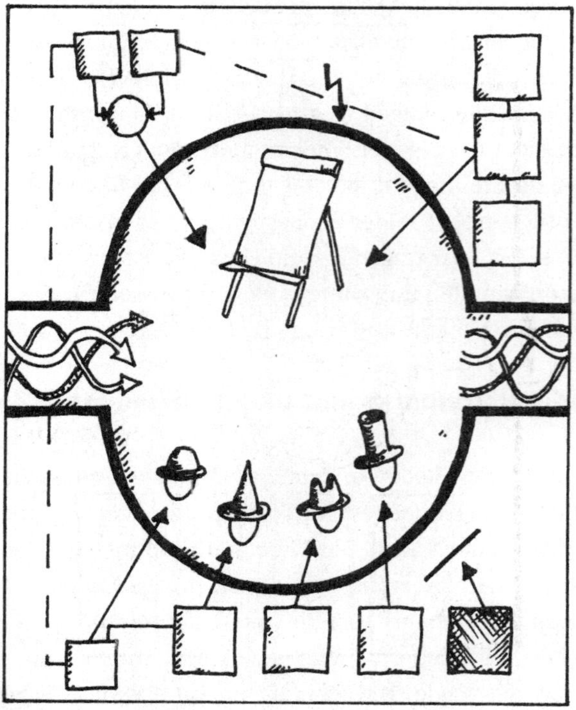

Abb. 90: Die Situation im Kontext des Systems/der Systeme

Eine gute Kommunikationsberatung beginnt mit einer doppelten Erkundung: Erstens, wie ist der *äußere Kontext* dieser Situation beschaffen? Und zweitens, wie der *innere Kontext* der ratsuchenden Frau: Wer alles meldet sich in ihr und besetzt die innere Bühne? Auf diese *Beratung mit doppeltem Kontext* komme ich noch zu sprechen – hier interessiert uns zunächst der äußere Kontext: die Situation und ihre Eingebundenheit in das größere System. Eine Befragung darüber ergibt folgendes Bild (s. Abb. 91): Die Verkaufstrainerin ist Angestellte des Verlags, gehört zur Weiterbildungsabteilung und nimmt

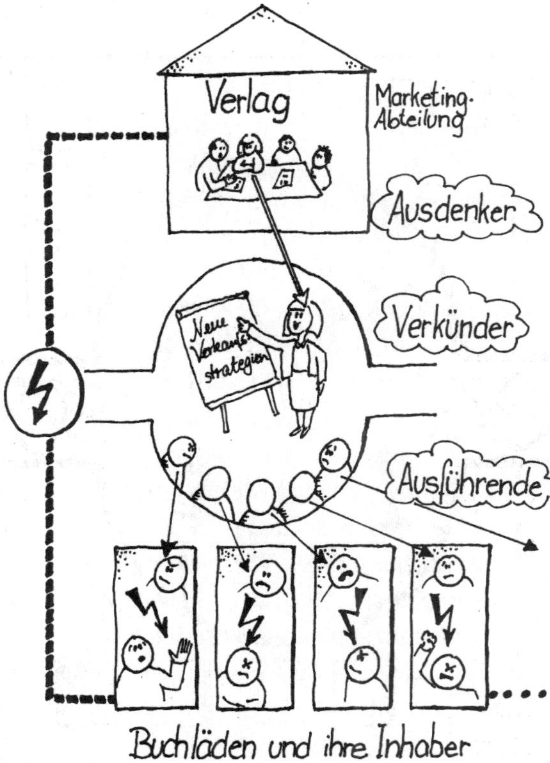

Abb. 91: Systemischer Kontext einer Fortbildungsveranstaltung

regelmäßig an einer Runde teil, in welcher Marketingspezialisten die neuen Verkaufsstrategien entwickeln und festlegen. Was dort erdacht und beschlossen wird, soll sie im Rahmen der Fortbildung an den Mann bringen, sprich: den Verkaufsberatern verkünden und das Vorgehen mit ihnen einüben. Diese Verkaufsberater, ehemals Angestellte des Verlags und inzwischen freie Honorarkräfte, sind jeweils einem oder mehreren Buchhandlungen zugeordnet. Ihre schwierige Aufgabe besteht darin, die Inhaber der Buchhandlungen verkaufsstrategisch zu beraten und für das vom Verlag empfohlene Vorgehen zu werben. Schwierig ist diese Aufgabe deshalb, weil die Inhaber sich häufig gegen solche Taktiken sperren – sie lehnen es aufgrund ihres Berufsethos ab, für die Ware Buch «wie für ein Waschmittel» zu werben.

Dies alles vor Augen, erkennen wir, dass die Verkaufsberater in dem ganzen System «zwischen den Stühlen» sitzen, einen latenten Konflikt zwischen Verlag und Buchhandel ausbaden und insgesamt eine beklagenswerte Rolle spielen. Die Fortbildungsinhalte leiten Wasser auf diese Konfliktmühle; und die angebotene Rollenaufteilung – oben die «Ausdenker», hier die «Verkünderin» und sie selbst, die «Ausführenden» – ist degradierend, da ihre Berufserfahrung bei der Strategieentwicklung unberücksichtigt bleibt. Wir können also annehmen, dass sie die Fortbildung mit mehr oder minder großer Erbitterung über sich ergehen lassen (müssen). Jede Äußerung von Unmut und Verachtung lässt sich vor diesem situativ-systemischen Hintergrund voraussagen und nachvollziehen: Die Teilnehmer machen böse Miene zum bösen Spiel. Will die Verkaufstrainerin situationsgerecht reagieren, muss sie dies alles in Betracht ziehen und darf nicht hoffen, mit Geduld und guten Worten die Fortbildung in sinnvolle Bahnen zu lenken, ebenso wenig durch das Anprangern von «Flegelhaftigkeit» der Teilnehmer. Ich greife auf dieses Beispiel wieder zurück, wenn ich die «doppelte Erkundung» demonstriere (s. S. 370), an dieser Stelle reicht die Erkenntnis, dass die Wahrheit einer Situation nur im Kontext gesamtsystemischer Zusammenhänge erspürt werden kann. Solange wir diese nicht durchschaut haben, können wir mit der Kommunikationsberatung (oder Selbstberatung) nicht beginnen. Genauer gesagt: Die Erkundung des Kontexts ist bereits ein wichtiger Teil der Beratung.

6.4 Fehlaufstellungen im Hinblick auf bestimmte Situationen

Situationsgerechte Kommunikation setzt voraus, dass es mir gelingt, eine dem Gehalt der Situation entsprechende Mannschaft aufzustellen und sie zu einem guten Zusammenspiel zu bringen. Angenommen, unsere Verkaufstrainerin hätte im vorigen Beispiel nur eine *empfindliche Mimose*, eine *männerkritische Feministin* und eine *durchsetzungsfähige Frontkämpferin* auf ihrer Bühne zur Verfügung, dann würde sie mit diesem Trio wahrscheinlich alles noch schlimmer machen.

Wie aber ist zu ermitteln, welche die richtige Aufstellung wäre? Ist sie situationslogisch ableitbar, gibt es *die eine richtige* Aufstellung? Und gäbe es sie, wie wäre sie innerlich zu realisieren?

Es scheint leichter, das Situationsgemäße dadurch näher einzukreisen, dass wir Typen von Verfehlungen bestimmen. Zwei Grundkonstellationen sind denkbar und empirisch vorhanden:

- Jemand (in mir) fehlt, der in dieser Situation (und meiner Rolle darin) angebracht wäre (*innere Vakanz*).
- Jemand (in mir) kommt dazwischen, der in dieser Situation (und meiner Rolle darin) unangebracht ist (*innere Fehlbesetzung*).

Oft kommt beides zusammen, aber betrachten wir diese Möglichkeiten gesondert.

Innere Vakanzen

«Genau das hat mir in der Situation gefehlt!», höre ich manchmal jemanden sagen, der mit seinem Verhalten nachträglich unzufrieden ist und die Situation später reflektiert. Manchmal handelt es sich nur um einen bestimmten Satz, den man gern gesprochen, oder eine Frage, die man gern gestellt hätte. Dann lohnt es sich zu schauen: Welcher innere Mitarbeiter wäre in der Lage gewesen, eine solche Äußerung zu tun? Meist ist ein passender in der Gesamtmannschaft durchaus vorhanden, wurde aber in dieser Situation nicht aufgestellt.

Beispiel: Jemand hält einen Vortrag. Seine ihm wesensgemäßen und zur Situation passenden Teammitglieder haben nach und nach die innere Bühne besetzt: Ein *sachlicher Referent* steht neben einem *Unterhaltungskünstler*, der humorvolle Einlagen macht; hinzu kommt als Dritter ein *väterlicher Freund*, der die Informationen mit guten Empfehlungen für die Zuhörer verbindet. So weit gut, das Trio arbeitet Hand in Hand. Nun passiert es, dass ein Hörer aggressiv unterbricht und zum Beispiel in den Saal ruft: «Das ist doch überhaupt nichts Neues, damit kommen Sie zwanzig Jahre zu spät! Alter Wein in neuen Schläuchen!»

Der Vortragende ist verdattert, gekränkt, voller Selbstzweifel und Empörung zugleich. Er gerät in ein Patt, lässt in seiner Not den *Sachreferenten* sprechen, der nun umständlich herausarbeitet, was daran neu sei. Dieses innere Teammitglied soll etwas leisten, wofür es nicht geschaffen ist: eine konfliktäre Situation meistern. Was hat hier gefehlt, *wer* hat hier gefehlt? Das oben genannte Trio braucht einen *Leibwächter* im Bereitschaftsdienst, der im Fall eines unerwarteten «Überfalls» sofort zur Stelle ist und das Trio schützt. Wie dieser *Leibwächter* ausgerüstet ist, über welches Repertoire er verfügt, wie er reagieren könnte: das alles sind wichtige Fragen, aber Hauptsache, es ist einer da!

Wenn ich einen *Leibwächter* dabeihabe, kann ich solchen Überfällen mit Gelassenheit entgegensehen, vielleicht sogar mit einem diebischen Vergnügen. Zu meiner persönlichen Leibgarde gehören

- einer, der sofort Sach- und Beziehungsebene auseinanderhält und zunächst auf der Beziehungsebene reagiert, sodann auf der Sachebene. Zum Beispiel: «Ich möchte etwas zur Sache antworten und auch zum Ton, den Sie anschlagen. Zunächst zum Ton: Ich empfinde ihn als anmaßend und geradezu unverschämt. Er verdirbt eine Atmosphäre, in der Neues im Dialog entstehen kann. Zur Sache möchte ich die Gelegenheit nehmen und sagen, worin *für mich* das Neue liegt, und zwar ...»;
- einer, der «ganz Ohr» ist und den Zwischenrufer auffordert, Farbe zu bekennen. Zum Beispiel (wenn jemand in entwertendem Ton widersprochen hat): «Mein Eindruck ist: Sie sind nicht nur sachlich anderer Meinung, sondern auch böse und ungehalten! Stimmt das? Können Sie mal sagen, was genau Sie so böse und in der Wirkung so verletzend macht?!» (und jetzt lasse ich nicht locker);
- einer, der den Angriff als Angebot zur Kooperation umdeutet und den Zwischenrufer in die Pflicht nimmt, zum Beispiel: «Gut, arbeiten wir das mal heraus: Dürfte ich Sie bitten, einmal mit Ihren Worten das Altbekannte zu formulieren und auf den Punkt zu bringen – und dann kann ich schauen, ob ich dem noch etwas hinzuzufügen habe, einverstanden?» ;
- einer, der blitzschnell herausarbeitet, worin ich dem Zwischenrufer recht gebe oder recht geben muss. Den Teil meldet er zurück und verbindet diese Rückmeldung mit allem, was mir sonst zu antworten auf der Seele liegt. Zum Beispiel: «Ganz recht, hinter Ihrer recht zugespitzten Formulierung steckt die richtige Erkenntnis, dass dies zunächst eine Auffrischung all dessen ist, was wohl jeder weiß oder irgendwo im Hinterkopf hat. Darf ich Ihnen zumuten, diese Auffrischung noch ca. 15 Minuten in den alten Schläuchen zu ertragen, bevor wir dann darangehen können, neuen Wein zu kosten?»

Der Aufrechte muss auch standhaft sein. Sonst kippt er. Daher empfehle ich oft: «Geh in die und die Situation nicht ohne deine Leibgarde!» Zuweilen zeigt es sich in der Kommunikationsberatung, dass ein bestimmtes Teammitglied generell fehlt und erst eingestellt oder aufgebaut werden muss – eine Maßnahme zur inneren Teamentwicklung. So fehlte mir lange Zeit jemand, der kleinere oder größere Unverschämtheiten sofort und mit der Wucht einer entschlossenen Stimme zurückwies (s. Abb. 92).

Abb. 92: Aufbau eines fehlenden Teammitglieds, hier: ein *Leibwächter*, der scharf zurückweist, was «unter die Gürtellinie» geht

In einer Art von Pseudo-Souveränität habe ich jeweils «moderat» reagiert und die Entwertung «als eben seine Meinung» akzeptiert oder durchgehen lassen. Auf diese Weise nehme ich aber weder den anderen noch mich selbst ernst. Seitdem dieses neue Teammitglied zur Gesamtmannschaft dazugehört, muss ich aufpassen, dass es nicht überschießt. Zwar wird es erst eingewechselt, wenn das Oberhaupt – nach sekundenschneller Prüfung der Angemessenheit und Verhältnismäßigkeit – grünes Licht gegeben hat. Aber wenn es dann losgelassen ist, kann es eine übermäßige Wucht entwickeln (vgl. S. 258). Eine andere Erfahrung: Seit ich dieses Mitglied im Bereitschaftsdienst habe, brauche ich es kaum noch! Ob sich meine «Aura» verändert hat? Wie bei einer guten Polizei macht die bloße Präsenz das Eingreifen unnötig.

Oft sage ich auch: «Geh in die und die Situation nicht ohne deinen *Würdiger*! Das ist oft ein unterentwickeltes Stiefkind im Inneren Team und muss sich erst mit wahrhafter Substanz füllen, bevor es sich zeigen kann. In vielen Versammlungen, Arbeitsbesprechungen, Konferenzen etc. ist die Kommunikation sehr von der Ist-Soll-Differenz bestimmt: was im Argen liegt oder dringend erreicht werden muss. So entsteht übermäßig das, was ich eine «Defizitatmosphäre» nenne. Der erste Elternabend im neuen Schuljahr: voll von Beschwerden, Nöten, Wünschen, Anträgen – und keiner drückt aus, dass das vorangegangene Schuljahr erfolgreich und überwiegend erfreulich und in gutem Einvernehmen zwischen Lehrern, Eltern, Elternvertretern und Schülern abgeschlossen wurde. Und keiner sorgt dafür, dass so ein Satz drei Sekunden im Raum stehenbleibt und seine Wirkung entfalten kann. Es gibt gute Gründe für dieses verbreitete Versäumnis. Auf der inneren Bühne nehmen sich immer die den Vorrang, die der Schuh drückt. Zudem ist die Würdigung auf der Beziehungsebene nicht problemlos, weil sie eine Nähe zur Gönnerhaftigkeit aufweist und den Verdacht der Anbiederung aufwirft. Dennoch sollte es möglich sein, eine Kultur zu entwickeln, welche Würdigung mit Wahrhaftigkeit verbindet.

Un kiekst du bloß ops Defizit,
dann is man jümmers all'ns Schiet!

Gibt es weitere Teammitglieder, die häufig fehlen, obwohl sie dringend gebraucht werden? In ihrer Diplomarbeit hat Elke Becker (1997) weibliche und männliche Führungskräfte nach Situationen befragt, in denen sie nach eigenem Empfinden nicht gut reagiert haben: «Hätte ich mich bloß anders geäußert!» Bei jedem dieser Vorfälle wurde sowohl der situativ-systemische Kontext als auch der innere Kontext, die Aufstellung des Inneren Teams im Augenblick des Geschehens, erhoben und rekonstruiert. Ergebnis: Häufig sind es «menschliche» Regungen, die innerlich die Oberhand gewinnen und dann auch zum Ausdruck kommen, wohingegen die inneren «Profis» ausfallen oder zu spät kommen. Beispiel (Becker, S. 108 ff.):

Der Chef und die Sekretärin. Ein Chef will abends sein Büro verlassen, ist schon in Hut und Mantel. Er geht ins Zimmer seiner Sekretärin, um sich zu verabschieden. Dort ist gerade auch seine Mitarbeiterin Frau A anwesend. Ihm ist bekannt, dass Frau A zuweilen eine spitze Zunge hat und dass es deswegen zwischen ihr und seiner Sekretärin oft zu Spannungen kommt. Zu seiner Sekretärin hat er ein gutes Verhältnis, allerdings weiß er, dass er ihr gegenüber sehr konsequent sein muss, da sie sonst zu Nachlässigkeiten neigt. Die Sekretärin sagt: «Übrigens, ich komme morgen später, weil bei mir ist der Ofen kaputt, da muss ich da sein, wenn der Reparateur kommt. Wollen Sie den Schlüssel für die Teeküche haben, damit Sie sich den Tee selber machen können?»

Der Chef ist überrumpelt. Innerhalb weniger Zehntelsekunden gestaltet sich seine innere Gruppendynamik wie folgt (s. Abb. 94): Ein großer *grüner Ärger* flammt auf («Was nimmt die sich heraus, die spinnt wohl!»), wird jedoch noch im Augenblick des Entstehens von zwei «geschulten Aufpassern» (Becker) gedeckelt: von einem *Rationalisierer* («Bloß nicht emotional reagieren!») und einem *lieben Jesulein** («Sei lieb, lass sie nicht vor der Frau A das Gesicht verlie-

* Die Namen für seine Mitwirkenden wählt der Proband selbst.

Abb. 93: Abendlicher Kontakt im Sekretariat (nach Becker 1997, S. 109, vereinfacht)

ren!»). Ein *kleiner Junge* ist überrascht und verdattert, ist «mucksch», dass er keinen Tee bekommt. Er ist es, der angesichts des inneren Patts der anderen in den Kontakt geht und vor sich hin murmelt: «Ich komme schon ohne Tee aus!»

Zwar hatte sich auch noch ein *Systemkoordinator* gemeldet, der anfangen wollte, die Situation zu analysieren – aber dieser langsame und gründliche Profi hatte gegenüber den Schnellen und Heftigen keine Chance. Er hätte vielleicht das Geschehen in folgender Weise aufgeschlüsselt:

1. Dies ist ein Antrag auf Dienstbefreiung – ich als Chef muss, unter Berücksichtigung dienstlicher Belange, entscheiden.
2. Die Form des Antrags ist befremdlich: eine Mitteilung statt einer Bitte, dazu noch zwischen Tür und Angel. Ich als Chef sollte die Form kritisieren.

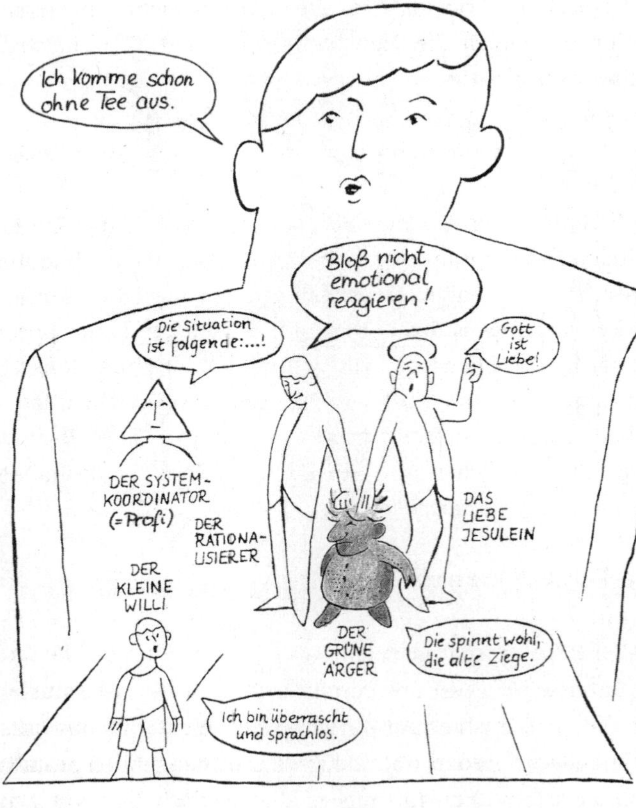

Abb. 94: Innere Aufstellung eines Chefs – der «Profi» im Inneren Team kommt zu spät (nach Becker 1997, S. 113, etwas vereinfacht)

3. Zwischen Tür und Angel und in Anwesenheit einer Mitarbeiterin sollte ich zu 1. und 2. nicht Stellung nehmen, daher:

«O.K., wenn dies ein Antrag auf Dienstbefreiung ist, sollten wir darüber kurz sprechen. Würden Sie gleich noch mal rüberkommen zu mir?»

Und in seinem Büro: «Ich sehe zwar ein, dass so ein kaputter

Ofen eine hohe Priorität hat, aber ich bin nicht einverstanden mit der Art, wie Sie die Dienstbefreiung beantragen, nämlich

1. sehr kurzfristig,
2. sehr beiläufig zwischen Tür und Angel und
3. in Form einer Mitteilung, die mich vor vollendete Tatsachen stellt. Was meinen Sie dazu?»

Die Profis sind Spätentwickler im Inneren Team und müssen in das Stammteam erst langsam integriert werden, müssen nach und nach «hineinreifen». Von daher «menschelt» es in beruflichen Kontexten ganz erheblich. Dies ist bis zu einem gewissen Grad auch verkraftbar, ja, sogar wünschenswert, da Professionalität ohne Menschlichkeit zu kalter Instrumentalität verkommt. Wo es aber allzu sehr menschelt, entfaltet sich leicht ein kunterbuntes Gefühls- und Beziehungsdrama, welches eine koordinierte rollen- und aufgabenbezogene Zusammenarbeit behindert.

Innere Fehlbesetzungen

Von daher lohnt es sich, kritische Kommunikationsvorfälle daraufhin zu untersuchen, wer aus dem Stammteam zur situationswidrigen Unzeit «dazwischenfunkt», sich innerlich mit unabweisbarer Wucht meldet oder sogar den Außendienst maßgeblich gestaltet.

Steht die innere Fehlaufstellung diagnostisch klar vor Augen, kann die situationsgerechte Neu-Aufstellung vorgenommen werden, meist in Verbindung mit einer inneren Teamentwicklung. Dazu zwei Beispiele aus dem beruflichen Bereich.

Der Gastwirt. Das erste Beispiel stammt aus einer Beratung mit einem Mann, der immer wieder gewalttätig geworden ist, besonders seitdem er eine Kneipe besaß (Dangers, Diplomarbeit 1993, S. 72ff.).

Was sind das für Situationen, in denen er zuschlägt? Hier ein Vorfall: Ein Gast erhält eine Rechnung über sechzehn Mark. «Wofür soll ich sechzehn Mark bezahlen, ich habe nur zwei Bier getrunken?!» Der Gastwirt: «Nee, wenn du sechzehn Mark auf dem Zettel hast, dann musst du vier Bier getrunken haben!» – «Nein, ich habe aber nur zwei getrunken!»

An dieser Stelle, so der Gastwirt später in der Beratung, komme «so ein Adrenalinstoß» – da meldet sich «der Schläger» in ihm, wir werden noch sehen, wer dahintersteckt.

Zunächst aber schiebt sich ein friedensbewegter Inhaber vor den Adrenalierten und übernimmt das Zepter: «O.K., ich will hier keinen Zoff. Mein Laden ist kein Laden, wo jede Auseinandersetzung mit Prügelei endet. Wenn du sagst, du hast nur zwei Bier getrunken, dann brauchst du auch nur zwei Bier zu bezahlen.» Tatsächlich ist keine Aufklärung möglich, weil die Bedienung schon Feierabend gemacht und nur den Bon hinterlassen hat.

Auf der Sachebene wäre damit der Streit erledigt. Nicht aber auf der Beziehungsebene, der Gast fühlt seine Ehre angekratzt: «Du hast mir aber unterstellt, ich hab' vier Bier getrunken, und wenn ich jetzt nur zwei Bier bezahlen muss, dann laufe ich vielleicht in Zukunft hier in der Gegend rum, und du erzählst, der hat zwei Bier mehr getrunken und nicht bezahlt. Und das will ich auch nicht. Ich bin kein Betrüger!» – «Ja, was willst du denn?» – «Ich will das bezahlen, was ich heute Abend getrunken habe!» – «Ja, ich sag ja zu dir, du brauchst nur zwei bezahlen!» Jetzt gibt ein Wort das andere. Der Gast verlangt Rehabilitation auf der Beziehungsebene, der Wirt reagiert auf der Sachebene: Zwei Männer geraten in Streit, und «es war nachher auch irgendwie so 'ne Statusfrage, ne? Der sitzt mir da immer gegenüber und ... äh ... sagt mir die ganze Zeit, ich müsste ihm in die Fresse hauen [...]. Ich habe einfach gedacht: Also, er lädt mich dreimal ein, und dann muss ich dieser Einladung Folge leisten, sonst ... äh ... verliere ich mein Gesicht.» Er schlägt zu, der «Einladung» folgend.

Kommentar im Licht des Inneren Teams: Solange der *korrekte Geschäftsmann* (der sechzehn Mark kassieren will) und der *kundenorientierte Gastwirt* (der darauf wegen der Unüberprüfbarkeit verzichtet –

«im Zweifel für den Kunden») die innere Bühne besetzen, ist alles gut und situationsgemäß. Hier jedoch meldet sich, zunächst innerlich mit Adrenalin, der *männliche Rivale*. Was für den *kundenorientierten* Wirt ein Akt der Klugheit und der großzügigen Souveränität ist, bedeutet für den *männlichen Rivalen* ein «Klein-Beigeben», eine Ehrbeschädigung. Und so hat dieser, während der *Geschäftsmann* die bescheidene Hand aufhält, bereits die geballte Faust in der Hosentasche. Als der Gast dann noch weiter «Streit sucht», auch auf der Beziehungsebene «gewinnen will», ist das Maß voll: *Old Shatterhand*, der Rächer der Ehrbeschädigten, bricht hervor und übernimmt den Außendienst (s. Abb. 95).

Abb. 95: «Männliche» Dynamik bei einem Gastwirt

Eine innere Teamentwicklung, die von diesem Vorfall ausgeht und eine situationsadäquate Aufstellung anstrebt, sollte drei Schwerpunkte setzen:

1. *Stärkung und Profilierung des kundenorientierten Gastwirts*: Dieser ist hier nur in Ansätzen erkennbar und bedarf eines aufbauenden

Trainings: Mit welchem Rollenverständnis betritt er die Szene? Wie deutet er Motzerei beim Kunden? Wie reagiert und spricht er?
2. *Repertoireerweiterung für Old Shatterhand.* Besonders in rauer Kneipenszene ist dieses Mitglied angebracht und professionell notwendig. Der *Kundenorientierte* allein wäre nicht fähig, sich auch einmal Respekt zu verschaffen und bei Pöbeleien durchzugreifen. Jedoch muss das Repertoire von *Old Shatterhand* erweitert werden, sodass er nicht (immer gleich) handgreiflich werden muss. Gut, wenn er sich dafür kräftig genug fühlt, dann haben klare Worte eine glaubwürdige Aura.
3. *Therapie des Ehrverletzten*, der schnell und heftig «anspringt» und einen Gesichtsverlust erleidet. Welche alten Wunden sind es, die ihn so empfindlich machen? Wie lassen sie sich pflegen und heilen?

Nebenbei bemerkt, erlaubt das Beispiel einen guten Einblick in die innere Dynamik gewalttätiger Männer (Dangers 1993). Hinter den Kulissen der Gewalt steckt fast immer eine gekränkte Mimose, die bei bestimmten Auslösern in ein tiefes Loch von Wertlosigkeit und Ohnmacht zu fallen droht, verbunden mit einer mörderischen Wut und der einzigen Rettung, durch Zuschlagen sowohl die Wut zu kanalisieren, der Ohnmacht zu entgehen und den Ehrverlust wettzumachen. Die Auslöser sind oft Frauen (Partnerinnen), wenn sie dem Macho, das heißt, dem Beschützer der kränkbaren Kinder im Mann, zuwiderhandeln oder zuwiderfühlen. Er handelt dann wie in Notwehr, und wenn die Frau verzeiht und bei ihm bleibt, kommt zum inneren Erfolg auch noch der äußere Erfolg hinzu, so dass das Bewältigungsmuster chronisch wird.

Müssen wir aus dem Gastwirt-Beispiel schließen, dass es im professionellen Kontext immer und vor allem darauf ankommt, seine Gefühle «im Griff» zu behalten, damit sie nicht an falscher Stelle «zuschlagen»? Müssen sich die Träger von Gefühlen hinter dem Vorhang verbergen, während die situationsbezogenen Rollenmanager den Außendienst verrichten? Nein, diese (verbreitete) Faustregel führt auf die falsche Spur, so gelingt keine Verbindung von Menschlichkeit und Professionalität. Gefühle enthalten in der Regel wichtige Hinweise für das professionelle Geschehen – als solche sollen sie erst einmal beachtet, wenn auch nicht unmittelbar ausgedrückt oder gar ausgelebt werden. So war der *grüne Ärger* des Chefs (S. 342) ein wichtiger Hinweisgeber, dass hier etwas nicht in Ordnung ist. Nun hat das Oberhaupt zwei Aufgaben: Erstens, zu überprüfen, ob das Gefühl einen wichtigen Aspekt der gegenwärtigen Realität widerspiegelt (dann gehört es in einer noch zu bestimmenden Form in den Kontakt) oder ob es aus den Tiefen der eigenen Seele emporsteigt, ohne rationalen Bezug zum gegenwärtigen Geschehen bzw. in seiner Intensität nicht mit dem Geschehen im Einklang. Dann gehört es zurückgehalten, allenfalls als Selbstkundgabe ausgedrückt, mit gleichzeitiger Distanzierung durch das Oberhaupt; tritt es wiederholt als innere Störung auf, gehört es in die Supervision. Das Gefühl des Chefs gehört in die erste, die Aufwallung des Gastwirts in die zweite Kategorie.

Die zweite Aufgabe des Oberhaupts, sofern das Gefühl realitätsbezogen ist, besteht in der angemessenen Formgebung: Wäre der Chef mit seinem grünen Ärger sogleich herausgeplatzt («Also, Sie spinnen ja wohl, Frau Lax!»), wäre dies die falsche Form im falschen Kontext zum falschen Zeitpunkt. Das heißt aber nicht, dass der Profi mit dem Gefühl hinterm Berg halten muss, im Gegenteil. In der Zurechtweisung unter vier Augen («Ich bin nicht einverstanden mit der Art, wie Sie ...», vgl. S. 343f.) ist das Gefühl enthalten und hat eine situativ-stimmige Formgebung erhalten.

Hier nun ein Beispiel, bei dem ein professioneller Fehler dadurch entsteht, dass jemand seine Gefühle verbergen will (Becker 1997, S. 80ff.):

Der Verkaufsleiter. Herr Herzlieb (55 Jahre alt) ist Verkaufsleiter in einem Süßwarenunternehmen. Ihm unterstehen mehrere Bezirksleiter, u.a. Lars Lässig (35 Jahre). Die Aufgabe der Bezirksleiter besteht darin, zu den Inhabern der Süßwarenläden Kontakt zu halten, die Ware wirksam in die Regale zu ordnen, Werbematerial anzubringen etc. Verkaufsleiter Herzlieb hat den Eindruck, dass Lars Lässig diese Kontakte nicht ernst genug nimmt. Auf einem Kontrollbesuch begleitet er ihn bei der Arbeit. Lässig macht viele Fehler, Herzlieb sagt zunächst nichts. Nach dem dritten Laden, in dem es ähnlich abläuft, spricht er seinen Mitarbeiter im Auto an, indem er ihn zu Selbstkritik anregt:

Herzlieb: Glauben Sie, dass Sie alle Punkte umgesetzt haben?
Lässig: Ja.
Herzlieb: Glauben Sie, dass Sie das Werbematerial richtig und ausreichend eingesetzt haben?
Lässig: Hätte man vielleicht noch besser machen können.
Herzlieb (fällt nichts mehr ein, das Gespräch erstirbt).

Der Vorgesetzte Herzlieb vermeidet es, Farbe zu bekennen und den Mitarbeiter zu konfrontieren. Wie kommt es zu einem solchen erstaunlichen Verhalten? Die Erhebung der inneren Konfiguration ergibt das Bild auf S. 351 (s. Abb. 96). Es melden sich zwei Stimmen, die konfrontativ geladen sind (Becker, S. 81):

Herr *Sauer*: Ich bin sauer, weil ich ihm doch alles genau erklärt habe. Ich habe ihn eingestellt und trainiert, und in letzter Zeit hat er so nachgelassen. Er hat behauptet, er wäre zweimal in der Woche in dem Laden gewesen. Das kann nicht stimmen. Und das nach all der Mühe, die ich in ihn investiert habe.

Der *Enttäuschte*: Wir haben doch alles gemeinsam verabredet, auf demokratischer Ebene. Aber jetzt hält er sich nicht daran!

Dagegen stehen zwei andere, liebe Gestalten, die solche negativen Regungen für destruktiv halten:

Abb. 96: Inneres Team des Vorgesetzten Herzlieb gegenüber seinem Mitarbeiter Lässig (Becker 1996, S. 84)

Ein *Mitfühlender* möchte den Mitarbeiter keinesfalls durch Aufzählen seiner Fehler «am Boden zerstören». Wie soll der noch frohgemut seine Arbeit machen, wenn er schon morgens «einen Kloß in den Hals» bekommt? Nein, man muss schonend mit ihm umgehen! Daneben steht, mit ähnlichem Tenor, ein *Fürsorglicher*: «Ich motiviere meine Mitarbeiter mit Freundlichkeit, sodass eine gute Stimmung herrscht. Ich schätze alle meine Jungs – es sind alles Diamanten, die man noch ein wenig schleifen kann!»

Sein Oberhaupt ist mit diesen beiden Stammspielern identifiziert, sodass sie zu Spielführern des Außendiensts werden. Da sich aber innerlich die beiden «Negativen» aufdrängen, braucht es jemanden, der sie hinter Schloss und Riegel hält. Herr Herzlieb nennt ihn den *Ich-hab-mich-im-Griff*: «Ich nehme mich zurück. Im Arbeitsleben habe ich meine Emotionen im Griff, das liegt natürlich auch an meinem Alter. Ich kann das nicht ertragen, wenn ich mich emotional nicht unter Kontrolle habe. Mit Emotionen meine ich Ausbrüche von Wut und Ärger.» Herr Herzlieb gibt an, diesen Gefühlskontrolleur unter dem Eindruck seiner eigenen Lehrjahre entwickelt zu haben: Unter seinen damaligen Chefs habe er sehr gelitten und sich geschworen, ein anderer, besserer Chef zu werden.

Offensichtlich ist diese innere Aufstellung nicht situations- und rollenadäquat. Auch ein (allzu) gutes Herz kann kontaktunfähig machen. *Sauer* und *Enttäuscht* gehören an die frische Luft – an der Kontaktlinie finden sie Kollegen vor, die dafür sorgen werden, dass die beiden Inhaftierten nicht über die Stränge schlagen (Becker schlägt vor, den «Gefängniswärter» in einen «Bewährungshelfer» zu verwandeln). Die hier notwendige innere Teamentwicklung wird allerdings, da es sich um eine Verbannung zweiten Grades handelt, nicht ohne innere Schwerarbeit zu leisten sein (vgl. S. 246ff.).

6.5 Das Ideal der Stimmigkeit: ein Vier-Felder-Schema

Das Ideal der *Stimmigkeit* fordert die doppelte Entsprechung mit mir selbst und mit dem Gehalt der Situation (in ihrem systemischen Kontext). In früheren Kapiteln (vor allem in Kapitel 2) ging es um den personalen Aspekt (Was ist mir gemäß? Wie komme ich bei innerer Pluralität und Uneinigkeit zur Übereinstimmung mit mir selbst?). In diesem Kapitel haben wir uns dem situativen Aspekt (Was ist situations- und systemgemäß?) angenähert.

Nun ist es an der Zeit, beide Gesichtspunkte im Zusammenhang zu betrachten. Ich möchte dazu ein Vier-Felder-Schema vorschlagen, das (idealtypisch) die vier Möglichkeiten vorsieht:

1. In Übereinstimmung mit mir und dem situativen Gehalt (= stimmig);

2. in Übereinstimmung mit mir (authentisch), aber *nicht* situationsadäquat;
3. weder mit mir selbst noch mit dem Situationsgehalt übereinstimmend;
4. mit mir selbst *nicht* in Übereinstimmung, aber passend zur Situation.

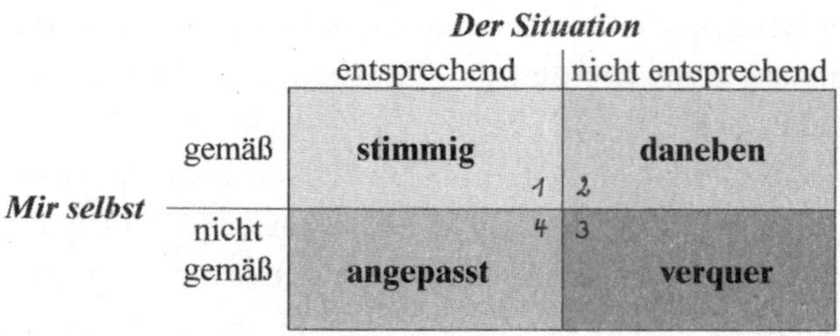

Abb. 97: Vier-Felder-Schema zum Konzept der Stimmigkeit, mit personaler und situativer Komponente

Das erste Feld hatte bereits seinen Namen, bei der Namensgebung der anderen drei Felder habe ich mich durch die Umgangssprache inspirieren lassen. Betreten wir zunächst diese drei Felder, die *drei Spielarten des Misslingens stimmiger Kommunikation*, bevor wir auf das erste zurückkehren in der Absicht, das Konzept der Stimmigkeit sodann durch Abgrenzung genauer zu bestimmen.

Daneben

Im Feld 2 wäre ein Verhalten dadurch gekennzeichnet, dass der Kommunikator mit sich selbst in Übereinstimmung ist, aber den Gehalt der Situation verfehlt: authentisch, aber daneben. Gibt es das? O ja! So war ich als junger Mann auf einer hanseatischen Verlobungsfeier durchaus authentisch, als ich, darum gebeten, noch mit diesem und jener anzustoßen, etwas keck und erschöpft durch den

Festsaal rief: «Ich habe doch schon die ganze Verwandtschaft abgeklappert!» Die Stille, die darauf einsetzte, und die erschrockene und peinlich berührte Miene der Gastgeberin ist mir noch in lebhafter Erinnerung. Diese Flapsigkeit wollte zu dem offiziell-feierlichen Rahmen der Veranstaltung nicht passen. – Oder wenn ein Psychologiestudent an einer Gruppentherapiesitzung Anonymer Alkoholiker als Praktikant teilnimmt und in einer Anfangsrunde naiv und unbekümmert (oder weil ihn ein Teufel geritten hat) bekennt, er sei wahrscheinlich der Einzige in diesem Kreis, der heute morgen einen Kater habe …

Wenn der Vorsitzende Richter des Schöffengerichts, das über die Anklage gegen den ehemaligen Staatsratsvorsitzenden der DDR, Erich Honecker, zu verhandeln und zu entscheiden hat, den Angeklagten in einer Verhandlungspause um ein Autogramm bittet und damit dem Wunsch eines der Schöffen entspricht, dann mag dieses Verhalten durchaus authentisch sein – trotzdem ist es «daneben», weil in eklatantem Widerspruch zur Rollenbeziehung eines Richters zu seinem Angeklagten.

Auch bei einer Rede oder einem Vortrag verfügt jeder Anwesende über eine feine Antenne, ob der Ton des Redners mit dem Anlass und dem Charakter der Situation übereinstimmt. Es ist vor allem die innere Aufstellung des Sprechenden, die darüber entscheidet. Ich erinnere mich an eine Laudatio, die ich 1979 anlässlich der Verleihung der Ehrendoktorwürde an Ruth Cohn zu halten hatte, im Großen Hörsaal der Universität Hamburg (Schulz von Thun 1980). Bei der Vorbereitung dachte ich mir: Ich habe von und bei ihr viel gelernt – da wäre es doch passend, wenn ich in der Lobrede nicht nur «professoral» sprechen würde, sozusagen vom Katheder aus als wissenschaftlicher Experte und Doktorvater, sondern auch als ihr Schüler und Lehrling, der in einer Ich-Botschaft zu erkennen gibt, was er von ihr profitiert hat. Dann wäre die Rede nicht nur situativ, sondern auch persönlich stimmig. So weit, so gut – die entsprechende innere Mannschaftsaufstellung zeigt Abbildung 98 a.

Abb. 98: a) beabsichtigt **b) in der tatsächlichen Ausführung (= unstimmig)**

Bei der Ausarbeitung der Rede muss es mir – authentischerweise – passiert sein, dass der dankbare Lehrling, der ach so viel profitiert hatte, auf der inneren Bühne immer größer wurde und sich zu einer wahren «Ich-Größe» emporschwang, während der würdigende Professor daneben verkümmerte (s. Abb. 98 b). – «Das ist ja eine Selbstlaudatio!!», warnte mich meine Freundin nach Lektüre des Manuskripts, gerade rechtzeitig, um die innere Aufstellung – und damit den ganzen Text – noch zu korrigieren.

Eine missglückte Rede vor dem Bundestag. Glück gehabt! Weniger Glück hatte, bei einem weit bedeutsameren Anlass, der damalige Präsident des Deutschen Bundestags, Philipp Jenninger. Er hielt 1988 eine Rede vor dem Bundestag zum fünfzigjährigen Gedenken an die Judenpogrome in Deutschland im November 1938; geladene Gäste waren auch der Bundespräsident, der Botschafter von Israel, der Vorsitzende des Zentralrats der Juden in Deutschland und viele jüdische Mitbürger(innen).

Die Rede geriet zum Eklat, mittendrin verließen Hörer den Saal, und in den öffentlichen Kommentaren herrschte unisono Bestürzung über die «mangelnde Sensibilität» des Redners. Nach und wegen dieser Gedenkrede musste Jenninger zurücktreten. Was war geschehen? Die Rede wurde als «daneben» empfunden – nicht weil er etwas Falsches gesagt oder Anlass gegeben hätte, an der Lauterkeit seiner Gesinnung zu zweifeln. Die Rede war insgesamt beseelt von dem Anliegen, das vielleicht größte Verbrechen der Menschheitsgeschichte beim Namen zu nennen und in seinen historischen Hintergründen auszuleuchten.

In der inneren Aufstellung des Redners erscheinen zu Beginn ein *verantwortungsbewusster Nachkriegsdemokrat* (der sich erinnern und Rechenschaft ablegen will), ein *Historiker* (der die Ereignisse von 1938 berichtet und in Zusammenhänge stellt) und ein *Ankläger* des nationalsozialistischen Regimes und – abgeschwächt – auch des Volkes. So weit gewiss nicht eklatverdächtig – es sei denn, man würde in einer Situation, die so unermesslichen Schmerz, so tiefe Trauer und Schuld beschwört, eine wortreiche Beflissenheit, noch dazu emotionslos vorgetragen, schon per se als unangenehm und unpassend empfinden.

Sodann gibt es aber Passagen, in denen der Redner auf die Erfolge Hitlers von 1933 bis 1936 zu sprechen kommt, «ein Faszinosum, selbst aus der distanzierten Rückschau». Was? Erscheint hier ein *Bewunderer Hitlers* im inneren Ensemble des Redners? Es mag ja historisch richtig sein, dass Hitler in diesen Jahren eine depressiv darniederliegende Nation aufgerichtet hat – aber ist das hier und heute der Ort, ihn dafür noch einmal hochleben zu lassen? So mögen Hörer und Hörerinnen empfunden haben.

Für Jenningers roten Faden hat der Hinweis eine Bedeutung: Wenn man sogar heute diese «Erfolgskette» staunend betrachten kann – wie fasziniert muss dann der deutsche Zeitgenosse gewesen sein? Sodann versucht er sich in dessen politische Seelenlage einzufühlen, in das Gefühl der Befreiung aus einem Massenelend: «Die meisten Deutschen […] dürften 1938 überzeugt gewesen sein, in Hitler den größten Staatsmann unserer Geschichte erblicken zu sollen.»

«Größter Staatsmann unserer Geschichte!? Er lässt ihn wirklich hochleben!», mögen manche Hörer erschrocken festgestellt haben: «Fehlt nur noch, dass er hinzufügt: ‹Schade nur, dass ein paar unschuldige Juden dabei umgekommen sind›!»

Der Redner bedient sich eines Kunstgriffs, der in anderem Kontext als historisch angemessen und didaktisch wertvoll anzusehen ist: Er schlüpft (vorübergehend) in die Haut des Zeitgenossen von damals, betrachtet die Welt mit dessen Augen und spricht für ihn aus, was er damals gedacht und gefühlt haben mag:

> Und was die Juden anging: Hatten sie sich nicht in der Vergangenheit doch eine Rolle angemaßt, die ihnen nicht zukam? Mussten sie nicht endlich einmal Einschränkungen in Kauf nehmen? Hatten sie es nicht vielleicht sogar verdient, in ihre Schranken gewiesen zu werden? Und vor allem: Entsprach die Propaganda – abgesehen von wilden, nicht ernst zu nehmenden Übertreibungen – nicht doch in wesentlichen Punkten eigenen Mutmaßungen und Überzeugungen?

Ein solches «identifikatorisches Doppeln» gelingt den meisten Menschen nur dann, wenn ihnen der Inhalt selbst aus dem Herzen gesprochen ist – es sei denn, sie wären ausgebildete Psychotherapeuten oder Kommunikationspsychologen. So ist für den Teilnehmer der Gedenkfeier, der dort in Kontakt mit seinem tiefen Schmerz gekommen ist, die rhetorische Dramaturgie nicht mehr deutlich genug. Die Sätze sind im Raum, gesprochen von Philipp Jenninger und keinem anderen. Zumal dieser es versäumt, aus der Rolle des Dopplers wieder erkennbar herauszuschlüpfen und auf Distanz zu gehen – zum Beispiel mit einem Hinweis wie: «So hätten sie, die Deutschen damals, vielleicht gedacht, gefühlt und gesprochen in ihrer Verblendung, in ihrer Tendenz zur Verharmlosung und in ihrer – und unserer – leider allzu menschlichen Neigung, wegzuschauen, wenn es besonders grausig und gefährlich wird.»

Wenn die Nerven bloßliegen, kann jeder missverständliche Zungenschlag zum Eklat führen. In einem Seminar zur politischen Bildung wäre dieser Vortrag gut gewesen. Aber auch in dem hier gegebenen Rahmen stand der anschließende Rücktritt vom Amt des Bundestagspräsidenten mit dem Ausmaß der «Verfehlung» in keinem vernünftigen Verhältnis. Ausschlaggebend waren Erwägungen und Kräfteverhältnisse im politischen Spiel.

Situationsgerechte Kommunikation: objektive oder subjektive Kriterien? So weit einige Beispiele und Überlegungen zum Feld oben rechts («daneben»). Der mitdenkende Leser wird sich vielleicht schon selbst die Frage gestellt haben: Situationsgerecht oder daneben, ist das denn objektiv bestimmbar? Oder ist jeder darin frei, was er als situationsgerecht «empfindet» und was nicht? Weder noch. Zuweilen liegen die «Bestimmungsstücke einer Situation», ihr vierfacher Gehalt (vgl. Abb. 88), so deutlich vor aller Augen, dass sie nahezu objektiv erscheinen und jede Verfehlung treffsicher zu bestimmen ist. Zu einem beträchtlichen Teil aber trägt jeder *seine* Situationsdefinition im Kopf – und dann kann es und wird es geschehen, dass der eine etwas als stimmig und situationsgemäß ansieht, was für einen anderen «völlig daneben» ist. Dann gibt es stummes Befremden oder lauten Streit und im Idealfall eine metakommunikatorische Verständigung darüber, worin wir, nach Beachtung der Unterschiede, gemeinsam den Kerngehalt der Situation erblicken wollen. – Bei einer Familienfeier bringt die Schwägerin ihre Eheprobleme zur Sprache, ein Wort gibt das andere, sie wütet und weint. Stimmig oder daneben? Einige empfinden dieses Thema auf einer Familienfeier als unpassend, andere wiederum sehen ein solches Treffen als willkommene Gelegenheit, voneinander etwas zu erfahren und Anteil zu nehmen, sie hassen geradezu den üblichen pseudoharmonischen Smalltalk solcher Veranstaltungen. Eine andere Frage ist, ob diese Veröffentlichung im Familienkreis ein Verstoß gegen die Intimität der ehelichen Partnerschaft darstellt, dann könnte die Selbstoffenbarung, die hier zugleich eine «Fremdoffenbarung» darstellt, unter diesem Aspekt als «daneben» beurteilt werden.

Jede Familie, jedes Team entwickelt mit der Zeit solche normativen Vorstellungen, was «hierhin gehört und was nicht» – und auch, was «sich gehört und was nicht»! So mag es im Team A als sehr ungehörig und «daneben» empfunden werden, wenn jemand vom Chef vor aller Augen kritisiert wird. Im Team B mag das ganz üblich sein, und auch der Chef muss in den gemeinsamen Treffen immer mal wieder etwas «einstecken». Kommt ein Neuer in ein Team, tritt er anfangs in manches Fettnäpfchen: Es gibt eben unausgesprochene Regeln, was hier geht und was nicht.

Solche *Konventionen* setzen sicherlich wichtige Maßstäbe für situationsgerechtes Verhalten. Sie variieren von Gruppe zu Gruppe, von Epoche zu Epoche, von Kultur zu Kultur. Interkulturelle Zusammenarbeit und multikulturelles Zusammenleben enthalten immer jene Irritation und jenes «Befremden», das aufkommt, wenn die unausgesprochenen Vorstellungen über situationsgerechtes Verhalten divergieren. Da hilft nur, sich auszukennen in der normativen Welt des Gegenübers und das Bewusstsein von der Relativität der eigenen Wertmaßstäbe – ohne dass diese dadurch beliebig würden.

Aber das «Situationsgerechte» ist keineswegs nur durch Konventionen bestimmt. Es gibt auch konventionsneutrale «Forderungen der Lage», die in einer Situation mehr oder minder offen zutage treten. Wenn auf einer Gartenparty plötzlich entdeckt wird, dass ein Kleinkind verschwunden ist und auf Rufe nicht antwortet, dann ist das nicht der Zeitpunkt für die Erörterung, wer hätte aufpassen müssen. Jetzt sind schnelle Absprachen nötig: Wer läuft zum Teich, wer auf die Straße mit welcher Richtung usw. Nicht immer droht ein Kind in den Brunnen zu fallen, aber unsere Zusammentreffen sind stets auch dem Bemühen gewidmet, die Welt in Ordnung zu bringen und unsere gemeinsame Wohlfahrt in ihr zu sichern. In diesem Sinn dürfen wir davon sprechen, dass jede Situation ihre besonderen Gebote enthält, die wir mehr oder minder klar erspüren und denen wir mehr oder minder gut entsprechen können (vgl. Metzger 1975, S. 34 f.).

Freilich sind solche «Gebote» nicht der Situation in dem Sinn wesenseigen, dass sie unabhängig von den an ihr beteiligten Menschen bestimmbar wären. Jedes handelnde Subjekt verbindet, wert- und zielgeleitet, mit einer Situation seine Perspektive*.

Und die situativen Gebote ergeben sich im Zusammenhang mit diesen Perspektiven. Wenn wir dies in Betracht ziehen, müssen wir abermals mit Uneinigkeit rechnen über das, was als «situationsgerecht» oder «daneben» empfunden und beurteilt wird.

Als eindrückliches Musterbeispiel kommt mir jener berühmt gewordene Vorfall wieder in den Sinn, der sich 1967 im Auditorium maximum meiner Universität zugetragen hat. Es war die Einführungsfeier für uns Erstsemester. Das Zeremoniell begann damit, dass der Rektor und die Honoratioren in ihren schwarzen Talaren die Treppe herunter zum Podium schritten, unter den Klängen klassischer Musik. Doch diesmal, völlig unerwartet, setzten sich zwei Studenten, ehemalige Vorsitzende des Studentenausschusses, an die Spitze der feierlichen Prozession und entrollten ihr Spruchband «Unter den Talaren – Muff von 1000 Jahren!».

Situationsgerecht oder daneben? Für die Würdenträger der Universität war diese «Entgleisung» mehr als daneben, ein ungeheuerliches Sakrileg. «Ihr gehört alle ins KZ», entfuhr es einem Professor – es war ihm «so herausgerutscht» (vgl. Kahl 1997). Für die Studenten war ihre Provokation durchaus «stimmig», nämlich in Übereinstimmung mit ihrer Überzeugung, dass die Ordinarienuniversität von Übel sei und ihre Selbstzelebrierung mit feierlichem Mummenschanz auf frischer Tat denunziert gehöre – und dazu war es erfor-

* Der Begriff «Perspektive» ist hier günstig, weil er sowohl die Anschauung aus einem gewissen Blickwinkel betont als auch den Aspekt der Zielerreichung anklingen lässt.

derlich, solche Situationen «umzufunktionieren» (wie es damals hieß).

Hier haben wir also den Sonderfall, dass jemand sich bewusst und absichtsvoll «daneben» benimmt (aus der Perspektive des Gegenübers), weil er (aus der eigenen Perspektive) der Situation andere Gebote abgewinnt.

Wir kommen also zu dem Schluss, dass das Situationsgerechte nicht eindeutig zu bestimmen ist, nicht unabhängig von den Perspektiven der beteiligten Menschen. Gleichwohl bleibt diese Kategorie maßgeblich, und im Bedarfsfall gehört die metakommunikatorische Verständigung darüber, was die Situation ausmacht und was sie gebietet, zu den Voraussetzungen, damit Kommunikation gelingen kann.

Verquer

Betreten wir nun das Feld Nr. 3 unten rechts. Gibt es das, dass jemand weder authentisch noch situationsgerecht kommuniziert?

Stellen Sie sich vor, Sie haben einen Maler in Ihrer Wohnung. Statt dass er still und emsig die Wände streicht, sucht er kontaktfreudig das Gespräch mit Ihnen, berichtet von seinen Nöten und Freuden und kommt, während er hin und wieder beiläufig im Farbtopf rührt, vom Hölzchen aufs Stöckchen. Angenommen, Sie empfinden die Inhalte und den Umfang dieser Ansprache als etwas aufdringlich und vertraulich, jedenfalls als nicht passend zum Charakter der Beziehung und zum Rollenkontext. Auch haben Sie wenig Zeit und sitzen wie auf Kohlen. Aber statt sich entschlossen abzuwenden, reagieren Sie, wenn auch halbherzig, mit höflichen Nachfragen, mit zuhörender Miene und mit mancherlei kurzen Kommentaren. In geduldiger Hoffnung warten Sie auf den erlösenden Schlusssatz: «So, jetzt will ich Sie aber nicht weiter aufhalten!» Dieser aber will und will sich nicht einstellen – im Gegenteil: Von Ihrer unverhofften Anteilnahme ermutigt, kommt der Maler erst richtig in Fahrt, und in Ihnen schleicht sich der unbehagliche Verdacht ein, dass Sie den günstigen Zeitpunkt zum Abbruch des «Gesprächs» längst verpasst haben. Während Sie darüber nachdenken, wie Sie doch noch, ohne allzu brüsk zu wirken, einen eleganten «Übergang» finden können, hören Sie ihn sagen: «Es tut gut, mal darüber zu sprechen, das geht nicht mit jedem, das können Sie mir glauben. Neulich hatte ich einen ...» – und Sie geben auf.

Das Verhalten des Malers mag ein wenig «daneben» sein, *Ihr* Verhalten aber ist «verquer»: Weder sind Sie in Übereinstimmung mit sich selbst, noch entsprechen Sie der Situation mit dem Rollenkontext Auftraggeber – Handwerker. Ihre Mannschaft ist falsch aufgestellt (s. Abb. 99).

Die nach vorne gehören, sind nach hinten verbannt und hinterlassen Vakanzen, und der Manager an der Kontaktlinie stellt eine Fehlbesetzung dar. Was ist das für einer, der sich da vorn aufbaut?

Vielleicht ein *Liebediener*, der mit Feingefühl die Erwartungen des Gesprächspartners erspürt und große Angst hat, ihn zu enttäuschen: «Ich muss ihn bei Laune halten, sonst habe ich hier ein düsteres und feindseliges Wesen in meinen vier Wänden!» Vielleicht ist es auch ein *Wohltäter*, der den armen Mann mit seinen Problemen jetzt nicht im Stich lassen kann, der sich herzlos und unmenschlich vorkäme, wenn von ihm die Botschaft ausginge: «Hier wirst du fürs Malen bezahlt und nicht fürs Reden!» Wie auch immer, wer auch immer: Verquere Kommunikation bietet Anlass, das Innere Team unter die Lupe zu nehmen und neu zusammenzustellen.

Ein weiteres Beispiel für verquere Kommunikation war der «Moderationsunfall» (S. 330ff.). Indem der Projektgruppenleiter, Herr Emsig, die Entwicklung der bisherigen Projektarbeit referierte, tat er weder seine Irritation und Unsicherheit kund, noch wurde er seiner Rolle als Moderator gerecht (fehlende Situationsklärung!).

Verquer war auch die Reaktion des Chefs, der sich den Tee selbst kochen sollte. Authentisch wäre ein empörter Ausbruch gewesen,

Abb. 99: Verquere Aufstellung im Kontakt mit einem Handwerker

situations- und systemgerecht eine Aussprache über die Form der Beantragung unter vier Augen. Stattdessen wurde, während auf der Hinterbühne ein Patt entstand, der beleidigte kleine Junge zum Träger der Antwort. Ein Körnchen Authentizität enthält jede Reaktion.

Aber auch die vorangegangene Frage der Sekretärin war bereits verquer: Indem sie verkündet, statt zu bitten, und indem sie im gleichen Atemzug die Teeversorgung des Chefs thematisiert, mogelt sie ein bisschen, was die Wahrheit der Situation angeht. Und vermutlich fühlt sich für sie die ganze Angelegenheit nicht ganz so selbstsicher und unbekümmert an, wie es nach außen den Anschein haben soll. Da wir aber ihre Sicht und ihre innere Konstellation nicht kennen, können wir nur mutmaßen. Auf jeden Fall hat der Chef ihr Verhalten als «daneben» empfunden.

(Über-)Angepasst

Im Feld Nr. 4 finden wir ein Verhalten, das rollengemäß ist und dem Charakter der Situation gut entspricht, jedoch mit dem inneren Selbst nicht übereinstimmt – anders ausgedrückt: ein Verhalten, das durch Aufstellung einer situationsgerechten Vordermannschaft bei gleichzeitiger Verbannung einer unopportunen Hintermannschaft zustande kommt. Dies ist das klassische Ideal des zivilisierten Menschen, der, welch allzu menschlichem Sturm und Drang er innerlich auch immer ausgesetzt sein mag, sich zu kontrollieren und korrekt zu benehmen fähig ist. Er weiß, was sich gehört, und kann sich notfalls gut verstellen.

In Reinkultur finden wir dieses Ideal im japanischen «tatemae» (Meckel 1989), in der Kunstfertigkeit der allzeit untadeligen Kommunikation, vollkommen gereinigt von jeglicher «honne» (wahrhaftiger innerer Realität). Wir finden dieses Ideal aber auch bei uns, besonders im professionellen Kontext: Die Stewardess soll mich freundlich und lächelnd bedienen, egal wie ihr innerlich zumute ist; der Urlaubsanimateur soll freundschaftlich auf die Gäste zugehen, auch wenn er sie entsetzlich findet (vgl. S. 231); der Arzt soll sich geduldig auf mich einstellen, wie auch immer gereizt und grimmig sein eigener Bauch sich anfühlen mag; der Polizist soll Ruhe bewahren, auch wenn er angepöbelt wird. Die neue Tugend der «Kundenorientierung» verlangt vom Dienstleistenden eine nicht geringe Umstellung, im wahrsten Sinn unseres Modells vom Inneren Team.

Dieses Verhalten, bei dem das Situationsadäquate auf Kosten des Authentischen überwiegt, hat eine begrüßenswerte und eine gefährliche Seite; im ambivalenten Bedeutungshof des Wortes «angepasst» kommen beide Seiten zum Ausdruck. Begrüßenswert, wenn ich mein Ich dort hintanstellen kann, wo es nicht ins Zentrum gehört, wo es sich dem sachlichen Gelingen unterordnet, wo es dem System dient, von dem es ein Teil ist. Das Wesen der Professionalität eines Menschen besteht darin, dass er sein Verhalten rollen-, situations- und zielgerecht auszurichten weiß und dass ihm seine psychische Dynamik dabei nicht in die Quere kommt. Ein Großteil der Schulung von Führungskräften, Mitarbeiterinnen, Verkäufern, Beraterinnen dient genau diesem Ziel.

Die gefährliche Seite: Wenn sich eine Spaltung zwischen situationsperfekter Profimannschaft und «menschelnder» Hintermannschaft verewigt, wenn Außendienst und Innendienst in einen Dauerkonflikt geraten, dann steht die seelische Gesundheit auf dem Spiel (vgl. S. 266ff.). Eine weitere Gefahr: Dass die situative Korrektheit auf Kontexte und Beziehungen übertragen wird, die eher den ganzen Menschen verlangen und nicht nur seine Profi-Fassade, zum Beispiel in Teams, in Familien, in der Partnerschaft, im Unterricht usw. Dafür kann das Beispiel des jungen Bankmitarbeiters stehen, dessen Teamverhalten äußerlich brav und angepasst war und der seinen Kollegen und Chefs all das vorenthielt, was sonst noch in ihm steckte – mit schädlichen Folgen für das Menschliche *und* für das Professionelle.

Die Gefahr besteht also, dass sich der Mensch zu einer funktionierenden Marionette reduziert, die von den Fäden situativer Vorschriften und Erwartungen gezogen wird, ohne eine eigene Stellungnahme einzubringen, vielleicht ohne sie überhaupt zu haben. Wenn die Anpassung zur überwertigen Tugend wird, bleiben wichtige Gegentugenden unterentwickelt, nämlich Selbstbewusstsein und Zivilcourage, unbequeme Ehrlichkeit und jene Vitalität, die ihre Kraft aus dem Zentrum des ureigenen Fühlens und Wollens bezieht.

Stimmig

Nach den kurzen Visiten in den Feldern 2, 3 und 4 kommen wir nun zum Ausgangsfeld 1 zurück. Da wir dem japanischen Ideal des Tatemae nicht anhängen können und wollen und da wir andererseits auch nicht anstreben können, unser Selbst, unabhängig von den situativen Erfordernissen, möglichst unverfälscht zum Ausdruck zu bringen, bleibt uns nichts anderes übrig, als die Übereinstimmung dessen, was die Situation verlangt, mit dem, was uns selbst zutiefst entspricht, wenn irgend möglich herzustellen. Ein solches Verhalten ist zugleich fast immer ein wenig mutig, zivilcouragiert, ehrlich, erfordert jenes Zu-sich-selber-Stehen, das unter Opportunitätsgesichtspunkten stets auch etwas riskant ist, denn ich werde als Mensch greifbar und angreifbar. Und zugleich berücksichtigt es in konstruktiver Weise all das, was die Situation und ihre Einbettung in die weiteren Lebensverhältnisse gebietet, stellt sich dienend zur Verfügung und sucht den Geboten gerecht zu werden, welche in der Situation enthalten sind.

Person und Situation sind nicht unabhängig voneinander zu denken: In der Situation stecke ich selbst mit drin, indem ich sie nach meiner Wahrnehmung und Zielsetzung definiere. Und die Situation steckt in mir selbst drin, indem sie ihre «Gebote» als innere Stimmen wirksam werden lässt.

Wie können wir uns eine stimmige Kommunikation konkret vorstellen in Abgrenzung zu den drei anderen Feldern? Nehmen wir noch einmal das Beispiel vom jungen Bankangestellten, dessen Chef sagte: «Und zum Friseur könnten Sie auch mal wieder gehen!» Wie könnte eine Antwort lauten, die daneben, verquer, angepasst und stimmig wäre?

Daneben: «Was geht Sie denn das an?! Ich mäkel doch auch nicht an *Ihrer* Frisur herum – obwohl sich dazu auch manches sagen ließe!»

Verquer: «Ja, vielleicht sollten *Sie* mir mal die Haare schneiden!?» (Lacht albern.)

Angepasst: «Ja, vielen Dank, ich wollte sowieso morgen hingehen!» (Innerlich: Grr!)

Stimmig: Hier zunächst eine theoretische Vorbemerkung. Jeder Formulierungsvorschlag widerspricht im Grunde dem Geist der Stimmigkeit, da dieses Ideal an die erlebte Atmosphäre des Augenblicks und an den Schnabelwuchs des Sprechers gebunden ist. Insofern wirken gutgemeinte Edelformulierungen aus dem Kommunikationsseminar fast immer ein wenig künstlich und musterschülerhaft. Aus diesem Grund orientiert sich ein «Training» zur Stimmigkeit nicht an idealen Formulierungen, sondern an der inneren Aufstellung: alle beisammen haben – und die Richtigen als Spielführer. Dann ist die Chance groß, dass mir die richtigen Worte zur rechten Zeit einfallen. – Nach diesem fundamentalen Vorbehalt nun zu didaktischen Demonstrationszwecken die folgende Reaktion:

«Also, da muss ich erst mal schlucken! Ich hab' das bisher für meine Privatsache gehalten – aber jetzt wird mir klar: Mein Haarschnitt ist auch Teil meines beruflichen Erscheinungsbilds – und da müssen Sie als Chef ein Auge drauf haben. Ist das so zu verstehen?»

Er verleugnet seine Verblüffung und Empörung nicht, deutet sie zumindest an. Gleichzeitig bettet er die Chefbemerkung in den professionellen Zusammenhang ein, dem sie ihre Entstehung verdankt. Insofern reagiert der Mitarbeiter situationskonstruktiv, lässt die gelbe Karte stecken, zeigt aber, dass er eine hat und sie im Fall künftiger «Grenzüberschreitungen» ziehen würde.

Noch ein weiteres Beispiel. Angenommen, ich bin auf einem Elternabend. Kaum dass die Begrüßung durch die Lehrerin stattgefunden hat, meldet sich Frau Schnellschütz, eine Mutter, und protestiert mit aufgebrachter Stimme gegen die Deutsch-Diktate und deren Zensierung: Ihre kleine Tochter sei nur noch verzweifelt. Die Lehrerin, Frau Boxhorn, reagiert betroffen und defensiv: Das seien doch alles geübte Texte gewesen, hundertmal geübt, und schließlich würden die anderen Kinder auch ... – «Wenn mein Kind täglich zu Hause sitzt und weint, interessieren mich die anderen Kinder überhaupt nicht!»

Ich denke: Ach herrje, das läuft nicht gut! Das halte ich nicht aus! Die Mutter soll doch nicht gleich mit der negativen Tür ins Haus fallen, und die Lehrerin soll doch, statt auf der Anklagebank Platz zu nehmen, den Vorsitz und die Führung des Abends übernehmen! Soll ich mich zu Wort melden? Aber ich möchte doch nicht sagen: «Frau Schnellschütz, fallen Sie doch nicht gleich mit der Tür ins Haus!» Das wäre ein weiterer gereizter Beitrag in einer schon gereizten Atmosphäre. Zum Schmerz würde auch noch der Tadel kommen. Von ähnlicher Wirkung wäre: «Frau Boxhorn, nun lassen Sie sich doch nicht in eine Diskussion verstricken, bevor wir überhaupt eine Tagesordnung haben!» Meinem Impuls, selbst an die Tafel zu gehen und die Moderation in die Hand zu nehmen, darf ich auch nicht folgen: Für diese Rolle hätte ich hier kein Mandat (und zu Recht keine Akzeptanz). Oder soll ich authentisch meine Gefühle zum Ausdruck bringen: «Ich merke, ich werde etwas unruhig auf meinem Stuhl, auch etwas ärgerlich und ungeduldig ...»?

Bloß nicht! Daraus kann und wird dann jede den Tadel und den Appell heraushören, den sie will. Vielleicht würden Gefühlsäußerungen von anderen folgen – aber das entspricht ja auch nicht der Logik der Situation: gefühlsmäßige Metakommunikation, bevor überhaupt das Treffen eine Gestalt gefunden hat. Also muss ich doch alles über mich ergehen lassen?

Nun, das wäre angepasst, aber nicht stimmig. Auf der Suche nach einer gelungenen *Verbindung von Authentizität und konstruktiver Situationsdiplomatie* probiere ich es so:

«Darf ich einen Vorschlag machen? Dass wir, bevor wir auf einzelne Punkte intensiv zu sprechen kommen, der Frau Boxhorn die Gelegenheit geben, erst einmal alle Themen des Abends vorzustellen und zu sammeln? Dann können wir die Reihenfolge bestimmen und was Vorrang hat – ganz bestimmt (zu Frau Schnellschütz gewandt) solche Sorgenpunkte, wie Sie sie jetzt zur Sprache gebracht haben. Aber vielleicht auch erfreuliche Punkte, zum Beispiel, dass wir das letzte Schuljahr erfolgreich und, wie ich fand, in gutem Einvernehmen hinter uns gebracht haben.»

Kommentar: Indem ich zu Beginn «um Erlaubnis frage», betone ich, dass die Leitung des Abends bei der Lehrerin liegt.*

Ich benutze die Formulierung «Gelegenheit geben», um der Lehrerin keinen Versäumnistadel auszustellen: Sie hatte halt bis jetzt noch nicht die Gelegenheit. So richtet sich der Appell mehr an uns Eltern, speziell natürlich an Frau Schnellschütz, deshalb bestätige ich ihr sogleich die Wichtigkeit ihres Anliegens (und es *ist* wichtig). Zum Schluss erscheint noch der *Würdiger* auf der Bühne, um gegen die negativ-gereizte Anfangsprägung des Abends ein atmosphärisches Gegengewicht zu setzen. Es steht zu erwarten, dass alle sofort einverstanden sind – auch Frau Schnellschütz und Frau Boxhorn, die beide ohne Gesichtsverlust aus der Situation hervorgehen. Ich selbst habe mein Anliegen vertreten ohne explizite «Selbstoffenbarung» meiner Innenwelt, die hier situativ verfehlt gewesen wäre.

Aus alldem wird deutlich, *dass «Stimmigkeit» weniger an ihrem Resultat und mehr an ihrer Suchrichtung definiert ist*: Wie kann ich kommunizieren – angesichts dessen, wie die Situation konstruiert ist und was sie mir in meiner Rolle abverlangt, sowie angesichts dessen, was sich in mir regt und rührt und wofür ich stehe? Von dieser doppelten Suchrichtung ist unsere Kommunikationsberatung bestimmt.

* Diese Situationslogik kann sich ändern, wenn der Elternabend in die Gestaltungsverantwortung der Eltern(vertreter) fällt, wie inzwischen in den meisten Bundesländern.

6.6 Kommunikationsberatung mit doppelter Blickrichtung

Kommt jemand mit einer kommunikationsbezogenen Fragestellung, haben wir als Berater, entsprechend unserem Konzept der Stimmigkeit, doppelte Arbeit zu leisten: die Erkundung des äußeren (situativ-systemischen) Kontexts sowie des inneren (Team-)Kontexts. Uns interessiert, um mit den Worten von Stierlin (1984, S. 137) zu sprechen, «das Individuum im System» und das «System im Individuum». Es schließt sich der Kreis: Wir kehren zurück zur Abbildung 1, S. 18.

Gemeinsam mit dem Ratsuchenden werden die Ergebnisse dieser doppelten Erkundung auf je einem großen Blatt visualisiert. Sodann setzen wir die beiden Bilder in Beziehung zueinander: Passt die innere Aufstellung zum äußeren Kontext? Enthält sie Konflikte, innere Widersacher, Wirrwarr, ungehörte leise Stimmen? Irgend etwas, was die innere Klarheit trübt und die Handlungsfähigkeit behindert? Mischt sich jemand ein, der in diesem Kontext deplatziert ist (Fehlbesetzung)? Oder fehlt jemand (Vakanz)? Hier wandelt sich der Berater vom bloßen Erkunder zum mitdenkenden und mitfühlenden Gesprächspartner, der eigene Gedanken beisteuert. Vielleicht schlüpft er auch in die Rolle eines Klärungshelfers, der eine innere Ratsversammlung, eine Konfliktklärung oder ein Interview mit einem fraglichen (leisen, un-erhörten, nebulösen) Teammitglied anleitet.

Wenn der äußere Kontext klar vor Augen steht und die innere Aufstellung dazu passt, dann ergibt sich die stimmige Kommunikation wie von selbst. Sie kann dann noch im Rollenspiel eingeübt werden. Häufig zeigt sich aber auf der einen oder anderen Seite ein Entwicklungsbedarf: entweder was die innere Aufstellung angeht oder/und was die Situation/die systemische Struktur angeht, wenn sich diese als dysfunktional oder als unverträglich mit dem Kernanliegen des Ratsuchenden erweist. Erinnern Sie sich an die Verkaufstrainerin der Buchhandelsberater (Abb. 91, S. 333 ff.)? Auf ihrer inneren Bühne standen eine *Empörte* und eine *Gekränkte*. Aber hinter dem Vorhang flüsterte jemand: «Irgendwo haben die Teilnehmer ja recht! Sie sollen immer bloß ausführen, was sich die fünf Weisen bei uns ausgedacht haben; dabei wissen sie viel besser, was vor Ort geht und was nicht geht!»

Diese einfühlsame *Systemanalytikerin* gehört vor den Vorhang. Sie nimmt die abfälligen Bemerkungen nicht (so sehr) persönlich, sondern situationslogisch. Das bedeutet aber im Endeffekt, dass sie *die Situation selbst und ihre Rolle darin* in Frage stellen und wenn möglich verändern muss – genau dies war das Ergebnis der Beratung. Die wichtigsten Gesprächspartner dafür waren, neben den Seminarteilnehmern, vor allem die «fünf Weisen» im eigenen Haus.

Die Freundin des Exmanns ruft an

Der genaue Ablauf einer Kommunikationsberatung mit doppelter Blickrichtung sei an folgendem Lehrbeispiel demonstriert. Es entspringt einem realen Fall aus der Beratungspraxis und wird aus didaktischen Gründen etwas abgewandelt.

Eine Frau, selbst Beraterin, bringt folgende Fragestellung ein:

> Ich habe vor einigen Tagen einen Anruf von der Freundin meines Exmanns erhalten, in dem sie mir detailliert ihren Beziehungsknatsch mit ihm schilderte und mir mitteilte, sie habe vor, sich zu trennen. Ich reagierte schon während des Telefongesprächs ziemlich verwirrt darauf, dass sie nun ausgerechnet mich anrief, da ich sie nur einmal kurz gesehen hatte und sie gar nicht kannte. Ihr Gesprächsangebot war dennoch sehr persönlich. Damals verhielt ich mich zwar distanziert, ging aber auf das Gespräch ein. Auch noch einige Tage danach ging mir dieses Gespräch sehr nach, und mir wurde immer unklarer, was ich davon halten sollte. – Wie soll ich im Fall eines erneuten Anrufs reagieren?

Erkundung des äußeren Kontexts. Hier ergab sich zunächst folgendes Bild (s. Abb. 100, rechte Seite): Sie ist geschieden von ihrem Exmann, sie haben gemeinsam ein vierjähriges Kind, das bei ihr lebt und um das sich der Vater nicht kümmert. Der Vater lebt mit der neuen Freundin, der Anruferin, zusammen.

Abb. 100: Beratung mit doppelter Blickrichtung: erste Version = Ist-Zustand

Erkundung des inneren Teamkontexts. Die Erkundung ihrer inneren Konstellation während des Telefongesprächs und danach ergab folgendes Bild (s. Abb. 100, linke Seite): An der Kontaktlinie standen drei Beteiligte: eine *neugierige Klatschtante* («Ist ja total spannend, erzähl mal!»), eine *erleichterte Exfrau* («Oh, diese Schwierigkeiten kenne ich gut – wunderbar zu hören, dass dies nicht nur meine Probleme sind!») und eine *Solidarische* («Kann mir vorstellen, wie dir zumute ist – ich würde dich gern von Frau zu Frau unterstützen!»). Relativ leise (dafür später umso lauter) meldete sich eine *Misstrauische*: «Warum ruft die gerade mich an, die kennt mich doch gar nicht? Will die mich aushorchen? Erzählt die jetzt alles, was ich sage und wie ich reagiere, brühwarm an meinen Exmann weiter und sorgt für neuen Stress zwischen ihm und mir?»

Diese *Misstrauische* steht dezent, aber doch spürbar hinter den drei Kontaktfreudigen und hält sie ein wenig zurück: Bei aller Gesprächsbereitschaft mischt sich doch eine leichte Reserviertheit ein.

Schließlich ist da noch eine *Beraterin*, professionell gut eingeübt und normalerweise schnell anspringend. Diese wird aber vom Oberhaupt bewusst zurückgehalten: «Du hast hier nichts zu suchen, es ist keine Beratungssituation, weder hat sie ausdrücklich nach einem Rat gefragt, noch wirst du dafür bezahlt!»

So weit die *Erhebungsphase* und ihre Gestaltung in einem Doppelbild.

Kommentar: Die innere Aufstellung der Frau ist nachvollziehbar und psychologisch plausibel. Dass sie ihre *Beraterin* (normalerweise Stammspielerin im Inneren Team) zurückhält, erscheint situativ sehr angemessen. Der Kern des Problems liegt in der großen Uneinigkeit zwischen den drei *Aufgeschlossenen* und der *Misstrauischen*. Dieser innere Teamkonflikt verhindert, dass sie den Telefonkontakt als stimmig erleben und mit innerer Klarheit gestalten kann.

Vertiefung. In der anschließenden Phase der *Vertiefung der Selbstklärung* mit Hilfe der inneren Teamkonferenz (vgl. S. 105ff.) zeigte sich, dass die *Misstrauische* an Stärke zunahm und, zu einem Einzelinterview eingeladen, Folgendes zu Protokoll gab:

> *Misstrauische*: Warum will sie (die Anruferin) ihre Sorgen ausgerechnet mit mir besprechen, einer ihr im Grunde fremden Frau? Mich verbindet zwar nichts mehr mit meinem Exmann, (Pause) außer einer vergangenen Liebe ... – und er ist immer noch der Vater meines Kindes und wird es auch bleiben (auch wenn er derzeit alles tut, um dies vergessen zu machen). Aber ich werde doch einen Teufel tun, diese gemeinsame Elternschaft, die uns zeitlebens verbinden wird, noch zusätzlich da-

durch zu belasten, dass ich mich in seine Partnerschaft einmische, einmischen lasse!

Ich weiß ja nicht, welche «Munition» seine Freundin aus unseren Gesprächen herauszieht. Und nachher heißt es von ihm zu mir: «Du bist schuld, dass meine Partnerschaft zerbrochen ist!» Nein, nein! (Zum Oberhaupt:) Halte dich da heraus, und lass dich nicht von deinen drei freudig Erregten da vorn in eine Falle locken!

Zwar haben diese drei noch kräftig geantwortet und ihre Anliegen verteidigt («Du hast überhaupt keinen Sinn für die Lust, die im Klatsch und Tratsch liegt!» – «Man muss der Frau doch helfen!»); aber gegenüber dem Oberhaupt gewann die *Misstrauische* spürbar an Gewicht: «Sie hat mehr recht als die drei anderen!»

Auswertung. Nun ist der Zeitpunkt gekommen, aus der Tiefe des Erlebens wieder emporzukommen und Abstand zu nehmen: Welche Erkenntnisse und Konsequenzen lassen sich aus der Vertiefungsphase ziehen?

Erstens ist die *Misstrauische* aus dem Nebel des diffusen Unbehagens herausgetreten und hat ein klares Profil gewonnen: Ihr Misstrauen wurzelt in dem positiven Anliegen, nach gescheiterer Partnerschaft ihre Elternschaft intakt zu halten. Von daher lag es nahe, dieser Anwältin der Elternschaft einen neuen Namen zu geben: die *Elternfrau*.

Zweitens muss das *situative Bild* (Abb. 100, rechte Seite) nach dieser Klärung *ergänzt und korrigiert* werden: Trennung der Ehe und Verbundenheit in der Elternschaft muss deutlicher zum Ausdruck kommen, weil es einen wichtigen Teil der «Wahrheit der Situation» ausmacht.

Drittens, unter der Regie des Oberhaupts und im Dialog mit dem Berater kam es zu einer *Neuaufstellung des inneren Ensembles*. Die misstrauische *Elternfrau* wurde zur Spielführerin ernannt und besetzte die Kontaktlinie. Die *neugierige Klatschtante* teilte nun das Schicksal

Abb. 101: Beratung mit doppelter Blickrichtung: zweite Version, entsprechend den Ergebnissen der Klärung und Beratung (vgl. erste Version, Abb. 100)

der *Beraterin* und wurde hinter die Demarkationslinie verbannt: zwar nicht prinzipiell moralisch verdammenswert, wäre sie in dieser Situation eine Fehlbesetzung. Die *Erleichterte* darf im Hintergrund frohlocken, muss aber streng auf den Innendienst beschränkt bleiben. Und die *Solidarische* darf nur eine kleine Nebenrolle spielen, indem sie bei der Kontaktabsage einen freundlichen, warmherzigen Ton anschlägt. Abbildung 101 zeigt diese Neugestaltung.

Einübung. Fehlt nur noch die letzte Phase der Beratung: die *konkrete Einübung* einer dieser neuen Aufstellung entsprechenden *Kommunikation.* Wie könnte sie bei einem erneuten Anruf reagieren, mit der absagenden *Elternfrau* als Spielführerin und der *Solidarischen* als derjenigen, die zur Musik den Ton macht? Sie probiert es mit ihren Worten:

Exfrau: Ich habe mir überlegt, wie ich reagiere, wenn du wieder anrufst. Beim letzten Mal war ich durchaus interessiert und nicht ohne Mitgefühl mit dir – ich kann mir ja ausmalen, was du jetzt durchmachst. Aber ich habe hinterher ein Unbehagen gehabt, und mir ist klargeworden, dass ich mit Harald ja noch verbunden bin als Elternteil von Ralf. Und dass ich diese gemeinsame Elternschaft nicht belasten möchte durch etwas, was als Einmischung oder Solidarisierung empfunden werden könnte. Deswegen möchte ich mit dir keinen Kontakt hinter seinem Rücken, kannst du das verstehen?

Berater (übernimmt spontan die Rolle der Anrufenden): Aber das bleibt doch hundertprozentig unter uns!

Exfrau (zum Berater): Was soll ich jetzt sagen? Dass ich ja nicht weiß, ob ich ihr trauen kann?

Berater: Probier mal den Satz: «Wenn auch! Ich möchte einfach nicht hinter seinem Rücken!», und schau, ob er stimmt oder sich hier eignet.

Exfrau: Ich möchte einfach nichts hinter seinem Rücken tun. (Zum Berater:) Auch wenn die Verführung groß ist! (Lacht:) Doch, der Satz stimmt.

Das konkrete Aussprechen dient nicht nur der kommunikativen Einübung, sondern ist auch und vor allem eine letzte Probe auf *Stimmigkeit*: Wie fühlt sich das an, so zu sprechen? Wie ist der innere Widerhall darauf? Gibt es dazu ein tief empfundenes *inneres Jawort* – dann bin ich mit mir einig geworden und kann dazu stehen. Oder melden sich gewichtige Stimmen, die noch Protest oder Unbehagen signalisieren? Dann müssen sie noch angehört werden, und oft sind sie zufrieden, wenn kleine Änderungen an der Redeführung vorgenommen werden.

Einige abschließende Gesichtspunkte

Halten wir abschließend einige Punkte fest, die für eine am Ideal der Stimmigkeit orientierte Kommunikationsberatung mit doppelter Blickrichtung von Bedeutung sind:

- Die anfängliche innere Aufstellung der Ratsuchenden ist ein wichtiger Ausgangspunkt, aber (noch) kein maßgeblicher Kompass für eine stimmige Kommunikation. Sie enthält Irrungen und Wirrungen, die es erst noch aufzulösen gilt: Fehlbesetzungen, Vakanzen, Polarisierungen, falsche Spielführer und mangelnde Teambildung. Gleichwohl wird in dieser anfänglichen Aufstellung vieles sichtbar und spürbar, worum es der Betreffenden geht, was ihr am Herzen liegt und was nicht übergangen werden darf.
- Das situativ-systemische Bild ist zum Teil objektiv, soweit es unumstößliche Tatsachen und Zusammenhänge enthält; zum Teil ist es subjektiv, weil es die Konstruktion der sozialen Welt durch die Ratsuchende widerspiegelt. Alle Menschen tragen eine Brille, die genau auf ihre Nase passt, und durch diese Brille sieht man manches scharf, manches undeutlich und manches gar nicht. Mehr noch: Das, was man mit eigenen Augen gesehen hat, ist zu einem guten Teil ein eigenes Machwerk. «Das sehe ich anders!» ist daher ein häufiger und wichtiger Satz in jedem Dialog, denn die «Wahrheit beginnt zu zweit» (Möller 1992). Von daher ist auch die rechte Seite des Doppelbilds nur ein Ausgangspunkt. Im Beratungsdialog muss es ergänzt, erweitert und manchmal korrigiert werden, nicht zuletzt durch gezielte Fragen des Beraters. In unserem Beispiel ergab sich die Bilderweiterung dadurch, dass ein inneres Teammitglied seine Brille aufsetzte und etwas wahrnahm, was seine Kollegen bis dahin nicht so deutlich gesehen hatten. Jedes Teammitglied betrachtet die Welt mit seinen Augen.
- In der Beratungspraxis kann das situativ-systemische Bild überaus komplex und vielgestaltig sein, besonders im beruflichen Bereich. Der Gesamtkontext hat dort in der Regel eine strukturelle,

eine historische, eine beziehungsdynamische und eine situationslogische Dimension:

Strukturell: Hierarchien, Organigramme, Auftraggeber, Rollen etc. *Historisch*: Die Geschichte der Angelegenheit: Was ist dem Vorfall vorausgegangen, wie hat sich die gegenwärtige Konstellation herausgebildet? *Beziehungsdynamisch*: Wer steht zu wem wie aufgrund welcher Gegebenheiten? *Situationslogisch*: Erkundung des vierfachen Gehalts einer Situation gemäß Abbildung 88, S. 327.

Bei alldem kommt man oft mit einem Blatt Papier nicht aus. Ich habe extra ein Beispiel mit übersichtlichem Kontext gewählt, damit der Leser den Wald (das Prinzip der doppelten Blickrichtung) nicht vor lauter Bäumen aus den Augen verliert.

- Das situativ-systemische Bild wird immer zuerst ermittelt. Zusammen mit der Fragestellung des Ratsuchenden bildet es den Grund, auf den die innere Aufstellung bezogen ist. Dieser klare Bezug ist wichtig, sonst kommen wir bei den inneren Wortmeldungen vom Hundertsten ins Tausendste.
- Die beiden Bilder sind wechselseitig aufeinander bezogen und bewegen sich im Zuge des Beratungsdialogs aufeinander zu: Die innere Aufstellung strebt danach, dem situativ-systemischen Kontext mehr und mehr gerecht zu werden, und der Kontext wird unter Umständen aufgrund von Einsichten, Werten und Zielen, die auf der inneren Teamkonferenz deutlich werden, als veränderungswürdig erkannt (s. Beispiel Verkaufstrainerin, S. 370 f.).

Eine methodische Anleitung für professionelle Berater und Beraterinnen, das ergäbe ein eigenes Buch, und dieses ist schon recht dick geworden. Wenn ich hier das Beratungskonzept wenigstens in seinen Grundzügen dargestellt habe, dann aus folgendem Grund: Jeder Mensch ist, wenn er «richtig» kommunizieren will, auf Selbstreflexion und Selbstberatung angewiesen, auf die doppelte Blickrichtung auf der Suche nach Stimmigkeit. Wie wäre es, wenn Sie einen kleinen Kommunikationsberater für den täglichen Hausgebrauch in Ihr Inneres Team einstellen würden, zur Unterstützung des Oberhaupts in seinem schwierigen Amt? – Sie haben schon einen? Eben! Für ihn war dieses Buch als kleine Fortbildung gedacht; ich hoffe, er kann damit etwas anfangen.

Literatur

Adler, A.: Der Sinn des Lebens. Frankfurt a.M. 1973

Amendt, G.: Die bevormundete Frau oder Die Macht der Frauenärzte. Frankfurt a.M. 1985

Assagioli, R.: Psychosynthese. Reinbek 1993

Bach, G. R., und Torbet, L.: Ich liebe mich, ich hasse mich. Reinbek 1985

Bach, G. R., und Wyden, P.: Streiten verbindet. Spielregeln für Liebe und Ehe. Düsseldorf 1969

Bandler, R., und Grinder, J.: Neue Wege der Kurzzeittherapie. Paderborn 1985

Becker, E.: «Hätte ich mich bloß anders geäußert!» Das «Innere Team» von Führungskräften im Falle mißglückter Kommunikation in beruflichen Kontakten. Unveröffentl. Diplomarbeit, Hamburg 1997

Becker, H., und Jäger, K.: Teams müssen sich zusammenraufen. In: Harvard Business Manager, Hamburg IV/1994

Bliesener, T.: «Sprache des Herzens». Peri- und Präverbale Modi von Kommunikation. In: D. Krallmann und H. W. Schmitz (Hg.): Akten des internationalen Gerold-Ungeheuer-Symposiums 1995. Münster 1996

Bock, T., und Deranders, J. E.: Stimmenreich. Mitteilungen über den Wahnsinn. Bonn 1992

Bossemeyer, C., und Lohse, A.: Team-Dialog. Entwicklung und Erprobung einer neuen Methode für die Beziehungsklärung in Partnerschaften. Unveröffentl. Diplomarbeit, Hamburg 1995

Brückner, C.: Wenn Du geredet hättest, Desdemona. Ungehaltene Reden ungehaltener Frauen. Hamburg 1995

Casey, J. F.: Ich bin viele. Reinbek 1992

Chopich, E. J., und Paul, M.: Aussöhnung mit dem inneren Kind. Freiburg i. Br. 1993

Cohn, R. C.: Von der Psychoanalyse zur Themenzentrierten Interaktion. Stuttgart 1975

Cohn, R. C., und Schulz von Thun, F.: Wir sind Politiker und Politikerinnen – wir alle! In: R. Standhardt und C. Löhmer (Hg): Zur Tat befreien. Mainz 1994

Dangers, T.: Die Bedeutung der Vorbilder für gewalttätige Männer auf ihrer Suche nach Männlichkeit. Unveröffentl. Diplomarbeit, Hamburg 1993

Dostojewski, F. M.: Der Spieler. Frankfurt a.M. 1986

Dürckheim, K. Graf: Vom doppelten Ursprung des Menschen. Freiburg i. Br. 1973

Ellis, A.: Die rational-emotive Therapie. Das innere Selbstgespräch bei seelischen Problemen und seine Veränderung. München 1977

Ernst, H.: Das Ich in der Zukunft. In: Psychologie heute 12/1991, S. 20–26

Ferrucci, P.: Werde, der du bist. Reinbek 1986

Fisher, R., Ury, W., und Patton, B.: Das Harvard-Konzept. Sachgerecht verhandeln – erfolgreich verhandeln. Frankfurt a.M. 1993

Frank, A.: Tagebuch. Frankfurt a.M. 1992
Frankl, V.: Ärztliche Seelsorge. München 1975
Gergen, K.J.: Das übersättigte Selbst. Heidelberg 1996
Glasl, F.: Konfliktmanagement. Bern 1990
Goethe, J.W.: Faust. Erster und Zweiter Teil. München (1977)
Goldhagen, D.J.: Hitlers willige Vollstrecker. Berlin 1996
Goleman, D.: Emotionale Intelligenz. München 1995
Goulding, M.: «Kopfbewohner» oder Wer bestimmt dein Denken? Paderborn 1996
Hager-van der Laan, J., und van der Laan, K.: Beurteilungsverfahren in kooperativen Arbeitsbeziehungen. In: R. Selbach und K.-K. Pullich (Hg.): Handbuch Mitarbeiterbeurteilung. 1992
Hager-van der Laan, J., und van der Laan, K.: Rolle und Selbstverständnis – Der Einzelne in der Auseinandersetzung mit der «ärgerlichen Tatsache» der Gesellschaft. Unveröffentl. Seminarskript 1984
Hesse, H.: Der Steppenwolf. Frankfurt a.M. 1974
Huber, M.: Multiple Persönlichkeitsstörung. In: Verhaltenstherapie und psychosoziale Praxis 1/1994, S. 61–71
Huber, M.: Multiple Persönlichkeiten. Überlebende extremer Gewalt. Frankfurt a.M. 1996
Jenninger, P.: Rede zum 50. Jahrestag der Judenpogrome in der Gedenkstunde des Bundestages. Abgedruckt in: Frankfurter Rundschau, 11. 11. 1988
Jun, G.: Charakter. Berlin 1989
Jung, C. G.: Über die Psychologie des Unbewußten. Frankfurt a.M. 1975
Jungk, R.: Trotzdem. München 1993
Kahl, R.: Eine Parole, die Geschichte lostrat. In: taz, Hamburg, 8./9. 11. 1997
Kast, V.: Der schöpferische Sprung. München 1989
Kleist, H. von: Über die allmähliche Verfertigung der Gedanken beim Reden. In: Sämtliche Werke, Gütersloh o.J.
Klemperer, V.: Ich will Zeugnis ablegen bis zum Letzten. Berlin 1995
Kuhl, J., und Kazén, M.: Persönlichkeits-Stil und Störungs-Inventar (PSSI). Göttingen 1997
Lau, J.: Historischer Fortschritt. Nachrichten aus der Psychoszene. Die Zeit Nr. 25, 13. 6. 1997
Matt, E.: Episode und «Doppel-Leben». Zur Delinquenz Jugendlicher. In: Monatszeitschrift für Kriminologie und Strafrechtsreform 3/1995, S. 153–164
Meckel, A.: Deutschland – Japan. 100 Ansichten. Düsseldorf 1989
Metzger, W.: Psychologie und Pädagogik zwischen Lerntheorie, Tiefenpsychologie, Gestalttheorie und Verhaltensforschung. Bern 1975
Meyer, A.: Die Arbeiter vom Erlebnisdienst – eine qualitative Studie zum subjektiven Erleben des Arbeitsalltags von Clubanimateuren. Unveröffentl. Diplomarbeit, Hamburg 1997
Moeller, M. L.: Die Wahrheit beginnt zu zweit. Reinbek 1992
Müller, K.: Homiletik. Ein Handbuch für kritische Zeiten. Regensburg 1994
O'Connor, J., und Seymour, J.: Neurolinguistisches Programmieren: Gelungene Kommunikation und persönliche Entfaltung. Freiburg i.Br. 1992
Orban, P.: Der multiple Mensch. Frankfurt a.M. 1996
Ornstein, R.: Multimind, ein neues Modell des menschlichen Geistes. Paderborn 1992
Redlich, A.: Berufsbezogene Supervision in Gruppen. In: A. Redlich (Hg.): Materialien aus der Arbeitsgruppe Beratung und Training, Bd. 19. Hamburg 1994

Redlich, A.: Konfliktmoderation. Hamburg 1997
Reimann, H., u.a.: Basale Soziologie: Hauptprobleme. München 1975
Richter, H. E.: Eltern, Kind und Neurose. Reinbek 1969
Riemann, F.: Grundformen der Angst. München 1969
Rinser, L.: Mit wem reden. Frankfurt a.M. 1984
Rogoll, R.: Nimm Dich, wie Du bist. Freiburg i.Br. 1976
Saß, H., Wittisch, H. U., und Zaudig, M.: Diagnostisches und statistisches Manual Psychischer Störungen. In: DSM IV, übersetzt nach der vierten Auflage des «Diagnostic and Statistical Manual of Mental Disorder» der American Psychiatric Association. Göttingen 1996
Satir, V.: Meine vielen Gesichter. München 1988
Saum-Aldendorf, T.: Die 100 Gesichter der Hysterie. Streit um die Modediagnose «Multiple Persönlichkeit». Interview mit V. Dittmann. In: Psychologie heute 4/1996
Sautter, Y.: Inneres Team: Welche inneren Konstellationen ergeben sich berufsspezifisch in bestimmten Standardsituationen, hier am Beispiel von Werbefilmregisseuren? Unveröffentl. Diplomarbeit, Hamburg 1997
Schlegel, L.: Die Transaktionale Analyse. Tübingen, Basel 1995
Schulz von Thun, F.: Laudatio auf Ruth Cohn. In: Zeitschrift für Humanistische Psychologie 4/1980, S. 7–12
Schulz von Thun, F.: Miteinander reden 1. Störungen und Klärungen. Reinbek 1981ff.
Schulz von Thun, F.: Erziehung als zwischenmenschliche Kommunikation. In: B. Fittkau (Hg.): Pädagogisch-psychologische Hilfen für Erziehung, Unterricht und Beratung. Braunschweig 1983
Schulz von Thun, F.: Miteinander reden 2. Stile, Werte und Persönlichkeitsentwicklung. Reinbek 1989ff.
Schulz von Thun, F.: Praxisberatung in Gruppen. Weinheim, Basel 1996
Schulz von Thun, F., und Stratmann, R.: Zur Psychologie der Zivilcourage. Ein TZI-Lehrversuch – Reflexionen zum Prozeß und Erkenntnisse zum Thema. In: G. Portele und M. Heger: Hochschule und Lebendiges Lernen. Beispiele für Themenzentrierte Interaktion. Weinheim 1995
Schwanitz, D.: Der Campus. Frankfurt a.M. 1995
Schwartz, R. C.: Systemische Therapie mit der inneren Familie. München 1997
Sieg, E.: Beim Frauenarzt/bei der Frauenärztin. Auswirkungen herkömmlicher Machtstrukturen und emanzipatorischer Entwicklung in der Gynäkologischen Situation auf das Leben und Erleben von Frauen. Unveröffentl. Diplomarbeit, Hamburg 1988
Stahl, E.: Dynamik in Gruppen. Handbuch der Gruppenleitung. Hamburg, 2. Aufl. 2008
Stevens, J. O.: Die Kunst der Wahrnehmung. Übungen der Gestalttherapie. München 1975
Stevenson, R. L.: Dr. Jekyll und Mr. Hyde. Stuttgart 1984
Stierlin, H.: Ich und die anderen. Psychotherapie in einer sich wandelnden Gesellschaft. Stuttgart 1994
Strathenwerth, I.: Hör mal, wer da spricht. In: Die Zeit Nr. 43, 20. 10. 1995, S. 82
Stone, H., und Stone, S.: Du bist viele. München 1994
Thomann, C.: Klärungshilfe 2. Konflikte im Beruf. Reinbek 1998
Thomann, C., und Schulz von Thun, F.: Klärungshilfe 1. Handbuch für Therapeuten, Gesprächshelfer und Moderatoren in schwierigen Gesprächen. Reinbek 1988ff.

Tolstoi, L. N.: Krieg und Frieden, Bd. 1 und 2. München 1990

Tönnies, S.: Selbstkommunikation. Heidelberg 1994

Wagner, A., u. a.: Bewußtseinskonflikte im Schulalltag. Weinheim 1984

Wille, A.: Voice Dialog – Dialog der Stimmen. In: Praxis Kinderpsychologie, Kinderpsychiatrie 40/1991, S. 227–231

Winkler, M.: «Die Flöhe und die Wanzen gehören auch zum Ganzen», Befragung junger Trainerinnen und Analyse ihrer beruflichen Ersterfahrungen. Unveröffentl. Diplomarbeit, Hamburg 1993

Zirkler, M.: Das «innere Ensemble» als Beratungsmethode. Eine Erprobung in Erstgesprächen. Unveröffentl. Diplomarbeit, Hamburg 1996

Personen- und Sachregister

Weitere Titel

Das Innere Team in Aktion (Hrsg.)

Interkulturelle Kommunikation (Hrsg.)

Klarkommen mit sich selbst und anderen: Kommunikation und soziale Kompetenz

Schwierige Gespräche führen (Hrsg.)

Miteinander reden

Miteinander reden 1

Miteinander reden 2

Miteinander reden 3

Miteinander reden von A bis Z

Miteinander reden: Fragen und Antworten

Miteinander reden Praxis

Impulse für Beratung und Therapie (Hrsg.)

Impulse für Führung und Training (Hrsg.)

Impulse für Kommunikation im Alltag (Hrsg.)

Klärungshilfe 1

Kollegiale Beratung (Hrsg.)

Kommunikationspsychologie für Führungskräfte